JOHANN CHRISTOPH LEVERKUS

Das Verhalten der Kleinaktionäre in seiner Bedeutung für die Eigentumspolitik

Beiträge zur Verhaltensforschung

Herausgegeben von Prof. Dr. G. Schmölders, Köln

Heft 9

Das Verhalten der Kleinaktionäre in seiner Bedeutung für die Eigentumspolitik

Von

Dr. Johann Christoph Leverkus

DUNCKER & HUMBLOT / BERLIN

Gedruckt 1969 bei Alb. Sayffaerth, Berlin 61
und Color-Druck, Berlin 49
Printed in Germany

Inhaltsverzeichnis

Einleitung

Die Förderung der Eigentumsbildung in Arbeitnehmerhand gehört heute zu den „im politischen Raum anerkannten“ Zielen der Wirtschaftspolitik[1]. Unter den Eigentumsformen, deren Erwerb durch staatliche Maßnahmen begünstigt wird, nimmt die Aktie einen hervorragenden Platz ein. Dahinter verbirgt sich eine bedeutsame Umorientierung des Gesetzgebers; lange Zeit hindurch hielt er gerade darum an einem hohen Mindestnennbetrag der Aktie fest, um den kleinen Sparer von dieser „risikoreichen“ und „spekulativen“ Anlageform fernzuhalten. Nunmehr werden das eigentumspolitische Hauptziel, die Dekonzentration der Vermögensbildung, sowie mancherlei gesellschaftspolitische Nebenziele in der Hoffnung auf mögliche soziale Integrationswirkungen des Eigentums gerade auch über den Weg einer breiteren Streuung des Aktienbesitzes angestrebt. Dabei erscheint das Risiko des Aktienbesitzes in einem milderen Licht, nachdem diese Form der Kapitalanlage die Inflationen unseres Jahrhunderts meist glänzend überwinden konnte und zumindest die große Aktiengesellschaft nahezu den „Status der Unsterblichkeit“[2] errungen hat. Auch das Problem der Selbstfinanzierung der Unternehmen über die Preise, an dem sich die eigentumspolitische Diskussion der letzten 15 Jahre entzündet hat, verliert an Schärfe, wenn relativ mehr Arbeitnehmer als bisher über eigene Aktien an diesen Selbstfinanzierungsgewinnen teilhaben; zudem ist gerade die Mobilisierung neuer Sparerschichten für den Kapitalmarkt eine wichtige Voraussetzung dafür, daß die Selbstfinanzierungsquote sich verringern kann, ohne daß dadurch die Investitionsmöglichkeiten der Unternehmen beschnitten werden[3]. Dieser Prozeß muß jedoch schnell in Gang kommen; denn auch eine bescheidene Dekonzentration der Vermögensbildung, darin stimmen die meisten kreislauftheoretischen Analysen überein, kann — wenn überhaupt — nur über eine *allmähliche* Anhebung der Sparquote der Arbeitnehmer erreicht werden[4].

---

[1] *Schmölders*, Günter: Finanzpolitik, 2. Aufl., Berlin, Heidelberg, New York 1965, S. 380.

[2] *Jacoby*, Henry: Das Nachfolgesystem der freien Marktwirtschaft im Spiegel amerikanischer Literatur, in: Zeitschrift für die gesamte Staatswissenschaft, Bd. 115/1959, S. 752.

[3] Vgl. *Krahnen*, H. Joachim: Unternehmensfinanzierung im Wandel, in: Frankfurter Allgemeine Zeitung vom 17. Mai 1966, S. 17.

[4] Vgl. z. B. *Oberhauser*, Alois: Die wirtschaftlichen Auswirkungen und Grenzen des Investivlohns, Paderborn o. J., S. 37 f.

Vor dem Hintergrund dieser Zielsetzungen und der meist nur theoretisch vermuteten Bedingungen ihrer Realisierung müssen nun die effektiven Verhaltensweisen der Sparer in das Blickfeld gezogen werden. Dabei kann an frühere Forschungsergebnisse angeknüpft werden, die nachweisen, daß „die Masse der Arbeiter und der unteren Angestelltengruppen heute noch keineswegs die notwendigen ‚inneren' Voraussetzungen (besitzt), die sie dazu befähigen könnten, nun freiwillig zur Bildung von bleibendem Geld- oder gar Produktivvermögen überzugehen"[5]. Auch eine empirische Erhebung über die Schichtung des Aktienbesitzes bestätigt dieses Resultat, obgleich sich im Zeitvergleich eine deutliche Verbreiterung des Aktionärskreises erkennen läßt. Die Analyse der VEBA-Privatisierung weist ebenso wie die Untersuchung der übrigen Maßnahmen der allgemeinen Sparförderung auf einen mit der Dauer oder der Wiederholung der Förderung steigenden „eigentumspolitischen Grenznutzen" der eingesetzten öffentlichen Mittel hin; mehr Arbeiter haben VEBA-Aktien gezeichnet als VW-Aktien. Andererseits läßt die sehr weitmaschige und wenig auf die unteren Einkommensschichten zielende Konzeption der bisherigen Eigentumspolitik fast mit Sicherheit erwarten, daß wichtige Förderungsmaßnahmen gerade dann, wenn die eigentlichen Destinatare von ihnen stärker Gebrauch zu machen beginnen, eingeschränkt werden müssen, da anderenfalls die öffentlichen Haushalte überfordert würden oder endlich auch, weil kaum mehr geeignete Privatisierungsobjekte vorhanden sind.

Ungeachtet der Bedeutung, die den eigentumspolitischen Maßnahmen innerhalb der öffentlichen Finanzwirtschaft zukommt, ist die Frage berechtigt, ob die Eigentumspolitik nicht dennoch ein „unkontrolliertes Experiment"[6] geblieben ist; ein Hinweis darauf sind schon die Mängel der bisher besonders schwach ausgebauten Einkommens- und Vermögensstatistik[7]. Erst recht fehlt die Kontrolle über die Wirksamkeit bestimmter Einzelmaßnahmen; dies gilt vor allem für die einzelnen Privatisierungsaktionen, aber auch allgemein für die Förderung des Aktienerwerbs. Reicht es doch nicht aus, die Zahl der Aktienkäufer in einer Art von statistischer Momentaufnahme einmalig zu registrieren; es kommt vielmehr darauf an, die langfristigen Wirkungen der getroffenen

---

[5] *Schmölders*, Günter: Erfolg und Mißerfolg der Eigentumspolitik im Lichte der sozialökonomischen Verhaltensforschung, in: Jahrbuch 1964, hrsg. vom *Ministerpräsidenten des Landes Nordrhein-Westfalen — Landesamt für Forschung*, Köln und Opladen 1965, S. 515.

[6] *Scherhorn*, Gerhard: Eigentumspolitik — ein unkontrolliertes Experiment? In: Blätter für Genossenschaftswesen, Nr. 20/1963.

[7] Vgl. *Sachverständigenrat zur Begutachtung der gesamtwirtschaftlichen Entwicklung*, Stabilisierung ohne Stagnation, Jahresgutachten 1965/66, Stuttgart 1965, S. 186 ff.

Maßnahmen mitlaufend zu kontrollieren. Schon die nach den Privatisierungsaktionen eingetretene Kursentwicklung der Volksaktien, die Aktienverkäufe von Erstzeichnern, die nachfolgende hartnäckige Baisse und die dabei zu beobachtenden Reaktionen der neuen Aktionäre werfen vielfältige Probleme auf, die einer detaillierten Untersuchung bedürfen. Hierzu will die vorliegende Arbeit einen Beitrag leisten.

Folgende Gesichtspunkte sind dabei zu berücksichtigen: Erstens ist zu fragen, mit welcher Wahrscheinlichkeit die in den letzten Jahren neugewonnenen Kleinaktionäre ihre Aktien als Daueranlage bewahren werden; denn nur bei Dauerbesitz bestehen Chancen für einen bescheidenen Anfang zur Überwindung der chronischen Vermögenslosigkeit breiter Schichten. Zweitens ist wesentlich, inwieweit ein erster Aktienkauf als Initialzündung wirken kann und zu weiteren Aktienkäufen anregt; denn nur dann können sich im Laufe der Jahre Ersparnisse ansammeln, die mehr als nur die Bezeichnung „Notgroschen" verdienen. Entsprechend dem eigentumspolitischen Hauptziel wird bei der Analyse immer auch die Frage nach den Beziehungen zwischen dem Verhalten des Aktionärs und seiner Zugehörigkeit zu einer bestimmten sozialökonomischen Schicht aufgeworfen.

Eine Beschränkung der Untersuchung auf die neuen Volksaktionäre schien jedoch nicht angebracht. Die Volksaktionäre bieten zwar ein instruktives Beispiel dafür, welche Sparerkreise durch eine forcierte Werbung für die Aktie bestenfalls gewonnen werden können sowie dafür, wie neue Aktionäre auf den Börsenzyklus reagieren; aber erst am Verhalten der übrigen Kleinaktionäre, deren Aktien nicht durch einen Vorzugskurs vor den rauhen Winden der Börse abgeschirmt wurden, kann sich zeigen, welche Rolle die Aktie als Sparform für breite Schichten auf die Dauer spielen kann.

In die Analyse werden neben den Depotdispositionen der Kleinaktionäre im Verlaufe des Börsenzyklus von 1959 bis 1963 auch ihre Einstellungen und Kenntnisse, ihr Informationsinteresse und ihre Motive einbezogen. Besonders interessiert das Ausmaß ihrer Börsenaktivität, ihre Spekulationsneigung sowie ihre Kauf- und Verkaufstätigkeit in den Extremphasen der Börsenkursentwicklung, bei Hausse und Baisse. Obwohl hier zweifellos die größten Probleme auf dem Wege zu einer dauerhaften Popularisierung des Aktiensparens liegen, zeichnet sich doch insgesamt ein gänzlich anderes Bild von der Aktivität und den Verhaltensweisen des durchschnittlichen Kleinaktionärs ab, als es uns das Stereotyp vom „spekulierenden Aktionär" vorzutäuschen pflegt.

Die Untersuchung beruht zu einem wesentlichen Teil auf dem Datenmaterial einer Repräsentativerhebung der Kölner *Forschungsstelle für empirische Sozialökonomik* und des Frankfurter *DIVO-Instituts*[8], in der unter anderem auch ein repräsentativer Querschnitt von mehr als 400 Aktionären an Hand eines standardisierten Fragebogens interviewt worden war. Für die Genehmigung, dieses Material sekundäranalytisch auswerten zu können, schuldet der Verfasser beiden genannten Instituten Dank.

[8] Umfrage „Eigentumsbildung und Altersvorsorge bei Angehörigen des selbständigen Mittelstandes unter Berücksichtigung des Wertpapiersparens", Repräsentativerhebung im Bundesgebiet und Berlin (West), Wertpapierbesitzer und Selbständige, 16—79 Jahre, Zufallsauswahl, insgesamt 1079 Fälle, April—Juni 1963 (Kurzzitat: Umfrage „Eigentumsbildung und Altersvorsorge").

Erstes Kapitel

Kleinaktionäre und Aktienbesitz in der Bundesrepublik Deutschland

§ 1 Der Begriff Kleinaktionär

1. Verwendung und Abgrenzung im Schrifttum

Der Begriff Kleinaktionär ist lange Zeit vorwiegend im rechtswissenschaftlichen Schrifttum verwendet worden, wo er sich mehr als 70 Jahre zurückverfolgen läßt[1]. Mit ihm sollte die große Gruppe der einflußlosen Aktionäre gekennzeichnet werden; der Kleinaktionär in seiner Ohnmacht gegenüber den Entscheidungen der Aktienmajorität oder der Verwaltung, selbst wenn er berechtigte Interessen durchzusetzen suchte, aber auch in seiner vielbeklagten Desinteressiertheit an der persönlichen Wahrnehmung seiner Rechte war ein Angelpunkt der nicht zur Ruhe kommenden Diskussion über die Reform des Aktienrechts[2].

Im Verlaufe dieser Diskussion hat der Begriff Kleinaktionär vielfache Interpretation gefunden. Eine genaue Abgrenzung zwischen Kleinaktionären und anderen Aktionärstypen ist indessen nie überzeugend gelungen. Aussagen über diese Begriffe, die methodologisch als Definitionen verstanden werden könnten, sind selten. Häufiger sind Sätze, die das „Wesen" des typischen Kleinaktionärs erläutern sollen, wobei sich die Begriffsabgrenzung als solche nur vage aus dem jeweiligen Textzusammenhang erschließen läßt.

Für *Passow* z. B., der „das Nebeneinander von Groß- und Kleinaktionären"[3] als typisch für den wirtschaftlichen Charakter der Aktiengesellschaft ansieht, sind Großaktionäre „mit erheblichen Beträgen am Unternehmen beteiligt", während Kleinaktionäre „nur auf möglichst

---

[1] Vgl. *Lehmann*, Karl: Die geschichtliche Entwicklung des Aktienrechts bis zum Code de Commerce, Berlin 1895, S. 60, der den Begriff seinerseits wieder im Rahmen einer Betrachtung über die Frühzeit der Aktiengesellschaft verwendet.

[2] Vgl. *Wiethölter*, Rudolf: Interessen und Organisation der Aktiengesellschaft im amerikanischen und deutschen Recht (Berkeley - Kölner Rechtsstudien, Kölner Reihe, Bd. 1), Karlsruhe 1961.

[3] *Passow*, Richard: Die Aktiengesellschaft, 2. Aufl., Jena 1922, S. 333.

hohe Dividenden und Kurse hoffen und auf die Verwaltung gar keinen Einfluß üben wollen"[4]. Andere Autoren verwenden zusätzliche Aktionärsbezeichnungen, um den Begriff Kleinaktionär zu erläutern oder abzugrenzen. *Planitz* rückt den Kleinaktionär in die Nähe des von ihm negativ bewerteten Spekulationsaktionärs[5]. Für *Müller-Erzbach* bedeutet die Unterscheidung zwischen Groß- und Kleinaktionär im wesentlichen dasselbe wie diejenige zwischen Daueraktionär und ‚Nomadenaktionär'[6]. Und *Ludewig* setzt den Begriff Kleinaktionär mit dem des „Gelegenheitsaktionärs" gleich und subsumiert diesem die Bezeichnungen „Spekulations- und Anlageaktionär"[7].

Gemeinsam ist diesen und ähnlichen Vorstellungen, daß dabei der Kleinaktionär durch bestimmte typische Einstellungen, Motivationen oder Verhaltensweisen charakterisiert wird. Franz *Klein* hatte schon 1904 vor solchen Vereinfachungen gewarnt: „Es ist unrichtig, den Großaktionären immer ein weiter ausschauendes Interesse an dem Gedeihen der Gesellschaft zu unterstellen, bei den kleinen Aktionären und der Minderheit hingegen nur vorübergehendes spekulatives Interesse an der Kursbewegung ... anzunehmen[8]." Aber auch wo der Begriff Kleinaktionär im methodisch strengeren Sinne definiert wird, werden Kategorien wie Einstellung, Motivation und Verhalten zu Hilfe genommen. Bei *Mijalkovič* beispielsweise, der zwischen einem wirtschaftlichen und einem rechtlichen Begriff des Kleinaktionärs unterscheidet, ist wirtschaftlich ein Kleinaktionär, „wer seine Aktien nur als Rentenpapiere betrachtet, ohne die Absicht und in der Regel auch ohne die Möglichkeit, auf die Führung des Unternehmens Einfluß zu nehmen"[9]. Den Spekulanten werden die Kleinaktionäre hier ausdrücklich nicht zugerechnet[10]. Anders dagegen bei *Bondi*, dessen höchst eigenwillige Definition alle Kleinaktionäre zu Spekulanten stempelt[11]; sogar Aktionäre mit großer und größter Kapitalbeteiligung gelten bei ihm als „Kleinaktionäre", falls ihnen „infolge ihrer Einstellung" die Absicht fehlt, „wirksam auf die Leitung des Unternehmens dauernden Einfluß zu nehmen"[12]. Wer

---

[4] Ebenda, S. 331.

[5] *Planitz*, Hans: Die Stimmrechtsaktie, Leipzig 1922, S. 6 f.

[6] *Müller-Erzbach*, Rudolf: Umgestaltung der Aktiengesellschaft zur Kerngesellschaft verantwortungsvoller Großaktionäre, Berlin 1929, S. 8.

[7] *Ludewig*, Wilhelm: Hauptprobleme der Reform des Aktienrechts, Marburg 1929, S. 7.

[8] *Klein*, Franz: Die neueren Entwicklungen in Verfassung und Recht der Aktiengesellschaft, Wien 1904, S. 44.

[9] *Mijalkovič*, Vladimir: Die wirtschaftliche und rechtliche Stellung des Kleinaktionärs, Diss. Bern 1941, S. 5.

[10] Ebenda, S. 18.

[11] *Bondi*, Arthur: Die Rechte der Aktionäre, Berlin 1930, S. 72.

[12] Daselbst.

etwa im Vertrauen auf eine gute Unternehmensführung ein großes Aktienpaket lediglich als Kapitalanlage betrachtet oder wer mit einer Schachtelbeteiligung spekuliert, die er nur vorübergehend im Besitz behalten will, ist der Terminologie *Bondis* zufolge den Kleinaktionären zuzurechnen; das quantitative Element, das im allgemeinen Sprachgebrauch mit den Worten „Groß"- und „Kleinaktionär" verbunden ist, findet in seiner Definition keine Berücksichtigung.

Bei anderen Autoren hingegen, so bei *Haussmann*[13], *Weidenbaum*[14] und in jüngster Zeit auch bei *Alof*[15], ist für die Bestimmung des Begriffs Kleinaktionär die relative Höhe seiner Beteiligung am Grundkapital der Gesellschaft ausschlaggebend. Aktionäre mit einer Beteiligung von 1 % und weniger heißen in *Haussmanns* stark durchgegliederter Systematik Einzelaktionäre, wobei der ebenfalls verwendete Begriff Kleinaktionär vom Text her wahrscheinlich synonym mit Einzelaktionär ist[16]. Besitzt ein Aktionär einen 10 %igen Anteil am Aktienkapital, so stellt er gewissermaßen schon eine „kleinere Minderheitsgruppe" dar. Zwischen einer ein- und einer zehnprozentigen Beteiligung gibt es bei *Haussmann* keine Abstufung; auch eine Grenze ist nicht gezogen, so daß die Begriffe Einzel- und Minderheitsaktionär in dieser Definition nicht als operational abgegrenzt gelten können[17]. Die gleiche Schwäche zeigt sich in der Terminologie *Weidenbaums*, der eine Gruppierung in Einzel-, Minderheits- und Unternehmeraktionäre nach der Höhe der relativen Beteiligung vorschlägt[18]. Der Einzel- oder Kleinaktionär ist „unwesentlich beteiligt"[19]; erläuternd wird darauf hingewiesen, daß auch Aktionäre mit einer Beteiligung von 1 oder 2 % am Gesamtkapital eines großen Unternehmens noch den „Einzel- oder Kleinaktionären" zuzurechnen seien[20]. Auch hier fehlt jede eindeutige Grenzziehung, nach der Kleinaktionäre, Minderheits- und Unternehmeraktionäre in empirischen Untersuchungen getrennt analysiert werden könnten.

Eine bestimmte Höhe der Kapitalbeteiligung, bis zu der er einen Aktionär noch als Kleinaktionär bezeichnen will, nennt dagegen *Alof:* „Der Kleinaktionär kennzeichnet sich durch einen Aktienbesitz, der 5 % des

---

[13] Vgl. *Haussmann,* Fritz: Vom Aktienwesen und vom Aktionär, Mannheim, Berlin, Leipzig 1928, S. 84.

[14] Vgl. *Weidenbaum,* Paul: Unternehmer- und Minderheitsaktionär, Diss. Frankfurt 1932, S. 1.

[15] Vgl. *Alof,* Werner: Der Kleinaktionär, Diss. Köln 1963, S. 88.

[16] Vgl. *Haussmann,* Fritz, a.a.O.

[17] Ebenda, S. 84.

[18] Vgl. *Weidenbaum,* Paul, a.a.O., S. 1.

[19] Daselbst.

[20] Ebenda, S. 5.

Grundkapitals der Gesellschaft nicht erreicht und folglich keine nennenswerte Einflußnahme auf das Unternehmen ermöglicht...[21]." Bei der heutigen Höhe des Grundkapitals zahlreicher Aktiengesellschaften bedeutete das allerdings, daß Aktienbesitzer mit Millionenbesitz noch als Kleinaktionäre zu deklarieren wären[22].

Definitionen des Begriffs Kleinaktionär auf der Grundlage eines absoluten Aktiennennbetrages finden sich im Schrifttum nicht. Jedoch gibt es Anhaltspunkte, daß eine solch enge Begriffsfassung in Ausnahmefällen für zweckmäßig gehalten wird. *Wertheimer* nennt einen typischen Nominalbetrag: „Kleinaktionär, d. h. ein Besitzer einiger 1 000-Mark-Aktien...[23]." Und *Wiethölter* kennzeichnet in seiner umfassenden Untersuchung über die Interessen und die Organisation der Aktiengesellschaft Kleinaktionäre einmal in einer Art Klammerdefinition als Aktionäre mit einem Besitz „bis 10 000 DM Aktienkapital"[24].

Von diesen Ausnahmefällen abgesehen, haben alle Definitionen und Erläuterungen des Begriffs Kleinaktionär und alle zu diesem Begriff ergänzend oder synonym hinzutretenden Aktionärsbenennungen im Schrifttum eine gemeinsame Wurzel, und zwar unabhängig davon, ob typische Verhaltensweisen, Motive und Einstellungen oder ein mehr oder minder präzise angegebener Beteiligungsumfang den Begriffsinhalt bestimmen: Alle Autoren, auch diejenigen, die den Begriff Kleinaktionär durch eine ihrer Ansicht nach treffendere Bezeichnung ersetzen wollen[25], haben den Aktionär nur in seiner Beteiligung an einer *einzigen* Gesellschaft im Blickfeld. Im Vordergrund steht die Funktionsfähigkeit der Aktiengesellschaft und die zweckdienliche Gestaltung der mitgliedschaftlichen Beziehungen zwischen Aktionär und Gesellschaft sowie zwischen den Aktionären untereinander. Die Tatsache, daß viele „Aktionäre" an mehreren Aktiengesellschaften gleichzeitig beteiligt sind, ist für die aktienrechtliche Fragestellung nicht bedeutsam. Damit bleibt aber auch unberücksichtigt, ob jemand beispielsweise bei einer Gesellschaft „Großaktionär" und daneben bei einer oder mehreren anderen „Kleinaktionär" ist.

---

[21] *Alof,* Werner, a.a.O., S. 88.

[22] Vgl. *Alof,* Werner, a.a.O., S. 472. Hier weist *Alof* ausdrücklich auf „Kleinaktionäre" mit einem Besitz von über 1 Mill. RM hin; entsprechend gelten bei ihm bis zu 99,9 % aller Aktionäre als „Kleinaktionäre".

[23] *Wertheimer,* Ludwig: Gründerlohn, Klein-Aktie, Aufsichtsrats-Delegation, Gießen, Berlin, Leipzig 1933, S. 30.

[24] *Wiethölter,* Rudolf, a.a.O., S. 98.

[25] Der Katalog der so entstandenen Aktionärsbezeichnungen ist bemerkenswert: „Kleine" Aktionäre werden als „Einzel-" oder „Gelegenheits-", „Anlage-", „Kapital-", „Mitläufer-", „Renten-", „Nomaden-" oder „Spekulationsaktionäre", als „Publikums-", „Dauer-" oder „Mitgliedsaktionäre" und seit kurzem auch als „Sozial-" oder „Volksaktionäre" apostrophiert.

Für die Politik der breiteren Eigentumsstreuung ist gerade diese Tatsache jedoch wesentlich. Hier kommt es auf den Umfang der Vermögensbildung bei einer Person an; es ist daher sinnvoll, eine Gruppierung der Aktionäre nicht auf Grund ihrer Beziehung zu nur einem einzigen Unternehmen, sondern nach ihrem gesamten Aktienbesitz vorzunehmen. Präziser wäre es daher, in der eigentumspolitischen Diskussion nicht von Aktionären, sondern von Aktienbesitzern zu sprechen; aber es kann kaum angenommen werden, daß sich diese begriffliche Präzisierung je durchsetzen wird. Der allgemeine Sprachgebrauch, die Assoziation, die in der Bevölkerung mit dem Wort Kleinaktionär verbunden wird, macht möglicherweise keine strenge Unterscheidung zwischen dem Kleinaktionär eines einzigen Unternehmens und dem Kleinaktionär im Sinne von geringem Aktienbesitz insgesamt.

Daher soll hier die Bezeichnung Kleinaktionär beibehalten, ihr jedoch für die Zwecke unserer Untersuchung eine spezielle, operational abgegrenzte Bedeutung gegeben werden. Dabei können die meisten bisherigen Abgrenzungen leider nicht als Grundlage dienen. Ausgeschlossen sind alle Definitionen, die nur Aktionäre mit einer bestimmten Motivation, einer bestimmten Einstellung oder einem bestimmten Verhalten als Kleinaktionäre gelten lassen. Sie sind unfruchtbar für eine Untersuchung, die Motivation, Einstellung und Verhalten selbst als erklärungsbedürftige Variable zum Gegenstand hat. Unzweckmäßig sind weiterhin alle Abgrenzungen, die von der Höhe der relativen Kapitalbeteiligung an einer Aktiengesellschaft ausgehen. Hierbei würden Aktionäre in extrem unterschiedlichen Vermögensverhältnissen — Millionäre und Kleinsparer — zusammengefaßt und alle Beteiligungen an mehreren Gesellschaften unberücksichtigt bleiben. Anders als für die rechtswissenschaftliche Fragestellung werden sich für die eigentumspolitische Problematik nur Definitionen als instrumentell fruchtbar erweisen, denen als Maßstab die absolute Höhe des gesamten Aktienbesitzes zugrundegelegt ist.

2. Versuch einer demoskopischen Begriffsbestimmung

Die Frage bleibt noch, bei welcher Besitzhöhe die Grenze zwischen den Kleinaktionären und den übrigen Aktionären zu ziehen ist. Ohne konkrete Bestimmung seines quantitativen Inhalts wäre der hier vorgeschlagene auf einem bestimmten Umfang des Aktienbesitzes basierende Begriff Kleinaktionär nicht operational, d. h. die Aussagen über Kleinaktionäre entzögen sich empirischer Überprüfung. Diese quantitative Abgrenzung könnte im Blick auf den Untersuchungszweck nach freiem Ermessen erfolgen; sie könnte aber auch in möglichst enger Anlehnung an den allgemeinen Sprachgebrauch vorgenommen werden. Wenn keine zwingenden Gegengründe vorliegen, dürfte diesem letzten Verfahren der Vorzug zu geben sein; denn die Anlehnung an die Alltagssprache vermeidet Mißverständnisse am sichersten.

Die in der Bevölkerung oder in einzelnen ihrer Gruppen vorherrschende Bedeutung eines Begriffs läßt sich mit den modernen Methoden der empirischen Sozialforschung genau ermitteln. Direkte oder indirekte Fragen, die an einen repräsentativ ausgewählten Bevölkerungsquerschnitt gerichtet werden, können Aufschluß darüber geben, welche Vorstellungen und Assoziationen im allgemeinen Sprachgebrauch mit bestimmten Begriffen verbunden werden[26].

Ein erster Versuch, den quantitativen Inhalt des Begriffs Kleinaktionär demoskopisch zu ermitteln, ist 1963 im Rahmen einer Untersuchung der *Forschungsstelle für empirische Sozialökonomik* und des *DIVO-Instituts* unternommen worden[27]. Als Testgruppe wurde ein repräsentativer Querschnitt der Aktienbesitzer in der Bundesrepublik ausgewählt. Dem lag die Hypothese zugrunde, daß vor allem in dieser Gruppe Begriffe wie Aktionär und Kleinaktionär schon eine fester umrissene Bedeutung haben, ohne die eine genauere Erforschung unfruchtbar bleiben müßte. Außerdem dürfte der bei den Aktionären vorherrschende Sprachgebrauch auch für die übrige Bevölkerung maßgebend sein.

Mehr als 400 Aktionäre wurden gefragt, durch welche Aktienbesitzhöhe ein Kleinaktionär treffend gekennzeichnet werden könne. Knapp zwei Drittel der Befragten waren imstande, ihrer Größenvorstellung Ausdruck zu verleihen: Entweder konnten sie genau einen Höchstbesitz angeben, bis zu dem sie einen Aktionär noch als Kleinaktionär bezeichnen würden, oder — falls sie hierauf keine Antwort wußten — konnten sie doch wenigstens dem Begriff Kleinaktionär einen „durchschnittlichen" Depotwert zuordnen[28].

---

[26] Vgl. *Schleussner*, Carl Adolf: Wer ist Unternehmer? Bad Nauheim 1953, der von einem Versuch berichtet, den vielschichtigen Begriff Unternehmer auf dem Wege einer repräsentativen Bevölkerungsumfrage zu präzisieren.

[27] Umfrage „Eigentumsbildung und Altersvorsorge".

[28] Rund ein Drittel der Aktionäre konnten zum Begriff Kleinaktionär überhaupt keine Angabe machen. Eine Analyse der sozialökonomischen Struktur dieses Drittels ergab jedoch, daß hierdurch die Ergebnisse nicht nennenswert verzerrt sein können: Im Vergleich zu den Antwortenden gehörten die „Meinungslosen" lediglich etwas häufiger einer niedrigen Schicht an. Unterstellt man, daß die Antwortverweigerer eine ungefähre Vorstellung über den Umfang des Kleinaktionärsbesitzes haben, sie aber wegen der Schwierigkeit der Frage nicht so schnell verbalisieren konnten, ist anzunehmen, daß ihre Größenvorstellungen analog ihrer sozialökonomischen Struktur und im Vergleich zu den Antworten eher niedriger als höher liegen. Die Verweigerer würden also das Antwortmuster allenfalls dahingehend verändern, daß die niedrigen Größenklassen etwas stärker besetzt wären. Vgl. *Leverkus-Brüning*, Iris: Die Meinungslosen. Die Bedeutung der Restkategorie in der empirischen Sozialforschung (Beiträge zur Verhaltensforschung, Heft 6), Berlin 1966, S. 68 ff.

Die Grenze zwischen den Kleinaktionären und den übrigen Aktionären wird bei einem sehr niedrigen Aktienbesitz gezogen. Dreiviertel der Befragten, die sich über den Höchstbesitz von Kleinaktionären äußerten, wollten Aktionäre mit einem Depot über 12 000 DM schon nicht

Tab. 1: Das quantitative Element im Begriff Kleinaktionär

Fragen: „Bis zu wieviel Mark darf jemand Aktien besitzen, damit Sie ihn noch als einen Kleinaktionär bezeichnen können?"

Falls ‚Weiß nicht':

„Was meinen Sie, wie hoch wohl der durchschnittliche Betrag sein darf, um noch als Kleinaktionär zu gelten?"

Höchstbesitz oder durchschnittlicher Besitz eines Kleinaktionärs a)	Aktionäre, die ... Höchstbetrag nannten %	Aktionäre, die ... Durchschnittsbetrag nannten %	Alle Aktionäre, die einen Betrag nannten %
Unter 3 000 DM ..	27	30	28
3 000 — unter 12 000 DM ..	48	47	47
12 000 — unter 25 000 DM ..	10	8	10
25 000 — unter 50 000 DM ..	2	5	3
50 000 DM und mehr	13	10	12
Zusammen	100 %	100 %	100 %
Basis	181	101	282
Gruppendurchschnitt b)	16 900 DM	14 900 DM	16 200 DM

a) Eine stärker aufgegliederte Auswertung siehe Tab. A 1 im Anhang.
b) Errechnet auf Grund der stärker aufgegliederten Tab. A 1 im Anhang.

mehr als Kleinaktionäre gelten lassen; 27 % zogen die Grenze sogar bereits bei 3 000 DM. Nur 13 % der Aktionäre bezeichneten Sparer mit einem Aktienbesitz von mehr als 50 000 DM noch als Kleinaktionäre. Inhaber von Depots im Werte von 100 000 DM und darüber werden nur noch von 1 % der Aktienbesitzer für Kleinaktionäre gehalten[29].

Auch die Antworten auf die etwas unverbindlicher formulierte Zweitfrage, die nicht auf den Höchstbesitz abzielte, sondern mehr eine Durch-

[29] Antworten mit Werten über 100 000 DM wurden bei der Verschlüsselung der Fragebogen nicht mehr gesondert ausgewiesen.

Tab. 2: Vorstellungen über den Aktienbesitz eines Kleinaktionärs nach der sozialen und ökonomischen Schichtzugehörigkeit der Befragten

Aktionäre	Vorstellungen über den durchschnittlichen oder individuell höchsten Besitz eines Kleinaktionärs				
	Unter 25 000 DM %	Über 25 000 DM %	Summe %	Basis	Gruppen-durch-schnitt-DM
Schulbildung					
Volksschule/Mittlere Reife..	89	11	100	204	13 500
Abitur/Hochschule	73	27	100	78	23 300
Nettomonatseinkommen					
Unter 1000 DM	88	12	100	203	14 000
Über 1000 DM	75	25	100	61	21 200
Beteiligung an ...					
1—3 Aktiengesellschaften ..	87	13	100	237	14 300
4 und mehr Aktiengesellschaften	67	33	100	39	28 400
Kurswert der Aktien					
Unter 20 000 DM	88	12	100	207	13 700
Über 20 000 DM	64	36	100	39	30 000

schnittsbetrachtung nahelegen wollte, bestätigen diese Größenvorstellungen. Soweit der Begriff Kleinaktionär im Zuge der wachsenden Verbreitung des Aktiensparens in die Alltagssprache eindringt, werden mit ihm Besitzhöhen zwischen 3 000 und 50 000 DM verbunden, und nur in Ausnahmefällen wird an einen höheren Depotwert, etwa bis zu 100 000 DM, gedacht.

Die Höhe des Betrages, der einem Kleinaktionär noch zugebilligt wird, ist also von der eigenen ökonomischen und sozialen Stellung abhängig: Aktionäre mit frühem Schulabschluß, geringem Einkommen und geringem Wertpapierbesitz ziehen die Trennungslinie zwischen den Kleinaktionären und den übrigen Aktionären häufiger bei einem vergleichsweise niedrigerem Depotwert als Aktionäre, die länger ausgebildet sind, besser verdienen und mehr besitzen (Tab. 2). Der Begriff Kleinaktionär erweist sich damit als sozial determiniert; in breiten Arbeitnehmerschichten hat er eine andere Bedeutung als in der Oberschicht. Die Hauptwurzel der Unterschiede dürfte in der Relativität des Sprachsymbols „klein" liegen. Im Hinblick auf die persönliche Vermögensbildung, den eigenen Aktienbesitz und das eigene Einkommen wird ein Aktiendepot von einer bestimmten Größe an nicht mehr als „klein" empfunden und folglich der Aktionär, der über soviel Vermögen verfügen kann, auch nicht mehr als Kleinaktionär charakterisiert.

Um so wichtiger ist es, sich in der Terminologie nicht ohne zwingende Notwendigkeit — die für rechtswissenschaftliche Untersuchungen durchaus gegeben sein mag — von diesen Vorstellungen zu entfernen. Das gilt vor allem, wenn Wendungen wie die „Schutzbedürftigkeit" des Kleinaktionärs[30], „die Bedeutung des Kleinaktionärs" und „der Anteil des Aktienbesitzes in der Hand von Kleinaktionären" usw. in der eigentums- und ordnungspolitischen Diskussion in Parlament und Öffentlichkeit eine Rolle spielen. Eine Terminologie, nach der Aktionäre mit vielen hunderttausend DM oder mit erheblich größerem Aktienbesitz noch als „Kleinaktionäre" bezeichnet werden, hat sich vom allgemeinen Sprachgebrauch weit entfernt und kann ohne ausdrücklichen Hinweis auf das jeweils Gemeinte zu Mißverständnissen Anlaß geben. Daher soll der Begriff „Kleinaktionär" für den Zweck unserer Untersuchung so gefaßt werden, daß er ungefähr innerhalb der Spanne bleibt, die durch die Vorstellungen der befragten Aktionäre selbst gegeben ist. Da 12 % der Aktionäre der Ansicht sind, ein Aktionär könne auch bei einem Depotwert zwischen 50 000 und 100 000 DM noch als Kleinaktionär gelten, wählen wir als obere Grenze unserer Begriffsbestimmung einen Aktienbesitz von 100 000 DM. Unter Kleinaktionären werden also Aktionäre mit einem Aktienbesitz im Gesamtwerte bis zu 100 000 DM verstanden; und zwar unabhängig davon, ob dieser Aktienbesitz eine Beteiligung bei einer einzigen Gesellschaft oder bei mehreren Gesellschaften repräsentiert. Diese Definition hat methodologisch lediglich instrumentellen Charakter; einen eigenen Erkenntniswert besitzt sie nicht. Sie ist jedoch enger an den allgemeinen Sprachgebrauch angelehnt als die meisten bisherigen Begriffsbestimmungen im Schrifttum.

§ 2 Sozialökonomische Analyse des Aktienbesitzes

Die Eigentumspolitik bedarf einer regelmäßigen, weit aufgegliederten Bestandsaufnahme der personellen Vermögensverteilung. Anderenfalls können Förderungsmaßnahmen nicht den Zielen angepaßt, Umwege und

---

[30] Vgl. *Wertheimer*, Ludwig, a.a.O., S. 38.

Irrwege nicht erkannt und vermieden werden. Die Vielzahl der Veröffentlichungen über Fragen der Vermögensbildung und Eigentumsstreuung kann aber nicht darüber hinwegtäuschen, daß es zuverlässiges, nach Größenklassen und sozialen Schichten aufgegliedertes statistisches Material zur Zeit noch nicht gibt[31].

Um so wichtiger erscheint es, wenigstens für einzelne Vermögensformen die zur Zeit erreichbaren statistischen Grunddaten zusammenzufassen und unter eigentumspolitischen Aspekten aufzugliedern. Im folgenden wird dies für den Aktienbesitz versucht.

1. Verbreitung des Aktienbesitzes nach Größenklassen

Die Zahl der Aktienbesitzer in der Bundesrepublik kann auf Grund aller bisherigen Veröffentlichungen nur geschätzt werden. Die meisten Untersuchungen und Repräsentativbefragungen behandeln nicht den persönlichen Aktienbesitz, sondern den Aktienbesitz im Haushalt. Da nicht bekannt ist, wieviele Haushaltsmitglieder in den Mehrpersonenhaushalten Aktien besitzen, lassen sich die Zahlen für die Haushalte nicht auf Personen umrechnen. Unterschiedliche Fragestellungen, Erhebungsmethoden und Ermittlungszeitpunkte erschweren zudem die Vergleichbarkeit der wenigen Untersuchungen, die auf den persönlichen Aktienbesitz abzielen.

Am besten vergleichbar sind die Ergebnisse des *Instituts für Demoskopie*, Allensbach, das im Jahre 1953 und im Herbst 1961 nach dem persönlichen Aktienbesitz gefragt hatte[32]. Demnach stieg der Anteil der Aktienbesitzer von 2 % im Jahre 1953 auf 7 % im Jahre 1961. Wenn auch diese Zahlen im Vergleich zu anderen Umfrageergebnissen und bei Überprüfung an Hand der Einkommens- und Verbrauchsstichprobe des *Statistischen Bundesamtes*[33] eher zu hoch liegen dürften, so verdeutlichen sie doch sehr gut die steigende Verbreitung des Aktienbesitzes bis zum Zeitpunkt *nach* der großen VW-Privatisierungsaktion; sie erlauben daher eine ungefähre Schätzung der Zahl der Aktionäre. Während es 1953 in

---

[31] Vgl. *Burgbacher*, Fritz: Einkommensverteilung und Tendenzen der Vermögensbildung in der Bundesrepublik, in: *Burgbacher*, Fritz, u. a.: Einkommensverteilung und Vermögensbildung in der Bundesrepublik Deutschland, Opladen 1964, S. 155 f. Der Verfasser weist darauf hin, „daß es in der freien Welt kein zuverlässiges statistisches Material über die Vermögensverteilung in einem Volke gibt". Er schätzt das Vermögen der deutschen Volkswirtschaft auf 1300 Mrd. DM, hält aber eine Ungenauigkeit bei seinen Werten bis zu 25 % für möglich.

[32] *Institut für Demoskopie Allensbach*, Informationsdienst vom 29. November 1961.

[33] Vgl. *Euler*, Manfred: Ausgewählte Vermögensformen in privaten Haushalten, in: Wirtschaft und Statistik, Heft 3/1964, S. 143 ff.

der Bundesrepublik und Westberlin nur etwa 500 000 bis 600 000 Aktienbesitzer gegeben hat, lag diese Zahl im Herbst 1961 bereits bei rund 2,2 Millionen[34].

Jüngere Statistiken über den persönlichen Aktienbesitz aus den Jahren 1965 und 1966 sind leider nicht verfügbar. Legt man die neuesten Erhebungen des *DIVO-Instituts* über den Aktienbesitz in privaten Haushalten zugrunde, dürften nach Abschluß der VEBA-Privatisierung schätzungsweise 8—9 % der Bevölkerung zwischen 16 und 79 Jahren, insgesamt mehr als 3,5 Millionen Personen, Aktien besitzen[35]. Die Zahl der Aktionäre in der Bundesrepublik hat sich somit in den letzten zwölf Jahren etwa verfünffacht.

Eigentumspolitisch ist die Zahl der Aktienbesitzer oder die Anzahl der Haushalte mit Aktienbesitz für sich allein genommen nur von sehr begrenztem Aussagewert. Es kommt darauf an, in welchem *Umfang* Vermögen in Form von Aktien gebildet wurde; die amtliche Statistik gibt aber auf diese Frage keine Antwort. In der Einkommens- und Ver-

Tab. 3: Größenklassengliederung des privaten Aktienbesitzes 1963

Kurswert der Aktien	Alle Aktionäre %
Unter 1 000 DM	3
1 000 — unter 2 500 DM	28
2 500 — unter 5 000 DM	15
5 000 — unter 10 000 DM	18
10 000 — unter 25 000 DM	5
25 000 — unter 50 000 DM	7
50 000 — unter 100 000 DM	3
100 000 DM und mehr	3
Keine Angabe	18
Zusammen	100 %
Basis	436

[34] Vgl. *Herlt*, Rudolf: Publizität in unserer Zeit, Hamburg, Berlin, Essen, Frankfurt a. M. 1964, S. 14; *Dollinger*, Werner: Neue Aktien in die Hände der Bürger, in: Bulletin des Presse- und Informationsamtes der Bundesregierung, Nr. 13/1965, S. 98.

[35] Personenanteil geschätzt nach Auszählungen aus einer Repräsentativerhebung des *DIVO-Instituts* über „Sparverhalten“, Bundesgebiet und West-Berlin, Random-Sample, haushaltsgewichtet, 2 002 Fälle, Mai 1965. Vgl. *DIVO*-Pressedienst, Februar 1966, S. 5.

brauchsstichprobe des *Statistischen Bundesamtes* von 1962/63, in der ausgewählte Vermögensformen in privaten Haushalten erstmals amtlich ermittelt worden waren, wurde leider aus nicht näher genannten „erhebungstechnischen Gründen" auf die Ermittlung der Höhe der Vermögenswerte verzichtet. Die oben zitierte Untersuchung der *Forschungsstelle für empirische Sozialökonomik* in Zusammenarbeit mit dem *DIVO-Institut* aus dem Jahre 1963[36] stellt daher vorerst die einzige Quelle dar, aus der ein Überblick über die Schichtung des privaten Aktienbesitzes gewonnen werden kann (Tab. 3).

Unter der Annahme einer ungefähr proportionalen Verteilung der Angabeverweigerer auf die einzelnen Größenklassen lassen sich die Befunde dieser Erhebung wie folgt zusammenfassen: Ein gutes Drittel der Aktienbesitzer hat Aktien im Gesamtwerte von weniger als 2 500 DM; mehr als die Hälfte der Aktionäre besitzen weniger als 5 000 DM, über drei Viertel jedenfalls nicht mehr als 10 000 DM. Auch wenn wir berücksichtigen, daß die „oberen Zehntausend" in einem Bevölkerungsquerschnitt leicht unterrepräsentiert sind, also eine kleine Korrektur zugunsten der obersten Größenklasse in Rechnung stellen, bleibt es dabei, daß nur etwa 4—5 % aller Aktionäre Aktien im Werte von mehr als 100 000 DM besitzen, so daß rund 95 % der Aktionäre nach unserer Definition den Kleinaktionären zuzurechnen sind. Dreiviertel, also die meisten Kleinaktionäre, besitzen weniger als 10 000 DM. Bei den Kursen des Frühjahrs 1963 ist die größte Aktionärsgruppe die mit einem Aktienvermögen zwischen 1 000 und 2 500 DM (dichtester Wert). Im Durchschnitt ist also der Aktionär in der Bundesrepublik durch einen Aktienbesitz charakterisiert, dessen Wert einige mittlere Monatseinkommen nicht übersteigt.

Eine Hochrechnung dieser Werte auf den Betrag des gesamten von Kleinaktionären gehaltenen Aktienbesitzes ist wegen der geringen Zahl der Befragten selbstverständlich nicht möglich. Alle verfügbaren Daten stimmen aber damit überein, daß ein *Nominal*besitz von schätzungsweise 5—6 Mrd. DM Aktienkapital in den Händen von Kleinaktionären eine realistische Annahme ist[37]; vom gesamten Aktienumlauf in Höhe von 38 Mrd. DM Ende 1963 würden demnach 13—16 % auf Kleinaktionäre entfallen.

---

[36] Umfrage „Eigentumsbildung und Altersvorsorge".

[37] Vgl. Die Ergebnisse der Depoterhebung für Ende 1964, in: Monatsberichte der Deutschen Bundesbank, Nr. 7/1965, S. 13 (Tab. 8). Die Nominalbeträge der Größenklasse bis unter 25 000 DM Nominalwert sind sicherlich völlig, die Werte der nächsthöheren nur zum Teil den Kleinaktionären zuzurechnen.

2. Zusammensetzung der Wertpapierdepots

Welche Bedeutung die Aktie als private Sparform im Vergleich zu anderen Wertpapieren hat, zeigt eine Analyse der Wertpapierdepots insgesamt. Wir unterscheiden zu diesem Zweck zwischen „reinen" und „gemischten" Depots. Reine Depots enthalten nur eine einzige Wertpapierart, also entweder nur Aktien, nur Investmentzertifikate oder nur festverzinsliche Wertpapiere; gemischte Depots enthalten dagegen zwei oder drei verschiedene Wertpapierarten. Unter Depot soll der gesamte Wertpapierbesitz einer Person verstanden werden, ohne Rücksicht darauf, ob die Wertpapiere bei einem oder mehreren Kreditinstituten in Verwahrung sind. Der Untersuchung liegt wiederum die Repräsentativbefragung bei Wertpapierbesitzern aus dem Jahre 1963 zugrunde. Es zeigte sich, daß zwei Drittel aller Depots nur eine einzige Wertpapierart enthalten; das restliche Drittel enthält eine Mischung verschiedener Wertpapiere. Mehr als die Hälfte (52 %) der Wertpapierdepots sind reine Aktiendepots. Der Anteil der reinen Rentendepots liegt mit 13 % erheblich niedriger. Unter den gemischten Depots findet sich am häufigsten die Kombination von Aktien mit festverzinslichen Wertpapieren; eine solche von Aktien, festverzinslichen Wertpapieren und Investmentzertifikaten ist nur in 8 % aller Depots enthalten. Genauso häufig ist die Kombination Aktien mit Investmentzertifikaten (8 %). Die geringsten Anteile entfallen auf Depots, die nur Investmentzertifikate (3 %) oder die sowohl Investmentzertifikate als auch festverzinsliche Wertpapiere enthalten (2 %) (Tab. 4).

Tab. 4: Depotzusammensetzung 1963

	Alle Wertpapierbesitzer %	
Reine Depots	*68*	
Nur Aktien		52
Nur festverzinsliche Wertpapiere		13
Nur Investmentzertifikate		3
Gemischte Depots	*32*	
Aktien und festverzinsliche Wertpapiere		14
Aktien und Investmentzertifikate		8
Aktien und Investmentzertifikate und festverzinsliche Wertpapiere		8
Investmentzertifikate u. festverzinsliche Wertpapiere		2
Zusammen		100 %
Basis		534

Der Verbreitung nach spielt die Aktie demnach in privaten Wertpapierdepots die dominierende Rolle. Insgesamt enthalten 82 % aller privaten Depots Aktien, dagegen nur 36 % festverzinsliche Wertpapiere und nur 21 % Investmentzertifikate[38].

Damit zeigt sich aber zugleich entgegen allen „bewährten" Anlageregeln, daß die Aktie im Vermögensbildungsprozeß nicht für alle die „höchste" Hürde darstellt, die erst genommen wird, nachdem bereits ein Sparguthaben vorhanden ist und ein Mindestbetrag in festverzinslichen Wertpapieren angelegt worden ist. Geldvermögen wird weder immer noch überwiegend in der idealtypischen Reihenfolge Sparguthaben — festverzinsliches Wertpapier — Aktie gebildet, mögen entsprechende Anlageregeln noch so plausibel erscheinen[39]. Vielmehr wenden sich viele Sparer, die noch kein Rentenpapier erworben haben, sofort der Aktie zu, und das nicht erst unter dem Eindruck der großen Privatisierungsaktionen[40].

Bemerkenswert ist die vergleichsweise geringe Verbreitung des Investmentzertifikats, obwohl es in erster Linie als Wertpapier des kleinen Sparers empfohlen wird[41]. Die Analyse der Gesamtdepots ergab, daß Investmentzertifikate so gut wie nie als einzige Wertpapierart den ganzen Depotinhalt ausmachen. 75 % der Besitzer von Investmentzertifikaten haben gleichzeitig Aktien im Depot.

Die geringe Verbreitung des Investmentzertifikats liegt aber keinesfalls daran, daß der einzelne Wertpapierbesitzer durch Kauf verschiedener Aktienwerte selbst eine Risikostreuung vornehmen könnte oder wollte. Eine Analyse der Aktiendepots zeigt nämlich, daß eine große Mehrheit der Aktionäre nur an einer, zwei oder drei Aktiengesellschaften

---

[38] Ungefähr das gleiche Ergebnis, jedoch für Haushalte, zeigt sich bei einem Vergleich mit der Einkommens- und Verbrauchsstichprobe des *Statistischen Bundesamtes* von 1962/63. Die nicht eliminierbaren Mehrfachnennungen machen allerdings eine genaue Berechnung von Anteilprozenten für die einzelnen Wertpapierarten unmöglich. Vgl. *Euler*, Manfred: Ausgewählte Vermögensformen in privaten Haushalten, S. 143. Ein Vergleich unseres Ergebnisses mit der jüngsten Depoterhebung der *Deutschen Bundesbank* ist nicht möglich. Die Depotstatistik zählt im Gegensatz zu unserer Analyse mehrere Depots der gleichen Person einzeln und faßt die Depots von Privatpersonen, Personengesellschaften und Einzelfirmen zusammen; Untersuchungseinheit ist also nicht die einzelne Person, sondern das Depot bei einem Kreditinstitut. Vgl. Die Ergebnisse der Depoterhebung für Ende 1964, Monatsberichte der Deutschen Bundesbank, Nr. 7/1965, S. 3 ff.

[39] Vgl. *Brestel*, Heinz: Wohin mit dem Geld? In: Frankfurter Allgemeine Zeitung vom 31. Dez. 1960, S. 5.

[40] Vgl. *Schmölders*, Günter: Das Wertpapiersparen, in: Zeitschrift für das gesamte Kreditwesen, Heft 7/1962, S. 282.

[41] Vgl. *Barocka*, Egon: Investment-Sparen und Investment-Gesellschaften, Stuttgart 1956, S. 33; *Zweig*, Gerhard, und Hans-Georg *Feldhege*: Eigentum für alle, Bad Godesberg 1961, S. 43.

beteiligt ist (Tab. 5); nur 13 % der Aktienbesitzer hatten 1963 Aktien von vier oder mehr Gesellschaften. Eine breitere Streuung ist weitgehend wegen zu geringen Anlagekapitals des einzelnen Sparers ausgeschlossen; aber auch bei höherem Sparkapital wird eine Beschränkung auf zwei bis drei Aktienwerte bevorzugt.

Eine Aufgliederung der Depots nach Wirtschaftszweigen bestätigt dieses Ergebnis. 1963 besaß der Aktionär in der Bundesrepublik durchschnittlich noch nicht einmal Aktien zweier Wirtschaftszweige (Tab. A 2). Mit Abstand am häufigsten ist eine Beteiligung an der Automobilindustrie

Tab. 5: Anzahl der Beteiligungsgesellschaften je Aktionär

Frage: „Vielleicht darf ich Ihnen jetzt ein paar Fragen über Aktien stellen. Damit sind gleichzeitig auch Volksaktien und Belegschaftsaktien gemeint. Würden Sie mir bitte sagen: Von wieviel verschiedenen Aktiengesellschaften besitzen Sie Aktien?"

Es besitzen Aktien von ...	Alle Aktionäre %
1 Aktiengesellschaft	54
2 Aktiengesellschaften	21
3 Aktiengesellschaften	8
4— 6 Aktiengesellschaften	8
7—10 Aktiengesellschaften	4
11 und mehr Aktiengesellschaften	1
Keine Angabe	4
Zusammen	100 %
Basis	436

einschließlich Maschinenbau; 74 % aller Aktienbesitzer hatten Aktien dieses Wirtschaftsbereichs. Darin spiegelt sich überwiegend die wohl einmalige und außergewöhnliche Streuung der Aktien des Volkswagenwerkes anläßlich der Teilprivatisierung. Erst an zweiter und dritter Stelle stehen Montanwerte und Aktien der chemischen Industrie; sie sind jedoch jeweils nur in weniger als in einem Viertel aller Depots enthalten (23 bzw. 17 %). Dieser Befund ist angesichts der Privatisierungsaktionen mit ihrer sprunghaften Steigerung der Kleinstdepots vielleicht nicht überraschend, aber er muß als wichtige Grundlage der weiteren Untersuchung festgehalten werden. Die Mehrzahl aller Aktiendepots sind mit dem Schicksal einer, zweier oder dreier Gesellschaften verknüpft, die sehr oft noch der gleichen Branche angehören. Eine nennenswerte Risikoverteilung durch Aktienstreuung haben nur etwa 10—20 % der Aktienbesitzer vorgenommen, und nur ein gutes Drittel der Aktionäre besitzt außer Aktien noch andere Wertpapiere, die unter Umständen eine kleine Risikominderung bedeuten könnten.

3. Struktur- und Reichweitenanalyse

Die Zahl der Aktienbesitzer und die Art und Größe der Aktiendepots sind nur einige Indizien, an denen sich die Bedeutung der Aktie für Eigentumsbildung und Vermögensstreuung ermessen läßt. Hinzu kommen muß eine Reichweiten- und Strukturanalyse, mit deren Hilfe gezeigt werden kann, in welchem Umfang in den einzelnen sozialen Schichten, Berufen, Alters- und Einkommensgruppen Aktienbesitz vorhanden ist (Reichweite) und wie sich die Aktienbesitzer in ihrer sozialökonomischen Struktur von den Nichtaktienbesitzern unterscheiden. Eine ständige trendmäßige Beobachtung des Vermögensbildungsprozesses in verschiedenen Teilgruppen der Bevölkerung wäre um so wichtiger, je mehr in der Gesellschaft Grundentscheidungen und Ziele bejaht werden, denen zufolge Vermögenszuwächse in verschiedenen sozialen Gruppen höchst unterschiedlich bewertet werden. Die Struktur- und Reichweitenanalyse ist daher Voraussetzung für jedes Werturteil über die Eigentumsbildung.

a) Aktienbesitz und Geschlecht

Mehrere große Publikumsaktiengesellschaften haben über die Kreditinstitute die „soziologische Struktur" ihrer Aktionäre untersuchen lassen[42]. Neben Kategorien wie Angestellte, Arbeiter, Beamte oder selbständige Kaufleute fand dabei die Kategorie „Hausfrauen" oder „Hausfrauen und Witwen" Verwendung. Die Tatsache, daß nach den Ergebnissen dieser Teilerhebungen etwa 25—35 % der Aktionäre jeweils Hausfrauen und Witwen waren und daß diese Gruppe sich fast immer als die zahlenmäßig größte erwies, wurde in Presse und Fachzeitschriften

[42] Vgl. z. B. Volkskapitalismus noch in Kinderschuhen, in: Deutsche Zeitung vom 15. Sept. 1959, S. 7 (Mannesmann AG); Aktionärsrundschreiben der Gelsenkirchener Bergwerks-AG. vom 16. 7. 1958; Aktionärsrundschreiben der Farbenfabriken Bayer AG. vom Dezember 1958; Geschäftsberichte der Hoesch-Werke AG., Geschäftsjahr 1957/58, April 1959, S. 31; Aktionärsrundschreiben der Badischen Anilin- und Sodafabrik AG. vom September 1960. Eine zusammenfassende Auswertung von 15 solcher Untersuchungen wurde durch das *Statistische Bundesamt* vorgenommen: Vgl. *Berndsen*, Rudolf: Die soziologische Struktur des Aktien-Streubesitzes, in: Wirtschaft und Statistik, Heft 5/1962, S. 264 ff. Diese Zusammenfassung hat jedoch nur sehr geringen Aussagewert. Das *Statistische Bundesamt* hat selbst darauf hingewiesen, daß „die — genau genommen 15 verschiedenen — Erhebungen jeden Aktionär bei jeder Gesellschaft einzeln (zählen)" und daß ein Aktienbesitzer (im durch Addition ermittelten Gesamtergebnis) infolgedessen „mehrmals als Aktionär in Erscheinung treten (kann)" (S. 264).

stark beachtet[43]. Die große Beteiligung der Hausfrauen erschien als Indiz dafür, daß die Aktie in breite Schichten eindringt.

Bei genauer Analyse ist aber der Gesamtanteil der Frauen unter den Aktionären, also unter den berufstätigen und nichtberufstätigen Aktionären, wesentlich kleiner als der Anteil der Männer. 1963 waren insgesamt 63 % der Aktienbesitzer Männer, nur 37 % Frauen. Da in der Bundesrepublik der weibliche Bevölkerungsanteil überwiegt, zeigt die Reichweitenanalyse den Unterschied noch deutlicher: Im Herbst 1961, also nach Abschluß der VW-Privatisierung, besaßen nur 5 % aller erwachsenen Frauen gegenüber rund 9 % der Männer persönlich Aktien[44]. Damit sind wir in Deutschland noch weit von den Verhältnissen der USA entfernt, wo die Aktienbesitzer etwa je zur Hälfte Männer und Frauen sind und der Anteil der aktienbesitzenden Männer mit 17 % nur geringfügig über dem der Frauen (16 %) liegt[45]. Aber auch dieses Verhältnis rechtfertigt noch nicht die Behauptung, daß in den USA die Frau der „typische Kleinaktionär" sei[46].

Der Grund für den im Vergleich geringeren Anteil der weiblichen Kleinaktionäre in Deutschland könnte darin liegen, daß die deutschen Frauen im Durchschnitt eine geringere Schulbildung haben und weniger emanzipiert sind und daß die wirtschaftliche Rollenverteilung im privaten Haushalt in Deutschland eher den „persönlichen" Aktienbesitz des Mannes begünstigt. Wie *Schmölders* nachgewiesen hat, verwalten gerade in den einkommensstärkeren Haushalten die Ehemänner besonders häufig allein das Einkommen; sie geben ihren Ehefrauen meistens nur ein festes Wirtschaftsgeld[47]. Folglich dürften die Aktien, falls nicht besondere Umstände vorliegen, überwiegend unter dem Namen des Mannes gekauft, von diesem verwaltet und unter seinem Namen bei der Bank geführt werden, auch wenn güterrechtlich oder nach dem Willen der Beteiligten gemeinsames Vermögen begründet werden sollte. Bestand aber beim Befragten Unsicherheit über die persönliche Zuordnung des Besitzes oder besaßen die Eheleute die Aktien gemeinsam, so hatten bei der hier referierten Repräsentativbefragung diejenigen eine größere Auswahlchance, unter deren Namen die Aktien beim Kreditinstitut ver-

---

[43] Vgl. z. B. Auch Oma hat Aktien, in: Der Volkswirt, Nr. 25/1962, S. 1191; Jeder dritte Aktionär ist eine Frau, in: Zeitschrift für das gesamte Kreditwesen, Heft 20/1962, S. 6.

[44] *Institut für Demoskopie Allensbach*, Informationsdienst vom 29. Nov. 1961, S. 4.

[45] Vgl. *New York Stock Exchange*, Shareownership U.S.A., 1965 Census of Shareowners, S. 7.

[46] *Stegner*, Artur: Die Überwindung des Kollektivismus, Göttingen 1953, S. 179.

[47] *Schmölders*, Günter: Die Hausfrau und das Geld, in: Zeitschrift für das gesamte Kreditwesen, Heft 21/1961, S. 10 ff.

waltet wurden. Ungewiß ist außerdem, wie unterschiedlich Ehefrauen auf die Frage nach dem persönlichen Aktienbesitz antworten, wenn alle Aktien der Familie vom Ehemann gekauft und verwaltet werden und unter seinem Namen im Bankdepot liegen. Leider gibt es über die praktische Handhabung der ehelichen Güterverwaltung und das „Eigentumsbewußtsein" der Partner bei verschieden großer Aktivität beim Aufbau und der Verwaltung des Vermögens kein empirisches Material, so daß hier nur Hypothesen aus der allgemeinen Rollenverteilung im Mehrpersonenhaushalt abgeleitet werden konnten.

Anhaltspunkte bietet darüber hinaus eine Aufgliederung der männlichen und weiblichen Aktienbesitzer nach dem Familienstand (Tab. 6). Es ergeben sich signifikante Unterschiede zwischen dem Anteil der verheirateten und verwitweten Aktionäre beider Geschlechter. Bei den männlichen Aktionären ist der Anteil der Verheirateten, bei den weiblichen der Anteil der Verwitweten überproportional hoch. Zu Lebzeiten beider Partner besitzt der Mann häufiger die Aktien oder fühlt sich als „persönlicher" Eigentümer; die längere Lebenserwartung der Frauen läßt sie häufiger Aktienbesitz erben.

Tab. 6: Aktienbesitz nach Geschlecht und Familienstand

Aktionäre	Familienstand				Summe	Basis
	Verheiratet %	Verwitwet %	Geschieden/getrennt lebend %	Ledig %	%	
Männlich	85	0	2	13	100	275
Weiblich	64	16	4	16	100	161

Alles in allem darf man daher dem Anteil der Frauen an den Aktienbesitzern, wie er sich aus den üblichen Statistiken ergibt, keinen großen indikatorischen Wert zumessen. Bezeichnungen wie „Hausfrau" und „Witwe" bergen sogar die Gefahr der Fehlinterpretation in sich, soweit sie ganz bestimmte Assoziationen wie niedrige soziale Schicht, geringes Einkommen oder soziale Schutzbedürftigkeit hervorrufen. Da die Gruppe der aktienbesitzenden Hausfrauen sehr klein ist, läßt sich auch über ihren ökonomischen Status ohne weitere Daten gar nichts aussagen. Im ganzen ist die Kategorie „Frauen mit Aktienbesitz" unter eigentumspolitischen Aspekten weniger aussagefähig als etwa die Kategorie „Arbeiter mit

Aktienbesitz"; allenfalls im langfristigen Zeitvergleich könnten Veränderungen im Anteil der Frauen an der Gesamtzahl der Aktionäre von größerem Interesse sein.

b) Aktienbesitz und Beruf

Der Beruf charakterisiert besonders deutlich die Lebenslage des einzelnen in der Gesellschaft. Eine Aufgliederung der Bevölkerung nach Berufsbereichen besagt nicht nur viel über die ökonomischen Unterschiede zwischen den Gruppen, sondern auch über ihre voneinander abweichenden Bewußtseinslagen. Selbst die üblichen groben Aufteilungen in sechs bis zehn Berufskreise, bei denen zwangsläufig zum Teil heterogene Untergruppen zusammengefaßt werden müssen, haben in der empirischen Sozialforschung analytischen Wert.

Schon die Zweiteilung der Bevölkerung in Selbständige und Abhängige zeigt wesentliche Unterschiede in der Verbreitung des Aktienbesitzes (Tab. 7). Obwohl die Selbständigen insgesamt nur ein Fünftel der Bevölkerung ausmachen, entfallen auf sie 1963 mehr als ein Drittel der Aktienbesitzer, während die beruflich Abhängigen, die vier Fünftel der Gesamtbevölkerung ausmachen, auf sich weniger als zwei Drittel der Aktionäre vereinigen. Aber hinter dieser groben Durchschnittsbetrachtung verbergen sich weitere fundamentale Unterschiede bei einzelnen Gruppen der Selbständigen und Abhängigen. Unter den Selbständigen ist der Unterschied besonders kraß zwischen den freien Berufen und den selbständigen Landwirten (Tab. 7). Angehörige der freien Berufe besitzen extrem häufig Aktien, selbständige Landwirte dagegen äußerst selten: 1963 gehörten 9 % der Aktienbesitzer den freien Berufen an, obwohl dieser Berufskreis nur 1,5 % der Gesamtbevölkerung umfaßt, während der fast sechsmal so großen Gruppe der Landwirte nur 4 % aller Aktienbesitzer zuzurechnen waren. Auch die Selbständigen aus Handel und Gewerbe stellen einen vergleichsweise wesentlich geringeren Anteil der Aktionäre als die freien Berufe, wenn sie auch die Landwirte hinsichtlich der Verbreitung des Aktienbesitzes noch bei weitem übertreffen. Es zeigt sich deutlich, daß Selbständigkeit allein kein Indiz für eine hohe Verbreitung von Aktienbesitz ist. Insgesamt ist der Anteil der Selbständigen an den Aktionären zwar überproportional hoch, innerhalb der Untergruppen ergeben sich jedoch erhebliche Differenzen zwischen der Spitzenposition der freien Berufe und den Landwirten am unteren Ende der Häufigkeitsskala; die Selbständigen aus Handel und Gewerbe nehmen eine mittlere Stellung ein, übertreffen aber alle Arbeitnehmergruppen deutlich. Eine genauere Aufgliederung dieser Mittelgruppe der Selbständigen zeigt noch weitere bezeichnende Unterschiede, auf die wir später noch eingehen werden.

Tab. 7: Berufsstruktur der Aktionäre

Berufskreise[a)]	Aktionäre			Bevölkerung	
	1953[b)] %	1961[b)] %	1963[c)] %	1950 %	1961[d)] %
Freie Berufe	8	6	9	1,2	1,5
Selbständige in Handel und Gewerbe	34	20	23	12,3	10,6
Landwirte	13	5	4	12,5	8,7
Selbständige insgesamt	55	31	36	26,0	20,8
Arbeiter[e)]	12	25	11	52,1	49,8
Angestellte	28	33	38	17,2	22,7
Beamte	5	11	15	4,7	6,7
Abhängige insgesamt	45	69	64	74,0	79,2
Summe	100	100	100	100,0	100,0

a) „Hierunter sind zusammengefaßt sowohl die Berufstätigen selbst als auch ihre nicht berufstätigen Familienangehörigen. Zur Gruppe der ‚Arbeiter' gehören also nicht nur die berufstätigen Arbeiter und Arbeiterinnen, sondern auch deren Familienangehörige, zum Beispiel Hausfrauen." *Noelle*, Elisabeth, und Erich Peter *Neumann (Institut für Demoskopie Allensbach*, Hrsg.): Jahrbuch der öffentlichen Meinung 1958—1964, Allensbach und Bonn 1965, S. XV, 4.

b) *Institut für Demoskopie Allensbach*, Informationsdienst vom 29. November 1961, S. 4.

c) *Forschungsstelle für empirische Sozialökonomik* und *DIVO-Institut*, Umfrage „Eigentumsbildung und Altersvorsorge", a.a.O. Ohne 20 Befragte = 6 % aller Aktienbesitzer, bei denen der Berufskreis nicht ermittelt werden konnte (15 Hausfrauen und 5 Lehrlinge, Schüler, Studenten, Anlernlinge).

d) *Noelle*, Elisabeth, und Erich Peter *Neumann*, a.a.O., S. 4.

e) Einschließlich Landarbeiter.

Bei den Arbeitnehmern springt vor allem die Diskrepanz zwischen dem Anteil der Arbeiter und dem Anteil der Angestellten und Beamten an der Gesamtzahl der Aktionäre ins Auge. Die Hälfte der Bevölkerung gehört zum Berufskreis der Arbeiter, aber 1963, zwei Jahre nach der VW-Privatisierung, sind nicht mehr als 11 % aller Aktionäre Arbeiter. Demgegenüber ist Aktienbesitz in der Gruppe der Angestellten und Beamten überproportional häufig anzutreffen. Über die Hälfte aller Aktienbesitzer (53 %) in der Bundesrepublik sind Angestellte und Beamte (Tab. 7).

Bemerkenswert ist auch die Entwicklung im Zeitvergleich. Im ganzen ist der Anteil der Selbständigen an der Zahl der Aktienbesitzer von 1953 bis 1963 stark zurückgegangen, der Anteil der Arbeitnehmer dagegen entsprechend gestiegen. Den stärksten Rückgang weisen Landwirte und Selbständige in Handel und Gewerbe auf, die größten Steigerungsraten Beamte und Angestellte (Tab. 7). Das beweist eine zunehmende Verbreitung des Aktienbesitzes in Arbeitnehmerschichten; nur ein sehr kleiner Teil des Zuwachses dürfte auf der rückläufigen Quote der Selbständigen an der Gesamtbevölkerung beruhen. Der höchste Anteil der Arbeitnehmer an der Zahl der Aktionäre ergab sich für das Jahr 1961. Im Herbst 1961, wenige Monate nach der VW-Privatisierung, konnten vom *Institut für Demoskopie Allensbach* sogar 25 % der Aktionäre als Arbeiter nachgewiesen werden. 1963 erbrachte die dieser Arbeit hauptsächlich zugrundeliegenden Umfrage des *DIVO-Instituts* und der *Forschungsstelle für empirische Sozialökonomik* nur noch einen Arbeiteranteil von 11 %, dagegen eine weiter erhöhte Quote bei den Angestellten und Beamten. Leider fehlen vergleichbare Kontrolluntersuchungen, um mögliche Streufehler auszuscheiden, aber wir können mit großer Wahrscheinlichkeit daraus schließen, daß der Anteil der Arbeiter-Aktionäre von 1953 bis zum Herbst 1961 stark angestiegen ist, um dann bis zum Sommer 1963 wieder ganz auf den alten Stand von etwa 12 % zurückzufallen. Das bedeutet, daß bei insgesamt steigender Verbreitung des Aktienbesitzes in der Bevölkerung — zwischen 1953 und 1963 von 2 % auf etwa 6 % — zwar die absolute Zahl der Arbeiter-Aktionäre gewachsen ist, nicht jedoch ihr Anteil an der Gesamtzahl der Aktionäre. Der nach wie vor starke Rückstand der Arbeiter bei der Eigentumsbildung hat sich, soweit es den Aktienbesitz betrifft, gegenüber einigen Selbständigengruppen etwas verringert, gegenüber den Angestellten und Beamten aber stark vergrößert.

Die gleichen Befunde, nur in anderer Darstellung, ergeben sich, wenn nicht nach der Berufsstruktur der Aktionäre, sondern nach der Reichweite des Aktienbesitzes in verschiedenen Berufsgruppen gefragt wird. Dazu bedarf es allerdings einer repräsentativen *Bevölkerungs*umfrage, die auch die Nicht-Aktienbesitzer anteilig erfaßt. Die jüngsten veröffentlichten Angaben über die Reichweite des *persönlichen* Aktienbesitzes entstammen der schon zitierten Untersuchung des *Instituts für Demoskopie Allensbach* aus dem Jahre 1961, in der der Anteil der Arbeiter im Vergleich zu 1953 und 1963 sehr hoch lag; aus dem Jahre 1963 liegen nur Teilresultate für die Selbständigen vor (Tab. 8). Der Vermögensrückstand der Arbeiter im Vergleich zu den anderen Arbeitnehmergruppen bestätigt sich auch hier. Der Anteil der Angestellten und Beamten mit Aktienbesitz ist etwa viermal so groß wie der Anteil der Arbeiter (11 % gegenüber 3 %). Also nicht die Eigentumsbildung in Arbeitnehmerhand, sondern die Eigentumsbildung der Arbeiter bleibt zurück[48].

---

[48] Vgl. die unterschiedliche Ausnutzung der Belegschaftsaktien-Angebote

Tab. 8: Reichweite des Aktienbesitzes in verschiedenen Berufsgruppen

Berufskreis	Es besitzen Aktien %
Sommer/Herbst 1961[a)]	
Arbeiter	3
Landwirte	4
Angestellte	11
Beamte	11
Selbständige in Handel und Gewerbe, freie Berufe	14
Frühjahr/Sommer 1963[b)]	
Selbständige Handwerker	11
Selbständige im Einzelhandel	11
Inhaber von Dienstleistungsbetrieben	20
Freie Berufe	34
Selbständige im Großhandel	35
Inhaber mittelständischer Industriebetriebe	40

a) *Institut für Demoskopie Allensbach*, Informationsdienst vom 29. Nov. 1961, S. 4.
b) Umfrage „Eigentumsbildung und Altersvorsorge".

Weniger bekannt dürfte die Tatsache sein, daß auch einzelne Gruppen der Selbständigen — insbesondere die selbständigen Handwerker und Einzelhändler — zu einem geringeren Anteil Aktien besitzen als die in ihrer Eigentumsbildung schnell vorankommenden Angestellten und Beamten[49].

Verschiedentlich ist behauptet worden, die Unterschiede in der Eigentumsbildung, wie sie besonders zwischen Arbeitern einerseits und Angestellten und Beamten andererseits zutage treten, seien vorwiegend auf die verschieden hohe Sparfähigkeit dieser Gruppen zurückzuführen. *Scherhorn* und *Fricke*[50] sind dieser These entgegengetreten, und auch

durch Arbeiter und Angestellte: *Spiegelhalter*, Franz: Ergebnisbeteiligung und Vermögensbildung, Essen 1962, S. 184 ff. Soweit Angaben vorliegen, beteiligen sich die Angestellten im allgemeinen drei- bis viermal so häufig wie die Arbeiter.

[49] Vgl. *Leverkus*, J. Christoph, und Klaus *Wieken*: Eigentumsbildung und Altersvorsorge bei Angehörigen des selbständigen Mittelstandes, unveröffentlichter Forschungsbericht, Köln 1965, S. 53 ff., 84.

[50] *Scherhorn*, Gerhard, und Dieter *Fricke*: Hängt die Spartätigkeit vom Einkommen ab? In: Blätter für Genossenschaftswesen, Nr. 16/1961, S. 281 f.

Tab. 9: Einfluß des Berufs auf den Aktienerwerb[a)]

Nettohaushaltseinkommen im Monat	Haushalte der Angestellten und Beamten (außer leitenden)				Haushalte der Facharbeiter			
	Aktien-besitz %	Kein Aktien-besitz %	Summe %	Basis	Aktien-besitz %	Kein Aktien-besitz %	Summe %	Basis
Unter 600 DM	8	92	100	49	3	97	100	58
600 — unter 800 DM	9	91	100	68	6	94	100	85
800 — unter 1000 DM	8	92	100	63	3	97	100	62
1000 DM und mehr	16	84	100	125	2	98	100	95
Zusammen[b)]	11	89	100	320	4	96	100	312

a) Auszählungen aus der Umfrage „Sparverhalten" des *DIVO-Instituts*, Mai 1965, Random-Auswahl, 1814 Personen zwischen 16 und 79 Jahren aus dem Bundesgebiet und Berlin (West). — b) Einschließlich der Befragten, die keine Angaben zum Haushaltseinkommen machten.

unsere Auswertung neueren Umfragematerials weist in dieselbe Richtung (Tab. 9). Bei gleichem Einkommen sparen Angestellte und Beamte mehr und legen ihre Ersparnisse auch häufiger in Aktien oder anderen Wertpapieren an als die Arbeiter. Die soziale Einordnung des einzelnen in der Gesellschaft, seine berufliche Lage, seine Bezugsgruppe und seine Aufstiegsmöglichkeiten bestimmen Sparhöhe, Sparzwecke und Sparformen mindestens ebenso wie seine lediglich vom Einkommen her abgeleitete „Sparfähigkeit".

c) *Aktienbesitz und Alter*

Dringt der Aktienbesitz in jüngere Altersschichten schneller vor als in ältere? Die Ergebnisse aller verfügbaren Erhebungen deuten darauf hin. Mit der zunehmenden Verbreitung des Aktienbesitzes zwischen 1953 und 1961 ist auch der Anteil der jüngeren Altersgruppen an der Gesamtzahl der Aktionäre ständig gestiegen. 1953 waren nur ein Drittel der Aktienbesitzer jünger als 45 Jahre, im Herbst 1961 schon mehr als die Hälfte (54 %)[51]. Unsere Erhebung aus dem Jahre 1963 zeigt jedoch wieder ein Absinken des Anteils der unter 45jährigen Aktionäre (Tab. 10); mit 45 % liegt er allerdings noch wesentlich höher als 1953.

Der Vergleich mit der entsprechenden Altersstruktur der Gesamtbevölkerung ergibt, daß nur in den Altergruppen unter 35 Jahren und über 70 Jahren Aktienbesitz unterproportional vertreten ist. Das ist erklärlich, wenn man sich vor Augen führt, daß in den ersten Lebensjahrzehnten die Konsumvermögensbildung im Vordergrund steht und im hohen Alter das im Laufe des Arbeitslebens angesparte Geldvermögen häufig als zusätzliches Alterseinkommen liquidiert wird.

Auch im internationalen Vergleich kann die Altersstruktur der deutschen Aktionäre als ausgewogen bezeichnet werden. In den USA lag der Anteil der unter 45jährigen Aktienbesitzer in den Jahren 1956 bis 1965 sehr konstant zwischen 38 und 42 %, während der entsprechende Anteil der Gesamtbevölkerung weit über 50 % liegt[52]. In Deutschland gibt es also 1963 relativ mehr Aktienbesitzer in den jüngeren Altersgruppen als in den Vereinigten Staaten. Es wird noch an anderer Stelle zu prüfen

---

[51] *Institut für Demoskopie Allensbach,* Informationsdienst vom 29. November 1961, S. 5. Da das Sample des Allensbacher Instituts die 18—45jährigen Aktienbesitzer erfaßte, der Querschnitt aus dem Jahre 1963 dagegen schon die 16- und 17jährigen Aktionäre miteinbezog, ist die Vergleichbarkeit geringfügig beeinträchtigt. Der Anteil der unter 18jährigen Aktionäre ist aber so niedrig zu veranschlagen, daß er sich auf das Ergebnis der jüngsten Altersgruppe wohl kaum mit mehr als 1 % auswirken dürfte.

[52] Vgl. Statistisches Jahrbuch der Bundesrepublik Deutschland 1965, S. 30* (Internationale Übersichten). Legt man die USA-Bevölkerung über 15 Jahre zugrunde, beträgt der Anteil der unter 45jährigen Amerikaner dieses Bevölkerungsquerschnitts 57,6 %.

sein, inwieweit dieses Ergebnis in Deutschland auf die Privatisierung von Bundesvermögen zurückzuführen ist.

Tab. 10: Altersstruktur der Aktionäre 1963

Altersgruppen	Aktionäre %	Bevölkerung zwischen 16 und 79 Jahre %
16 — unter 25 Jahre	8	17,4
25 — unter 35 Jahre	11	19,1
35 — unter 45 Jahre	26	17,3
45 — unter 55 Jahre	22	16,0
55 — unter 65 Jahre	20	17,0
65 — unter 70 Jahre	9	6,0
70 — unter 80 Jahre	4	7,2
Unter 45 Jahre	45	53,8
Über 45 Jahre	55	46,2
Zusammen	100 %	100 %
Basis	436	43,1 Mill.

d) Aktienbesitz und Wohnortsgröße

Die regionale Verteilung des Aktienbesitzes ist nicht gleichmäßig. Die Wahrscheinlichkeit, daß jemand Aktien besitzt, steigt mit der Größe seines Wohnortes. Mehr als ein Fünftel der Bevölkerung der Bundesrepublik leben in Dörfern und Gemeinden unter 2 000 Einwohnern, aber dort sind nur ein gutes Zehntel der Aktienbesitzer beheimatet. Auch in Kleinstädten zwischen 2 000 und 20 000 Einwohnern leben weniger Aktionäre, als es dem Anteil dieser Ortsgrößenklasse an der gesamten Bevölkerung entspricht. Überproportional häufig sind Aktionäre dagegen Bewohner von Mittel- und Großstädten (Tab. 11).

Keinesfalls lassen sich die Beziehungen zwischen Ortsgröße und Aktienbesitz allein auf den Faktor Beruf reduzieren, etwa dergestalt, daß in kleineren Gemeinden Berufe konzentriert sind, die besonders selten Aktien besitzen. Auch bei einer Isolierung des Faktors Beruf zeigen sich, soweit die Anzahl der Befragten eine Mehrfaktorenanalyse zuläßt, Unterschiede nach der Gemeindegröße (Tab. A 3). Facharbeiter in Dörfern und

Kleinstädten besitzen z. B. wesentlich seltener Aktien als ihre Kollegen in Mittel- und Großstädten.

Tab. 11: Aktienbesitz nach Ortsgröße

Wohnortsgröße	Aktionäre %	Bevölkerung[a)] %
Unter 2 000 Einwohner	11	21,3
2 000 — unter 20 000 Einwohner	26	29,3
20 000 — unter 100 000 Einwohner	20	16,2
100 000 und mehr Einwohner	43	33,2
Zusammen	100 %	100 %
Basis	436	

a) Statistisches Jahrbuch der Bundesrepublik Deutschland 1965, Stuttgart und Mainz 1965, S. 40.

Die Einflüsse der Wohnortslage sind komplexer; die Gemeinde hat einen prägenden Einfluß auf ihre Bewohner. Wir werden uns mit diesen Beziehungen im Zusammenhang mit den Voraussetzungen für den Aktienerwerb und Aktienbesitz noch beschäftigen müssen. Unsere Hypothesen weisen in die Richtung, daß die Kommunikation und die Informationsmöglichkeiten über die Aktie als Form der Geldanlage in deutschen Kleingemeinden relativ gering sind und daß das vorherrschende Wertesystem andere Anlagepräferenzen als in städtischen Wohnortslagen ausbildet. Auch die Chance, daß dem Aktienbesitz entgegenstehende Präferenzen tatsächlich Verwirklichung finden, etwa Landerwerb oder Hausbau, sind in kleinen Gemeinden wesentlich größer.

Eine ungleiche regionale Verteilung des Aktienbesitzes ist auch in den USA festzustellen, allerdings mit einem sehr bemerkenswerten Unterschied. In der amerikanischen Kleinstadt zwischen 2 500 und 25 000 Einwohnern ist der Anteil der Aktionäre keineswegs geringer, eher größer als in den Großstädten[53]. In allen Größenklassen über 2 500 Einwohner ist Aktienbesitz nahezu gleich häufig anzutreffen und während des letzten Jahrzehnts ziemlich gleichmäßig gewachsen. Allein in einer einzigen Gemeindegrößenklasse, die als „rural areas (farm and non-farm)" charakterisiert wird, fällt die Quote scharf ab. In diesem zum Teil gemeindefreien Gebieten besaßen 1965 3,4 %, in den übrigen Wohnortslagen jedoch

[53] *New York Stock Exchange,* Census of Shareowners 1959, 1962 und 1965, New York 1959, 1962, 1965.

zwischen 12 und 15 % der Bevölkerung Aktien (Tab. A 4). Das eigentlich Überraschende an diesem Resultat, der im Gegensatz zu Deutschland stark verbreitete Aktienbesitz in den amerikanischen Kleinstädten, kann ebenfalls nicht nur mit einer unterschiedlichen Berufsstruktur — geringerer Farmeranteil als in Deutschland — erklärt werden, sondern es dürften zusätzliche Faktoren wie eine stärkere Kommunikation und bessere Information über Aktien sowie anders ausgeprägte Einstellungen, die so abstrakten Eigentumsformen wie der Aktie gegenüber bestehen, eine Rolle spielen.

e) Aktienbesitz und Schulbildung

Etwa 80 % der Bevölkerung der Bundesrepublik haben lediglich die Volksschule besucht; nur etwa die Hälfte der Volksschüler absolvierten zusätzlich eine kaufmännische, technische oder handwerkliche Lehre. Mittlere Reife oder Mittelschulabschluß haben 16 %, Abitur oder Hochschulbildung 4 % der Bevölkerung.

Tab. 12: Schulabschluß der Aktionäre 1963

	Aktionäre %	Bevölkerung[a)] %
Volksschule ohne Lehre	9	38
Volksschule mit abgeschlossener Lehre	31	42
Mittlere Reife/Mittelschule	35	16
Abitur/Hochschule	25	4
Zusammen	100 %	100 %
Basis	436	13 500

a) *DIVO-Institut:* Der Westdeutsche Markt in Zahlen, 3. Aufl., Frankfurt a. M. - Ginnheim 1965, S. 12.

Demgegenüber verteilen sich die Aktienbesitzer höchst ungleichmäßig auf die einzelnen Bildungsstufen. Auf die sehr kleine Gruppe der Akademiker und Absolventen einer höheren Schule entfallen ein Viertel, auf Inhaber eines Zeugnisses der Mittleren Reife ein Drittel, auf Volksschüler mit Lehre ein knappes Drittel und auf die Nur-Volksschüler weniger als ein Zehntel aller Aktienbesitzer. Ein Vergleich der beiden Zahlenreihen in Tab. 12 zeigt damit deutlich ein progressives Abfallen der Aktionärsquote mit sinkendem Bildungsstand.

Die Stärke dieser Beziehung ist in dem Jahrzehnt zwischen 1953 und 1963 jedoch nicht unverändert geblieben. Der Anteil der Aktionäre mit Volksschulbildung ist leicht angestiegen[54]. Während er 1953 weniger als ein Drittel betrug (32 %), erreichte er kurz nach der Privatisierung des VW-Werkes mit 47 % seinen wahrscheinlich höchsten Stand und fiel bis Mitte 1963 wieder auf 40 % zurück. Der Anteil der mittleren Bildungsschicht blieb hingegen während der ganzen Untersuchungsperiode nahezu konstant. Das leichte Aufholen der Aktionäre mit Volksschulbildung ging also zu Lasten der höchsten Bildungsstufe.

f) Aktienbesitz und ökonomischer Status

Zu einer sozialökonomischen Ortsbestimmung des Aktienbesitzers gehört vor allem eine Analyse seiner Einkommenssituation. Ist die Struktur der Einkommen der derzeitigen Aktionäre innerhalb der Einkommenspyramide der Gesamtbevölkerung bekannt, so lassen sich Chancen, Grenzen und Aufgaben der zukünftigen Eigentumspolitik am schärfsten umreißen.

Alle Untersuchungen, in denen der Anteil der Aktienbesitzer in verschiedenen Einkommensgruppen ermittelt wurde, weisen eine parallele Beziehung zwischen Einkommenshöhe und Aktienbesitz nach[55]. Die sehr naheliegende Hypothese, daß der Besitz von Aktien mit steigendem Einkommen deutlich zunimmt, bestätigt sich ausnahmslos, und zwar unabhängig davon, ob das persönliche Einkommen des Aktionärs, das gesamte Haushaltseinkommen oder das Einkommen des Hauptverdieners als Bezugsgrundlage gewählt wird.

Die jüngste Untersuchung, die den persönlichen Aktienbesitz ermittelte und die nach dem Anteil der Aktienbesitzer in verschiedenen Einkommensgruppen ausgewertet werden kann, ist die schon zitierte Umfrage des *Allensbacher Instituts für Demoskopie*[56]. Danach besaßen im Herbst 1961 in der Bevölkerungsgruppe, die durch ein Nettomonatseinkommen des Hauptverdieners von weniger als 400 DM gekennzeichnet ist, 3 % Aktien, in der Einkommensschicht zwischen 400 und 500 DM 4 %, in der zwischen 500 und 600 DM 7 %, in der zwischen 600 und 800 DM 10 % und

---

[54] *Institut für Demoskopie Allensbach*, Informationsdienst vom 29. Nov. 1961, S. 5.

[55] *Forschungsstelle für empirische Sozialökonomik*, Sozialökonomische Analyse des Wertpapiersparens in der Bundesrepublik, als Manuskript vervielfältigt, Köln 1960. *Schmölders*, Günter: Das Wertpapiersparen, in: Zeitschrift für das gesamte Kreditwesen, Heft 7/1962, S. 282 ff.; *DIVO-Institut*, Wertpapiere im Blick des Wirtschaftsbürgers, Materialbericht, Frankfurt a. M. 1962, S. 26; *Institut für Demoskopie Allensbach*, Informationsdienst vom 29. Nov. 1961, S. 4. *Euler*, Manfred: Ausgewählte Vermögensformen in privaten Haushalten, S. 144.

[56] *Institut für Demoskopie Allensbach*, Informationsdienst vom 29. Nov. 1961.

in der Einkommensschicht mit mehr als 800 DM Hauptverdienereinkommen 17 %. Vergleicht man die Werte in den einzelnen Einkommensschichten mit dem Gesamtaktionärsanteil in der Bevölkerung von etwa 7 %, dann lag die „Schwelle" zwischen durchschnittlichem und überdurchschnittlichem Aktienbesitz 1961 bei einem Nettomonatseinkommen des Hauptverdieners von rund 600 DM[57]. Eine weit überdurchschnittliche Verbreitung findet der Aktienbesitz aber erst in Bevölkerungsschichten, die mit mindestens 800 DM Nettomonatseinkommen des Hauptverdieners in einer wesentlich besseren Einkommenssituation lebten als der Durchschnitt der Gesamtbevölkerung.

Zu etwa den gleichen Ergebnissen kommt die Einkommens- und Verbrauchsstichprobe des *Statistischen Bundesamtes* 1962/63[58]. Die absoluten Zahlenwerte sind allerdings — abgesehen vom unterschiedlichen Erhebungszeitpunkt — methodisch mit den oben angeführten Ergebnissen nicht exakt vergleichbar, weil nicht Personen, sondern Haushalte die Untersuchungseinheit darstellten, und für die Landwirte ein Einkommen nicht ermittelt worden war. Aber auch diese Erhebung kann zumindest deutlich die enge Beziehung zwischen Einkommen und Aktienbesitz zeigen. Haushalte mit einem monatlichen Haushaltsnettoeinkommen unter 300 DM besitzen zu 3 % Aktien, Haushalte mit einem Einkommen über 1 200 DM dagegen zu 21 %. Im ganzen besaßen um die Jahreswende 1962/63 6,8 % aller Haushalte in der Bundesrepublik (ohne Berlin) irgendwelche Aktien. Die Grenze zwischen dem unterdurchschnittlichen und dem überdurchschnittlichen Aktionärsanteil dürfte bei einem Nettohaushaltseinkommen zwischen 800 und 900 DM im Monat gelegen haben.

Um Fortschritte der Eigentumsbildung in bestimmten, zum Beispiel den unteren Einkommensschichten, zu messen, sind jedoch Reichweitenzahlen, d. h. die Anteile des Aktienbesitzes in den einzelnen Einkommensschichten, wenig geeignet. Reale oder auch nur nominelle Einkommenserhöhungen verschieben die Einkommensskala der Bevölkerung von Jahr zu Jahr. Eine Einkommensgruppe, die vor einigen Jahren noch die ökonomische Situation des Bevölkerungsdurchschnittes repräsentierte, charakterisiert heute schon eine Lebenslage erheblich unter dem Durchschnitt. Um diese dauernden Verschiebungen innerhalb der Einkommensskala bei zeitvergleichenden Analysen berücksichtigen zu können, ist es zweckmäßig, nicht die Reichweitenzahlen der Vergleichsjahre, sondern die Einkommensstruktur der Aktienbesitzer der entsprechenden Einkommensstruktur der Gesamtbevölkerung gegenüberzustellen. Nur wenn sich die Einkommensstruktur der Aktienbesitzer gegenläufig zur Einkommenstruktur der Gesamtbevölkerung entwickelt, tritt eine wesentliche Veränderung in

---

[57] Vgl. *Schmölders*, Günter: Das Wertpapiersparen, S. 282.

[58] Vgl. *Euler*, Manfred: Ausgewählte Vermögensformen in privaten Haushalten, S. 144.

der Verteilung der Aktienbesitzer auf die einzelnen Einkommensgruppen ein. Für die Bundesrepublik ist ein solcher zeitlicher Vergleich noch nicht möglich. Vergleichbares statistisches Material steht nicht zur Verfügung. Die Statistik der personalen Einkommens- und Vermögensverteilung gehört zu den in Deutschland bisher am wenigsten ausgebauten Statistiken[59].

Abb. 1: Verteilung der Aktienbesitzer innerhalb der Einkommenspyramide, USA — Bundesrepublik

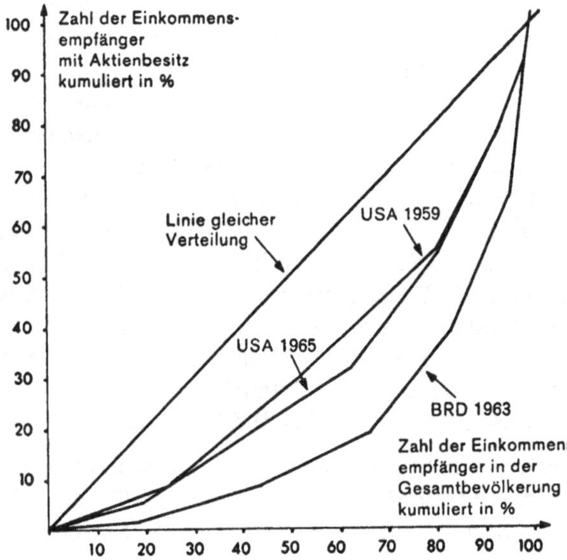

Bei einer Wiederholung der Einkommens- und Verbrauchsstichprobe von 1962/63 und bei wiederholten Repräsentativbefragungen mit denselben Fragestellungen, die sowohl das Einkommen als auch den Aktienbesitz ermitteln, wird in einigen Jahren ein solcher Vergleich eher durchführbar sein.

Für 1963 ergeben sich die in Tab. 13 dargestellten Strukturzahlen, die vielleicht als Ausgangsbasis für spätere Zeitvergleiche dienen können.

[59] Vgl. *Sachverständigenrat zur Begutachtung der gesamtwirtschaftlichen Entwicklung:* Stabiles Geld — stetiges Wachstum (Jahresgutachten 1964/65), Stuttgart und Mainz 1965, S. 147 ff.; *derselbe:* Stabilisierung ohne Stagnation (Jahresgutachten 1965/66), Stuttgart und Mainz 1965, S. 186 ff., 189 ff.

Tab. 13: Haushaltsnettoeinkommen der Aktionäre und der Gesamtbevölkerung 1963

Haushaltsnettoeinkommen im Monat	Aktionäre[a)] %	Bevölkerung[b)] %
Unter 400 DM	2	18
400 — unter 600 DM	7	26
600 — unter 800 DM	10	22
800 — unter 1000 DM	20	16
1000 — unter 1500 DM	26	13
1500 — unter 2000 DM	15	5
2000 — unter 3000 DM	11	
3000 DM und mehr	9	
Zusammen	100 %	100 %
Basis	387	8 914

a) Ohne die Aktionäre (11 % von 436 Fällen), die keine Angabe zum Einkommen machten.
b) *DIVO*-Pressedienst, September I/1963, S. 4; ohne Befragte (7 % von 9585 Fällen), die keine Angabe über ihr Einkommen machten.

Die Gegenüberstellung der Einkommensstruktur der Aktienbesitzer und der Gesamtbevölkerung zeigt, wie stark die Aktionäre bisher in den oberen und höchsten Einkommensschichten konzentriert sind. Während ein gutes Drittel der Aktienbesitzer in Haushalten leben, die über ein höheres monatliches Haushaltsnettoeinkommen verfügen als 1 500 DM, gehören in der Gesamtbevölkerung nur 5 % dieser Einkommensschicht an. Und umgekehrt leben nur ein knappes Fünftel (19 %) der Aktionäre in Haushalten mit einem Einkommen unter 800 DM, während in der gesamten Bevölkerung mehr als dreimal so viele Menschen (66 %) dieser Einkommensschicht angehören[60].

Die graphische Darstellung (Abb. 1) zeigt den gleichen Befund. Solche Darstellungen, für verschiedene Jahre durchgeführt, haben den Vorteil,

[60] Dieser Befund kann auch mittels einer Konzentrationskurve (Lorenzkurve) verdeutlicht werden (Abb. 1). Hierzu werden die Einkommensstrukturdaten der Aktienbesitzer und der Bevölkerung kumuliert und die Wertepaare in ein Koordinatensystem übertragen. Gemessen am monatlichen Haushaltsnettoeinkommen leben zum Beispiel 44 % der Gesamtbevölkerung und 9 % der Aktienbesitzer in der Einkommensschicht unter 600 DM. 44 % der einkommensschwächsten Mitglieder der Gesamtbevölkerung, die alle ein Haushaltseinkommen unter 600 DM haben, vereinigen also nur 9 % der Aktienbesitzer der gleichen Einkommensschicht auf sich. Je tiefer die Einkommensskala gegliedert ist, desto mehr Wertepaare lassen sich bilden und desto genauer kann die Konzentrationskurve gezeichnet werden.

die zeitlichen Veränderungen in der Verteilung der Aktienbesitzer auf der Einkommenspyramide optisch zum Ausdruck zu bringen. Der Verlauf zweier Jahreskurven zeigt genau, ob die Streuung gleichmäßiger oder ungleichmäßiger geworden ist; der Trend wird also optisch sichtbar, ohne daß die Proportionen der Zahlenreihen verschiedener Jahre verglichen werden müßten.

Besonders für einen internationalen Vergleich eignet sich die Darstellung. In Abbildung 1 wurde daher auch die Verteilung der amerikanischen Aktienbesitzer auf der Einkommenspyramide der USA-Bevölkerung in den Jahren 1959 und 1965 dargestellt. Allerdings muß bei diesem Vergleich berücksichtigt werden, daß die Zahlenwerte, die aus den Angaben des Aktionärszensus der *New Stock Exchange*[61] errechnet wurden, sich auf das Bruttohaushaltseinkommen beziehen. Wenn man eine progressive Wirkung der Besteuerung unterstellt, verliefe die Konzentrationskurve der Nettoeinkommen etwas flacher als die der Bruttoeinkommen.

Bemerkenswert ist, daß die Konzentrationskurve der amerikanischen Aktienbesitzer flacher als die Kurve verläuft, welche die Verhältnisse in der Bundesrepublik darstellt; die Aktienbesitzer in den USA verteilen sich demnach gleichmäßiger auf die einzelnen Einkommensschichten als diejenigen in der Bundesrepublik, obwohl natürlich auch dort eine erhebliche Konzentration in den höheren Einkommenslagen festzustellen ist, die sich seit 1959 sogar noch etwas verstärkt hat. Möglicherweise wird sich die Kurve für die Bundesrepublik seit 1963 leicht abgeflacht haben; denn bei der Privatisierung der VEBA im Jahre 1965 dürfte eine große Anzahl neuer Aktionäre gerade aus unteren und mittleren Einkommensschichten gewonnen worden sein.

Der ökonomische Status der Aktienbesitzer kann auch an ihrer Konsumausstattung gemessen werden; in der Ausstattung des Haushalts mit Gebrauchsgütern spiegelt sich nicht nur die gegenwärtige, sondern auch die frühere Einkommensentwicklung des Wirtschaftssubjektes. Ein zeitweiliges Mitverdienen anderer Haushaltsmitglieder, das Einkommen früherer Perioden, zusätzliche Naturaleinkommen und nicht zuletzt unentgeltliche Vermögensübertragungen wie Geschenke, Aussteuer und Erbschaften finden ihren Niederschlag in der Konsumausstattung ebenso wie etwaige positive Einkommenserwartungen für die Zukunft.

In der Repräsentativerhebung des Jahres 1963 bei Aktienbesitzern wurde der Besitz einiger ausgewählter langlebiger Konsumgüter erfragt. Ein Vergleich zwischen diesen Aktienbesitzern und der Gesamtbevölkerung zeigt deutliche Unterschiede in der Besitzhäufigkeit (Tab. 14).

---

[61] Vgl. *New York Stock Exchange:* Census of Shareowners 1959, 1962 und 1965.

Tab. 14: Ausgewählte Konsumgüter bei Aktionären und in der Gesamtbevölkerung

Im Haushalt sind vorhanden ...	Aktionäre %	Bevölkerung[a)] %
Staubsauger	94	77
Kühlschrank	87	71
Bücherschrank, Bücherwand	82	30
Private Schreibmaschine	63	25
Fernsehgerät	62	57
Telefon	60	20
Auto zur privaten Verfügung	57	35
Elektrische Waschmaschine	56	47
Brotröster, Toaster	53	19
Teewagen, Servierwagen	49	10
Zentralheizung	46	16
Rasenmäher	37	6
Elektrischer Grill	26	8
Geschirrspülmaschine	3	1

a) Vgl. *DIVO-Institut:* Der Westdeutsche Markt in Zahlen, 3. Aufl., Frankfurt a. M. - Ginnheim 1965, S. 142 f., 150 ff., 156 f., 174.

Die Aktionäre besitzen erwartungsgemäß ein wesentlich höheres Konsumvermögen als der Durchschnitt der Bevölkerung; das gilt für die gesamte Liste der in der Untersuchung erfaßten Konsumgüter. Die Unterschiede sind jedoch nicht für alle Güter gleich groß; bei Gütern der Grundausstattung — Kühlschrank und Staubsauger — ist der Vermögensvorsprung der Aktienbesitzer geringer als bei Gütern des gehobenen Bedarfs. Die größten Unterschiede in der Besitzhäufigkeit betreffen durchweg langlebige Gebrauchsgegenstände mit hohem Prestigewert. Dazu gehören vor allem einige Güter, die auf einen überdurchschnittlichen Wohnkomfort schließen lassen, wie Zentralheizung, Rasenmäher, Teewagen, Bücherschrank oder Bücherwand, oder aber Güter mit einem gewissen Luxuscharakter, wie elektrische Grillgeräte und Brotröster. Auch ein so neues Gut wie die Geschirrspülmaschine, die erst ganz langsam ihren Markt findet, ist in den Haushalten der Aktienbesitzer stärker verbreitet als in der Gesamtbevölkerung. Bei Aktienbesitzern sind ferner typische Gebrauchsgüter der höheren Gesellschaftsschichten, wie Telefon und Schreibmaschine, überproportional häufig anzutreffen. 57 % der Aktionäre hatten 1963 ein Auto zur privaten Verfügung; der Gesamtanteil der Haushalte mit Autobesitz in der Bundesrepublik lag dagegen nur bei 35 % (Tab. 14). Noch deutlicher treten die Unterschiede im Konsumstandard hervor, wenn die Qualität des Autos mitberücksichtigt wird. Die Hälfte der Aktionäre fahren ein Auto der Mittelklasse oder einen noch aufwendigeren Wagen. Nur 12 % dieser Kraftfahrzeuge waren älter als 6 Jahre; 69 % wurden in den letzten drei Jahren angeschafft[62].

All diese Ergebnisse, die auf ein überdurchschnittlich hohes Konsumvermögen der Aktionäre hinweisen, vermitteln das gleiche Bild, das schon frühere Analysen skizziert haben[63]. Geldvermögen wird erst gebildet, wenn ein bestimmtes Maß an Konsumvermögen vorhanden ist. Im Kreise der derzeitigen Aktienbesitzer ist dieses Maß dann erreicht, wenn ein deutlicher Vorsprung in der Konsumvermögensbildung gegenüber der Mehrheit der Bevölkerung errungen ist. Dann erst treten neue Bedarfe und Zwecke ins Blickfeld, allerdings nicht ausschließlich, sondern ergänzend und immer gleichzeitig mit einer fortwährenden Anpassung und Verbesserung des gesamten Konsumniveaus; dann erst wächst die Wahrscheinlichkeit, daß im Zuge einer längerfristigen Geldvermögensbildung auch Aktien erworben werden. Inwieweit die Eigentumspolitik hier nachhelfen und diesen Prozeß beschleunigen kann, wird Gegenstand unserer weiteren Untersuchung sein. Vorerst bleibt auf Grund der Strukturanalyse der bisherigen Aktionäre festzuhalten, daß sich eine gehobene Einkommenslage und ein entsprechend überdurchschnittliches Konsumvermögen in der Regel als konstitutiv für den Aktienbesitz erwiesen haben.

4. Zusammenfassung

Jede zielbewußte Eigentumspolitik muß von einer sozialökonomischen Analyse der bestehenden Vermögensverteilung ausgehen; sowohl die Ansätze ihrer einzelnen Maßnahmen als auch die Beurteilung ihrer Wirkungen und ihres Erfolges basieren notwendigerweise auf diesen Ergebnissen. Verglichen mit den USA ist die Zahl der Aktienbesitzer in der Bundesrepublik Mitte 1965 mit ca. 8 % noch sehr klein, wenngleich sie sich seit 1953 mehr als vervierfacht hat. Über die Hälfte aller Aktionäre besitzen außerdem weniger als 5 000 DM Aktienvermögen, drei Viertel von ihnen sogar weniger als 10 000 DM. Die Streuung dieses Aktienvermögens nach Wirtschaftszweigen ist minimal; drei Viertel der Aktionäre haben sich nur an einer oder an zwei Gesellschaften beteiligt. Die Depots sind auch kaum durch den Besitz anderer Wertpapierarten

---

[62] Auszählungen aus dem Material der Umfrage „Eigentumsbildung und Altersvorsorge".

[63] *Forschungsstelle für empirische Sozialökonomik:* Möglichkeiten und Grenzen einer aus dem Arbeitsverhältnis abgeleiteten Vermögensbildung der Arbeitnehmer, als Manuskript vervielfältigt, Köln 1961, S. 85 ff.

angereichert; die Aktie ist bei mehr als der Hälfte der Wertpapierbesitzer die alleinige Anlageart. Festverzinsliche Wertpapiere und Investmentzertifikate sind demnach keineswegs immer, nicht einmal in der Regel, die Vorstufe zum Aktienerwerb.

Unsere detaillierte Struktur- und Reichweitenanalyse des Aktienbesitzes ermöglicht es, die vielfach bestehenden Vorstellungen über Trends in der Eigentumsbildung bei verschiedenen Bevölkerungsgruppen differenzierter zu sehen und in einigen Punkten zu revidieren. Obwohl in vielen der sogenannten soziologischen Aufgliederungen der Publikumsaktionäre bestimmter Aktiengesellschaften die Gruppe der „Hausfrauen“ als umfangreichste Kategorie erscheint, sind unter den Aktionären insgesamt wesentlich weniger Frauen als Männer. Auch Vergleiche zwischen Selbständigen und Arbeitnehmern spielen in der herkömmlichen statistischen Betrachtungsweise eine viel zu große Rolle; die Überbetonung dieser Dichotomie ist geeignet, wesentliche Unterschiede zwischen einzelnen Gruppen der Selbständigen und Arbeitnehmer zu verbergen. Die Reichweite des Aktienbesitzes erstreckt sich von einem Anteil von 3 % bei den Arbeitern bis zu 40 % bei den Inhabern mittelständischer Industriebetriebe. Die relativ große Gruppe der Selbständigen in Handwerk und Einzelhandel besitzt jedoch mit einem durchschnittlichen Anteil von rund 11 % nicht häufiger Aktien als die der Angestellten und Beamten, ganz abgesehen von den Landwirten, die mit den Arbeitern am unteren Ende der Skala rangieren.

Zwar befinden sich Aktienbesitzer vornehmlich in den oberen und höchsten Einkommensschichten und in den Gruppen mit der besten Konsumgüterausstattung, aber gleichzeitig läßt sich nachweisen, daß diese Beziehung nicht bei allen Berufsgruppen in gleicher Weise zutrifft; Angestellte und Beamte besitzen wesentlich häufiger Aktien als Facharbeiter mit dem gleichen Einkommen. Auf der gleichen Linie liegt das Ergebnis, daß drei Fünftel aller Aktienbesitzer die mittlere Reife oder das Abitur besitzen, während nur ein Fünftel der Gesamtbevölkerung diesen Bildungsgrad erworben hat.

Vieles deutet darauf hin, daß eine bessere allgemeine und wirtschaftliche Informiertheit, die berufliche Umwelt des Büros, der Behörde und Stadt mit ihren relativ vielseitigen Kommunikationsmöglichkeiten den Aktienerwerb unabhängig von der Einkommenssituation begünstigen. Das mindert zwar nicht die grundlegende Bedeutung der vom Einkommen abgeleiteten Sparfähigkeit, lenkt aber gleichzeitig den Blick auf die vielfach vernachlässigten personellen und sozialen Faktoren, die für die Wahl der so abstrakten Anlageform „Aktie“ eine wichtige Rolle spielen. Sollten sich im Laufe der Zeit bestimmte gesellschaftliche Strukturdaten ändern, wächst beispielsweise der durchschnittliche Bildungsstand oder der Grad der Urbanisierung, dürften auch die Präferenzen für die Aktie unabhängig von dem erreichten Einkommen zunehmen; ein Indiz dafür ist der im Zeitvergleich tendenziell steigende Anteil der Aktienbesitzer, die der jüngeren Generation angehören.

Leider gelingt es nicht, die Statistik des Aktienbesitzes außer durch die im vorstehenden kurz behandelten demographischen und ökonomischen Merkmale auch nach psychologischen Typen aufzugliedern, wie dies für die breite Masse der Kontensparer durchgeführt worden ist[64]. Die Technik der empirischen Sozialforschung verfügt noch nicht über eine hinreichend praktikable Erhebungsmethode, die in Massenumfragen angewandt werden könnte, die Befragten nach ihrem psychischen Habitus, ihrer Intelligenz, Leistungsmotivation und Vitalität zu differenzieren und daneben noch Zeit und Raum für die Sachfragen zu erübrigen, die das Hauptanliegen der Umfrage ausmachen. Die Arbeit daran, diese unbestreitbare Lücke in der Umfragetechnik zu schließen, ist inzwischen an der Universität Köln aufgenommen worden; Ergebnisse liegen jedoch noch nicht vor, so daß auf die psychologische Deutung unserer Umfrageergebnisse bis auf wenige Hinweise (vgl. S. 176) verzichtet werden mußte. Erste Ansatzpunkte für die Bedeutung derartiger Forschungen für Diagnose und Prognose menschlicher Verhaltensweisen im Umgang mit Geld und Geldeswert lassen sich der vorstehend zitierten Untersuchung jedoch auch heute schon entnehmen.

---

[64] *Schmölders*, Günter: Psychologie des Geldes, rde. Bd. 263—265, Reinbek bei Hamburg 1966, S. 143 ff.

Zweites Kapitel

Maßnahmen zur breiteren Streuung des Aktienbesitzes

Die „Streuung" des Aktienbesitzes, seine Verteilung auf die verschiedenen Bevölkerungsgruppen und Einkommensschichten, ist im letzten Jahrzehnt von der staatlichen Wirtschaftspolitik nicht unbeeinflußt geblieben und wird weiterhin von ihr beeinflußt. Ein ganzes Bukett von Maßnahmen wurde ergriffen, um die Eigentumsbildung in breiten Bevölkerungsschichten zu erleichtern; neben der Einkommenspolitik entwickelte sich zunehmend eine eigene „Eigentumspolitik". Diese Politik, ihre Ziele, ihre Motive und ihre Mittel gilt es im folgenden zu erörtern. Die Förderung des Aktienerwerbs und die Maßnahmen zur breiteren Streuung des Aktienbesitzes stellen dabei im Rahmen der gesamten Eigentumspolitik nur einen kleinen Sektor dar, der aber offensichtlich in den letzten Jahren steigende Bedeutung erlangt hat. Die Gründe hierfür sind in den allgemeinen eigentumspolitischen Zielsetzungen und ihren Motiven zu suchen. Die Anlageform „Aktie" hat einige Charakteristika, die den Bestrebungen dieser Politik entsprechen; sie gibt aber andere, besondere Probleme auf. Welcher Art diese Probleme sind, soll vor dem Hintergrund der Zielsetzungen und der ergriffenen Maßnahmen gezeigt werden.

§ 3 Zielsetzungen der Eigentumspolitik

1. Ausgangslage und allgemeine Zielvorstellungen

Das Problem einer chronisch vermögensarmen Arbeitnehmerschicht ist seit Mitte der fünfziger Jahre wieder stärker in das Blickfeld der Wissenschaft und Politik getreten[1].

[1] Vgl. z. B. *Wissenschaftlicher Beirat beim Bundeswirtschaftsministerium:* Gutachten vom Juni 1950 bis Nov. 1952, 17. Gutachten vom 24. Sept. 1950 über struktur- und konjunkturpolitische Fragen der Einkommensverteilung, Göttingen 1953, S. 32. Entscheidende Impulse hat die Diskussion um die Vermögensbildung durch die Veröffentlichungen *von Nell-Breunings* erhalten. Vgl. *Nell-Breuning,* Oswald von: Vermögensbildung in Arbeitnehmerhand, in: Wirtschaft und Gesellschaft heute, Bd. I, Grundfragen, Freiburg 1956 (Frühere Veröffentlichung in: Gewerkschaftliche Monatshefte, Heft 9/1953, S. 513 ff.);

Die der öffentlichen Diskussion zugrundeliegenden Vorentscheidungen und Zielrichtungen unterscheiden sich jedoch fundamental von den marxistischen Lösungsvorstellungen der „Eigentumsfrage" im 19. Jahrhundert. Zwar ging es damals wie heute um den Ausgangstatbestand der Vermögenskonzentration, aber die übrigen Lebensumstände der Arbeitnehmerschaft waren in jeder Beziehung anders. Selbst scharfe Kritiker der Wirtschafts- und Gesellschaftspolitik der Nachkriegszeit in der Bundesrepublik[2] müssen davon ausgehen, daß der Lebensstandard breiter Bevölkerungsschichten nach anderthalb Jahrzehnten „sozialer Marktwirtschaft" eine historisch einmalige Höhe erreicht hat und daß gute Chancen für eine Fortsetzung der Wohlstandssteigerung bestehen[3]. Daher konnte die von allen Seiten anerkannte Ungleichheit der Vermögensverteilung, so leidenschaftlich sie auch diskutiert wurde, keine starken politischen Kräfte gegen die Grundlinien des bisher verwirklichten Wirtschaftssystems mit privatem Produktionsmittelbesitz und überwiegend marktwirtschaftlicher Lenkung mobilisieren; darüber hinaus wirkte die in der Verfassung verankerte Eigentumsgarantie[4] einschneidenden Umgestaltungsbestrebungen schon im Entstehen entgegen. Auch diejenigen Gesellschaftspolitiker, Institutionen und Gruppen in der Bundesrepublik, die bestimmte Entwicklungen, Maßnahmen und Unterlassungen im Zuge der Neukonstituierung der westdeutschen Wirtschaft und Gesellschaft kritisch in Frage stellen, gehen daher — so unterschiedlich diese Einzeltatbestände auch interpretiert werden — in ihren wirtschafts- und gesellschaftspolitischen Programmen oder Empfehlungen überwiegend von der Grundentscheidung für das Leitbild einer „prin-

derselbe: Eigtumsbildung in Arbeiterhand, Paderborn o. J.; siehe ferner: *Coester,* Franz: Miteigentum und Vermögensbildung der Arbeitnehmer in der Marktwirtschaft, Untersuchung Nr. 8 des Instituts für Wirtschaftspolitik an der Universität Köln, hrsg. von Alfred *Müller-Armack,* Köln 1954; einen Überblick über die wichigsten Pläne und Vorschläge gibt *Föhl,* Carl: Kreislaufanalytische Untersuchung der Vermögensbildung in der Bundesrepublik und der Beeinflußbarkeit ihrer Verteilung, Tübingen 1964, S. 118 ff. Ferner *Schmölders,* Günter: Ermutigung zum privaten Eigentum, in: Die politische Meinung, Heft 16/1957, S. 28 ff.; *derselbe:* Privateigentum als Fundament unserer Gesellschaftsordnung, Vortrag zum 10jährigen Bestehen der Vereinigung der hessischen Arbeitgeberverbände am 27. Juni 1957 in Wiesbaden; *derselbe:* Eigentum und Eigentumspolitik, in: *Walter-Raymond-Stiftung* (Hrsg.): Eigentum und Eigentümer in unserer Gesellschaftsordnung, Köln und Opladen 1960; *derselbe:* Zur Psychologie der Vermögensbildung in Arbeiterhand, in: Kyklos, Vol. XV/1962, Fasc. 1, S. 165 ff.

[2] Vgl. *Ortlieb,* Heinz-Dietrich: Glanz und Elend des deutschen Wirtschaftswunders, in: Hans Werner *Richter* (Hrsg.): Bestandsaufnahme — eine deutsche Bilanz 1962, München, Wien, Basel 1962, S. 273 ff.

[3] Vgl. *Neumark,* Fritz, in: Strukturwandlungen einer wachsenden Wirtschaft, Schriften des Vereins für Socialpolitik, NF. Bd. 30/II, Berlin 1964, S. 1113.

[4] Vgl. *Geiger,* Willi: Die Eigentumsgarantie des Artikels 14 (GG) und ihre Bedeutung für den sozialen Rechtsstaat, in: *Walter-Raymond-Stiftung* (Hrsg.): Eigentum und Eigentümer in unserer Gesellschaftsordnung, Köln und Opladen 1960, S. 185 ff.

zipiell marktwirtschaftlichen Ordnungsform"[5] aus. Dem widerspricht nicht, daß sich an der Frage der Kompatibilität einzelner Maßnahmen mit der marktwirtschaftlichen Ordnung bereits häufig die Interessen scheiden, so daß dem demokratisch-politischen Wettbewerb trotz der einmütigen Vorentscheidung für ein marktwirtschaftliches Wirtschaftssystem noch ein weiter Gestaltungsspielraum bleibt.

Das gilt auch für die Eigentumspolitik[6]. Schon lange haben sich alle bedeutenden politischen und gesellschaftlichen Gruppen, an ihrer Spitze die politischen Parteien, zu dem eigentumspolitischen Hauptziel, die Eigentumsbildung bei den bisher Vermögenslosen zur fördern, „grundsätzlich bekannt"[7]. Unterschiedlich wird jedoch das Ziel präzisiert, verschieden sind die Motive und die Bedeutung, die dem Ziel im Rahmen der gesamten Wirtschafts- und Gesellschaftspolitik zugemessen wird. Die eigentliche Problematik und die Interessengegensätze kumulieren schließlich in den Vorschlägen, die zur Realisierung dieses Zieles gemacht werden.

Die verschiedenen Regierungserklärungen zeichnen nur ein recht unvollständiges Bild von den eigentumspolitischen Zielvorstellungen. Sie sind jedoch aufschlußreich, weil sich in ihnen die jeweils herrschende Meinung als Ergebnis widerstreitender Interessen verdichtet und weil sie — falls sie überhaupt konkrete Maßnahmen ankündigen — aller Erfahrung nach stets das Maximum des in nächster Zeit Realisierbaren zum Ausdruck bringen. Je allgemeiner solche programmatischen Erklärungen gehalten sind, um so umstrittener pflegt bei den herrschenden politischen Gruppen der dahinterliegende Sachverhalt zu sein.

Alle Regierungserklärungen seit 1957 nehmen zur Eigentumspolitik Stellung. Zunächst wird jedoch nur sehr allgemein eine „Streuung von Besitz in weitem Umfange" gefordert; als Adressat der Eigentumsförderung erscheint unspezifisch eine „möglichst große Zahl von Staatsbürgern"[8]. 1961 heißt es dann schon präziser, daß namentlich die Sparfähig-

---

[5] *Weisser*, Gerhard: Art. „Vermögen und Vermögenspolitik", in: Handwörterbuch der Sozialwissenschaften, Stuttgart, Tübingen, Göttingen, Bd. 11/1960, S. 176.

[6] Die Begriffspaare „Eigentumspolitik" und „Vermögenspolitik" wie auch „Eigentumsbildung" und „Vermögensbildung" werden hier wie in zahlreichen Veröffentlichungen jeweils synonym gebraucht. Vgl. *Weisser*, Gerhard, a.a.O., S. 174; *Oberhauser*, Alois: Neue Wege zu einer breiteren Vermögensverteilung, in: Ordo socialis, Heft 1/1959/60, S. 35.

[7] *Thiemeyer*, Th.: Die gegenwärtige Diskussion über die Vermögensbildung der Arbeitnehmer in der Bundesrepublik, in: *Weisser, Thiemeyer, Blume:* Eigentum in der industrialisierten Gesellschaft (hrsg. vom *Ständigen Ausschuß für Selbsthilfe)*, Göttingen 1958, S. 59. Vgl. ferner *Deutscher Bundestag:* Stenographische Berichte, 3. Wahlperiode, 67. Sitzung, 19. März 1959, S. 3566 ff.

[8] *Adenauer*, Konrad: Regierungserklärung vom 29. Okt. 1957, in: Bulletin des Presse- und Informationsamtes der Bundesregierung, Nr. 203/1957, S. 1859.

keit der „unteren und mittleren Einkommensschichten" verstärkt werden solle[9]. Die erste Regierungserklärung *Erhards* 1963 unterstreicht die Zielrichtung der beabsichtigten Eigentumspolitik noch deutlicher: „Die Eigentumspolitik soll in Zukunft nachdrücklicher zugunsten der einkommensschwachen Bevölkerungskreise gefördert werden[10]." Damit hat die in der eigentumspolitischen Diskussion wiederholt erhobene Forderung, die Eigentumsbildung gezielt in den unteren Einkommensschichten zu fördern, ihren konkreten Niederschlag im offiziellen Regierungsprogramm gefunden. Die angestrebte Bindung der eigentumspolitischen Förderungsmaßnahmen an die Einkommenshöhe schafft einen statistisch überprüfbaren Zusammenhang. Formulierungen, die auf die Einkommenssituation Bezug nehmen, legen innerhalb der Eigentumspolitik eine Rangordnung fest; sie sind pointierter als die Forderung nach „Eigentum für alle" oder nach Eigentum „auch" für die unteren Einkommensschichten. Gleichzeitig wird mit diesem Schwerpunktprogramm das Dekonzentrationsziel anvisiert; anders sind die gewählten Formulierungen kaum zu verstehen. Das im Wirtschaftsablauf fortwährend neu gebildete Vermögen soll zu einem relativ größeren Anteil als in der Vergangenheit zu Eigentum einkommensschwächerer Bevölkerungsgruppen werden.

In der politischen und wissenschaftlichen Diskussion über die Eigentumspolitik tauchen noch genauere Vorstellungen auf, die als Bestandteile des eigentumspolitischen Hauptzieles interpretiert werden[11]. Hierzu zählt das Anliegen, den Gesamtanteil der privaten Haushalte an der volkswirtschaftlichen Vermögensbildung zu erhöhen, „indem die Quote der Vermögensbildung der privaten Haushaltungen durch Schmälerungen der einbehaltenen Gewinne der Unternehmungen und auf Kosten der Vermögensbildung der öffentlichen Hand größer wird[12]." Darüber hinaus wird das Ziel dahingehend präzisiert, daß die Vermögensbildung in größeren Haushalten stärker zunehmen solle als in kleineren; Bezugsgröße des Dekonzentrationszieles ist also nicht der Haushalt, sondern das einzelne Haushaltsmitglied, so daß Familien mit Kindern mehr Vermögen als kinderlose Familien und diese mehr als Unverheiratete bilden können sollten[13].

---

[9] *Adenauer*, Konrad: Regierungserklärung vom 29. Nov. 1961, in: *Deutscher Bundestag*, Stenographische Berichte, 4. Wahlperiode, 5. Sitzung am 29. Nov. 1961, S. 27.

[10] Vgl. Die Regierungserklärung vom 18. Okt. 1963, in: Bulletin des Presse- und Informationsamtes der Bundesregierung, Nr. 186/1963, S. 1628.

[11] Vgl. *Bosch*, Werner: Vermögensstreuung (Veröffentlichungen des *Forschungsinstitutes für Wirtschaftspolitik* an der Universität Mainz, hrsg. von Erich *Welter*, Bd. 19), Heidelberg 1965, S. 127 ff.

[12] Ebenda, S. 128.

[13] Ebenda, S. 128 f.

Schließlich gehört zu den grundlegenden Zielen der staatlichen Eigentumspolitik auch die Vorstellung, daß das neu gebildete Eigentum dauerhaft sein müsse und in der Regel vererbt werden solle[14]; gerade die chronische Vermögenslosigkeit breiter Schichten legt eine solche Zielvorstellung nahe. Der Vermögenskonzentration kann nicht nachhaltig Einhalt geboten werden, wenn in den einkommensschwächeren Bevölkerungsschichten jede neue Generation ohne Vermögensgrundstock wieder von vorne beginnen muß, weil das Eigentum der Vorgeneration zur Bestreitung oder Verbesserung des Lebensunterhaltes im Alter mehr oder minder notgedrungen aufgezehrt wurde.

Die zunehmende und längst noch nicht abgeschlossene öffentliche Diskussion über die Vermögensverteilung und Einkommenspolitik in der Bundesrepublik[15] gerade in einer Zeit wachsenden allgemeinen Wohlstandes ist nicht zufällig vom Zaune gebrochen worden[16]. Ansatzpunkt war in erster Linie die schnelle Vermögenskonzentration im Zuge des Wiederaufbaus nach dem zweiten Weltkrieg; die „Verkäufermärkte" nach 1948 führten über den Preis für Konsumgüter zu einem „Zwangssparen zugunsten der Unternehmer" und damit zugunsten der kleinen Gruppe derjenigen, die das Eigentum an den Unternehmen besaßen[17].

Im Durchschnitt der Jahre 1950—1960 entfielen von der gesamten Nettovermögensbildung nur 26,6 % auf die privaten Haushalte, dagegen 35,8 % auf den Staat und 37,6 % auf die Unternehmen. In den Vergleichsjahren 1925—1927 z. B. hatte demgegenüber der Anteil der privaten Hauhalte mit drei Fünfteln der gesamten Ersparnisbildung an der Spitze gelegen, während auf die Unternehmen und den Staat zusammen nur zwei Fünftel entfielen[18]. Aber diese Gesamtzahlen sind nicht das wesentlichste Indiz für die ungleiche Vermögensverteilung — inzwischen

---

[14] Vgl. *Schreiber*, Wilfrid: Vermögensbildung in breiten Schichten (Schriftenreihe des *Bundes Katholischer Unternehmer*, N. F. 4), Köln 1958, S. 14, der das Vermögen als vererbliches „Familien-Lehen" verstanden wissen will: „Die Arbeiterkinder der kommenden Generation werden in diesem Fall in eine ihrem Stand ganz neuartige Vitalsituation hineingeboren werden, nämlich als Erbberechtigte."

[15] Einen zusätzlichen Auftrieb erhielt die Diskussion durch Stellungnahmen der christlichen Kirchen. Vgl. *Johannes XXIII.*, Enzyklika „Mater et Magistra", deutsche Übersetzung in Herder-Bücherei, Bd. 110, Freiburg i. Br. 1961, S. 146: „Es genügt jedoch nicht, das naturgegebene Recht auf Privateigentum, auch an Produktionsmitteln, zu betonen. Mit gleichem Nachdruck muß alles unternommen werden, damit alle Kreise der Bevölkerung in den Genuß dieses Rechtes gelangen" (MM 113). *Rat der Evangelischen Kirche in Deutschland:* Denkschrift „Eigentumsbildung in sozialer Verantwortung", Bad Boll 1962.

[16] Vgl. *Molitor*, Bruno: Vermögensverteilung als wirtschaftspolitisches Problem, Tübingen 1965, S. 28.

[17] Vgl. *Nell-Breuning*, Oswald von: Kapitalismus und gerechter Lohn, Herder-Bücherei, Bd. 67, Freiburg i. Br. 1960, S. 39 ff.

[18] Vgl. *Föhl*, Carl, a.a.O., S. 57.

ist die Selbstfinanzierung der Unternehmen und die staatliche Vermögensbildung auch wieder erheblich zugunsten der privaten Ersparnisbildung zurückgegangen[19] — „es kommt vielmehr darauf an, wie sich die Vermögensbildung im Arbeitnehmerhaushalt zu der in den übrigen privaten Haushalten verhält“[20]. Nach Schätzungen von *Föhl* entfiel zwischen 1950 und 1959 vom Nettovermögenszuwachs der privaten Haushalte — ohne Berücksichtigung der unverteilten Gewinne der Einzelunternehmen und Personalgesellschaften — fast die Hälfte auf die Selbständigenhaushalte, während die Bezieher von Masseneinkommen nicht mehr als 52 % des Vermögenszuwachses auf sich vereinigten[21]. Innerhalb der insgesamt sehr gering beteiligten Unselbständigenhaushalte war der Vermögenszuwachs der Arbeiterhaushalte mit Abstand am geringsten. Von 1950—1959 bildete jeder Arbeiterhaushalt nur ein Nettovermögen von durchschnittlich 1 600 DM; die entsprechende Vermögensbildung bei den Haushalten der Angestellten und Beamten betrug 6 000 DM und bei den Selbständigen — ohne unverteilte Gewinne — 13 000 DM: „Rechnet man den überwiegenden Teil der nicht entnommenen Gewinne der privaten Einzelunternehmen und Personalgesellschaften hinzu, so waren die 2,8 Millionen Selbständigenhaushalte mit rund 110 Mrd. DM an der gesamten Nettovermögensbildung der privaten Haushalte beteiligt. Auf nur 17 % aller Haushalte entfielen damit fast drei Viertel des privaten Vermögenszuwachses[22].“

In zweierlei Hinsicht bedarf dieses Zahlenbild jedoch noch einer Korrektur: Die Vermögensverteilung erscheint einmal für die Arbeitnehmer zu ungünstig, weil die gesetzlich erzwungenen Sparleistungen im Rahmen der Sozialversicherung außer Ansatz geblieben sind[23]. Andererseits würde die ungleiche Vermögensbildung noch wesentlich deutlicher sichtbar werden, wenn die Bezugsgruppen hätten stärker aufgegliedert werden können; die Durchschnittszahlen so großer Gruppen, wie sie in der *Föhl*schen Untersuchung aus statistischen Gründen gewählt werden mußten, ebnen erhebliche Vermögensunterschiede innerhalb der Gruppen selbst ein. Besonders der Gesamtvermögenszuwachs aller Selbständigen hat sich sehr ungleichmäßig auf die 2,8 Millionen Selbständigenhaushalte verteilt[24], aber auch die Gruppe der Angestellten und Beamten

[19] Vgl. Monatsberichte der Deutschen Bundesbank, Nr. 4/1966, S. 15. Die Deutsche Bundesbank weist für 1965 folgende Anteile der Sektoren an der inländischen Gesamtersparnis (ohne Berücksichtigung der Vermögensübertragungen) aus: Unternehmen 15,5 %, Öffentliche Haushalte 36,4 % und private Haushalte 49,4 %.

[20] *Schmölders,* Günter: Zur Psychologie der Vermögensbildung in Arbeiterhand, in: Kyklos, Vol. XV/1962, Fasc. I, S. 166.

[21] *Föhl,* Carl, a.a.O., S. 62 f.

[22] *Föhl,* Carl, a.a.O., S. 64.

[23] Ebenda, S. 66.

[24] Vgl. *Leverkus,* J. Christoph, und Klaus *Wieken,* a.a.O., S. 216 ff.

ist hinsichtlich ihrer Vermögensbildung keineswegs homogen; eine relativ gleichmäßige Streuung des Vermögenszuwachses um den Durchschnittswert herum dürfte am ehesten für die Arbeiterhaushalte anzunehmen sein.

Indessen war die Erkenntnis von der Einseitigkeit dieser Vermögensbildung seit der Währungsreform, die von der staatlichen Wirtschaftspolitik im Interesse der vordringlicheren Vollbeschäftigung zunächst in Kauf genommen und indirekt gefördert wurde[25], nur ein einziger, wenn auch wichtiger Faktor, der die eigentumspolitische Diskussion in Gang setzte. Eine Reihe „struktureller Voraussetzungen" und „soziopsychischer Bestimmungfaktoren" sowie eine gute „politische Verwertbarkeit" ließen das Dekonzentrationsziel, die Forderung nach breiter Vermögensstreuung, zu einem „nach Allgemeinheitsgrad und Konstanz dominierenden wirtschaftspolitischen Ziel" werden[26].

Unter den strukturellen Faktoren ist dabei vor allem die sich immer deutlicher durchsetzende Trennung von Unternehmerfunktion und Produktionsmittelbesitz bedeutsam, wodurch „Änderungen in der personellen Vermögensverteilung möglich werden, ohne daß die Qualität der Unternehmenspolitik in Mitleidenschaft gezogen würde"[27]. Günstige soziopsychische Bedingungen für die Entstehung eigentumspolitischer Bestrebungen bieten nach *Molitor* unter anderem eine „bestimmte Bewußtseinslage" in unserer Gesellschaft sowie eine „säkulare rationalistische Sozialkritik", die alle Formen sozialer Differenzierung an dem wie auch immer verstandenen „Gerechtigkeitspostulat" auf ihre Berechtigung prüft und dergegenüber die bestehende Eigentumsverteilung einen schweren Stand hat, wenn sie allein auf das Begabungsgefälle, den unterschiedlichen Fleiß und Konsumverzicht zurückgeführt wird[28]. Inwieweit diese Hypothesen bereits empirisch belegt sind, kann hier nicht näher erörtert werden; allein die Tatsache, daß in unserer Gesellschaft eigentumspolitische Ziele politisch „verwertbar" sind und zum Teil auch schon verwertet werden, weist auf eine diesen Zielen günstige gesellschaftliche Konstellation hin.

Die Motive für eine Politik breiter Eigentumsstreuung sind vielfältig; nicht zuletzt sind daraus die Unbestrittenheit und die Stärke der eigen-

---

[25] Vgl. *Oberhauser*, Alois: Förderung der Vermögensbildung in Unternehmerhand durch finanzpolitische Maßnahmen des Staates, in: *Leber*, Georg (Hrsg.): Vermögensbildung in Arbeitnehmerhand, Dokumentation 3, Frankfurt a. M. 1965, S. 217 ff.

[26] *Molitor*, Bruno, a.a.O., S. 53.

[27] *Molitor*, Bruno, a.a.O., S. 31. Vgl. auch *Schreiber*, Wilfrid: Vermögensbildung in breiten Schichten, a.a.O., S. 10: „Ein gewisser Grad von Funktionsbeschränkung ist der Preis dafür, daß Kapitaleigentum überhaupt breit gestreut werden kann."

[28] Vgl. *Thiemeyer*, Th.: Die gegenwärtige Diskussion über die Vermögensbildung der Arbeiter in der Bundesrepublik, S. 60, 74, 90.

tumspolitischen Bestrebungen, zumindest ihrer Minimalforderungen, zu erklären. Ausschließlich distributionspolitische Begründungen der Eigentumspolitik sind selten. Nur zögernd wenden sich die Gewerkschaften in ihrer Tarifpolitik dem Felde der Eigentumspolitik zu, um eine gleichmäßigere Verteilung der materiellen Lebenschancen gewissermaßen auf einer zweiten Ebene zu verfolgen, nachdem sich auf der Ebene der traditionellen Lohnpolitik die kreislauftheoretisch bedingten Barrieren als schwer überwindbar erwiesen haben[29]. Die meisten Stellungnahmen zur Eigentumspolitik gehen jedoch in ihrer Begründung über den distributionspolitischen Aspekt hinaus. Nicht allein einer „gerechten Verteilung des Sozialproduktes"[30] wegen wird eine breitere Streuung des Eigentums befürwortet, sondern auch, weil das Eigentum um seiner selbst willen aus Besitzfreude unmittelbar geschätzt wird[31]. Neben seiner wirtschaftlichen Bedeutung für den einzelnen werden ihm auch wesentliche gesellschaftliche Funktionen zuerkannt. Eigentum, vor allem in Form von Geldvermögen oder als Beteiligung an Produktionsmitteln, kann die Quelle eines kleinen Ergänzungseinkommens sein, es bietet einen zusätzlichen, in freier Verantwortung einsetzbaren Rückhalt gegen unvorhergesehene Notfälle des Lebens[32], es kann Grundlage für die Chance beruflicher Selbständigkeit sein, es stärkt die Stellung des einzelnen am Arbeitsmarkt[33], es mindert die soziale und wirtschaftliche Abhängigkeit des Arbeitnehmers[34] mit positiven Folgen für das Selbstgefühl[35] und vermittelt so einen zusätzlichen Bereich an Freiheit zur besseren Entfaltung der Persönlichkeit. „Erst das Eigentum verschafft dem Menschen das volle Heimatgefühl in der Freiheit[36]."

---

[29] *Gleitze*, Bruno: Die Beziehungen zwischen Einkommenspolitik und Vermögensbildung, in: Probleme der Einkommenspolitik, hrsg. von Erich *Schneider*, Tübingen 1965, S. 96 ff. Vgl. dazu auch den sogenannten *Leber-Plan* und sein Echo, in: Dokumentation 1—4, Frankfurt a. M. 1964—1966.

[30] Vgl. *Rat der Evangelischen Kirche in Deutschland*, a.a.O., Abschnitt II, 10.

[31] *Weisser*, Gerhard: Art. „Vermögen und Vermögenspolitik", S. 176.

[32] Zur wirtschaftlichen und sozialen Funktion des Eigentums für den einzelnen vgl. z. B. *Schmölders*, Günter: Eigentum und Eigentumspolitik, in: *Walter-Raymond-Stiftung* (Hrsg.): Eigentum und Eigentümer in unserer Gesellschaftsordnung, Köln und Opladen 1960, S. 222; *Schreiber*, Wilfrid: Vermögensbildung ..., S. 13 f.; *Weisser*, Gerhard: Art. „Vermögen und Vermögenspolitik", S. 176 ff.; *Zweig*, Gerhard, und Hans-Georg *Feldhege*: Eigentum für alle, Bad Godesberg 1961, S. 11 ff.

[33] Über den Zusammenhang zwischen Besitzverteilung und Elastizität des Arbeitsangebots vgl. *Gleitze*, Bruno, a.a.O., S. 98, der sich auf die theoretischen Arbeiten *Preisers* bezieht.

[34] Vgl. *Weisser*, Gerhard: Eigentumspolitik als Ausweg aus zunehmender sozialer Abhängigkeit, in: *Weisser, Thiemeyer, Blume*, a.a.O., S. 38 f.

[35] Dazu auch *Gehlen*, Arnold: Soziologische Aspekte des Eigentumsproblems in der Industrie-Gesellschaft, in: *Walter-Raymond-Stiftung* (Hrsg.): Eigentum und Eigentümer in unserer Gesellschaftsordnung, a.a.O., S. 171, der vor allem auf die Bedeutung des Eigentums als Statussymbol hinweist.

[36] *Schreiber*, Wilfrid, a.a.O., S. 13.

Von einer breiteren Eigentumsstreuung werden darüber hinaus günstige Wirkungen auf die gesamtwirtschaftliche, gesellschaftliche und politische Stabilität der Bundesrepublik erwartet. Schon in der ersten Regierungserklärung, die die Frage der Vermögensbildung aufwarf, wurde der gesellschaftspolitische Aspekt der Eigentumspolitik hervorgehoben: „Streuung von Besitz in weitem Umfang ist nötig, um einer möglichst großen Zahl von Staatsbürgern Selbstgefühl, das Gefühl der Zugehörigkeit zum Volksganzen zu geben[37]." Die sich stetig vollziehende Vermögenskonzentration erschien als schwächster Punkt[38] der in der Bundesrepublik angestrebten Leitidee einer „sozialen Marktwirtschaft", die als freiheitliche Ordnung konzipiert ist[39]. Eigentumspolitik wurde daher auch als Verteidigung der marktwirtschaftlichen Ordnung motiviert[40], im äußersten Fall als Abschwächung radikalisierender Tendenzen[41] und als Vorbeugung gegen mögliche Sozialisierungsbestrebungen[42]. Daneben wird in einer breiten Eigentumsstreuung ein Mittel gesehen, soziale Spannungen in der Gesellschaft abzubauen, den Klassenkampf zu überwinden und den Gedanken der Partnerschaft im Betrieb zu stärken[43]. Von daher ist es nur noch ein kleiner Schritt, die Bemühungen um eine

---

[37] *Adenauer*, Konrad: Regierungserklärung vom 29. Okt. 1957, S. 1859; vgl. auch *Weber, Hans-Herbert:* Kritische Bemerkungen zur Politik der Vermögensstreuung, in: Festgabe für Alfred *Müller-Armack*, hrsg. von Franz *Greiß* und Fritz W. *Meyer*, Berlin 1961, S. 615 ff.

[38] Vgl. *Willgerodt*, Hans: Sparen auf der Anklagebank der Sozialreformer, in: ORDO, Bd. IX/1957, S. 193: „Nach den offenkundigen Erfolgen der westdeutschen Verkehrswirtschaft seit 1948 ist der Frontalangriff durch Bewirtschaftung und Preisstop politisch aussichtslos geworden. Das klassische Feld sozialistischer Kritik, nämlich die Eigentumsverteilung, eröffnet hingegen noch gute Angriffsmöglichkeiten, und die Freunde der Marktwirtschaft tun gut daran, sich davon endlich Rechenschaft abzulegen." Vgl. auch *Böhm*, Franz: Freiheitsordnung und soziale Frage, in: Grundsatzfragen der Wirtschaftsordnung, Berlin 1954, S. 78.

[39] Vgl. *Müller-Armack*, Alfred: Das gesellschaftspolitische Leitbild der sozialen Marktwirtschaft, in: Bulletin des Presse- und Informationsamtes der Bundesregierung, Nr. 234/1962, S. 1989.

[40] Vgl. *Andreae*, Clemens-August: Anmerkungen zum Thema „Eigentum und Eigentumspolitik", in: *Walter-Raymond-Stiftung* (Hrsg.): Eigentum und Eigentümer in unserer Gesellschaftsordnung, S. 235 f., 239.

[41] Vgl. *Cassier*, Siegfried C.: Der Streit um das Miteigentum der Arbeitnehmer, Frankfurt a. M. 1960, S. 46. *Zweig*, Gerhard, und Hans-Georg *Feldhege*, a.a.O., S. 25.

[42] Vgl. *Liefmann-Keil*, Elisabeth: Ökonomische Theorie der Sozialpolitik, Berlin, Göttingen, Heidelberg 1961, S. 304; *Loesch*, Achim von: Die Grenzen einer breiteren Vermögensbildung, Frankfurt a. M. 1965, S. 14; *Rheinfels*, Horst: Rückkehr zur Menschlichkeit, Düsseldorf 1956, S. 76.

[43] Vgl. *Deutscher Bundestag:* Stenographische Berichte, 3. Wahlperiode, 141. Sitzung, 27. Jan. 1961, S. 8005 (Abgeordneter *Katzer*); *Forschungsstelle für empirische Sozialökonomik:* Möglichkeiten und Grenzen einer aus dem Arbeitsverhältnis abgeleiteten Vermögensbildung der Arbeitnehmer, a.a.O., S. 13 ff.; *Völker*, Robert: Wesen und Ziel betrieblicher Partnerschaft, Veröffentlichungen der *AGP*, Reihe II, Heft 2, Hilden 1958, S. 32 ff.

breite Eigentumsstreuung auch politisch zu begründen[44]. *Häussler* z. B. nennt das Eigentum einen „Damm für Europa gegen die Schalmeien aus dem Osten"; die „rein militärpolitische Abwehrstrategie des Westens" müsse durch eine konsequente „gesellschaftspolitische Vorwärtsverteidigung" ergänzt werden, und „die Wiedereingliederung der Arbeitnehmer in die Kapitaleigentümerstruktur der Wirtschaft" sei der „entscheidende Trumpf des Westens"[45].

Mitunter wird auch eine Wechselwirkung zwischen Eigentumspolitik und Sozialpolitik gesehen. Während die Mehrzahl der Stellungnahmen zur Eigentumspolitik den bis jetzt erreichten Stand der gesetzlich geregelten sozialen Sicherheitssysteme als unverzichtbaren Bestandteil unserer Gesellschaftsordnung unterstellen und die Förderung der Eigentumsbildung als Ergänzung oder neben einem weiteren Ausbau der Sozialversicherung anstreben, wollen andere Autoren und gesellschaftliche Gruppen eine breite Eigentumsstreuung gerade deshalb erreichen, um auf diesem Wege das Ausmaß der staatlich erzwungenen Altersvorsorge begrenzen oder verringern zu können[46]. Diese Autoren und Gruppen meinen, ein Teil der erzwungenen „Umlagen" des bisherigen Systems könnte durch eigenverantwortlich gebildetes Privatvermögen ersetzt werden; eine breite Vermögensstreuung wird als eine „freiheitliche Alternative" zum „totalen Versorgungsstaat" betrachtet[47].

---

[44] Politische Argumente tauchen in der Diskussion über breite Vermögensstreuung auf allen Seiten auf. Vgl. *Gleitze*, Bruno, in: Lohnpolitik und Vermögensbildung, Frankfurter Gespräch der *List-Gesellschaft* 1963, herausgegeben von E. *Stiller*, Veröffentlichungen der *List-Gesellschaft* e. V., Bd. 37, Basel, Tübingen 1964, S. 81; *Häussler*, Erwin: Jedem sein Eigentum, Stuttgart 1965, S. 138 f.; *Leber*, Georg: Vermögensbildung in Arbeitnehmerhand, Dokumentation 1, S. 7; *Vaubel*, Ludwig, in: *Walter-Raymond-Stiftung* (Hrsg.): Eigentum und Eigentümer in unserer Gesellschaftsordnung, S. 17; *Andreae*, Clemens-August: Anmerkungen zum Thema „Eigentum und Eigentumspolitik", S. 239; *Zweig*, Gerhard, und *Feldhege*, Hans-Georg, a.a.O., S. 15, 25 f.; *Schreiber*, Wilfrid: Vermögensbildung ..., S. 12, 19; *Lück*, Willy Heinrich: Ziele und Grundsätze des Privatisierungsprogrammes im Bundesgebiet und die Popularisierung der Aktie in den Vereinigten Staaten, Schriftenreihe der *Wirtschaftlichen Gesellschaft für Westfalen und Lippe* e. V., Heft XVII, Münster 1960, S. 8.

[45] *Häussler*, Erwin: Jedem sein Eigentum, Stuttgart 1965, S. 140 f.

[46] Vgl. *Auerbach*, Walter: Vorausschauende Sozialpolitik — Sozialenquête und sozialpolitische Entscheidungen, Kleine Schriften zur Sozialpolitik und zum Arbeitsrecht, hrsg. vom *Institut für Sozialpolitik und Arbeitsrecht* e. V., München, 5. Folge, Heft 3, München o. J. (1964), S. 35 f.; *Aktionsgemeinschaft Soziale Marktwirtschaft* e. V., Heidelberg: Eigentumsstreuung sehr nüchtern gesehen, ohne Ort und Jahr (1965?), Abschnitt 56, h.

[47] *Föhl*, Carl: Über die Möglichkeit einer Beeinflussung der Vermögensbildung und ihrer Verteilung, in: Finanzarchiv 1959, N. F., Bd. 19, S. 133. Zum Zusammenhang zwischen Vermögensbildung und Alterssicherung vgl. auch *Hankel*, Wilhelm, und Gerhard *Zweig:* Die Alterssicherung in der sozialen Marktwirtschaft, in: ORDO, Bd. IX (1957), S. 157 ff. und die kritische Erwiderung von Hans *Willgerodt:* Sparen auf der Anklagebank, in: ORDO, Bd. IX (1957), S. 175 ff., vor allem S. 195.

Die Breite der Motivation und die Vielfältigkeit günstiger struktureller, sozialpsychischer und politischer Voraussetzungen für das Aufkommen eigentumspolitischer Zielsetzungen schließen aber nicht aus, daß diesen Zielen im Rahmen der gesamten Wirtschafts- und Gesellschaftspolitik ein unterschiedlicher Rang zuerteilt wird.

Während sich die Diskussion zunehmend auf die Methoden der Zielrealisierung verlagert und die Rangordnung der Werte häufig erst hier zutage tritt, wird das Ziel als solches nur selten mit Entschiedenheit in Frage gestellt. Den schärfsten Angriff hat *Ortlieb*[48] vorgetragen; er weist der breiten Eigentumsstreuung einen Platz weit hinten auf der Rangskala der wirtschaftspolitischen Ziele an: Einmal versucht er, den Nachweis zu erbringen, daß eine breite Eigentumsstreuung ohnehin nicht zu realisieren sei, da „Zwangsläufigkeiten in Gestalt von Konsum-, Spar- und Investitionsveränderungen" allen Bemühungen entgegenständen[49]. Auf der anderen Seite analysiert er die Funktionen, die das Eigentum bei der gegebenen Wirtschaftsstruktur der Bundesrepublik für die Mehrzahl der Menschen heute noch erfüllen kann, und vergleicht das Ergebnis mit den Erwartungen derjenigen, die sich von einer breiten Eigentumsstreuung positive Wirkungen für Individuum und Gesellschaft versprechen. Das Resultat der Analyse zeigt eine große Diskrepanz zwischen der von *Ortlieb* gesehenen Bedeutung des Eigentums und den Wirkungen, die im allgemeinen von einer erfolgreichen Eigentumsstreuung erhofft werden. Infolgedessen spricht *Ortlieb* von einer „Legendenbildung" und bezeichnet das Privateigentum als ein „Phantom", „das unsere sozialen und wirtschaftlichen Probleme genauso wenig löst, wie man im Osten in der Lage war, mit Hilfe des Gemeineigentums die klassenlose Gesellschaft herzustellen"[50]. Die Chance der beruflichen Selbständigkeit und der erreichbare Grad der Selbständigkeit auf der Basis des Privateigentums werde immer geringer, da die „kleinbetriebliche Wirtschaft" in ihrer Freiheit und Existenz durch großbetriebliche Konkurrenz bedroht sei und der Staat ihr durch seine Mittelstandspolitik überhaupt erst „den erforderlichen Freiheits- und Existenzspielraum" sichern müsse[51]. Die Rücksicht auf sein Eigentum behindere den kleinen Unternehmer geradezu in seiner Freiheit, sozial verantwortlich zu handeln[52]. Eigentumsstreuung ändere auch nichts an der „Machtkonzentration", im Gegenteil:

[48] *Ortlieb*, Heinz-Dietrich: Die Legende vom Volkskapitalismus. Zur Rolle des Privateigentums in unserer heutigen Wirtschaftsordnung und Wirtschaftsstruktur, Hamburger Jahrbuch für Wirtschafts- und Gesellschaftspolitik, 7. Jahr (1962), S. 11 ff.

[49] Ebenda, S. 23 f.

[50] Ebenda, S. 29.

[51] Ebenda, S. 25.

[52] Ebenda, S. 29.

„Je breiter die Streuung der Aktien, desto größer die Herrschaft der Manager[53].“ Und schließlich sei es gefährlich, „dem Privateigentum und der Kleinvermögensbildung für unsere wirtschaftliche Sicherheit und Freiheit fälschlich große Bedeutung beizumessen, weil es den Blick von den entscheidenden Problemen und von den wirkungsvolleren Maßnahmen ablenkt“[54]. Bedeutungsvoller für Freiheit und Sicherheit sei heute erstens die Verbesserung der Bildungs- und Ausbildungschancen, wobei wirtschafts- und sozialwissenschaftliches Wissen für ein „verantwortliches Wirken in der Gemeinschaft“ viel wichtiger sei als Privateigentum, zweitens die Vollbeschäftigungs- und Wachstumspolitik des Staates und drittens der Ausbau der Sozialversicherung[55].

Ortlieb wurde hier so ausführlich zitiert, weil er in der Tat einige Grenzlinien zieht, die in den *politischen* Diskussionen zuweilen überschritten werden. Schlagworte wie „Volkskapitalismus“ sind selbst als Zukunftsperspektiven geeignet, dem unkritischen Betrachter ein falsches Bild der Wirklichkeit vorzutäuschen[56]. Ebenfalls ist es unbestreitbar illusionär, von einer breiten Eigentumsstreuung bessere Möglichkeiten einer wirksamen Kontrolle über die Großbetriebe zu erwarten. Theoretisch umstritten ist unseres Erachtens allerdings schon die Frage, ob auf lange Sicht das private Eigentum nicht doch einen kleinen Teil der Sicherheitsfunktion wieder übernehmen könnte, den heute die staatlich geregelte Sozialversicherung erfüllt. *Ortlieb* greift hier die extremste Position an, die in ihrer Ausschließlichkeit selbst bei besonders konsequenten Verfechtern einer möglichst freien Marktwirtschaft nicht als repräsentativ gelten kann. Auch *Röpke* würde heute die Sicherheit jedes einzelnen nicht allein auf die Institution des Privateigentums gründen wollen[57]; strittig sind Ausmaß und Grenzen der „Zwangsvorsorge“[58]. Aber von dieser wesentlichen Kontroverse abgesehen, die die gesamte

---

[53] Ebenda, S. 26. Vgl. dazu auch *Burnham*, James: Das Regime der Manager, Stuttgart 1949, S. 97 ff; *Salin*, Edgar: Soziologische Aspekte der Konzentration, in: Die Konzentration in der Wirtschaft, Schriften des *Vereins für Socialpolitik*, N. F. Bd. 22, Berlin 1961, S. 3 ff.

[54] *Ortlieb*, Heinz-Dietrich, a.a.O., S. 30.

[55] Ebenda.

[56] Vgl. *Perlo*, Victor: „People's Capitalism“ and Stockownership, in: The American Economic Review, Nr. 3/1958, S. 333 ff.

[57] Vgl. *Röpke*, Wilhelm: Jenseits von Angebot und Nachfrage, Erlenbach-Zürich und Stuttgart 1958, S. 238: „Staatliche Altersrenten, Krankenversicherung, Unfallversicherung, Hinterbliebenenversorgung, Arbeitslosenhilfe, alle diese Einrichtungen ... müssen selbstverständlich in unserer Vorstellung von einem gesunden System der Lebensvorsorge einer freien Gesellschaft ihren Platz behalten, so wenig sie auch unser Herz erwärmen können.“

[58] Vgl. *Elsholz*, Konrad: Strukturänderung der Sozialpolitik. Die ökonomische Grenze der Zwangsvorsorge, Kleine Schriften zur Sozialpolitik und zum Arbeitsrecht, hrsg. vom *Institut für Sozialpolitik und Arbeitsrecht* e. V., München, 4. Folge, Heft 10, München o. J. (1963); *Röpke*, Wilhelm, a.a.O., S. 238.

sozialpolitische Diskussion seit mehr als einem Jahrzehnt beherrscht[59] und natürlich auch bei der eigentumspolitischen Motivation eine Rolle spielt, besteht politisch kein Anlaß, eine illusionistische Überschätzung des privaten Eigentums zu unterstellen. Quantitativ wie qualitativ werden die Grenzen des Privateigentums durchaus erkannt. De facto scheint die von *Ortlieb* gesehene Gefahr, daß die *Förderung der Eigentumsbildung* von den genannten wichtigeren Zielen — Vollbeschäftigung, wirtschaftliches Wachstum, Ausbildung und soziale Sicherheit — ablenke, nicht ernsthaft zu bestehen. Theoretische Überlegungen, die einen Verdacht in dieser Richtung rechtfertigen könnten, haben auch kaum eine Chance der Realisierung. Betrachten wir z. B. den Bereich der Sozialversicherung, so zeigt sich, daß die Politik einer breiteren Eigentumsstreuung die Impulse für einen weiteren Ausbau der Sozialversicherung bisher keineswegs neutralisiert und auch nicht den Status-quo gefährdet hat[60]. Der Angriff *Ortliebs* geht hier ins Leere. Selbst wenn die Überzeugung an Boden gewinnen würde, daß die „Sozialisierung des Arbeitseinkommens" nunmehr einen „sehr bedenklichen Umfang" angenommen habe[61], so daß die Funktionsfähigkeit der Marktwirtschaft beeinträchtigt werde, dürfte es bei jeder denkbaren politischen Konstellation äußerst unwahrscheinlich sein, daß die beobachtete Tendenz der „Irreversibilität öffentlicher Leistungen" ausgerechnet bei der Sozialversicherung durchbrochen würde, die im Bewußtsein der gesamten Bevölkerung fest verankert ist[62].

Welcher Rang den eigentumspolitischen Zielen zuerkannt wird, kommt schließlich auch in den Mitteln zum Ausdruck, die zur Verwirklichung dieser Ziele vorgeschlagen werden. Von Einzelheiten abgesehen, lassen sich die hauptsächlich diskutierten Vorschläge und Maßnahmen in drei Gruppen gliedern. In die erste Gruppe fallen alle Vorschläge und Maß-

---

[59] Vgl. z. B. *Willgerodt*, Hans: Die Krisis der sozialen Sicherheit und das Lohnproblem, in: ORDO, Bd. VII/1955, S. 145 ff.; *Achinger*, Hans, *Höffner*, Josef, *Muthesius*, Hans, und Ludwig *Neundörfer:* Neuordnung der sozialen Leistungen (Denkschrift auf Anregung des Bundeskanzlers), Köln 1955; *Schreiber*, Wilfrid: Existenzsicherheit in der industriellen Gesellschaft (Schriftenreihe des *Bundes Katholischer Unternehmer*, N. F. Bd. 3), Köln 1955; *Hankel*, Wilhelm, und Gerhard *Zweig:* Die Alterssicherung in der sozialen Marktwirtschaft, in: ORDO, Bd. IX (1957), S. 157 ff.; *Willgerodt*, Hans: Sparen auf der Anklagebank der Sozialreformer, S. 175 ff.

[60] Vgl. Altersvorsorge für Selbständige. Die Union einigt sich auf Öffnung der Rentenversicherung. In: Frankfurter Allgemeine Zeitung vom 8. Juli 1965, S. 3. An dem Vollzug dieser politischen Absichtserklärung ist auf lange Sicht nicht zu zweifeln, da drei Viertel aller Selbständigen ihre Einbeziehung in eine gesetzliche Pflichtversicherung befürworten. Siehe dazu *Leverkus*, J. Christoph, und Klaus *Wieken*, a.a.O., S. 241 ff.

[61] *Willgerodt*, Hans: Die Krisis der sozialen Sicherheit und das Lohnproblem, S. 147.

[62] Vgl. *Hansmeyer*, Karl-Heinrich: Der Weg zum Wohlfahrtsstaat, Frankfurt a. M. 1957, S. 5, 88.

nahmen, die eine Erhöhung des Anteils der Unselbständigen an der gesamten Vermögensbildung durch Förderung des Sparens aus dem vorhandenen Einkommen bewirken wollen. In die zweite Gruppe gehören die Pläne, welche die Ersparnisbildung der Arbeitnehmer mit einer zusätzlichen, nicht für die Konsumtion zur Verfügung stehenden Lohnerhöhung, einem sogenannten „Investivlohn", koppeln möchten, und in die dritte Gruppe fallen die Vorschläge, die eine größere Sparquote der Unselbständigen durch eine betriebliche oder überbetriebliche Gewinnbeteiligung zu erreichen suchen. Demgegenüber treten „klassische" Mittel, wie die Besteuerung des Erbganges und des Vermögens, mehr in den Hintergrund. Aus jüngster Zeit ist daneben noch der Vorschlag *Föhls* für ein allgemeines Sparförderungsgesetz zu nennen[63], wonach die Ersparnisbildung der Unselbständigen ohne Einschränkung ihrer Konsumausgaben über einen weitgehenden Umbau des gesamten Steuersystems und unter Zulassung einer hohen Staatsverschuldung kreislaufneutral gefördert werden könnte.

Dennoch befaßt sich die Diskussion nach wie vor überwiegend mit den oben angeführten drei Gruppen von Maßnahmen. Vor allem die Auseinandersetzung um den Investivlohn ist durch den *Leber*-Plan[64], der einen ersten konkreten Vorstoß in dieser Richtung darstellte, und durch die Neufassung des Gesetzes zur Vermögensbildung der Arbeitnehmer[65], das erstmals die Vereinbarung vermögenswirksamer Leistungen auch im Rahmen eines Tarifvertrages gestattete, neu belebt worden. Hier liegt ein Kernproblem der Eigentumspolitik. Es geht darum, ob eine breitere Vermögensstreuung allein durch ein vermehrtes freiwilliges Sparen der vermögensärmeren Bevölkerungsschichten aus den gegebenen Einkommen bewirkt werden kann oder ob auch gleichzeitig eine Änderung der Einkommensverteilung — also etwa eine zusätzliche, investive Lohnerhöhung — erforderlich ist. Die Diskussion über diesen Fragenkomplex wird unter zwei Aspekten geführt, einem theoretischen und einem gesellschaftspolitischen. Die theoretische Fragestellung könnte wiederum in zwei Problemkreise untergliedert werden: Erstens interessiert, wie freiwilliges Sparen und Investivlohn im Wirtschaftskreislauf wirken, zweitens, welche absoluten Sparleistungen vergleichsweise auf den beiden Wegen zu erwarten sind, wenn das Sparverhalten mit in Rechnung gestellt wird.

---

[63] Vgl. *Föhl*, Carl: Kreislaufanalytische Untersuchung der Vermögensbildung in der Bundesrepublik und der Beeinflußbarkeit ihrer Verteilung, S. 147 ff.

[64] Vgl. *Leber*, Georg (Hrsg.): Vermögensbildung in Arbeitnehmerhand, Dokumentation 1, S. 9 ff.

[65] Zweites Gesetz zur Förderung der Vermögensbildung der Arbeitnehmer. Vom 1. Juli 1965 (BGBl. I S. 585). Siehe auch S. 99 ff. dieser Arbeit.

Die kreislaufanalytische Untersuchung geht im Regelfall von einer offenen Wirtschaft und einer ausgeglichenen Konjunkturlage aus und unterstellt als wirtschaftspolitische Hauptpostulate Vollbeschäftigung, Geldwertstabilisierung, Wachstum und außenwirtschaftliches Gleichgewicht[66]. Die für unseren Zusammenhang wichtige Frage lautet dann: Führt der gleiche absolute Sparbetrag — einmal aus laufendem Einkommen freiwillig gespart, das andere Mal aus zusätzlichem Einkommen zwangsgespart — hinsichtlich der Vermögensverteilung zu etwa dem gleichen Ergebnis, daß nämlich der Anteil der Unselbständigen am neugebildeten Vermögen steigt?

Föhl folgert aus seiner Analyse, daß sowohl isoliert vorgenommenes freiwilliges Sparen als auch Lohnteile, für die ein Sparzwang vereinbart ist (Investivlohn), gleichermaßen zu Gleichgewichtsstörungen führen und damit zur Beeinflussung der Vermögensverteilung ungeeignet sind[67]. Andere kommen vom gleichen theoretischen Ansatz her zu einer günstigeren kreislauftheoretischen Beurteilung, und zwar ebenso für das freiwillige Sparen wie für etwaige Investivlohnregelungen[68]; in beiden Fällen erfolge nämlich im Endeffekt ein gleicher Druck auf die Gewinne[69]. Falls die Sparquote nur langsam und im begrenzten Umfang steigt, wird es aber für möglich gehalten, den infolge der Gewinnreduzierung zu erwartenden Beschäftigungsrückgang durch konjunkturpolitische Mittel, und zwar über Anreize zu höheren Investitionen, auszugleichen: „... Von dieser größeren Investition entfällt jetzt ein größerer Anteil als zuvor auf die Arbeitnehmer, die sich bisher nicht oder nur geringfügig im Kreise der Produktionsmittelbesitzer befunden haben[70].“ *Preiser* räumt dem Investivlohn — im ausdrücklichen Gegensatz zu *Föhl* — kreislaufmäßig sogar eine günstigere Chance ein, den Anteil der Unselbständigen an der Vermögensbildung zu erhöhen, als dem Sparen aus

---

[66] Vgl. *Föhl*, Carl, a.a.O., S. 67 ff.

[67] Ebenda, S. 106 f., 123 ff. Vgl. auch *Weddigen*, Walter: Die wirtschaftlichen Folgen des Investivlohns, Sozialpolitische Schriften, Heft 17, Berlin 1964. *Weddigen* kommt ebenfalls zu keiner kreislauftheoretisch günstigen Beurteilung des Investivlohns, verweist jedoch statt dessen auf den „individuellen Sparvertrag“ (S. 107 ff.), ohne aber auf die kreislaufmäßigen Wirkungen dieses Verfahrens einzugehen.

[68] Vgl. *Aktionsgemeinschaft Soziale Marktwirtschaft* e. V., Heidelberg: Eigentumsstreuung sehr nüchtern gesehen, o. O. und o. J. (1965?), Ziff. 9. Die Aktionsgemeinschaft lehnt aus „überwirtschaftlichen Motiven“ jede Investivlohnregelung nachdrücklich ab, „weil die ökonomischen Umverteilungswirkungen ... beim freiwilligen Sparen die gleichen sind wie bei der von außen für die Arbeitnehmer veranstalteten Vermögenszuteilung“.

[69] Ebenda, Ziff 12. Vgl. ferner *Rüstow*, Hans-Joachim, in: Lohnpolitik und Vermögensbildung, Frankfurter Gespräch der *List-Gesellschaft* 1963, hrsg. von E. *Stiller*, S. 117.

[70] *Aktionsgemeinschaft Soziale Marktwirtschaft*, a.a.O., Ziff. 15.

gegebenem Einkommen[71]. Es sei nicht gleichgültig, *weshalb* die Gewinne zusammengepreßt werden, ob bei gleichen Kosten und sinkendem Absatz wie beim Sparen aus gegebenem Einkommen, oder bei höheren Kosten und gleichem Absatz wie beim Investivlohn[72]. „Die begründete Hoffnung auf eine Konstanz der Investitionstätigkeit ist neben der Erhöhung der Sparfähigkeit der entscheidende Vorzug der Investivlohnpolitik vor der bloßen Förderung des Sparens[73]." Alle Autoren, die im Investivlohn ein Mittel der Eigentumspolitik sehen, betonen die kreislauftheoretisch bedingte Notwendigkeit, bei der Bemessung des investiven Lohnanteils ganz vorsichtig mit sehr kleinen Prozentsätzen vorzugehen[74].

Berücksichtigen wir nun zusätzlich das tatsächliche Sparverhalten der Arbeitnehmer und beurteilen wir den quantitativen Erfolg des freiwilligen Sparens an der dargestellten derzeitigen Vermögensverteilung, so wird klar, weshalb Investivlohnregelungen diskutiert werden. Theoretisch mag es zutreffen, daß ein freiwilliges Sparen aus gegebenen Einkommen und ein über Tarifverträge vereinbartes Sparen im Wirtschaftskreislauf zum gleichen Ergebnis führt; de facto dürfte das freiwillige Sparen auf lange Sicht weit weniger zu einer gleichmäßigeren Vermögensstreuung beitragen, weil ein großer Teil der Arbeitnehmer aus freiem Antrieb nicht oder nur ungenügend spart. Das hat verschiedene Ursachen, die zum Teil in der Person des Arbeitnehmers, zum Teil aber auch in strukturellen Gegebenheiten unserer Wirtschaft und in der derzeitigen Wirtschaftspolitik begründet liegen. Das freiwillige Sparen hat einen schweren Stand. Die Voraussetzungen, unter denen ungefähr die gleiche Breitenwirkung wie mit Investivlohnregelungen ausschließlich über ein freiwilliges Sparen erzielt werden kann, werden selbst von entschiedenen Gegnern tarifvertraglicher Sparvereinbarungen als so zahlreich dargestellt, daß ihre baldige Realisierung unwahrscheinlich, ja fast utopisch erscheinen muß[75]; Gewerkschaften, Unternehmer und vor allem der Staat müßten sich der Aufgabe der Sparförderung wesentlich ent-

---

[71] *Preiser*, Erich: Theoretische Grundlagen der Vermögenspolitik (Bonner Akademische Reden, 29. Heft), Bonn 1964, S. 46.

[72] Ebenda, S. 44.

[73] Ebenda, S. 45.

[74] Vgl. *Oberhauser*, Alois: Die wirtschaftlichen Auswirkungen und Grenzen des Investivlohns, Paderborn o. J., S. 37 f.; *Meinhold*, Helmut: Investivlohn und soziale Marktwirtschaft, in: *Leber*, Georg (Hrsg.): Dokumentation 3 (wissenschaftliche Beiträge), S. 72 ff.; *Krelle*, Wilhelm: Gesamtwirtschaftliche Wirkungen von investiven Ertragsbeteiligungen der Arbeitnehmer, in: Lohnpolitik und Vermögensbildung, S. 67 f.; *Schreiber*, Wilfrid: Das Auseinanderfallen von ordnungspolitischer Wünschbarkeit und persönlicher Motivation der Vermögensbildung, in: Lohnpolitik und Vermögensbildung, S. 56; *Preiser*, Erich, a.a.O., S. 46.

[75] Vgl. *Aktionsgemeinschaft Soziale Marktwirtschaft* e. V., a.a.O., Ziff. 44—61.

schiedener und konsequenter annehmen, als das heute im günstigsten Falle vorauszusehen ist.

Dennoch bleibt die wichtige gesellschaftspolitische Frage, ob man nicht auch dann auf eine Einbeziehung des Sparens in tarifvertragliche Regelungen oder auf einen ähnlichen Sparzwang zugunsten einer größeren Freiheitlichkeit verzichten sollte, wenn solche Vereinbarungen das relativ beste Ergebnis für das Ziel einer breiteren Vermögensstreuung versprächen. Die Antwort auf diese Frage hängt davon ab, zu welchen Werten und welcher Rangordnung der Werte sich die Individuen und Gruppen der Gesellschaft bekennen. Die Werte und ihre Rangordnung können wissenschaftlich weder als falsch noch als richtig bezeichnet werden. Hier scheiden sich die Meinungen; hier beginnt die politische Auseinandersetzung[76]. Der Deutsche Bundestag hat mit der Verabschiedung des Zweiten Vermögensbildungsgesetzes gegen eine beachtenswerte Minderheit eine Vorentscheidung getroffen, als er tarifvertragliche Vereinbarungen über vermögenswirksam anzulegende Einkommensteile im begrenzten Rahmen als förderungswürdig anerkannte. Das Ziel, den Generationen dauernden Prozeß einer breiteren Vermögensbildung möglichst schnell einzuleiten, wurde von der Mehrheit so hoch eingestuft, daß dafür der Nachteil eines zeitlich begrenzten Zwanges hingenommen wurde. Damit ist jedoch noch nicht entschieden, wie häufig dieser Weg einer Nachhilfe durch zeitweiligen Zwang von den Tarifpartnern beschritten wird; der Drang in diese Richtung dürfte um so geringer sein, je besser es gelingt, die Chancen freiheitlicher Regelungen bis zum äußersten zu nutzen.

2. Breitere Aktienstreuung als eigentumspolitisches Ziel

In seiner berühmten Schrift „Vom Aktienwesen“, Berlin 1918, lehnte Walter *Rathenau* den Erwerb von Aktien durch breite Bevölkerungsschichten mit großer Entschiedenheit ab: „Die Aktie ist keine Kapital-

[76] Vgl. z. B. das Echo auf die Denkschrift des *Rates der Evangelischen Kirche Deutschlands* „Eigentumsbildung in sozialer Verantwortung“, über das Horst *Dahlhaus* berichtet hat: Zwei Schritte zurück oder einen Schritt zu weit? In: Kirche in der Zeit, März 1963; ferner die Diskussion zwischen Hans *Janberg* und Wilhelm *Krelle* über die „Empfehlungen zur Eigentumspolitik“ eines evangelisch-katholischen Gutachterkreises (veröffentlicht vom *Sozialreferat im Zentralkomitee der deutschen Katholiken* und der *Evangelischen Aktionsgemeinschaft für Arbeitnehmerfragen in Deutschland,* Bad Godesberg 1964), in: Zeitschrift für das gesamte Kreditwesen, Heft 5/1964, S. 9 ff. (Hans *Janberg:* Eigentum durch tarifvertragliches Zwangssparen?), Heft 15/1964, S. 9 f. (Wilhelm *Krelle:* Breitere Vermögensstreuung oder nicht?) und Heft 15/1964, S. 10 f. (Hans *Janberg:* Einige Anmerkungen zur Kritik von Professor Dr. Krelle); vgl. auch die Aussprache im Bundestag über das Vermögensbildungsgesetz: *Deutscher Bundestag,* Stenographische Berichte, 4. Wahlperiode, 179. Sitzung, 5. Mai 1965, S. 9004 ff.

anlage für den kleinen Sparer; der kleine Aktionär ist ein irregeleiteter Verwalter seines Vermögens, und es ist einem jeden zu wünschen, daß er sich ohne Verlust in kurzer Frist seines ungeeigneten Besitzes zu entledigen vermöchte[77]." Dieses Urteil stand, wie die Geschichte der Aktienrechtsreform beweist, nicht allein: Bei der Diskussion über die zweckmäßige Höhe des Mindestnennbetrages der Aktie tauchte als Argument zugunsten eines hohen Nennwertes immer wieder der Wunsch auf, kleine Sparer von der risikoreichen und gefährlichen Aktienanlage fernzuhalten[78]. Die Aktiennovelle des Jahres 1884 (Artikel 207 a), das Handelsgesetzbuch von 1897 (§ 180) und das Aktiengesetz von 1937 (§ 8) haben vorwiegend aus diesem Grunde als Mindestnennbetrag einer Aktie die für die damaligen Verhältnisse sehr hohe Summe von 1 000 Mark vorgeschrieben; die Ermäßigung dieses Mindestnominalbetrages im Jahre 1924 anläßlich der Goldmarkumstellung und 1949 anläßlich der Währungsreform (DM-Bilanzgesetz) auf normalerweise 100 Mark war mehr auf währungstechnische und kapitalmarktpolitische Erfordernisse denn auf das Ziel abgestellt, der Aktie Eingang in breite Bevölkerungsschichten zu verschaffen[79]. Erst die Aktienrechtsreform des Jahres 1965[80] bekennt sich nachdrücklich zum Ziel einer breiten Aktienstreuung, indem sie es nicht nur bei dem 1949 von 1 000 Mark auf 100 Mark ermäßigten Nennbetrag beläßt, sondern diesen darüber hinaus auf 50 DM vermindert (§ 8 AktG). „Durch die Herabsetzung des Mindestnennbetrages auf DM 50 soll es den Gesellschaften ermöglicht werden, durch Ausgabe kleingestückelter Aktien einem zu hohen Kursniveau für die Aktie der Gesellschaft entgegenzuwirken und dadurch auch einem kleinen Anleger die Gelegenheit zu verschaffen, Aktien der Gesellschaft zu erwerben[81]." Doch auch 1965 wurden die alten Bedenken laut, allerdings ohne die abschließende Entscheidung des Gesetzgebers zu beeinflussen. „Die vereinzelt geäußerte Befürchtung, durch eine Senkung des Mindestnennbetrages würden sozial schwache Kreise zum vorzeitigen Aktienkauf und zur Spekulation verleitet, wurde von der Mehrheit der Ausschüsse nicht geteilt[82]."

---

[77] *Rathenau*, Walter: Vom Aktienwesen. Eine geschäftliche Betrachtung. Berlin 1918, S. 33; vgl. auch *Hirschbach*, Hermann: Von der Börse, oder: Der Geist der Speculation, Leipzig (1864), S. 87.

[78] Vgl. *Fabri*, Theodor: Die Kleinaktie (Abhandlungen aus dem *Industrieseminar der Universität zu Köln*, hrsg. von Theodor *Beste*, Heft 8), Berlin 1959, S. 26 ff.; ferner *Wertheimer*, Ludwig, a.a.O., S. 33 f.

[79] Vgl. *Fabri*, Theodor, a.a.O., S. 35 ff., 45 ff.; *Schlegelberger-Quassowski:* Kommentar zum Aktiengesetz, Berlin 1937, S. 127.

[80] Aktiengesetz vom 6. Sept. 1965 (BGBl. I S. 1089). Der Regierungsentwurf sah abweichend von der schließlich verabschiedeten Fassung zunächst nur einen Mindestnennbetrag von 100 DM vor (vgl. *Deutscher Bundestag*, 4. Wahlperiode, Drucksache IV/3296, S. 4).

[81] *Deutscher Bundestag*, 4. Wahlperiode, *zu* Drucksache IV/3296, S. 2.

[82] Ebenda; vgl. auch *Deutscher Industrie- und Handelstag:* Zur Reform des Aktienrechtes, (Bonn) 1954, S. 27 f.

Worauf ist dieser Wandel in der Einstellung des Gesetzgebers zurückzuführen? Welche Einwände werden gegen eine Einbeziehung der Aktie in die eigentumspolitischen Förderungsmaßnahmen erhoben und welche Gründe sprechen dafür?

Gegen die Aktienanlage werden vor allem *zwei* Argumente vorgebracht: Die Aktie verleite zur Spekulation und das Risiko der Aktienanlage sei für breite Bevölkerungsschichten zu hoch. Im Spekulationsvorwurf gegen die Aktie[83] vereinigen sich historische Erfahrungen mit moralischen Wertungen und empirisch noch nicht überprüften Hypothesen über das Anlageverhalten bestimmter Sparergruppen[84]. Sicherlich gehört die Spekulation zum Wesen der Aktie wie in bestimmtem Umfang zu jeder anderen wirtschaftlichen Betätigung auch. Auswüchse und negative gesamtwirtschaftliche Folgen der Spekulation haben jedoch zu ihrer Bändigung beigetragen. Strengere Publizitäts- und Prüfungsvorschriften des Aktienrechts, Börsengesetze und die Beleihungspraxis der Banken grenzen die Gefahren einer übersteigerten, massenhaften, auf Krediten beruhenden Spekulation erheblich ein. Ob der Verführungszwang der Aktie gerade für die sozial schutzbedürftigen Kleinstaktionäre so groß ist wie behauptet wird, soll in einem späteren Abschnitt dieser Arbeit empirisch überprüft werden.

Mit Recht wird hervorgehoben, daß der Aktienkäufer Risiken eingeht. Auch in den drei Volksaktien-Verkaufsprospekten, die sich in erster Linie an Sparer der unteren und mittleren Einkommensschichten wandten, war darauf ausdrücklich hingewiesen worden. Aber Art und Umfang dieser Risiken schließen offenbar nicht aus, daß die herrschenden politischen Kräfte in der Bundesrepublik die Aktie dennoch als ein den Zielen der Eigentumspolitik adäquates Mittel ansehen. Generell von *dem* Risiko der Aktienanlage zu sprechen, täuscht indessen über die Differenziertheit der Verhältnisse hinweg; ob und inwieweit das in der Aktie liegende Risiko ihre Eignung für die Eigentumspolitik herabmindert, wird erst deutlich, wenn die Komponenten des Gesamtrisikos getrennt betrachtet werden.

Wissenschaftliche Analysen der Aktienanlage kommen zu dem Ergebnis, daß sich die einzelnen Aktienwerte in bestimmte Kategorien einteilen lassen, die durch verschieden große Ertrags-, Wachstums- und

---

[83] Vgl. z. B. *Deutscher Bundestag*, Stenographische Berichte, 3. Wahlperiode, 67. Sitzung, 19. März 1959, S. 3557, 3571. Hier wandte sich der Abgeordnete *Brecht* (SPD) gegen die Einbeziehung der Aktie in das Sparprämiengesetz und bezeichnete sie als „Spekulationspapier“.

[84] Vgl. *Ehrenberg*, R., a.a.O., S. 205; *Möser*, Georg: Die Generalversammlung der Aktiengesellschaft, Berlin 1925, S. 43; *Fried*, Ferdinand: Das Volk spekuliert, in: Die Welt, Nr. 192/1959, S. 1.

Risikowahrscheinlichkeiten unterschieden sind[85]. Hier liegt eine Aufgabe der Anlageberatung, dem kleinen Sparer solche Aktienwerte zu empfehlen, die den langfristigen Zielen einer breiten Vermögensstreuung am ehesten gerecht werden. Für die *Direkt*-Anlage kleiner Sparbeträge sind dabei im Zweifel vorzugsweise die Aktien großer, börseneingeführter Publikumsgesellschaften geeignet, davon wiederum besonders internationale Standardpapiere oder sogenannte „blue ships"[86]. Das Bonitätsrisiko, die Gefahr der Zahlungsschwäche oder eines Totalzusammenbruches, kann für diese Aktiengesellschaften als extrem niedrig bezeichnet werden, wenn man es für die größten Gesellschaften nicht sogar ganz ausschließen muß. Weder die Geschichte der Aktiengesellschaft im 19. Jahrhundert noch die Krisenerscheinungen nach dem zweiten Weltkrieg und im Verlauf der Weltwirtschaftskrise sind für das bei unserer heutigen Wirtschafts- und Gesellschaftsstruktur denkbare Risiko realistische Maßgrößen. Der moderne Großkonzern in der Form der Aktiengesellschaft mit seinem meist breiten Produktionsprogramm, das den internen Risikoausgleich erleichtert, mit seiner Vorzugsstellung auf dem Kredit- und Kapitalmarkt sowie mit seinem hohen Forschungs- und Entwicklungspotential hat nahezu den „Status der Unsterblichkeit"[87]. Sollten trotz allem einmal Schwierigkeiten auftreten, sind Stützungsmaßnahmen der öffentlichen Hand um so wahrscheinlicher, je größer das betreffende Unternehmen ist[88]. Wo die Existenzgrundlage von Hunderttausenden von Menschen gefährdet ist, wo die wirtschaftliche Struktur und das Steueraufkommen einer Region oder Gemeinde durch das Ausscheiden eines Großunternehmens erheblich gestört werden könnte, wird die Wirtschaftspolitik zu schnellem Handeln herausgefordert[89]. Gegenläufig zu der Tendenz, daß das Großunternehmen seine Geschäfts-

---

[85] Vgl. z. B. *Teuber*, Hans-Joachim: Konservative, spekulative und Wuchsaktien, Diss. Köln 1958.

[86] Vgl. *Rittershausen*, Heinrich: Wirtschaft, Das Fischer Lexikon, Bd. 8, Frankfurt a. M. 1958, S. 249.

[87] *Jacoby*, Henry: Das Nachfolgesystem der freien Marktwirtschaft im Spiegel amerikanischer Literatur, in: Zeitschrift für die gesamte Staatswissenschaft, Bd. 115/1959, S. 752.

[88] Die Zusammenbrüche *Borgward*, *Schlieker* und *Stinnes* sind Sonderfälle, mögen aber, da wir hier die Einzelheiten nicht erörtern können, als Gegenbeispiel gelten. Es handelt sich jedoch um Unternehmen an der Untergrenze zum Großkonzern und nicht um börseneingeführte Aktiengesellschaften. Öffentliche Stützungsmaßnahmen wurden in jedem Fall erwogen und zum Teil auch ergriffen. Andere Beispiele mit entgegengesetztem Ausgang sind die Fälle *BMW* und *Henschel*.

[89] Vgl. *Sombart*, Werner: Die Zukunft des Kapitalismus, Berlin-Charlottenburg 1932, S. 17: „Der Zusammenbruch einer modernen Großbank aber zieht so weite Kreise, daß der Staat, er mag wollen oder nicht, eingreifen muß. Und dasselbe gilt von den industriellen Unternehmungen. Ein kleines Hüttenwerk mochte schließlich tun und lassen, was es wollte. Ein Stahltrust kann es nicht. Sein Gebahren berührt die Interessen von Hunderttausenden, deren Schicksal der Gesamtheit nicht gleichgültig sein kann."

politik *nicht* mehr *ausschließlich* am höchstmöglichen Gewinn im Interesse seiner Aktionäre, sondern *auch* an den Erwartungen seiner Arbeitnehmer, Schuldner, Gläubiger, Lieferanten sowie an den Ansprüchen des Gemeinwesens und der gesamten Öffentlichkeit ausrichtet[90], bahnt sich eine Entwicklung an, derzufolge die öffentliche Hand und ihre Wirtschaftspolitik im äußersten Krisenfall einen Teil des Unternehmensrisikos mittragen[91].

Braucht somit der Aktionär bei großen Publikumsaktiengesellschaften das Risiko der Illiquidität oder des Totalverlustes kaum zu befürchten, so muß er doch nach wie vor damit rechnen, daß der wirtschaftliche Erfolg von Unternehmen zu Unternehmen und von Periode zu Periode größeren Schwankungen unterliegen kann. Bei schlechtem Geschäftsgang, bei sinkenden Erträgen bis hin zu Verlusten sind Kursrückgänge, Dividendenkürzungen oder Dividendenausfälle zu erwarten. Die Gründe hierfür können vielfältig sein: Geringere wirtschaftliche Leistungsfähigkeit des einzelnen Unternehmens im Vergleich zu seinen Mitanbietern, unerwartete volkswirtschaftliche, politische oder außenwirtschaftliche Datenveränderungen, allgemeine konjunkturelle Abschwächungen, strukturelle Krisen einzelner Branchen. Für die Eignung der Aktie als Mittel der Eigentumspolitik ist es jedoch wesentlich, inwieweit diese Risiken Kursverluste von Dauer bedingen. Allgemeine Kursrückgänge im Verlauf einer Konjunkturabschwächung brauchen kein ernsthaftes Hindernis für den Aktienerwerb zu sein; die moderne Konjunkturpolitik ist, falls die Erfahrungen der letzten Jahrzehnte nicht täuschen, in der Lage, Vollbeschäftigung und Wirtschaftswachstum weitgehend sicherzustellen und einer Depression erfolgreich entgegenzuwirken. Konjunkturell bedingte Kursrückgänge sind daher wahrscheinlich eher kurzfristiger Natur[92].

Gefährlicher sind dagegen Kursrückgänge, die auf den strukturellen Schwierigkeiten eines ganzen Wirtschaftszweiges beruhen. Sie können dauerhaft sein und zu endgültigen Verlusten führen. Zwar versucht auch hier die staatliche Wirtschaftspolitik, die Lage durch Anpassungshilfen zu stabilisieren, aber auf die Dauer kann ein wirtschaftlicher

---

[90] Vgl. *Cassier*, Siegfried C.: Wer bestimmt die Geschäftspolitik der Großunternehmen? Frankfurt 1962.

[91] Bemerkenswert ist in diesem Zusammenhang die These *Molitors*, daß die „Garantiefunktion" des Staates gerade durch die breite Eigentumsstreuung herausgefordert wird: „Die Substanz und, in Graden, auch die Rendite der Kleinvermögen muß ... schon aus politischen Gründen erhalten werden. Wenn je zuvor, wird der Staat jetzt im Krisenfall für die Unternehmen zum eigentlichen Risikoträger." Vgl. *Molitor*, Bruno, a.a.O., S. 180; vgl. ferner *Loesch*, Achim von, a.a.O., S. 134; *Weisser*, Gerhard: Art. „Vermögen und Vermögenspolitik", a.a.O., S. 170.

[92] Vgl. *Kandlbinder*, Hans Karl: Renditen — einst und heute II, in: Zeitschrift für das gesamte Kreditwesen, Heft 16/1960, S. 8.

Strukturwandel, der sich infolge technischen Fortschritts, neuer Produktionsverfahren oder kostengünstigerer Substitutionsprodukte anbahnt, nicht ohne Schaden für die Leistungsfähigkeit der gesamten Volkswirtschaft aufgehalten werden. In dieser Situation lassen sich Verluste für die Aktionäre nur verhindern, wenn es den betroffenen Unternehmen gelingt, ihre Tätigkeit auf zukunftsträchtigere Bereiche zu verlagern.

Die hohe Anpassungsfähigkeit des modernen Großunternehmens an geänderte Wettbewerbsverhältnisse bietet gleichfalls die Gewähr dafür, daß sich auch diejenigen Risiken, die in einem möglichen Absinken der Leistungsfähigkeit gegenüber den Konkurrenten liegen, in Grenzen halten. Die Chancen, daß etwaige Rückschläge eines Großunternehmens durch Neuorientierung der Unternehmenspolitik, vor allem durch Änderungen im Produktionsprogramm, überwunden werden können, sind zwar nicht für jeden Einzelfall, doch für die Mehrzahl der Fälle relativ günstig. Je langfristiger daher die Zwecke des Aktienerwerbs sind, um so geringer wiegt die Gefahr der Kursverluste.

Andererseits liegt ein spezielles Risiko der Aktienanlage gerade in den Eingriffsmöglichkeiten der Geld- und Konjunkturpolitik begründet. Wenn zum Beispiel die *Deutsche Bundesbank* im Interesse der Geldwertstabilität in Zeiten überhitzter Konjunktur oder bei als übersteigert angesehenen Ausgaben der öffentlichen Hand — wie etwa in den Jahren 1965/66 — eine Politik des knappen Geldes betreibt, indem sie den Banken in großem Umfang Liquidität entzieht, dann treffen diese Eingriffe den gesamten Kapitalmarkt. Das Zinsniveau für Rentenwerte steigt und die Aktienkurse fallen, ohne daß dies zunächst in einem zwingenden Zusammenhang mit der Geschäftsentwicklung der Unternehmen steht. Es tritt eine Umkehrung der „normalen" Wechselbeziehung ein: Die Aktienkurse folgen nicht der Geschäftsentwicklung, sondern die Geschäftsentwicklung folgt der willkürlich veränderten Lage auf dem Kapitalmarkt, d. h., die verringerten und verteuerten Finanzierungsmöglichkeiten zwingen zu Einschränkungen der Investitionen mit ihren Rückwirkungen auf Beschäftigung und Wirtschaftswachstum. Da derartige geldpolitische Maßnahmen den eigentlichen Brandherd der schleichenden Inflation häufig erst über Umwege erreichen und deshalb, um wirksam zu sein, sehr massiv und für lange Dauer eingesetzt werden müssen, stellen sie für den Aktiensparer eine große Härte dar[93]. Hier stößt sich das eigentumspolitische Ziel einer breiten Aktienstreuung an dem übergeordneten Ziel der Geldwertstabilität. Jedoch ist auch das aus solchen Eingriffen resultierende Risiko zeitlich begrenzt; nach Lockerung der Kreditrestriktionen durch die Bundesbank dürften günstige Aussichten für einen Wiederanstieg des Aktienkursniveaus bestehen.

---

[93] Vgl. *Brestel,* Heinz: Warum fallen die Aktienkurse? In: Frankfurter Allgemeine Zeitung vom 6. Juni 1964, S. 7.

Das Risiko der Aktie würde trotz allem noch zu hoch erscheinen, wenn nicht in diese Überlegungen auch die Inflationsgefahr einbezogen wird. In dieser Hinsicht nämlich hat die Aktie als eine Anlage mit Sachwertcharakter im Vergleich zu den sogenannten „mündelsicheren" Rentenpapieren und Sparguthaben in diesem Jahrhundert bisher besonders günstig abgeschnitten[94]. Wie die Untersuchung H. W. *Schlags*[95] beweist, konnten Sparer, die in den Jahrzehnten vor der Währungsreform erstklassige Industrieaktien als *Dauer*-Anlage erwarben, die reale Kaufkraft ihrer Ersparnisse über Kriege, Inflationen und die Weltwirtschaftskrise hinüberretten. Natürlich ließen sich *während* der jeweiligen Krise und oft noch längere Zeit danach auch die in Aktien angelegten Ersparnisse nur mit großen Verlusten liquidieren. Falls die Anlage in bestimmten Jahren bei hohen Kursen erfolgt war, erwiesen sich die Aktien den Rentenpapieren sogar länger als ein Jahrzehnt unterlegen[96]. Für die Wertbeständigkeit auf Dauer war jedoch das Schicksal der Vermögensanlagen in den großen Inflationen entscheidend. Hier mußten die Rentenbesitzer und Sparbuchinhaber hohe endgültige Verluste hinnehmen, während die Aktionäre nach einer Reihe von Jahren im Zuge eines erneuten Wirtschaftsaufschwunges den ursprünglichen Kaufkraftwert ihrer alten Ersparnisse wieder einlösen konnten. Dieses Ergebnis muß zugunsten der Aktie festgehalten werden[97]; auch wer eine größere Inflation in den nächsten Jahrzehnten für unwahrscheinlich hält, dürfte „für alle Fälle" bereit sein, der Aktie wegen ihrer relativ guten Sicherheit gegenüber der großen Inflation einen Vorzug zuzugestehen, der einen Teil ihrer übrigen Risiken auszugleichen vermag.

Daneben bleibt noch zu überprüfen, ob die Aktie auch gegen die schleichende Geldentwertung, die chronische Wirtschaftskrankheit unseres Jahrhunderts, immun ist. Kann der Aktiensparer die Kaufkraft seiner Ersparnisse bewahren? An Hand der Kursstatistik läßt sich diese Frage nicht methodisch zweifelsfrei beantworten. Auf die Börsenpreisbildung der letzten Jahrzehnte haben so viele unterschiedliche, sich gegenseitig überlagernde Faktoren eingewirkt, daß der relativ schwache

---

[94] Vgl. *Rittershausen*, Heinrich: Wirtschaft, a.a.O., S. 108; *ders.*: Die Reform der Mündelsicherheitsbestimmungen und der industrielle Anlagekredit, Jena 1929, S. 74 f.

[95] *Schlag*, Hans Werner: Aktien als Vermögensanlage, Frankfurt a. M. 1959.

[96] Eine im Jahr 1926 in festverzinslichen Wertpapieren angelegte Sparsumme behielt nach H. W. *Schlag* (a.a.O., S. 147) bis 1948 nahezu 100 %ig ihren Wert oder überschritt sogar zeitweise ihren ursprünglichen Wert, während die zur gleichen Zeit erworbenen Aktien erst wieder 1944/45 ohne Verlust liquidierbar waren. In der Währungsreform des Jahres 1948 hatte der Rentenbesitzer dann allerdings einen endgültigen, 90 %igen Kursverlust hinzunehmen, während der Aktienbesitzer seine Papiere ab 1954 zu mehr als 100 % des ursprünglichen Kaufkraftwertes veräußern konnte.

[97] Vgl. *Schmalenbach*, Eugen: Die Aktiengesellschaft, 7. Aufl., Köln und Opladen 1950, S. 39.

Parameter der schleichenden Geldentwertung nicht isoliert werden kann. Langfristig steigende Kurstrends können gleichermaßen auf das Unternehmenswachstum wie auf die Geldentwertung oder auf beide oder noch andere Faktoren zurückgeführt werden.

Die Frage, ob der Aktiensparer bei schleichender Geldentwertung die Kaufkraft seiner Ersparnisse bewahren kann, läßt sich aber auch unter betriebswirtschaftlichen Aspekten untersuchen: Welchen Einfluß hat eine langsame Geldentwertung ceteris paribus auf den nominalen Gesamtwert der Aktiengesellschaft? Im Zuge der Geldentwertung steigen tendenziell und im Durchschnitt die Wiederbeschaffungskosten der im Unternehmen investierten Sachgüter wie Grundstücke, Gebäude, Anlagen, Vorräte usw.[98]. Dies führt automatisch zu höheren Vermögenswerten und damit zu einem Ansteigen des Reproduktionswertes[99] der Aktiengesellschaft. Darüber hinaus wird der Vorstand der AG bemüht sein, den Substanzwert des Unternehmens durch hinreichend große Abschreibungen und Neuinvestitionen zu erhalten[100]. Auch der Ertragswert der Aktiengesellschaft wird in der Regel von einer langsamen Geldentwertung nur wenig berührt, weil das gestiegene Preisniveau alle inländischen Wettbewerber ziemlich gleichmäßig trifft und im internationalen Warenverkehr Angleichungstendendzen in der Preisniveauentwicklung mit gewissen zeitlichen Verzögerungen zu beobachten sind, also relativ günstige Chancen für die Überwälzung erhöhter Kosten und Preise bestehen. Insgesamt ist es daher wahrscheinlich, daß der Wert der Aktiengesellschaft bei schleichender Inflation im ganzen ungefähr um das Ausmaß der Geldentwertung ansteigt; die automatische Werterhöhung der Sachinvestitionen und das betriebswirtschaftliche Postulat der Kapitalerhaltung bieten dafür eine Gewähr. Auf lange Sicht dürften diese Fakten auch einen Einfluß auf die Börsenbewertung ausüben. Daher bestehen Chancen, daß der Aktiensparer ceteris paribus durch die Geldentwertung keine dauerhaften Verluste erleidet.

Nach alledem muß somit das Risiko der Aktienanlage für den auf lange Sicht vorausschauenden Sparer weniger gefährlich erscheinen, als es das Schlagwort von „dem“ Risikopapier Aktie vermuten läßt. Risikomindernd wirken die ausgleichenden Maßnahmen der modernen Kon-

---

[98] Vgl. *Fabri*, Theodor: Die Kleinaktie, S. 122 f.

[99] Vgl. *Hax*, Karl: Die langfristigen Finanzdispositionen, in: Handbuch der Wirtschaftswissenschaften, hrsg. von Karl *Hax* und Theodor *Wessels*, Bd. I, Köln und Opladen 1958, S. 523—525.

[100] Auf das Problem der Kapitalerhaltung in Zeiten schwankenden Geldwertes hat vor allem Fritz *Schmidt* durch seine „organische Tageswertbilanz“ (Die organische Tageswertbilanz, 3. Aufl., Wiesbaden 1951) aufmerksam gemacht; in der Bilanztheorie und Bewertungslehre spielt es eine überragende Rolle. Vgl. auch *Lohmann*, Martin: Einführung in die Betriebswirtschaftslehre, 2. Aufl., Tübingen 1955, S. 201 ff.; *Hax*, Karl: Die Substanzerhaltung der Betriebe, Köln und Opladen 1957.

junktur- und Wachstumspolitik sowie der Trend zur großen, nahezu unsterblichen Publikumsaktiengesellschaft. Erhöhte Bedeutung muß der relativ guten Geldwertsicherheit der Aktie zugemessen werden, nachdem die schleichende Geldentwertung zu dem größten Wirtschaftsproblem der westlichen Industrienationen geworden ist. Zwar bleiben noch beachtliche kurzfristige Kursrisiken der Aktie bestehen, die je nach dem Sparzweck nicht zu unterschätzen sind und die eine jederzeitige verlustlose Liquidierbarkeit der Ersparnisse ausschließen; aber diese Gefahren sind der Preis für die langfristige Sicherheit der Aktie.

Noch sind die Meinungen jedoch geteilt. Wer die außergewöhnlichen Kurseinbrüche einiger schlimmer Jahre vor Augen hat, für den grenzt es nach wie vor an „Verantwortungslosigkeit", „den kleinen Sparer zu ermuntern, an der Börse zu kaufen"[101]. Wer dagegen mehr an die „währungspolitischen Erfahrungen von fast vier Jahrzehnten" und die zweimalige Vernichtung der sogenannten mündelsicheren Werte denkt, stellt umgekehrt die Frage, ob es noch vor dem Gewissen verantwortet werden kann, von der Aktie abzuraten und festverzinsliche Wertpapiere zu empfehlen[102].

Aber nicht allein wegen der im ganzen milderen Beurteilung des Gesamtrisikos erscheint es geboten, die Aktie in die eigentumspolitischen Förderungsmaßnahmen zugunsten breiter Bevölkerungsschichten einzubeziehen. *Für* die Aktienanlage sprechen vielmehr auch Chancen, die unter allen Anlageformen nur bei der Aktie gegeben sind. Die Aktie ist neben dem Investmentzertifikat die einzige Anlageform, die eine Beteiligung beliebig vieler Sparer am Produktivkapital der Wirtschaft ermöglicht; gemessen an den erwähnten allgemeinen Zielsetzungen der Eigentumspolitik nimmt sie daher eine Schlüsselstellung ein.

Die Aktie beteiligt am Wachstum der Wirtschaft[103]. Da sich die gesamte eigentumspolitische Diskussion an der Beobachtung entzündet hat, daß der hohe wachstumsbedingte Substanzzuwachs der Unternehmen einseitig den Inhabern der Eigentumsrechte an diesen Unternehmen zugeflossen ist, lag es nahe, in Zukunft die gleichmäßigere Verteilung des ständigen Vermögenszuwachses der Volkswirtschaft über eine breitere Aktienstreuung anzustreben[104]. Tendenziell haben die Selbständigen

---

[101] *Loesch*, Achim von, a.a.O., S. 36, 34 f.

[102] Vgl. *Fabri*, Theodor, a.a.O., S. 119.

[103] Vgl. Gut 9 Prozent Wachstum im Durchschnitt, in: Handelsblatt vom 10. März 1965, S. 21, wo über eine Untersuchung über das „Wachstum" amerikanischer Aktienanlagen zwischen 1926 und 1960 berichtet wird.

[104] Vgl. *Deutscher Bundestag*, Stenographische Berichte, 3. Wahlperiode, 67. Sitzung, 19. März 1959, S. 3571, und 141. Sitzung, 27. Jan. 1961, S. 8020 (Abgeordneter Prof. Dr. *Burgbacher*); *Lück*, Willy Heinrich, a.a.O., S. 10; *Lindrath*, Hermann, in: Grundlagen der Privatisierungspolitik, hrsg. von Bernhard *Woi-*

und die obere, einkommensstärkere Arbeitnehmerschicht ihre Ersparnisse bisher zum größten Teil in Produktivvermögen, die Masse der durchschnittlich oder gering verdienenden Unselbständigen dagegen überwiegend in Kontenform angelegt[105]. Unterstellt man, daß den Besitzern von Produktionsvermögen in einer expandierenden Wirtschaft langfristig neben einer Verzinsung sehr wahrscheinlich auch Wachstumsgewinne in Gestalt höherer Kurse zufließen werden[106], dann führt die bisherige Inanspruchnahme der Anlageformen durch Selbständige und Unselbständige — oder zutreffender durch Einkommensstarke und Einkommensschwächere — zu einer weiteren Verschärfung der Vermögenskonzentration. Die Förderung des Aktiensparens in breiten Bevölkerungsschichten bedeutet daher von der Wahl der Anlageform her einen zusätzlichen Schritt auf dem Wege zur Dekonzentration der Vermögen. Dies gilt um so mehr, als die Heranführung neuer Sparerschichten an den Kapitalmarkt die Voraussetzung dafür ist, daß die Selbstfinanzierung über die Preise eingeschränkt werden kann, ohne die Investitionsmöglichkeiten der Unternehmen zu beschneiden[107].

Die Aktie gilt schließlich aus *gesellschaftspolitischen* Gründen für förderungswürdig. Die kühnsten Hoffnungen, die an eine breite Aktienstreuung geknüpft werden, zielen auf eine Verringerung oder Beseitigung des „Zwiespaltes zwischen Kapital und Arbeit"[108] oder sogar auf eine bessere „Machtverteilung"[109] ab. Auch könne die breite Aktienstreuung und das Wissen über die Aktie als „Risikopapier" „das Verständnis für die Notwendigkeit, die Arbeitsweisen in der Wirtschaft und für wirtschaftliche Zusammenhänge in breiten Schichten der Bevölkerung stärken und dadurch dazu beitragen, daß Mißverständnisse und Ressentiments abgebaut werden"[110]. Es wird angestrebt, „daß das

---

schnik, Bad Godesberg 1961, S. 34; *Lenz,* Hans: Privatisierung wird fortgeführt, in: Bulletin des Presse- und Informationsamtes der Bundesregierung, Nr. 222/1962, S. 1890.

[105] Vgl. hierzu auch S. 29 ff. dieser Arbeit.

[106] In allen Volksaktien-Verkaufsprospekten, vor allem in dem für die VEBA-Volksaktien, war auf die Chance der Beteiligung am „Wachstum der Wirtschaft" oder am Substanzzuwachs der Aktiengesellschaft hingewiesen worden.

[107] Vgl. *2. Deutscher Bundestag,* Stenographische Berichte, 214. Sitzung, 31. März 1957, S. 12610 (Abgeordneter Dr. *Hellwig*); *Deutscher Bundestag,* Stenographische Berichte, 3. Wahlperiode, 67. Sitzung, 19. März 1959, S. 3573 (Bundesfinanzminister *Etzel*); *Krahnen,* H. Joachim: Unternehmensfinanzierung im Wandel, in: Frankfurter Allgemeine Zeitung vom 17. Mai 1966, S. 17.

[108] Vgl. *2. Deutscher Bundestag,* Stenographische Berichte, 214. Sitzung, 31. Mai 1957, S. 12584 (Abgeordneter *Blank,* Dortmund), S. 12608 (Abgeordneter *Häussler*); *Lück,* Willy Heinrich, a.a.O., S. 9.

[109] Vgl. *Deutscher Bundestag,* Stenographische Berichte, 3. Wahlperiode, 67. Sitzung, 19. März 1959, S. 3570 (Abgeordneter Prof. Dr. *Burgbacher*).

[110] *Deutscher Bundestag,* Stenographische Berichte, 3. Wahlperiode, 107. Sitzung, 16. März 1960, S. 5845 (Abgeordneter Dr. *Dahlgrün*).

Sparen nicht bloß sozusagen ein Zwecksparen, ein Sparen von heute auf morgen ist, um irgendeinen erstrebenswerten Gegenstand erwerben zu können, sondern daß es mehr und mehr von der Absicht zu einer echten Vermögensbildung sowie von der volkswirtschaftlichen Verantwortung getragen wird, an dem volkswirtschaftlichen Produktivkapital teilzuhaben"[111]. Auf das mit der Aktie verknüpfte „Mitspracherecht" wird Wert gelegt[112]; das Investmentzertifikat wird deswegen mitunter nur als „Vorstufe zum Aktienerwerb" und „nicht als der eigentliche Weg zur Beteiligung am Produktivkapital" angesehen[113]. Wünschenswert ist es, „echte und unmittelbare Beziehungen zwischen dem kleinen Sparer und den bedeutenden Produktionsunternehmungen herzustellen. Breite Schichten sollten immer mehr an der Entwicklung der Unternehmen und damit am Schicksal der gesamten Volkswirtschaft ideell interessiert werden"[114]. Und wenn die Risiken der Aktienanlage bewußt werden, kann das „nur die positive Nebenwirkung haben, daß sich immer mehr Arbeitnehmer mit wirtschaftlichen Vorgängen befassen und sie immer besser verstehen lernen"[115]. All diese Vorstellungen und Wünsche beruhen nicht nur auf dem „vermögensrechtlichen", sondern zum Teil auch auf dem „personenrechtlichen" Inhalt der Aktie[116], neben dem Anspruch auf Dividende und dem Bezugsrecht bei Kapitalerhöhungen also auch auf dem Teilnahmerecht an der Hauptversammlung, dem Stimmrecht und dem Auskunftsrecht.

Soweit in den gesellschaftspolitischen Begründungen für eine breite Aktienstreuung Hypothesen über gesellschaftliche Zusammenhänge enthalten sind, bedürfen sie einer empirischen Prüfung. Von vornherein unrealistisch erscheint die allerdings nur vereinzelt geäußerte Vorstellung, eine breite Aktienstreuung könne auch „für das Programm der Machtverteilung von Interesse sein"[117]. Sollte damit die praktisch unangefochtene Herrschaft der Unternehmensleitung in der Hauptversammlung großer Publikumsgesellschaften gemeint sein, so ist nicht damit zu rechnen, daß eine noch so starke Vergrößerung des Aktionärskreises hierauf irgendeinen Einfluß hat. „Die Macht der Verwaltung ist das sachliche, innere Funktionsgesetz der modernen Kapitalgesell-

---

[111] *Deutscher Bundestag*, Stenographische Berichte, 3. Wahlperiode, 141. Sitzung, 27. Jan. 1961, S. 8002 (Bundeswirtschaftsminister Prof. Dr. *Erhard*).

[112] Vgl. *Deutscher Bundestag*, Stenographische Berichte, 3. Wahlperiode, 30. Sitzung, 12. Juni 1958, S. 1669 (Bundesminister Dr. *Lindrath*).

[113] *Lück*, Willy Heinrich, a.a.O., S. 9.

[114] Ebenda.

[115] Ebenda.

[116] Vgl. *Lehmann*, Heinrich: Gesellschaftsrecht, 2. Aufl., Berlin und Frankfurt a. M. 1959, S. 211.

[117] Vgl. *Deutscher Bundestag*, Stenographische Berichte, 3. Wahlperiode, 67. Sitzung, 19. März 1959, S. 3570 (Abgeordneter Prof. Dr. *Burgbacher*).

schaft"[118], und die meisten Aktionäre haben in guten und normalen Zeiten erfahrungsgemäß keinerlei organisierbares Interesse *gegen* die Verwaltung geltend zu machen. In schlechten Zeiten oder wenn das Unternehmen sich in einer Krise befindet, wird aber die Organisierbarkeit der Aktionärsinteressen außerhalb der Banken um so schwieriger, je größer die Zahl der Kleinaktionäre ist. Sollte dagegen mit „Machtverteilung" die Marktmacht großer Aktiengesellschaften oder die Möglichkeit des politischen Mißbrauchs wirtschaftlicher Macht angesprochen sein, so ist dies in erster Linie eine wettbewerbspolitische und allgemeinpolitische Aufgabe[119], zu der die Aktionäre allein nicht berufen sind. Das Kontroll- und Machtproblem ist daher weder ein Argument für noch gegen die breite Aktienstreuung. Das heißt aber nicht, daß von einem breit gestreuten Aktienbesitz und dem mit der Aktie verknüpften schwachen Dispositionsrecht überhaupt keine gesellschaftliche Wirkung ausgehen könne. Die gelegentlich von Gewerkschaftsseite geäußerte Befürchtung, Eigentum an Produktivvermögen in Arbeitnehmerhand schwäche die gewerkschaftliche Solidarität, weist auf einen möglichen Einfluß hin, obwohl es schon ein sehr beachtlicher und in den nächsten Jahrzehnten kaum erreichbarer Vermögensumfang sein müßte, der solch weitgehende Vorstellungen rechtfertigen könnte[120]. Jede soziale Interaktion und Kommunikation setzt einen Lernprozeß in Gang, und auch mit dem Aktienbesitz und Aktienerwerb sind in der Regel solche Interaktions- und Kommunikationsvorgänge verknüpft. Hier bestehen Chancen, daß wirtschaftliche Zusammenhänge, Beziehungen zwischen Kosten und Preisen, Gewinnen und Investitionen, dem technischen Fortschritt und dem Wachstum, auf eine neue, konkrete Art gelernt werden und eine prägende Wirkung ausüben. Fraglich sind nur die Intensität und die Richtung der Erfahrungen und die Folgerungen, die aus ihnen gezogen werden; dies ist wiederum von mannigfachen Voraussetzungen abhängig, die im weiteren Verlauf dieser Arbeit noch darzustellen sind.

Die Chancen, die hier gesehen werden, dürfen aber nicht darüber hinwegtäuschen, daß diese Lernprozesse sich nur ganz allmählich und über viele Jahre hinweg vollziehen werden; die angestrebte Abflachung der Vermögensdifferenzierung im bescheidenen Ausmaß ist ebenfalls ein jahrzehntelanger Vorgang[121]. Je eher und je mehr die Aktie dabei in

---

[118] *Wiethölter*, Rudolf, a.a.O., S. 337.

[119] Vgl. *Geiger*, Willi: Eigentumsgarantie und sozialer Rechtsstaat, S. 210; *Molitor*, Bruno, a.a.O., S. 180.

[120] Vgl. *Weisser*, Gerhard: Art. „Vermögen und Vermögenspolitik", in: Handwörterbuch der Sozialwissenschaften, 32. Lieferung, Stuttgart - Tübingen - Göttingen 1960, S. 178.

[121] Vgl. *Krelle*, Wilhelm: Gesamtwirtschaftliche Wirkungen von investiven Ertragsbeteiligungen der Arbeitnehmer, in: Lohnpolitik und Vermögensbildung, Frankfurter Gespräche der *List-Gesellschaft*, a.a.O., S. 63 ff.

breiten Bevölkerungsschichten Eingang findet, desto weiter kann eine von ihr ausgehende gesellschaftspolitische Wirkung sich entfalten. Aber auch dann wäre es eine Utopie zu glauben, daß im Zuge einer wachsenden Beteiligung breiter Arbeitnehmerschichten am Produktivkapital die Konflikte um die Einkommens- und Vermögensverteilung an Schärfe verlieren würden. Diese Konflikte könnten lediglich auf einem höheren allgemeinen Informationsniveau über wirtschaftliche Zusammenhänge ausgetragen werden; die Sozialpartner könnten ihre Strategie ohne Rücksichtnahme auf falsche Lohn- oder Dividendenoptik elastischer den gesamtwirtschaftlichen Gegebenheiten anpassen oder sie auf andere, vielleicht verteilungspolitisch interessantere, aber kreislaufmäßig neutralere Bereiche als den reinen Lohnsektor verlagern[122].

Soweit von einer breiteren Aktienstreuung gesellschaftspolitische Wirkungen im geschilderten Sinne ausgehen werden, wird hierbei auch die Hauptversammlung eine Rolle spielen. Schon heute müssen wir fragen, warum trotz der faktischen Einflußlosigkeit der Kleinaktionäre die Hauptversammlungen der Publikumsaktiengesellschaften Jahr für Jahr von hunderttausenden Kleinaktionären besucht werden. Welches sind die Motive, die viele tausend Aktionäre mit den Vorständen „ihrer" Unternehmen Kontakt suchen lassen[123]? *Gehlen* hat auf das Prestigemoment hingewiesen, welches mit dem Aktienbesitz verknüpft sein kann[124]. Die Aktie könnte im Gegensatz zu den traditionellen Anlageformen breiter Bevölkerungsschichten in unserer „entdifferenzierten" und „statusunsicheren" Gesellschaft den Charakter eines „Statussymbols"[125] annehmen. *Tillich* behauptet, die Produktion gelte in den USA, der größten Industriegesellschaft der Welt, mehr als nur ein bloßes Mittel; sie biete Partizipation am „essentiell produktiven Sein"[126]. Wir wissen sehr wenig darüber, welchen Niederschlag die großen Produktionsunternehmen im Bewußtsein der Menschen unserer Industriegesellschaft finden. Aber wenn eine konkrete Partizipation zusätzlich und über die Arbeitnehmerstellung hinaus gesucht wird, dann bietet in einer

---

[122] Die umstrittenen Investivlohnvorschläge z. B. stellen zweifellos einen Versuch dar, einen kreislaufmäßig neutralen Weg der verteilungspolitischen Auseinandersetzung zu finden.

[123] Z. B. haben sich im Jahre 1959 rund 1000 Aktionäre „mit teilweise sehr konkreten Anfragen" an den Vorstand der PREUSSAG gewandt. Vgl. *Birnbaum*, Hans: Die Volksaktie — Reprivatisierung des Bundesvermögens, Kleine Schriften zur Sozialpolitik und zum Arbeitsrecht, herausgegeben vom *Institut für Sozialpolitik und Arbeitsrecht* e. V., München, 4. Folge, Heft 1), München (1960), S. 16.

[124] Vgl. *Gehlen*, Arnold: Soziologische Aspekte des Eigentumsproblems in der Industrie-Gesellschaft, S. 171.

[125] Vgl. *Kluth*, Heinz: Sozialprestige und sozialer Status, Stuttgart 1957, S. 87 ff.

[126] *Tillich*, Paul: Der Mut zum Sein, 2. Aufl., Stuttgart 1954, S. 80 f.

freien Marktwirtschaft die große Aktiengesellschaft einen naheliegenden Anknüpfungspunkt[127]. Jedenfalls stellt die Beteiligung am Produktivkapital über den Aktienerwerb eine „sinnfälligere" und engere Beziehung zum Zentrum des wirtschaftlichen Geschehens her, als es das Kontensparen je vermag. Die Aktie liefert diese Beziehung für den, der sie will, gewissermaßen als Nebenprodukt mit.

In der großen Aktiengesellschaft manifestiert sich die Dynamik unserer Wirtschaft; in ihr gewinnt der technische Fortschritt Gestalt. Mit der Zukunft unserer auf Export angewiesenen Wirtschaft bestimmt diese Dynamik die materiellen Lebensbedingungen unserer Gesellschaft und einen Teil der Weltgeltung Deutschlands. Hier mit noch so begrenzten Mitteln teilzuhaben, kann bedeuten — so lautet unsere Hypothese —, daß für breite Schichten ein zusätzlicher sozialer Bezugspunkt, eine stärkere emotionelle Beziehung zu unserer Industriegesellschaft gefunden wird.

§ 4 Mittel und Maßnahmen

Die Eigentumspolitik ist der „jüngste Zweig der Wirtschaftspolitik"[128]. Dennoch ist sie dem Stadium der bloßen Zieldiskussion und der theoretischen Erörterung der Realisierungsmöglichkeiten schon längst entrückt. In den letzten Jahren sind in wachsender Folge eine Reihe von Maßnahmen durch Gesetzgeber und Regierung getroffen worden, die der Verwirklichung der eigentumspolitischen Ziele dienen sollen. Im folgenden wenden wir uns den Maßnahmen zu, die die Aktie als Mittel der Eigentumspolitik in den Vordergrund stellen oder miteinschließen. Die Ergebnisse dieser Maßnahmenanalyse bilden die Grundlage für unsere spätere Frage, welchen Einfluß die Verhaltensweisen der Kleinaktionäre auf die *langfristige Wirksamkeit* der getroffenen Maßnahmen haben.

1. Steuerrechtliche und gesellschaftsrechtliche Rahmengesetzgebung

Aktien werden im Rahmen der geltenden Rechtsordnung erworben. Es wäre verfehlt, eine Förderung des Aktienerwerbs in breiten Schichten nur in Gesetzen zu sehen, die ausschließlich oder ganz überwiegend als eigentumspolitische Maßnahme erlassen wurden. Die Interdependenz aller rechtlichen, wirtschaftlichen und sozialen Erscheinungen zwingt den Gesetzgeber, will er seine Ziele konsequent und durchschlagend an-

[127] Vgl. hierzu *Schmölders,* Günter: Ermutigung zum privaten Eigentum, S. 36.

[128] *Preiser,* Erich, a.a.O., S. 50.

steuern, *eigentumspolitische Aspekte* in vielen Bereichen seiner Tätigkeit zu beachten. Vor allem auf dem Gebiete des Steuer- und Gesellschaftsrechts finden sich eine Fülle von verstreuten Einzelvorschriften, die direkt oder indirekt der breiten Aktienstreuung dienlich sind. Darüber hinaus sind ganze Gesetzeswerke, denen sehr unterschiedliche ordnungspolitische Anliegen zugrunde liegen, durchgängig von eigentumspolitischen Zielvorstellungen mitgeprägt.

Das gilt in erster Linie für das Aktienrecht. Hier hat die erst kürzlich abgeschlossene „große Aktienrechtsreform“[129] die Rahmenbedingungen für den Erwerb von Aktien durch kleine Sparer wesentlich verbessert. Wichtige Neuerungen beziehen sich u. a. auf die Stellung des Aktionärs in der Hauptversammlung, auf eine Stärkung seines Auskunftsrechts, die Unterstreichung seines Gewinnanspruches durch gewisse Beschränkungen für die Bildung von offenen und stillen Rücklagen, insbesondere aber auf die in zahlreichen Punkten erweiterte oder neu vorgeschriebene Publizitätspflicht hinsichtlich des Jahresabschlusses, des Geschäftsberichts, der Beteiligung und der konzernmäßigen Verflechtung der Gesellschaften[130]. Schon die vorgezogene „kleine Aktienrechtsreform“ aus dem Jahre 1959 lag auf dieser Linie[131]. Bedeutsam war neben der publizitätsfreundlichen Neufassung der Gliederungsvorschriften für die Gewinn- und Verlustrechnung vor allem die Möglichkeit einer unkomplizierten handelsrechtlichen und steuerneutralen Umwandlung freier Rücklagen in Nennkapital durch Ausgabe sogenannter „Berichtigungsaktien“. Danach wurden Aktiengesellschaften, in deren Bilanzen sich hohe Rücklagen angesammelt hatten, in die Lage versetzt, ihr Grundkapital über die Auflösung eines Teils dieser Rücklagen zu erhöhen und ihren Aktionären einen entsprechenden Anteil neuer Aktien als „Gratisaktien“ zuzuteilen. Infolge des auf diese Weise angewachsenen Grundkapitals fielen automatisch die Börsenkurse für die Aktien der betreffenden Gesellschaften; die einzelne Aktie wurde „leichter“, der „Mindesteinstandspreis“ für einen Aktionär bei dieser Gesellschaft sank. Da sehr viele an der Börse hoch bewertete Unternehmen in den letzten Jahren solche Gratisaktien ausgegeben haben[132], hat sich die Anlagepalette für

---

[129] Vgl. Aktiengesetz vom 6. Sept. 1965 (BGBl. I S. 1089).

[130] Vgl. *Kropff*, Bruno: Aktiengesetz, Düsseldorf 1965, vor allem die Begründung des Regierungsentwurfs, S. 13—18.

[131] Vgl. Gesetz über die Kapitalerhöhung aus Gesellschaftsmitteln und über die Gewinn- und Verlustrechnung vom 23. Dez. 1959 (BGBl. I S. 789); Gesetz über steuerrechtliche Maßnahmen bei Erhöhung des Nennkapitals aus Gesellschaftsmitteln und bei Überlassung von eigenen Aktien an Arbeitnehmer vom 30. Dez. 1959 (BGBl. I S. 834).

[132] Insgesamt sind es mehrere hundert Unternehmen, die von der Möglichkeit des Gesetzes Gebrauch machten. Vgl. *Deutsche Bank AG.*: Das Börsenbild, Jg. 1959—1965.

einen Sparer, der nur einige hundert Mark auf einmal zur Verfügung hat, erheblich vergrößert. In Zukunft wird der Mindesteinstandspreis für den Aktiensparer noch weiter sinken, wenn die Gesellschaften bei Kapitalerhöhungen die Möglichkeiten des neuen Aktiengesetzes ausnutzen und einen Teil des erhöhten Grundkapitals als Kleinstaktien zum Nennbetrage von 50 DM ausgeben[133].

Erleichtert wurde vom Gesetzgeber außerdem die Ausgabe von Belegschaftsaktien, indem den Aktiengesellschaften erstmals gestattet wurde, im Rahmen des gesetzlichen Höchstnennbetrages von 10 % des Grundkapitals eigene Aktien auch dann zu erwerben, „wenn die Aktien den Arbeitnehmern der Gesellschaft zum Erwerb angeboten werden sollen“[134]. Ferner wurden im neuen Aktiengesetz die Voraussetzungen dafür geschaffen, den Arbeitnehmern einer Aktiengesellschaft Belegschaftsaktien als soziale Zuwendung zu gewähren[135] oder im Rahmen eines Gewinnbeteiligungssystems zum Bezuge anzubieten[136].

Besondere Bedeutung für die Aktienanlage hat die steuerrechtliche Stellung der Aktiengesellschaft sowie die Besteuerung des Aktienbesitzes, der Dividendenerträge und etwaiger Veräußerungsgewinne beim Aktionär. Die steuerliche Diskriminierung der Aktie[137], vor allem die faktische Doppelbelastung der Gewinne durch Körperschaftsteuer und Einkommensteuer, ist ein immer noch nicht befriedigend gelöstes Problem. Doch hat die zweimalige Ermäßigung des Körperschaftsteuersatzes für ausgeschüttete Gewinne seit 1953 auf schließlich 15 % als Anreiz zu höheren Dividendenzahlungen und damit als indirekte Förderung des Aktiensparens gewirkt.

Beachtlich sind verschiedene einkommensteuerrechtliche Vergünstigungen, die namentlich dem Kleinaktionär zugute kommen. Bei Lohn- und Gehaltsempfängern mit einem Jahreseinkommen unter 24 000 DM unterliegen Nebeneinkünfte, die kein Arbeitslohn sind, bis zu 800 DM *nicht* der Einkommensteuer[138]. Da Dividendenerträge zu diesen Nebeneinkünf-

---

[133] Vgl. § 8 AktG.

[134] Neufassung des § 65 Abs. 1 Nr. 2 AktG (1937) durch „Gesetz über die Kapitalerhöhung aus Gesellschaftsmitteln ...“, § 19 Ziff. 2; übernommen in neues Aktiengesetz vom 6. Sept. 1965, § 71.

[135] Vgl. §§ 202 Abs. 4, 203 Abs. 4, 204 Abs. 3 AktG und den Bericht des Rechtsausschusses des Bundestages hierzu (*Kropff*, Bruno, a.a.O., S. 306).

[136] Vgl. §§ 192 Abs. 2 Nr. 3, 194 Abs. 3 AktG.

[137] Vgl. *Schmölders*, Günter: Ist die Aktie steuerlich diskriminiert? In: Steuer und Wirtschaft, 1954, S. 122 ff.

[138] Vgl. Einkommensteuergesetz i. d. F. vom 10. Dez. 1965 (EStG 1965) (BGBl. I S. 1901), § 46 Abs. 2 und 3. Da diese Bestimmungen vor allem aus Gründen der Verwaltungsvereinfachung eingeführt wurden, bezieht sich die 24 000-DM-Grenze bei Zusammenveranlagung der Ehegatten jedoch auf deren Gesamteinkommen; ein Ergebnis, das u. E. unter dem Aspekt der Gleichheit und Gerechtigkeit wenig befriedigt.

ten gehören, können die meisten Kleinaktionäre ihre Dividenden im Rahmen der 800-DM-Freigrenze steuerfrei beziehen. Vor Ermittlung der Freigrenze dürfen von den Brutto-Dividendeneinnahmen noch 150 DM (bei Ehegatten 300 DM) als Pauschbetrag für Werbungskosten abgezogen werden[139], so daß praktisch 950 DM bzw. 1 100 DM Kapitalerträge (einschließlich übrige Nebeneinkünfte) steuerfrei sein können. Die Werbungskosten-Pauschale kommt ganz besonders dem Kleinaktionär mit nur einigen tausend DM Aktienbesitz zugute, weil seine effektiven Aufwendungen für den Aktienbesitz (z. B. Depotgebühren) die Pauschbeträge nicht im entferntesten erreichen. Aber auch oberhalb der 800-DM-Freigrenze werden die Nebeneinkünfte noch nicht sofort dem vollen Steuersatz unterworfen, sondern es findet ein „gleitender Härteausgleich" statt; liegen die gesamten Nebeneinkünfte einschließlich der Dividendenerträge zwischen 800 DM und 1 600 DM, dann wird nur die Differenz zwischen diesen Einkünften und 1 600 DM zur Steuer herangezogen[140].

Alles in allem haben diese Steuervergünstigungen zur Folge, daß Kleinaktionäre mit einem Jahreseinkommen unter 24 000 DM, die außer Kapitalerträgen keine anderen Nebeneinkünfte haben, die Dividenden für Aktien im Kurswert von mehr als 10 000 DM steuerfrei beziehen können. Um in den sofortigen Genuß dieser Steuerfreiheit zu kommen, muß der Aktionär bei seinem Finanzamt allerdings eine Freistellung von der Kapitalertragsteuer beantragen[141]; nur wenn er seinem Kreditinstitut eine Freistellungsbescheinigung vorlegt, die im allgemeinen drei Jahre Gültigkeit hat, ist dieses befugt, an ihn Dividenden ohne den 25 %igen Kapitalertragsteuerabzug auszuzahlen. Im Vergleich zu der Zeit vor 1959 ist dieses Verfahren sogar noch einfach; früher konnte der Aktionär zuviel gezahlte Kapitalertragsteuer oder die Freigrenze nur auf dem Wege eines alljährlich gestellten Erstattungsantrages geltend machen[142]. Das hatte zur Folge, daß gerade viele der ganz kleinen Aktienbesitzer mit nur wenigen Mark Dividenden auf den Antrag aus Unkenntnis oder wegen des im Vergleich zum Ertrag hohen bürokratischen Aufwandes verzichteten[143]. Wie viele Kleinaktionäre heute noch auf eine Freistellungsbescheinigung verzichten, ist unbekannt. Weitere Verfahrenserleichte-

---

[139] Vgl. EStG 1965, § 9 a.

[140] Vgl. EStG 1965, § 46 Abs. 5; Einkommensteuer-Durchführungsverordnung i. d. F. vom 14. April 1966 (EStDVO 1965) (BGBl. I S. 246), § 70.

[141] § 2 b der Kapitalertragsteuer-Durchführungsverordnung vom 20. Mai 1959 (BGBl. I S. 257).

[142] Eine Freigrenze von zunächst 600 DM wurde erstmals für das Jahr 1955 eingeführt (§ 46 Abs. 1 Ziff. 2 des Einkommensteuergesetzes i. d. F. vom 21. Dez. 1954, BGBl. I S. 441); vorher konnte nur die Differenz zwischen dem individuellen Steuersatz und der gegebenenfalls mit 25 % überzahlten Kapitalertragsteuer geltend gemacht werden.

[143] Vgl. *Fabri*, Theodor, a.a.O., S. 164.

rungen dürften jedoch die Zahl der „großzügigen Steuerzahler“[144] herabgedrückt haben; hierzu gehört die volle Auszahlung der Dividende auf Volksaktien an die Ersterwerber und die Zulassung von Sammelbescheinigungen, denen zufolge die Dividende auf Belegschaftsaktien auf Antrag des Arbeitgebers auch ohne Vorlage individueller Freistellungsbescheinigungen ungekürzt an die Arbeitnehmer ausgezahlt werden darf.

Die Ausgabe von Belegschaftsaktien ist schließlich noch durch eine besondere Gesetzesvorschrift steuerlich begünstigt[145]. Falls die Aktien für fünf Jahre festgelegt werden, die Differenz zwischen Börsen- und Vorzugskurs nicht höher als die Hälfte des Börsenkurses ist sowie der Wert der gesamten Vergünstigung pro Arbeitnehmer nicht mehr als 500 DM ausmacht, sind die Vorteile des Vorzugskurses bei Belegschaftsaktien-Angeboten steuerfrei.

Die Bedeutung dieser steuerlichen Förderung der Belegschaftsaktie, zu der die bereits erwähnten aktienrechtlichen Erleichterungen hinzugetreten sind, lassen sich heute noch nicht abschätzen. Zweifellos handelt es sich um eine spezielle Maßnahme, die nur einem Teil der Arbeitnehmer zugute kommen kann. Außerdem findet die Belegschaftsaktie keineswegs ungeteilte Zustimmung[146], da ihr Kurswert gerade dann sinken würde, wenn das Arbeitsplatzrisiko für ihren Inhaber steigt. Immerhin haben bis Ende 1965 27 große und mittlere Unternehmen ihren Arbeitnehmern zum Teil mehrmals Belegschaftsaktien angeboten. Die Zahl der Belegschaftsaktionäre in der Bundesrepublik dürfte heute bei etwa 200 000 liegen[147]. Das ist, an amerikanischen Verhältnissen gemessen[148], sehr wenig, und es erscheint daher nicht unwahrscheinlich, daß die Zukunft der Belegschaftsaktie in der Bundesrepublik erst noch bevorsteht. Die relativ jungen steuerrechtlichen und aktienrechtlichen Vergünstigungen dürften jeden-

---

[144] Vgl. Steuerzahler schenken dem Fiskus eine Milliarde Mark, in: Frankfurter Allgemeine Zeitung vom 18. Mai 1966, S. 7.

[145] Gesetz über steuerrechtliche Maßnahmen bei Erhöhung des Nennkapitals aus Gesellschaftsmitteln und bei Überlassung von eigenen Aktien an Arbeitnehmer vom 30. Dez. 1959 (BGBl. I S. 834), § 6.

[146] Vgl. *Hirche*, Kurt: Die Lockung der Belegschaftsaktie, in: Gewerkschaftliche Monatshefte, Nr. 4/1959, S. 215 f.

[147] In der Vergangenheit haben die Schätzungen sehr weit auseinander gelegen: Vgl. *Hirche*, Kurt: Die Lockung der Belegschaftsaktie, a.a.O.; *Bundesverband der Deutschen Industrie*, Arbeitsunterlage zum Thema „Belegschaftsaktien“ (Sitzung des gemeinsamen Arbeitskreises BDA/BDI für „Fragen der Eigentumsförderung“), unveröffentlichtes Manuskript, S. 9. — *Coester*, Franz: Eigentumspolitik in der praktischen Bewährung, in: Sparkasse, Heft 21/1960, S. 336. Unsere Schätzung basiert auf der Tatsache, daß inzwischen weitere Unternehmen (z. B. Volkswagenwerk, VEBA) Belegschaftsaktien ausgegeben haben und daß rund 7 % der Aktienbesitzer Belegschaftsaktien besitzen (nach Auszählungen aus dem Material der Umfrage „Eigentumsbildung und Altersvorsorge).

[148] Vgl. *Hartman*, Robert S.: Die Partnerschaft zwischen Kapital und Arbeit, Köln und Opladen 1958, S. 75, 263—299.

falls auf die Dauer einen gewissen Reiz für die bessere Ausnutzung der gebotenen Chancen bieten.

Für alle Aktionäre bedeutsam ist schließlich auch die Frage, ob und inwieweit etwaige Veräußerungsgewinne aus Aktienverkäufen der Besteuerung unterworfen sind. Unter dem Aspekt einer langfristigen Eigentumsbildung ist das Problem ambivalent. Einerseits soll die Spekulation nicht begünstigt, andererseits die Liquidierbarkeit und Fungibilität der Aktie durch Steuervorschriften nicht eingeengt werden. Schließlich liegt einer der Gründe für die Förderung breitgestreuten Eigentums ja auch darin, dem einzelnen für unerwartete Wechselfälle des Lebens die Bildung finanzieller Reserven zu erleichtern, die im Ernstfall dann auch jederzeit ungehindert verfügbar sein sollen, ganz gleich, ob diese Notwendigkeit schon einige Wochen oder erst Jahrzehnte nach dem Aktienerwerb eintritt. Auch eine kurzfristige Gewinnrealisation braucht daher nicht immer Spekulation zu sein.

Die derzeitigen Steuervorschriften über die Behandlung von Veräußerungsgewinnen halten eine mittlere Linie ein[149]: Veräußerungsgewinne beim Verkauf von Wertpapieren unterliegen der Einkommensteuer, falls zwischen Anschaffung und Verkauf ein kürzerer Zeitraum als 6 Monate liegt; allerdings wird von einer Besteuerung abgesehen, wenn der Gesamtgewinn aus solchen „Spekulationsgeschäften" im Kalenderjahr weniger als 1 000 DM beträgt. Alle übrigen Gewinne, also solche, die erst nach Ablauf der 6-Monatsfrist erzielt werden, unterliegen nicht der Steuer. Bis zum Steueränderungsgesetz 1960 hatte die Frist zwischen Kauf und Verkauf, die im Einkommensteuergesetz den Tatbestand des „Spekulationsgeschäftes" kennzeichnet, nur drei Monate betragen. Für den Kleinaktionär ist sie aber wegen der für ihn relativ hohen Freigrenze von 1 000 DM ohnehin von geringerer Bedeutung[150].

Der Kreis der steuerlichen Rahmenbedingungen, innerhalb dessen ein günstiges Klima für den Aktienerwerb in breiten Schichten geschaffen wurde, ist noch weiter gezogen. Auch die steuerliche Belastung des Aktienbesitzes und des Erbüberganges spielt eine Rolle. Hier wirken die Freibeträge für den kleinen Aktionär, der sich ein bescheidenes Vermögen gerade erst aufbaut, wie ein Schutzwall; sie verhindern, daß der Staat einen Teil von dem Vermögen, dessen Aufbau er gerade gefördert hat, wieder an sich nimmt. Mit Vermögensteuer braucht die große Mehrheit der Kleinaktionäre nicht zu rechnen, nachdem das Steueränderungsgesetz

---

149 Einkommensteuergesetz i. d. F. des Steueränderungsgesetzes vom 30. Juli 1960 (BGBl. I S. 616), §§ 22, 23.

150 Eine unerwartete Bedeutung erhielt die 6-Monats-Spekulationsfrist nach der Privatisierung des Volkswagenwerkes im Jahre 1961; die ungewöhnlich große Kurssteigerung erlaubte es den Ersterwerbern in den ersten sechs Monaten nach der Zuteilung, nur *zwei* VW-Aktien steuerfrei zu verkaufen.

von 1961 die Vermögensteuerfreibeträge für unbeschränkt steuerpflichtige natürliche Personen von 10 000 DM auf 20 000 DM verdoppelt, für unter 18jährige Kinder sogar von 5 000 DM auf 20 000 DM vervierfacht hat[151]. Die vierköpfige „Arbeitnehmernormalfamilie" mit zwei Kindern kann demnach bis zu 80 000 DM Vermögen besitzen, ohne zur Vermögensteuer herangezogen zu werden. Aber auch dieser Betrag ist nur die untere Grenze; weitere Freibeträge können den Gesamtwert des steuerfrei gelassenen Vermögens noch beträchtlich erhöhen[152]. Für die Förderung des Aktienerwerbes ist es wesentlich, daß zusätzlich zu den allgemeinen Freibeträgen bei der Bewertung des steuerpflichtigen Vermögens 10 000 DM in Form von Kapitalforderungen, flüssigen Mitteln oder Wertpapieren außer Ansatz bleiben[153].

Inwieweit die Erbschaftsteuer in ihrer heutigen Ausgestaltung mit dem Ziel in Einklang steht, die chronische Vermögenslosigkeit breiter Schichten durch die Eigentumspolitik zu überwinden, ist ein Problem für sich. Je mehr Erfolg den eigentumspolitischen Bestrebungen beschieden sein soll, um so kritischer werden die Untergrenzen zu betrachten sein, von denen an die Erbschaftsteuerpflicht einsetzt. Die derzeitigen allgemeinen Freibeträge bei dem in unserem Zusammenhang wichtigsten Erbfall, dem Übergang des Vermögens von Eltern auf Kinder, sind jedoch mit 30 000 DM je bedachtem Kind zur Zeit noch so hoch, daß bei der augenblicklichen Vermögensverteilung die große Mehrheit der Bevölkerung das ersparte Vermögen steuerfrei an die Kinder weitergeben kann[154].

Sind so nach alledem besonders in den letzten Jahren die gesellschafts- und steuerrechtlichen Rahmenbedingungen für eine breite Vermögensbildung und Aktienstreuung wesentlich verbessert worden, so kann daraus nicht geschlossen werden, daß nunmehr in der nächsten Zeit ein Stillstand in der für die Eigentumspolitik wichtigen Rahmengesetzgebung zu erwarten ist. Es ist ein Kennzeichen des pluralistischen demokratischen Staates, daß Reformen eher „permanent" als tiefgreifend durchgesetzt werden. Auch das neue Aktiengesetz bleibt hiervon nicht ausgeschlossen, zumal es sich in einigen Punkten sehr vorsichtig an die in den Vorentwürfen gestellten Ziele herangetastet hat. Sicherlich wird sich über kurz oder lang auch in der Bundesrepublik die Stücknotierung für Aktien durchsetzen; daneben sind schon heute Anzeichen erkennbar, die eine Reform des Börsenrechts ankündigen[155].

---

[151] Steueränderungsgesetz 1961 vom 13. Juli 1961 (BGBl. I S. 981); Vermögensteuergesetz i. d. F. vom 10. Juni 1954 (BGBl. I S. 137), Stand 24. März 1965, § 5.

[152] Bewertungsgesetz i. d. F. vom 10. Dez. 1965 (BGBl. I S. 1862), § 110.

[153] Ebenda, § 110 Abs. 2.

[154] Erbschaftsteuergesetz i. d. F. vom 1. April 1959 (BGBl. I S. 188), § 17.

[155] Vgl. BWM will die Börse modernisieren, in: Das Wertpapier, Heft 7/1966, S. 557.

2. Sparprämiengesetz

Bescheidene Ansätze einer staatlichen Sparförderung lassen sich schon für das letzte Jahrzehnt des vorigen Jahrhunderts nachweisen[156]. Anfänglich wurde jedoch ausschließlich das Versicherungssparen begünstigt.

Nach dem ersten Weltkrieg kamen bestimmte Formen des langfristigen Kontensparens hinzu; 1934 wurde die Palette der begünstigten Anlagen durch die Hinzunahme des Bausparens erweitert. Nach Ende des zweiten Weltkrieges führten kapitalmarktpolitische Erwägungen erstmals auch zu einer Förderung des *Erst*erwerbs bestimmter festverzinslicher Wertpapiere[157].

Die Methode der Förderung bestand zunächst fast ausschließlich darin, daß der Abzug der begünstigten Sparaufwendungen vom steuerpflichtigen Einkommen als Sonderausgaben gestattet wurde. Der daraus resultierende Vorteil für den Sparer war um so größer, je höher sein Einkommen und seine Steuerbelastung lagen. Wer keine Einkommensteuer zu zahlen hatte, war von der Förderung ausgeschlossen. Als die ungleichen Verteilungswirkungen dieser Methode zunehmender Kritik begegneten[158], wurde dem Sparer im Wohnungsbau-Prämiengesetz von 1952 erstmals eine zweite Art der Förderung zur Wahl gestellt: Anstatt die geleisteten Bauspareinzahlungen vom steuerpflichtigen Einkommen abzuziehen, konnte er für sie im Rahmen bestimmter Höchstgrenzen wahlweise eine 25 %ige Prämie erhalten[159].

Das 1959 verabschiedete und seitdem mehrmals novellierte Sparprämiengesetz[160] fördert Sparleistungen *nur* noch auf dem Wege der Prämienzahlung. Voraussetzung für die Prämiengewährung ist die Festlegung der Ersparnisse für 5 Jahre bei einem Kreditinstitut. Die Prämie betrug ursprünglich einheitlich 20 % auf die im Kalenderjahr geleisteten Sparbeträge, höchstens jedoch 120 DM, bei Ehegatten zusammen höchstens 240 DM. Kinderreiche Familien erhielten höhere Prämien zugebilligt. Eine Familie mit zwei Kindern unter 18 Jahren — um diesen sehr häufigen Fall zugrunde zu legen — konnte 1959 auf eine Jahressparleistung von maximal 1 200 DM eine Sparprämie bis zu 240 DM erhalten; nach der Gesetzesnovelle von Anfang 1963, die eine begrenzte Staffelung der Prämiensätze nach dem Familienstand einführte, erhöhte sich die be-

---

[156] Zur Entstehungsgeschichte der staatlichen Sparförderung vgl. *Institut Finanzen und Steuern:* Zur Reform der staatlichen Sparförderung, Heft 83, Bonn 1965, S. 7 ff.

[157] Ebenda, S. 13 f.

[158] Vgl. ebenda, S. 27.

[159] Wohnungsbau-Prämiengesetz vom 17. März 1952 (BGBl. I S. 139).

[160] Gesetz über die Gewährung von Prämien für Sparleistungen (Spar-Prämiengesetz) vom 5. Mai 1959 (BGBl. I S. 241); novelliert am 6. Febr. 1963 (BGBl. I S. 92), 21. Jan. 1964 (BGBl. I S. 39) und am 6. Okt. 1965 (BGBl. I S. 1477).

günstigte Jahressparleistung einer solchen Familie auf 1 364 DM und die hierauf gewährte Sparprämie auf 300 DM.

Für unseren Zusammenhang bedeutsam ist die *Art* der Sparleistungen, die prämienbegünstigt wurden: Neben dem Kontensparen, dem Erwerb von festverzinslichen Wertpapieren und Investmentzertifikaten wurde erstmals auch die Aktie gleichberechtigt in den Kreis der förderungswürdigen Anlagen einbezogen[161]. Obwohl laut Bericht des zuständigen Bundestagsausschusses für das Gesetz „gesellschaftspolitische Motive den Vorrang vor den kapitalmarktpolitischen Überlegungen hatten"[162], wurde als Voraussetzung für die Begünstigung des Wertpapiererwerbs noch eine erschwerende Bedingung aufgenommen: Prämienbegünstigt war nur der *Erst*erwerb von Wertpapieren. Diese Forderung traf die verschiedenen Wertpapierarten unterschiedlich hart und mußte sich besonders hinderlich für die Aktie auswirken; denn bei festverzinslichen Wertpapieren und Investmentzertifikaten stehen praktisch ständig Ersterwerbsstücke zur Verfügung, bei der Aktie dagegen nur anläßlich der sehr unregelmäßig stattfindenden Kapitalerhöhungen. Auch dann konnten die Bedingungen des Gesetzes ohne Schwierigkeiten nur Besitzer von Altaktien erfüllen. Für Sparer, die neu in den Kreis der Aktionäre eintreten wollten, waren nämlich lediglich die Aufwendungen für den Erwerb der jungen Aktien, also Nennwert mal Bezugskurs, nicht jedoch der Ankauf der Bezugsrechte über die Börse, prämienbegünstigt[163]. Dieses große Handicap für die Aktie wurde jedoch durch Streichung der Ersterwerbsklausel mit Wirkung vom 1. Januar 1965 beseitigt[164]. Von diesem Datum an können deutsche Aktien ohne Einschränkung im Rahmen der Höchstbeträge prämienbegünstigt erworben werden. Die Aktie ist damit erstmalig als gleichberechtigte Sparform neben dem Sparbuch, dem Investmentzertifikat und dem festverzinslichen Wertpapier anerkannt worden.

Das Sparprämiengesetz in seiner *gegenwärtigen* Fassung hat viel Kritik[165], aber auch immer wieder Fürsprecher gefunden[166]. Kritisch ein-

---

[161] Durch Verordnung der Bundesregierung ist sogar bestimmt worden, daß Aufwendungen für den Erwerb von PREUSSAG-Volksaktien, soweit sie aus der Kapitalerhöhung stammten, rückwirkend als prämienbegünstigt anerkannt werden können. Eine entsprechende Ermächtigung war in § 8 des SparPG 1959 eingearbeitet worden.

[162] *Deutscher Bundestag*, 3. Wahlperiode, *zu* Drucksache 898, S. 1 (Bericht des Abgeordneten *Scharnberg*).

[163] Vgl. Verordnung zur Durchführung des Spar-Prämiengesetzes i. d. F. vom 30. Juli 1963 (BGBl. I S. 580), § 5 Abs. 2.

[164] Vgl. Spar-Prämiengesetz i. d. F. vom 6. Februar 1963 mit den Änderungen durch Art. 3 Steueränderungsgesetz 1964 vom 16. November 1964 (BGBl. I S. 885).

[165] Vgl. z. B. *Bund der Steuerzahler:* Soll der Staat das Sparen fördern? Einzeldarstellungen Nr. 74, Wiesbaden 1965; Sparprämie — ein überflüssiges Übel, in: Zeitschrift für das gesamte Kreditwesen, Heft 8/1966, S. 319; *Loesch*, Achim von, a.a.O., S. 40 f.

gewandt wurde vor allem, daß durch das Gesetz nicht nur zusätzliche Sparleistungen prämiert werden, sondern schlechthin jede Festlegung von Sparbeträgen, solange sie nicht im Zusammenhang mit einem Kredit standen. Auch Umbuchungen aus bereits bestehenden Guthaben oder aus vorhandenen Depotbeständen waren in die Begünstigung einbezogen. Und falls zusätzliche Sparleistungen tatsächlich erbracht wurden, konnten im sechsten Jahr die Ersparnisse des ersten, im siebten Jahre die Ersparnisse des zweiten Jahres und so fort wieder neu angelegt werden. Infolge dieses „Revolving-Effekts" betrage das Opfer für geschickte Sparer, auch wenn keine umbuchungsfähigen Ersparnisse vorhanden seien, höchstens 5 bis 6 Jahressparraten[167]. Dem gegenübergestellt wurden die hohen finanziellen Mittel, die das Gesetz erfordert[168]. Nach geringen Anlaufkosten wird die haushaltsmäßige Belastung infolge der „Lawinenwirkung" des Gesetzes von etwa 200 Mill. DM im Jahre 1964 auf rund 700 Mill. DM im Jahre 1968 anwachsen. Wird das Gesetz in unveränderter Form länger beibehalten, so sind ab 1970 Jahresaufwendungen von 1 Mrd. DM und darüber zu erwarten. Eine Abflachung des Kostenanstiegs für die Zukunft ist möglich, aber keineswegs sicher.

Das Fazit der Kritik lautet: Der erzielte Erfolg ist, gemessen an dem hohen Aufwand an öffentlichen Mitteln, zu gering. Obwohl der tatsächliche Umfang der durch das Gesetz nicht ausgeschlossenen „Mißbräuche" empirisch nicht bekannt ist und die Beweisführung sich durchweg auf theoretische Überlegungen statt auf Untersuchungsmaterial stützt, trifft die Kritik den Kern. Das Gesetz ist nur unzulänglich an den eigentumspolitischen Hauptzielen ausgerichtet. Die Kritiker schießen jedoch, soweit sie die generelle Abschaffung der Sparprämie fordern, über das Ziel hinaus. Gemessen an den eindeutigen, programmatischen Regierungserklärungen, vor allem der Regierungserklärung *Erhards* aus dem Jahre 1963[169], kann die wissenschaftliche Analyse nach der Methode der Zweck-Mittel-Betrachtung für die Reform der Sparförderung nur einen einzigen zieladäquaten Weg sehen: Begrenzung der Begünstigung auf niedrige Einkommen, eventuell Staffelung der Prämiensätze nach dem Einkommen[170], Herabsetzung des begünstigten Sparvolumens im Jahr, so daß es für alle Förderungsarten zusammen der durchschnittlichen Sparquote bei einem mittleren Arbeitnehmereinkommen entspricht. Dann würde auch

---

[166] Vgl. z. B. *Deutscher Sparkassen- und Giroverband* e. V.: Das Sparprämiengesetz. Eine Untersuchung der volkswirtschaftlichen und sozialen Ergebnisse, Bonn 1966.

[167] Vgl. *Loesch,* Achim von, a.a.O., S. 40 f.

[168] Vgl. *Institut Finanzen und Steuern,* a.a.O., S. 30 f.

[169] Vgl. S. 50 dieser Arbeit.

[170] Vgl. *Höhnen,* Wilfried: Sparförderung nach dem Arbeitseinkommen, in: Sparkasse, Heft 11/1964, S. 164 ff.

automatisch das Problem der Kosten der Sparförderung an Bedeutung und Dringlichkeit verlieren.

Gegen eine zieladäquate Begrenzung der Sparförderung auf die unteren Einkommensschichten lassen sich jedoch verschiedene gewichtige Argumente vorbringen, die von den steuertechnischen Problemen im Zusammenhang mit der Ehegattenbesteuerung bis zu dem Gleichheitsgrundsatz des Artikels 3 GG reichen; von Seiten der politischen Exekutive wird vor allem betont, eine Eingrenzung des begünstigten Personenkreises führe zu „fast unlösbaren Verwaltungsschwierigkeiten"[171]. Da aber durch eine Beschränkung der Sparförderung auf einkommensschwächere Bevölkerungsschichten in Zukunft jährlich hunderte von Millionen DM an öffentlichen Mitteln eingespart werden könnten, ohne die Effizienz der Förderung zu beeinträchtigen, wird in der wissenschaftlichen und politischen Diskussion die Frage der Einkommensgrenzen trotz aller Schwierigkeiten auf der Tagesordnung bleiben müssen[172]. Auch die bisherige Handhabung des Sparprämiengesetzes erfordert einen hohen Verwaltungsaufwand bei Finanzämtern und Kreditinstituten. Schließlich werden bei anderen Förderungsmaßnahmen ebenfalls Einkommensgrenzen beachtet[173]. Die durch Einkommensgrenzen bei der Sparförderung erzielbaren gewaltigen Ausgabenminderungen im öffentlichen Haushalt würden zudem gewisse Kostenerhöhungen bei der Durchführung des Gesetzes rechtfertigen. Alles in allem scheint der Ausweg aus dem Dilemma des bisherigen Sparprämiengesetzes noch nicht bis zum Ende ausgekundschaftet zu sein. Die Reform des Sparprämiengesetzes könnte ein Paradebeispiel für die Eigenart der finanzpolitischen Willensbildung[174] werden.

Unter dem Aspekt einer breiteren Eigentumsbildung und angesichts der Tatsache, daß dieses Gesetz erstmals auch der Aktie eine gleichberechtigte Förderung angedeihen läßt, ist die unsichere Zukunft des Sparprämiengesetzes besonders problematisch. Denn trotz aller berechtigten Kritik an der Ausgestaltung des Gesetzes sind auch in der derzeitigen Entwicklung der prämienbegünstigten Sparleistungen einige positive Momente nicht zu übersehen. Es ist wahrscheinlich, daß der Grenznutzen der eingesetzten öffentlichen Mittel mit steigender Inanspruchnahme der im Sparprämiengesetz dargebotenen Vergünstigungen steigt. Der Prozeß der Gewöhnung an solche Förderungsmaßnahmen

---

[171] Vgl. *Deutscher Bundestag*, 4. Wahlperiode, Drucksache IV/2400, S. 48.

[172] Vgl. die Regierungserklärung *Kiesingers* vom 13. Dez. 1966, in: Bulletin des Presse- und Informationsamtes der Bundesregierung, Nr. 157/1966, S. 1266.

[173] Vgl. *Institut Finanzen und Steuern*, a.a.O., S. 56.

[174] Vgl. *Schmölders*, Günter: Finanzpolitik, 2. Aufl., Berlin - Heidelberg - New York 1965, S. 86 ff.; siehe ferner: Wenig Chancen für Einkommensgrenzen, in: Frankfurter Allgemeine Zeitung vom 21. Mai 1966, S. 7.

verläuft nicht in allen sozialen Gruppen gleich schnell. Vielmehr ist anzunehmen, daß die sozial schwächeren Bevölkerungsgruppen, die eigentlichen Destinatare der Förderung — soweit sie überhaupt schon informiert sind — sich zunächst abwartend verhalten. Die geringere Vertrautheit im Umgang mit Buchgeld und mit Banken, die trotz zunehmender Verbreitung der bargeldlosen Lohnzahlung festzustellen ist[175], muß sich zwangsläufig in einer größeren Reserviertheit gegenüber einem solchen, für den einfachen Menschen recht kompliziert anmutenden Förderungssystem auswirken. Jedenfalls läßt sich empirisch nachweisen, daß Gruppen mit niedrigem Einkommen, niedriger Schulbildung und geringem Kontakt zu Kreditinstituten relativ schlechter über die Bedingungen und Vergünstigungen des Sparprämiengesetzes informiert sind als Gruppen mit höherem Einkommen, höherer Schulbildung und häufigem Verkehr mit Kreditinstituten[176]. Da sich aber im Zeitablauf der Informationsrückstand der einkommensschwächeren Gruppen verringern wird, wächst auch die Chance, daß diese Gruppen in der Inanspruchnahme der Förderungsmaßnahmen aufholen. In der Tat zeigt das — leider sehr dürftige — statistische Material, daß der Anteil der Arbeiter an der Zahl der neuabgeschlossenen prämienbegünstigten Sparverträge von 1959 bis 1961 gestiegen ist[177]. Ebenfalls deutet das stärkere Wachstum der Ratensparverträge gegenüber den Einmalsparverträgen darauf hin, daß die Förderung mit der Zeit mehr in die unteren Einkommensschichten eindringt[178].

Ein weiterer positiver Aspekt des gültigen Sparprämiengesetzes besteht unabhängig davon, daß mit dieser Förderungsmaßnahme bisher sehr wahrscheinlich kein Beitrag zur Dekonzentration der Vermögensbildung geleistet wurde. Das Sparprämiengesetz ist ein wichtiges psychologisches Hilfsmittel für die Verbreitung des Aktiensparens. Mit diesem Gesetz ist den Anlageberatern in den Kreditinstituten ein Instrument in die Hand gegeben, mit dem sie den kleinen Sparer, der über das Anfangsstadium des Kontensparens hinausgekommen ist, den Entschluß zum ersten Wertpapierkauf erleichtern können. Die Vergünstigungen des Sparprämiengesetzes setzen das Risiko des ungewohnten Wertpapiererwerbs psychologisch und materiell herab. Die fünfjährige Sperrfrist wirkt als eine Barriere vor übereilten Verkäufen. Die Prämie von 20 % oder mehr kann gewissermaßen als Kurssicherungs-

---

[175] Vgl. *Schmölders*, Günter: Die Zahlungsgewohnheiten, in: Zeitschrift für das gesamte Kreditwesen, Heft 3/1962, S. 12; *ders.:* Das Strumpfsparen, in: Zeitschrift für das gesamte Kreditwesen, Heft 22/1961, S. 16; *ders.:* Die bargeldlose Lohnzahlung, in: Zeitschrift für das gesamte Kreditwesen, Heft 5/1962, S. 11.

[176] Vgl. *Leverkus*, J. Christoph, und Klaus *Wieken*, a.a.O., S. 67 ff., 78.

[177] *Deutscher Sparkassen- und Giroverband:* Das Sparprämiengesetz, S. 17.

[178] Ebenda, S. 59 f.

prämie fungieren. Ohne diese Begünstigung würden viele Sparer für die Chancen des Aktienerwerbs nicht zu gewinnen sein. Voraussetzung ist allerdings, daß bei den Kreditinstituten die Chance erkannt wird, mit diesem Instrument vor allem die Zahl der langfristigen Wertpapiersparer zu erhöhen. Welche Möglichkeiten bestehen, beweisen allein mehr als 900 000 Sparkonten bei den Sparkassen mit Guthaben von über 10 000 DM[179].

Die Statistik über den prämienbegünstigten Wertpapiererwerb ist nur begrenzt aussagefähig. Weder geht aus ihr die Art der erworbenen Wertpapiere hervor, noch zeigt sie, wieviele verschiedene Sparer von der Möglichkeit des prämienbegünstigten Erwerbs Gebrauch gemacht haben. Immerhin waren Mitte 1966 für 1,42 Mrd. DM Wertpapiere nach dem Sparprämiengesetz festgelegt[180]. Im Verhältnis zum Gesamtvolumen der prämienbegünstigten Sparleistungen in Höhe von 12,9 Mrd. DM[181] entfiel damit auf den Wertpapiererwerb ein Anteil von 11 %. Da ein einzelner Sparer höchstens mit 6 Jahressparraten in der Statistik erscheinen kann, — in der Regel also mit maximal 3 600 bis 4 100 DM —, verbergen sich hinter den 1,42 Mrd. DM mindestens 350 000 Wertpapiersparer. Die Statistik der Anlaufjahre des Gesetzes[182] erlaubt jedoch den Rückschluß, daß diese Zahl in Wirklichkeit wesentlich höher liegen muß; denn keinesfalls haben alle Sparer sechs Jahre lang hintereinander die Vergünstigungen in Anspruch genommen, und auch die Jahreshöchstbeträge des Sparprämiengesetzes wurden nicht immer voll ausgeschöpft. Wir schätzen daher, daß bisher über 1 Million Wertpapiersparer von der Förderung Gebrauch machten. Diese — vorsichtig kalkulierte — Zahl ist weitaus aufschlußreicher als etwa der Anteil der jeweils festgelegten Wertpapiere zum gesamten Wertpapierabsatz oder der unter die Förderung fallende absolute Betrag als solcher. Es muß die Zahl der Personen gesehen werden, die an langfristigen Wertpapiererwerb gewöhnt werden. Je schneller die Zahl der vom Sparprämiengesetz erreichten Sparer durch eine zielbewußte systematische Aufklärungsarbeit der Kreditinstitute wächst, um so wahrscheinlicher ist auch, daß der Anteil der Wertpapier*neulinge* unter den Geförderten zunimmt. Die Tatsache, daß in den beiden Quartalen, in denen die VW-Volksaktie und die VEBA-Volksaktie gezeichnet wurden, der Zuwachs der prämienbegünstigten Wertpapieranlagen gerade bei den Sparkassen besonders hoch lag[183], beweist, daß durch das Gesetz auch der dauerhafte Aktienbesitz in brei-

---

[179] Vgl. *Deutscher Sparkassen- und Giroverband:* Jahresbericht 1964, S. 35 f.

[180] Monatsberichte der *Deutschen Bundesbank,* Nr. 7/1966, S. 48.

[181] Ebenda.

[182] Ebenda.

[183] Vgl. *Deutscher Sparkassen- und Giroverband:* Das Sparprämiengesetz, S. 74 f.

ten Bevölkerungsschichten gefördert werden konnte; wer seine Volksaktien prämienbegünstigt festlegte, hatte keine Spekulationsabsicht. Überhaupt darf das Sparprämiengesetz nicht nur als eine isolierte Maßnahme betrachtet werden; erst in Kombination mit anderen eigentumspolitischen Förderungsinstrumenten wird es nach und nach seine volle Wirkung entfalten.

3. Privatisierungspolitik

Die Ausgabe von Volksaktien ist sichtbarster Ausdruck des staatlichen Willens, den Aktienerwerb in breiten Schichten zu fördern. Dreimal wurden bisher derartige Pläne verwirklicht. Bezieher kleiner und mittlerer Einkommen konnten im März 1959 Aktien der Preußischen Bergwerks- und Hütten-Aktiengesellschaft (PREUSSAG), von Januar bis April 1961 Aktien der Volkswagenwerk-AG und im Mai/Juni 1965 Aktien der Vereinigten Elektrizitäts- und Bergwerks-AG (VEBA) als sogenannte „Volksaktien“ erwerben.

Nicht nur eigentumspolitische Erwägungen waren der Anlaß hierfür[184]. Als treibende Kräfte wirkten unabhängig davon auch die Vertreter einer liberalen Ordnungspolitik, die es in einem marktwirtschaftlichen Wirtschaftssystem nicht als Aufgabe des Staates ansahen, industrielle Unternehmen zu betreiben[185]. Andererseits standen die Anhänger der politischen Linken und einige große Gewerkschaften gerade dieser Motivation mit Skepsis gegenüber; sie stellten dem Privatisierungskonzept die Idee des öffentlichen Unternehmens als unentbehrliches Regulativ der Wirtschaftspolitik entgegen[186]. Dem widersprach wiederum, daß der Bund immer größere Schwierigkeiten hatte, seine expandierenden Unternehmen aus Haushaltsmitteln mit ausreichendem Eigenkapital zu versorgen[187]. Nach außen hin stand zwar das eigentumspolitische Anliegen im Vordergrund, aber es kann nicht übersehen werden, daß die Dringlichkeit und das Gewicht der einzelnen Motive bei der Projektierung der drei bisherigen Privatisierungen unterschiedlich waren[188]. Im

[184] Zur Privatisierungsdiskussion vgl. *Schmölders*, Günter: Finanzpolitik, 2. Aufl., S. 236 ff.

[185] Vgl. *2. Deutscher Bundestag*, Stenographische Berichte, 214. Sitzung, 31. Mai 1957, S. 12589—12591.

[186] Vgl. *Brenner*, Otto: Hände weg vom Bundeseigentum, in: Metall vom 29. Mai 1957, S. 2; zur wissenschaftlichen Diskussion vgl. ferner *Molitor*, Bruno: Öffentliche Wirtschaft und Privatisierung, in: Hamburger Jahrbuch für Wirtschafts- und Gesellschaftspolitik, 5. Jahr (1960), S. 77 ff.

[187] Vgl. *Kruk*, Max: VEBA-Privatisierung nur halb, in: Frankfurter Allgemeine Zeitung vom 12. April 1965, S. 1. Noch viele Einzelfragen bis zur VEBA-Volksaktie, in: Frankfurter Allgemeine Zeitung vom 18. Juli 1964, S. 8.

[188] Vgl. VEBA-Teilprivatisierung, in: Frankfurter Allgemeine Zeitung vom 5. April 1965, S. 17.

Ergebnis kam es daher auch nicht zu einer völligen Überführung der Unternehmen in Privatbesitz, sondern nur zu Teilprivatisierungen[189]. Nach Abschluß der einzelnen Privatisierungs-Aktionen besaß die öffentliche Hand an der PREUSSAG noch 22 %, am Volkswagenwerk 40 % und an der VEBA noch rd. 36 % der Grundkapitals. Ursprünglich wollte der Bund an der PREUSSAG sogar rd. 71 % und an der VEBA mindestens 51 % des Nennkapitals behalten; erst im Verlaufe der Privatisierung, als das angebotene Aktienkapital vielfach überzeichnet wurde, fühlte der Bund sich gedrängt, aus seiner Beteiligung zusätzliche Aktien zur Verfügung zu stellen, um eine „Enttäuschung“ bei den Zeichnern und damit auch eine Gefährdung des Gedankens der breiten Eigentumsstreuung zu vermeiden[190].

Die Methoden, mit denen die eigentumspolitischen Ziele angestrebt wurden, differierten von Privatisierung zu Privatisierung. Der Erfolg sollte vor allem durch eine Begrenzung des Kreises der Zeichnungsberechtigten nach Alter und Einkommen sichergestellt werden[191]. Die Festsetzung eines Mindestalters spielte dabei eine untergeordnete Rolle; sie diente mehr dazu, die Umgehung der Einkommensgrenzen — etwa durch Vorschieben nicht verdienender Kinder und Jugendlicher — zu verhindern. Wohl aus diesem Grunde konnten bei der PREUSSAG-Privatisierung Personen unter 21 Jahren nur dann Volksaktien zeichnen, wenn sie in einem Arbeitsverhältnis standen.

Ob damit der Gleichheitsgrundsatz des Art. 3 GG noch gewahrt blieb, erscheint problematisch; immerhin waren dadurch Absprachen innerhalb der Familie stärker eingeengt als bei den Privatisierungen des Volkswagenwerkes und der VEBA, bei denen jeder über 18jährige, dessen Einkommen einen bestimmten Höchstbetrag nicht überstieg, zeichnen konnte.

Die Einkommensgrenzen waren durch einen absoluten, für Verheiratete und Unverheiratete unterschiedlichen Betrag und durch die Art bestimmt, wie dieses Einkommen definiert wurde. Bei der PREUSSAG-Privatisierung wurde das steuerpflichtige Einkommen, bei der VW-Privatisierung das steuerpflichtige Einkommen abzüglich Kinderzuschläge und -beihilfen und bei der VEBA-Privatisierung das zu versteuernde Einkommen gemäß § 32 EStG zugrundegelegt. Für die Ermittlung der Einkommensobergrenze, bis zu der Aktien bezogen werden konnten bzw. bestellte Aktien tatsächlich zugeteilt wurden, fanden also familienpoli-

---

[189] Vgl. *Kruk*, Max, a.a.O.

[190] *Woischnik*, Bernhard (Hrsg.): Grundlagen der Privatisierungspolitik, Bad Godesberg 1961, S. 23.

[191] Vgl. hierzu und zu den folgenden Einzelangaben die Verkaufsangebote (Zeichnungsprospekte), die anläßlich der drei Privatisierungen an allen Bankschaltern ausgegeben wurden.

tische Aspekte von Privatisierung zu Privatisierung immer stärkere Berücksichtigung; während die Bezugsberechtigung für die Zeichnung von PREUSSAG-Aktien allein von dem durch Sonderausgaben und Werbungskosten verringerten Bruttoeinkommen abhing, verminderten bei der VEBA-Privatisierung u. a. zusätzlich die steuerlichen Kinderfreibeträge das maßgebende Einkommen, so daß kinderreiche Familien auch bei relativ hohem Bruttoeinkommen noch im Kreis der Bezugsberechtigten blieben. Das Jahreshöchsteinkommen, bis zu dem noch Volksaktien gezeichnet werden konnten, war für Verheiratete und Unverheiratete bei den einzelnen Privatisierungen jeweils wie folgt festgelegt:

	Unverheiratete DM	Verheiratete: Gesamteinkommen beider Ehegatten DM	Definition des Einkommens
PREUSSAG 1959	16 000	16 000	Steuerpflichtiges Einkommen
VW 1961	8 000	16 000	Steuerpflichtiges Einkommen abzüglich Kinderbeihilfen und -zuschläge
VEBA 1965	1. Gruppe 8 000 2. Gruppe 11 000 3. Gruppe 14 000	16 000 22 000 28 000	Zu versteuerndes Einkommen nach § 32 EStG

Die Zeichnungsbedingungen für VEBA-Volksaktien hatten ferner bestimmt, daß die Aktien zunächst der ersten Einkommensgruppe voll zugeteilt wurden, erst dann nacheinander der zweiten und dritten Gruppe. Da das zur Privatisierung zur Verfügung stehende Kapital schon durch die erste Gruppe überzeichnet worden war, gingen die beiden anderen Gruppen leer aus. Für den Vergleich mit den vorhergehenden Privatisierungen ist daher nur die erste Einkommensgruppe heranzuziehen. Hier zeigt sich dann — falls die nominelle Einkommensteigerung von jährlich etwa 6 % in Rechnung gestellt wird —, daß der Kreis der Bezugsberechtigten trotz der Änderung der Einkommensdefinition von Privatisierung zu Privatisierung enger gefaßt wurde. Viele Unverheiratete und Verheiratete ohne Kinder, die 1961 noch VW-Aktien zeichnen konnten, waren bis 1965 in ihrem Einkommen so gestiegen, daß sie nur in die zweite, nicht zum Zuge gekommene Einkommensgruppe fielen. Besonders stark wurde der Kreis der Bezugsberechtigten von der PREUSSAG- zur VW-Privatisierung eingeengt; bemerkenswert war dabei vor allem die Beseitigung der außerordentlich hohen Bevorzugung der Unverheirateten, die für die Zeichnung von PREUSSAG-Aktien bestanden hatte. Betrachtet man allein die Festlegung der Einkommensgrenzen, dann ist unverkennbar, daß der Blick des Gesetzgebers für das eigentumspolitische Hauptziel, die Eigentumsbildung verstärkt in unteren Einkommensschichten zu fördern, mit der Zeit etwas schärfer geworden ist.

Bei der Privatisierung des Volkswagenwerkes wurde als zusätzliche Vergünstigung ein nach Einkommen und Kinderzahl gestaffelter Sozialrabatt auf den Ausgabekurs gewährt. War das steuerpflichtige Jahreseinkommen eines Unverheirateten nicht höher als 6 000 DM bzw. bei Verheirateten zusammen nicht höher als 12 000 DM, betrug der Nachlaß 20 %; lag es nicht über 8 000 DM bzw. bei Verheirateten nicht über 16 000 DM, konnte ein Rabatt von 10 % in Anspruch genommen werden. Erwerber mit mehr als zwei Kindern unter 18 Jahren erhielten einen zusätzlichen Bonus von 5 %. Mit dem Sozialrabatt war eine Sperrfrist von zwei Jahren verbunden; wurden die Aktien innerhalb dieser Zeit verkauft, mußte er zurückgezahlt und vom Zeitpunkt der Zuteilung der Aktien mit 7 % p. a. verzinst werden.

Gemessen an den eigentumspolitischen Zielvorstellungen ist der Sozialrabatt und die mit ihm verbundene Sperrfrist sehr positiv zu bewerten. Durch ihn konnte berücksichtigt werden, daß in der Regel eine Sparleistung um so größere Opfer erfordert, je niedriger das Einkommen liegt, aus dem sie erbracht wird. Der Anreiz, Eigentum zu bilden, muß für die unteren Einkommensschichten kräftiger sein als für die mittleren, und hierfür war der abgestufte Sozialrabatt ein geeignetes Mittel. Außerdem leistet eine solche Staffelung der Begünstigung einen wenn auch bescheidenen Beitrag zur Dekonzentration der Vermögen. Wenn der Sozialrabatt bei der Privatisierung der VEBA nicht wiederholt wurde, so ist dies kein Beweis, daß er als ungeeignetes Mittel erkannt wurde. Vielmehr war bei der Teilprivatisierung der VEBA nach Ansicht des zuständigen Bundestagsausschusses für eine solche Maßnahme „kein Raum", da die VEBA den Gegenwert der Kapitalerhöhung voll zur Finanzierung wichtiger Ausgaben benötigte[192].

Wo aber lag die eigentliche Vergünstigung des Volksaktienangebotes für die bevorrechtigten Erwerber, wenn der Sozialrabatt nicht in jedem Fall ein unverzichtbarer Bestandteil der Zeichnungsbedingungen war? Als Möglichkeit bleibt nur ein günstiger Ausgabekurs. Dieser ist jedoch schwierig zu beurteilen, da die Bewertungsgutachten nicht veröffentlicht

---

[192] *Deutscher Bundestag*, 4. Wahlperiode, Drucksache IV/3248, S. 2 (Bericht des Abgeordneten Dr. *Burgbacher*).

worden sind. Was die VW-Privatisierung betrifft, ist immerhin bekannt, daß der „innere Wert“ des Unternehmens von den Gutachtern mit 2,1 bis 2,7 Mrd. DM ermittelt wurde und daß der Ausgabekurs auf der Basis des untersten Wertansatzes von 2,1 Mrd. DM festgesetzt wurde[193]. Die langfristige Börsenkursentwicklung der VW-Aktie — also ohne Berücksichtigung der vorübergehenden Spekulation und der Marktenge unmittelbar nach der Privatisierung — scheint dies zu bestätigen; auch an den Tiefstpunkten der seitherigen Börsenbaissen im Herbst 1962 und im Sommer 1966 unterschritt der VW-Kurs nie den Ausgabepreis von 350 %. Dasselbe gilt für die PREUSSAG-Aktie; auch für sie dürfte, an der Börsenkursentwicklung der letzten Jahre gemessen, ein sehr günstiger Ausgabekurs gewählt worden sein. Schwieriger ist die Bewertung des Zeichnungskurses der VEBA; die Meinungen zur Höhe dieses Kurses waren von vornherein kritischer als bei den früheren Privatisierungen, da Vergleiche mit anderen börsennotierten Aktien zum Zeitpunkt der Zeichnung den Vorteil des Ausgabekurses in Frage stellten[194]. Diese Zweifel können auch nicht mit Hinweisen auf die schlechte Börsenlage ausgeräumt werden, da die übrigen Volksaktien zur gleichen Zeit weit über ihrem Ausgabekurs notierten. Ob bei der Festsetzung des VEBA-Ausgabekurses die eigentumspolitische Zielsetzung oder die betriebswirtschaftliche Notwendigkeit, der VEBA ausreichendes Kapital zuzuführen, im Vordergrund stand, wird erst in einigen Jahren zu beurteilen sein. Bis dahin ist der Hypothese größere Wahrscheinlichkeit zuzubilligen, daß diesmal im Gegensatz zu den vorhergehenden Privatisierungen das eigentumspolitische Förderungsmotiv geringeres Gewicht hatte. Unterstellen wir einmal die Richtigkeit dieser Hypothese, dann war es problematisch, daß bei der Wahl des Privatisierungstermins, bei der Abgrenzung der Bezugsberechtigten und bei der gesamten Werbung und Durchführung der VEBA-Privatisierung nicht die vergleichsweise geringere Differenz zwischen Marktwert und Ausgabekurs in Rechnung gestellt wurde. Der kleine, unerfahrene Sparer, der von der großen Werbekampagne für VEBA-Aktien überrollt wurde, hatte keine andere Wahl, als die Vorteile auch dieser Aktien an der langfristig günstigen Kursentwicklung der PREUSSAG- und VW-Aktie zu beurteilen. Der Werbefeldzug für die VEBA-Volksaktie und vor allem die Begrenzung der Zeichnungsberechtigten

---

[193] Vgl. Verfassungsbeschwerden gegen das VW-Privatisierungsgesetz, BvR 561/60, 1 BvR 579/60, 1 BvR 114/61 vom 17. Mai 1961, abgedruckt in: *Woischnik*, Bernhard (Hrsg.), a.a.O., S. 77 ff. Zu den Bewertungsgutachten und zum Ausgabekurs vgl. Urteilsbegründung des Bundesverfassungsgerichtes, ebenda, S. 89.

[194] Vgl. *Leis*, Josef: Vom Sinn und Unsinn der Volksaktie, in: Zeitschrift für das gesamte Kreditwesen, Heft 3/1966, S. 112; Der VEBA-Kurs, in: Frankfurter Allgemeine Zeitung vom 10. April 1965, S. 7; Der VEBA-Vorstand beurteilt die Ertragsaussichten optimistisch, in: Frankfurter Allgemeine Zeitung vom 7. Mai 1965, S. 31.

auf untere Einkommenschichten waren außerdem nur erklärlich, wenn mit dieser Volksaktie wie bisher ein tatsächlicher Vorteil für den einzelnen Sparer verbunden war. Sollte aber wider Erwarten der VEBA-Zeichnungskurs zum Zeitpunkt der Zeichnung nicht günstiger gewesen sein als der Börsenkurs von Standardaktien gleicher Art, wie das in der Wirtschaftspresse verschiedentlich anklang[195], dann könnte daraus in der Tat eine schwere Vertrauenskrise unter den Aktionären entstehen. Zunächst aber bleibt die langfristige Entwicklung abzuwarten; möglicherweise ist die im Vergleich zu den beiden anderen Aktien ungünstige Kursentwicklung der VEBA-Aktie nach der Börseneinführung ebenso wie die kurze Hausseperiode der VW-Aktie vorübergehender Natur.

Die Zeichnungsbedingungen für den Volksaktienerwerb waren aber nicht nur durch eine Begrenzung des Kreises der Bezugsberechtigten nach Einkommen und Alter sowie durch einen Sozialrabatt oder einen mehr oder minder günstigen Ausgabekurs charakterisiert; weitere Besonderheiten waren, daß jeder Zeichnungsberechtigte nur Aktien im Nominalwert bis zu 500 DM zeichnen konnte, daß bei der VW-Privatisierung Ratenzahlung möglich war und daß für die Hauptversammlungen aller Volksaktiengesellschaften bestimmte Stimmrechtsbegrenzungen eingeführt wurden.

Bemerkenswert ist die Vergünstigung, daß die Bezahlung der gezeichneten Aktien des Volkswagenwerkes in Raten über 9 oder 18 Monate verteilt erfolgen konnte. Dabei mußte der Nennwert der zugeteilten Aktien sofort, der Rest des Kaufpreises in drei Vierteljahres- oder drei Halbjahresraten bezahlt werden; die Verzinsung war mit 5 % p. a. auf die Restkaufsumme außergewöhnlich günstig. Es ist jedoch sehr zweifelhaft, ob diese Vergünstigung dem langfristigen Charakter der Aktienanlage entspricht. Wer Aktien nicht aus vorhandenen Ersparnissen erwerben kann, wer dafür noch einen Kredit aufnehmen muß, für den dürfte die Aktie in aller Regel ein zu riskantes Papier sein; seine Liquidität ist zu gering, um eine vorübergehende Baisse mit Sicherheit durchstehen zu können. Hier gilt die alte „Anlageregel", daß vor dem Aktienerwerb eine Bargeldreserve von einigen hundert Mark vorhanden sein sollte[196].

Die Begrenzung des Zeichnungsbetrages auf 500 DM Nominalwert je Sparer diente der breiten Streuung des Aktienbesitzes an den teilprivatisierten Gesellschaften. Damit diese breite Streuung durch spätere Aufkäufe nicht wieder rückgängig gemacht werden kann, wurde in den Satzungen der teilprivatisierten Volksaktiengesellschaften verankert, daß das Stimmrecht je Aktionär nur für Aktien bis zu einem bestimmten Gesamtnennbetrag ausgeübt werden darf. Bei der PREUSSAG betrug

---

[195] Siehe Anmerkung [194], S. 93.

[196] Vgl. *Brestel*, Heinz: Wohin mit dem Geld? In: Frankfurter Allgemeine Zeitung vom 31. Dezember 1960, S. 5.

diese Grenze ein Tausendstel, beim Volkswagenwerk und der VEBA sogar nur ein Zehntausendstel des Grundkapitals. Dadurch waren zwar Aufkäufe und Großbesitz, z. B. durch Investmentgesellschaften, nicht unmöglich gemacht, aber jeglicher Anreiz, durch Paketbildung über das Unternehmen Herrschaft zu gewinnen, war den Volksaktien genommen.

Die Zeichnungsergebnisse für Volksaktien übertrafen jede Erwartung. Das zunächst zum Erwerb angebotene PREUSSAG-Nominalkapital wurde um rd. 70 Mill. DM, das VW-Kapital um 337 Mill. DM und die angebotenen VEBA-Aktien sogar um rd. 955 Mill. DM überzeichnet. Einschließlich der Kaufanträge aus der Belegschaft wurden PREUSSAG-Aktien von über 216 000[197], VW-Aktien von mehr als 1,5 Mill.[198] und VEBA-Aktien von fast 3 Mill. Interessenten gezeichnet[199]. Die steigende Zahl der Kaufanträge verdeutlicht das wachsende Interesse und die zunehmende Breitenwirkung. Bei der VEBA-Privatisierung konnten den Zeichnungsbedingungen entsprechend über 340 000 Kaufinteressenten aus den Einkommensgruppen über 11 000 DM bzw. 22 000 DM (Verheiratete) nicht berücksichtigt werden; darüber hinaus mußte bei allen drei Privatisierungen *repartiert* werden[200].

Besser als an den Gesamtzahlen kann der eigentumspolitische Erfolg der Privatisierungen an weiteren statistischen Aufgliederungen beurteilt werden. Leider läßt die Statistik hier jedoch viele Wünsche offen; sie begnügt sich im wesentlichen mit einer mehr oder minder treffenden Berufskategorisierung und einer ganz groben Gruppierung nach dem Alter (Tab. 15, 16).

Innerhalb der nach Maßgabe ihres Einkommens bezugsberechtigten Bevölkerungsschicht verteilen sich die Volksaktien-Käufer keineswegs gleichmäßig auf alle sozialen Gruppen. Am auffallendsten ist der hohe Anteil der Angestellten an den drei Privatisierungen. Auch die Beamten, die freiberuflich Tätigen sowie die Lehrlinge, Schüler und Studenten zeichneten im Verhältnis zu ihrem Anteil in der Gesamtbevölkerung überproportional häufig. Dagegen blieben die Arbeiter, die etwa 50 % der gesamten Bevölkerung ausmachen, in ihrer Beteiligungsquote erheblich zurück. Die Gruppen der „Pensionäre und Rentner“ und der „Hausfrauen“ haben für sich allein genommen weniger Aussagewert, weil sie in ihrer sozialen Zusammensetzung unbestimmt sind. Erstmals die VEBA-Statistik ermöglicht eine Aufteilung dieser heterogenen Gruppen nach ehemaligem Beruf oder Beruf des „Ernährers“ (Tab. A 5).

---

197 Pressemitteilung der PREUSSAG vom 12. Mai 1959.

198 Der VW-Kurs war zu niedrig, in: Handelsblatt vom 23. März 1961, S. 2.

199 Börsenprospekt der VEBA, in: Frankfurter Allgemeine Zeitung vom 3. August 1965, S. 11.

200 Ebenda.

Tab. 15: Berufsstruktur der Volksaktien-Zeichner[a)]

Berufsgruppen	PREUSSAG %	VW %	VEBA %
Arbeiter	5,1	7,5	10,7
Angestellte	29,4	30,3	28,8
Beamte	8,3	7,2	6,7
Selbständige Kaufleute und Gewerbetreibende	7,7	5,6	3,8
Selbständige Land- und Forstwirte		1,1	0,9
Freiberuflich Tätige	12,7	1,8	1,0
Lehrlinge, Schüler, Studenten		8,6	7,3
Pensionäre, Rentner	10,4	14,3	14,0
Hausfrauen	26,4	23,6	26,8
Zusammen	100,0 %	100,0 %	100,0 %
Zeichner insgesamt	213 735	1 484 019	2 602 600

a) Die Zahlen für die PREUSSAG- und VW-Privatisierung entstammen Pressemitteilungen des *Bundesschatzministeriums;* die Aufgliederung des VEBA-Zeichnungsergebnisses wurde dem Verfasser vom *Bundesschatzministerium* auf Anfrage mitgeteilt.

Tab. 16: Altersstruktur der Volksaktien-Zeichner[a)]

Altersgruppen	VW %	VEBA %
Unter 30 Jahre	20,2	29,7
30—50 Jahre	32,3	30,7
Über 50 Jahre	27,5	39,6
Zusammen	100,0 %	100,0 %

a) Siehe Anmerkung a) Tab. 15.

Ein Vergleich der Berufsstruktur der Volksaktienzeichner bei den bisherigen drei Privatisierungs-Aktionen zeigt einen eigentumspolitisch bemerkenswerten Wandel. Der Anteil der Arbeiter ist von Privatisierung zu Privatisierung gestiegen; die Arbeiter haben sich am Erwerb von VEBA-Aktien vergleichsweise doppelt so häufig beteiligt wie an dem Erwerb von Aktien der PREUSSAG. Dagegen ist der Anteil aller selbständigen Berufe stetig gesunken, und auch die Beteiligungsquote der

Angestellten und Beamten zeigt im Gegensatz zu der der Arbeiter eine leicht fallende Tendenz. Die Ergebnisse stützen die schon im Zusammenhang mit dem Sparprämiengesetz aufgestellte These: Je länger eine eigentumspolitische Förderungsmaßnahme durchgehalten und je öfter sie wiederholt wird, desto mehr wird sie auch von denjenigen in Anspruch genommen, die der Zielsetzung nach die wichtigsten Destinatare der Förderung sind. Jede zusätzliche Maßnahme auf dem gleichen Wege, jede Wiederholung derselben Förderungsaktion bringt nicht nur quantitativ, sondern auch qualitativ höheren eigentumspolitischen Grenznutzen.

Im weiteren Sinne könnte dies auch auf die sich wandelnde Altersstruktur der Volksaktienerwerber bezogen werden. Jedenfalls zeigt der wachsende Anteil der unter 30jährigen Volksaktienzeichner in den letzten Jahren (Tab. 16), daß sich die Basis für die zukünftige Vergrößerung des Aktionärsanteils vor allem bei der jüngeren Arbeitnehmergeneration vergrößert.

Tab. 17: Reichweite der VEBA-Privatisierung nach Berufskreisen

Berufskreise[a)]	Erwerber von VEBA-Volksaktien[c)] absolut[b)]	Erwerber von VEBA-Volksaktien[c)] in % des Berufskreises	Bevölkerung über 18 Jahre nach Berufskreisen in Millionen[d)]
Arbeiter	586 232	2,7	21,5
Angestellte	1 222 339	12,5	9,8
Beamte	433 952	15,0	2,9
Selbständige Kaufleute und Gewerbetreibende	218 377	4,8	4,6
Selbständige Land- und Forstwirte	58 602	1,6	3,8
Freiberuflich Tätige	83 098	12,8	0,6
Insgesamt	2 602 600	6,0	43,1

a) Nicht berufstätige Hausfrauen, Lehrlinge, Schüler und Studenten wurden in den Berufskreis des Ernährers der Familie eingeordnet, Pensionäre und Rentner unter ihrem ehemaligen Beruf gezählt.

b) Nach den Ergebnissen der VEBA-Privatisierung, mitgeteilt vom *Bundesschatzministerium*.

c) Ohne Belegschaftsaktionäre.

d) Bevölkerung über 18 Jahre nach Statistisches Jahrbuch der Bundesrepublik Deutschland 1966, S. 37 (Stand 31. 12. 1964). Anteile der Berufskreise an der Bevölkerung nach Ergebnissen der Volkszählung 1961 nach Berechnungen des *Instituts für Demoskopie Allensbach*. Vgl. *Noelle*, Elisabeth, und Erich Peter *Neumann*, Jahrbuch der öffentlichen Meinung 1958—1964, Allensbach und Bonn 1965, S. 4 (siehe auch Fußnote a).

Trotz der deutlichen Änderungen in der Berufs- und Altersstruktur der Volksaktionäre ist die *Reichweite* der Privatisierungen in den einzelnen Berufsgruppen nach wie vor noch sehr unterschiedlich, und es wird, wenn es beim bisherigen Tempo der Angleichung bleibt, noch Jahrzehnte dauern, bis sich die Aktionärsquoten in den verschiedenen Arbeitnehmergruppen auch nur annähernd aneinander angeglichen haben (Tab. 17). Obwohl die Arbeiter aufgeholt haben, bleibt der Erwerb von Volksaktien — ungeachtet der Einkommensgrenzen — die Domäne der Beamten, Angestellten und freien Berufe. In diesen Gruppen, die auch unter dem Terminus „Dienstklasse" zusammengefaßt werden[201], haben 12—15 % aller Gruppenangehörigen VEBA-Aktien erworben, während im Berufskreis der Arbeiter nur 2,7 % und bei den selbständigen Land- und Forstwirten sogar nur 1,6 % auf das Zeichnungsangebot eingegangen sind.

Eine Aufgliederung nach den genannten Berufsgruppen läßt natürlich nur eine ganz grobe Beurteilung zu. Volksaktienkäufer unter den Arbeitern, Angestellten und Beamten repräsentieren wahrscheinlich nicht den durchschnittlichen Arbeiter, Angestellten oder Beamten, sondern innerhalb der einzelnen Gruppe jeweils einen schichtspezifisch gehobenen sozialökonomischen Typ. Einen Beleg dafür stellen schon die 1,08 Mill. Zeichner dar[202], die bei der VW-Privatisierung von vornherein den Höchstbetrag von 500 DM beantragten. Das bedeutete bei einem 20 %-igen Sozialrabatt, daß jeweils Ersparnisse von etwa 1 400 DM vorhanden gewesen sein mußten; denn niemand konnte sicher mit einer Repartierung rechnen. Auch die günstige Ratenzahlung nutzten nur 10,6 % der Zeichner[203] aus. Aber gerade dieser Zeichnergruppe, so skeptisch man dem Aktienkauf auf Raten auch gegenüber stehen mag, dürften besonders häufig Neulinge angehört haben. Ebenso zeugen die wenigen „bescheidenen" Kaufinteressenten, die nur eine, zwei oder drei Aktien beantragten (22,9 %)[204], dafür, daß es nur wenige Sparer gab, die ihren Zeichnungsbetrag nach ihren geringen Ersparnissen ausrichten mußten oder sich vorsichtig und abwartend an die neue Sparform herantasteten.

Für den langfristigen Erfolg der Privatisierungspolitik wird es letztlich entscheidend sein, wie gerade diese Neulinge die spezielle Kursentwicklung der Volksaktien nach der Zuteilung beurteilen, welche Lehren sie ziehen und in welche Richtung ihr zukünftiges Spar- und Anlageverhalten durch ihre Erfahrungen mit Volksaktien gedrängt wird. Die Börsenkursentwicklung der PREUSSAG-Aktie bietet daher unter eigentums-

---

[201] *Dahrendorf,* Ralf: Gesellschaft und Demokratie in Deutschland, München 1965, S. 106 f.

[202] Viele Frauen sind VW-Aktionäre, in: Frankfurter Allgemeine Zeitung vom 26. April 1961, S. 21.

[203] Ebenda.

[204] Der VW-Kurs war zu niedrig, in: Handelsblatt vom 23. März 1961, S. 2.

politischen Aspekten am wenigsten Probleme; den Zeichnern müßte nur bewußt sein, daß sie sie zu einem „Sozialkurs“ erworben haben. Bei der VW-Aktie stört der sehr starke, spekulative Einfluß unmittelbar nach der Privatisierung; die Wunden, die der Kurs bei seiner Rückkehr aus traumhafter Höhe geschlagen hat, dürften jedoch nach erfolgtem Anschluß der Kursbewegung an die normale Börsenentwicklung mit der Zeit vernarben. Problematischer ist die umgekehrte Entwicklung der VEBA-Aktie, die in eine hartnäckige Baisse hineingeriet und im ersten Jahr ihren 2,6 Millionen Besitzern das unangenehme Gefühl eines unrealisierten Kursverlustes von 10 bis 15 % des Ausgabekurses vermittelt hat. Hier wird es wichtig sein, inwieweit die Zeichner ursprünglich bereit waren oder sich bereitfinden, ihre Aktien als Daueranlage zu betrachten. Der Anteil der prämienbegünstigt festgelegten Volksaktien, der bei den drei Privatisierungen zwischen 10 und 20 % des gezeichneten Kapitals lag[205], bietet hierfür nur ein einziges, keineswegs aber das ausschlaggebende Indiz.

4. Gesetze zur Förderung der Vermögensbildung der Arbeitnehmer

Das „Erste Vermögensbildungsgesetz“ aus dem Jahre 1961[206] knüpfte an die Praxis vieler Unternehmen an, ihren Arbeitnehmern alljährlich im Rahmen von Ergebnisbeteiligungsvereinbarungen, als Weihnachtsgratifikation oder als sonstige freiwillige Sozialleistung zusätzliche Lohnbeträge zukommen zu lassen. Mit dem Gesetz sollte durch steuerliche und sozialversicherungsrechtliche Anreize darauf hingewirkt werden, daß diese Lohnteile auf 5 Jahre vermögenswirksam angelegt würden. Gleichzeitig verfolgte der Gesetzgeber die Absicht, weitere Unternehmen zu solchen zusätzlichen Leistungen an die Belegschaft anzuregen. Die Begünstigung bestand darin, daß den Arbeitgebern die Möglichkeit eingeräumt wurde, die Lohnsteuer auf die gezahlten Leistungen zum niedrigen Pauschsatz von 8 % zu übernehmen, und daß die vermögenswirksam angelegten Zuwendungen bei der Berechnung der Beiträge zur Sozialversicherung außer Ansatz gelassen wurden.

Die Förderung war auf einen Betrag von jährlich 312 DM je Arbeitnehmer begrenzt; die Leistungen konnten nur in Einzelverträgen mit den Arbeitnehmern oder über Betriebsvereinbarungen ausbedungen werden. Als

---

[205] Nach Angaben des *Bundesschatzministeriums* wurden bei der VW-Privatisierung rund 68 Mill. DM, bei der Privatisierung der VEBA 68,8 Mill. DM Nominalkapital prämienbegünstigt festgelegt.

[206] Gesetz zur Förderung der Vermögensbildung der Arbeitnehmer vom 12. Jan. 1961 (BGBl. I S. 909).

Anlageformen für vermögenswirksame Leistungen waren u. a. Einzahlungen auf Bausparverträge nach den Bestimmungen des Wohnungsbauprämiengesetzes, Sparbeiträge in den Formen des Sparprämiengesetzes und Aufwendungen für den Erwerb von Belegschaftsaktien zu einem Vorzugskurse zugelassen. Damit war die Aktie in zweifacher Weise in die Förderung des Vermögensbildungsgesetzes einbezogen: Einmal über den durch das Sparprämiengesetz begünstigten Wertpapiererwerb, zum anderen über die spezielle Möglichkeit der Ausgabe von Belegschaftsaktien.

Indessen war das erste Vermögensbildungsgesetz ein Fehlschlag. Nach einer Untersuchung des *Statistischen Bundesamtes* hatten im Jahre 1963 nur etwas mehr als 1 % der Unternehmen vermögenswirksame Leistungen gewährt[207]. Im Ergebnis profitierten von den Vergünstigungen des Gesetzes schätzungsweise nur 2 % aller in der Privatwirtschaft beschäftigten Arbeitnehmer[208]. Für das Scheitern des Gesetzes dürften zwei Gründe ausschlaggebend gewesen sein. Für Arbeitgeber — ganz besonders im Bereich der mittelständischen Wirtschaft —, denen es bisher schon schwerfiel, ihren Arbeitnehmern Gratifikationen, Erfolgsprämien und ähnliche freiwillige Leistungen zu gewähren, war der gebotene Anreiz des Gesetzes zu gering; sie hätten neben der Leistung selbst immerhin auch noch 8 % der Lohnsteuer für die Arbeitnehmer übernehmen müssen. Soweit aber andererseits solche zusätzlichen Zuwendungen schon erbracht wurden, bestand zwar für den Arbeitgeber ein Anreiz, seinem Arbeitnehmer die Umwandlung der Barzahlung in eine vermögenswirksame Zuwendung vorzuschlagen[209], aber für diesen war es nur dann vorteilhaft, auf das Angebot einzugehen, wenn ihm der Arbeitgeber für den Fall der vermögenswirksamen Anlage eine zusätzliche Prämie über den Umfang der bisherigen Leistung hinaus gewährte. Denn auch *vor* Inkrafttreten des Vermögensbildungsgesetzes konnte jeder Arbeitnehmer ohne irgendwelche Mitwirkung des Betriebes empfangene Leistungen nach dem Sparprämien- oder Wohnungsbauprämiengesetz „vermögenswirksam" anlegen. Größere Erfolge waren daher von dem Gesetz nur zu erwarten, soweit der Arbeitgeber der starken Präferenz der Arbeitnehmer für Barleistungen durch sinnvolle Ausgestaltung der Angebote, vor allem durch zusätzliche betriebliche Prämien, entgegenwirkte[210]. Dies ist

---

[207] Vgl. *Berié*, Hermann: Die Anwendung des Vermögensbildungsgesetzes, in: Bundesarbeitsblatt, Nr. 5/1965, S. 189.

[208] Ebenda, S. 192.

[209] Das Angebot an 87,7 % der Arbeitnehmer (in Unternehmen mit Angeboten zur Vermögensbildung) hatte die Umwandlung bisheriger Barleistungen in vermögenswirksame Leistungen zum Gegenstand, 8,7 % der Arbeitnehmer wurden zusätzliche Leistungen und 3,6 % beides angeboten. Vgl. ebenda, S. 188.

[210] Vgl. auch *Forschungsstelle für empirische Sozialökonomik:* Möglichkeiten und Grenzen einer aus dem Arbeitsverhältnis abgeleiteten Vermögensbildung der Arbeitnehmer, a.a.O., S. 97 ff.

aber, von herausragenden Einzelfällen abgesehen[211], nur selten und in nicht ausreichendem Umfang geschehen.

Wesentliche Verbesserungen brachte das auf diesen Erfahrungen fußende „Zweite Vermögensbildungsgesetz“ aus dem Jahre 1965[212]. Besonders leidenschaftlich diskutiert wurde der § 3 der Novelle, der die Förderung auch auf tarifvertraglich vereinbarte vermögenswirksame Leistungen ausdehnte[213]. Andere Verbesserungen waren aber nicht minder wichtig. So wurden vermögenswirksame Zuwendungen nunmehr von Lohnsteuer und Sozialabgaben völlig freigestellt, und mittelständischen Arbeitgebern wurde die Gewährung vermögenswirksamer Leistungen durch spezielle Steuervergünstigungen besonders erleichtert.

Bedeutsam ist vor allem, daß nach § 4 des neuen Gesetzes jeder Arbeitnehmer, falls er es will, in den Genuß der Vorteile des Gesetzes kommen kann, ohne daß es auf das Einverständnis des Arbeitgebers ankommt[214]. Jeder Arbeitnehmer kann bis zu 312 DM (bei mehr als 2 Kindern 468 DM) seines Lohnes vermögenswirksam anlegen, indem er bei seinem Arbeitgeber einen entsprechenden Antrag stellt. Der Arbeitgeber ist dann verpflichtet, einen Vertrag über die „vermögenswirksame Anlage abzuschließen“, d. h., das Gesetz stellt ihn unter „Kontrahierungszwang“[215]. Diese Möglichkeit bietet die Gewähr dafür, daß auch diejenigen Arbeitnehmer die Vergünstigungen des Gesetzes in Anspruch nehmen können, für die keine Betriebsvereinbarungen oder Tarifverträge über vermögenswirksame Leistungen abgeschlossen werden.

Auch in dem neuen Gesetz ist der Wertpapiererwerb nach den Bestimmungen des Sparprämiengesetzes und der Erwerb von Belegschaftsaktien zu einem Vorzugskurs[216] in die Förderung einbezogen, falls eine fünfjährige Sperrfrist eingehalten wird. Auf besonderen Wunsch des federführenden Bundestagsausschusses wurde in der Gesetzesnovelle sogar expressis verbis herausgestellt, „daß auch der Erwerb von Wert-

---

[211] Vgl. Den Gesetzgeber Lügen gestraft, in: Frankfurter Allgemeine Zeitung vom 28. Juni 1965, S. 17.

[212] Zweites Gesetz zur Förderung der Vermögensbildung der Arbeitnehmer vom 1. Juli 1965 (BGBl. I S. 585).

[213] Vgl. *Brox*, Hans: Das neue 312-DM-Gesetz, in: Frankfurter Allgemeine Zeitung v. 14. Juni 1965, S. 13. *Brox* ist im Gegensatz zur Grundtendenz der öffentlichen Diskussion der Ansicht, daß die bisherige gesetzliche Regelung nicht schlechthin Tarifverträge über vermögenswirksame Leistungen ausschloß; „sie versagte für diese Leistungen, sofern sie auf Tarifverträgen beruhten, nur die steuerlichen und sozialversicherungsrechtlichen Vorteile“. Siehe auch S. 60 ff. dieser Arbeit.

[214] Vgl. *Brox*, Hans, a.a.O.

[215] *Brox*, Hans, a.a.O.

[216] Gemäß „Gesetz über steuerrechtliche Maßnahmen bei Erhöhung des Nennkapitals aus Gesellschaftsmitteln und bei Überlassung von eigenen Aktien an Arbeitnehmer“, a.a.O.

papieren durch das Vermögensbildungsgesetz gefördert wird. Das erschien dem Ausschuß zweckmäßig, weil in breiten Kreisen der Bevölkerung noch nicht bekannt ist, daß das Sparprämiengesetz nicht nur Sparverträge, sondern auch den Erwerb von Aktien und anderen Wertpapieren fördert"[217].

Die große Bedeutung des Vermögensbildungsgesetzes liegt darin, daß es die Breitenwirkung und Wirksamkeit des Sparprämiengesetzes und anderer Förderungsmaßnahmen erheblich verstärkt. Der Gesetzgeber reizt durch die gewährte beträchtliche Steuervergünstigung bewußt zur Inanspruchnahme anderer Steuervergünstigungen oder fiskalischer Förderungsmaßnahmen an[218]. Wer beispielsweise für 312 DM seines Arbeitslohnes Aktien erwirbt und diese nach dem Sparprämiengesetz auf 5 Jahre festlegt, entrichtet für die 312 DM neben anderen Vergünstigungen erstens keine Steuern und zweitens bekommt er auf diesen Betrag noch zusätzlich eine Sparprämie von mindestens 20 %. Stellt man alle Vergünstigungen einschließlich Sozialabgabefreiheit und Zinsen in Rechnung, liegt der Gewinn nach 5 Jahren je nach Familienstand und Einkommenshöhe zwischen 77 und 95 % des vermögenswirksam angelegten Sparbetrages.

Hier liegen zugkräftige Ansatzpunkte für die Sparwerbung der Kreditinstitute. Die kurze Anlaufzeit des Gesetzes zeigte bereits, wie schnell die außergewöhnlich großen Vorteile des Gesetzes zur Kenntnis genommen und genutzt wurden[219]. Die Möglichkeit, vermögenswirksame Leistungen in Tarifverträgen zu vereinbaren, dürfte über kurz oder lang zu einer weiteren Verbreitung führen, — und sei es nur, daß die Arbeitgeber, um die gewerkschaftliche Aktivität auf diesem Betätigungsfeld zu bremsen, dafür Sorge tragen werden, daß möglichst viele Arbeitnehmer von sich aus oder mit betrieblicher Unterstützung in den Genuß der Vergünstigung gelangen. Für 1,6 Mill. Beschäftigte des Baugewerbes ist bereits ein fünfjähriger Tarifvertrag über vermögenswirksame Leistungen in Kraft getreten. Er ist der erste seiner Art und könnte als ein Modell dienen, weil er eine Eigensparleistung des Arbeitnehmers vorsieht und so immerhin den eigenen Sparwillen voraussetzt: „Verlangt der Arbeit-

---

[217] *Deutscher Bundestag*, 4. Wahlperiode, Drucksache IV/3224 (Bericht der Abgeordneten *Müller* (Remscheid) und *Folger*), S. 2.

[218] Möglich, aus formalrechtlichen Gründen jedoch sehr umständlich zu handhaben, ist im Falle der Belegschaftsaktien-Ausgabe sogar eine Dreifachkombination der Vergünstigungen dergestalt, daß die Vorteile des Vermögensbildungsgesetzes, des steuerlichen Kapitalberichtigungsgesetzes und des Sparprämiengesetzes gleichzeitig in Anspruch genommen werden können. Vgl. *Laube*, Peter: Zweites Gesetz zur Förderung der Vermögensbildung der Arbeitnehmer, Frankfurt a. M. 1965, S. 59 f.

[219] Vgl. *Deutscher Genossenschaftsverband (Schulze-Delitzsch)* e. V.: Jahrbuch 1965, Bonn 1966, S. 49.

nehmer schriftlich vom Arbeitgeber, mindestens 0,02 DM je geleistete Arbeitsstunde aus seinem Arbeitslohn vermögenswirksam für ihn anzulegen, so hat ihm der Arbeitgeber dazu eine monatliche zusätzliche vermögenswirksame Leistung (Arbeitgeberzulage) zu gewähren, die sich aus 0,09 DM je geleistete Arbeitsstunde errechnet[220]."

Bis zum Januar 1966, dem Beginn dieser Regelung, hatten rund 40 % der Bauarbeiter einen derartigen Antrag auf Vermögensbildung gestellt; für das ganze Jahr wird von der Gewerkschaft Bau-Steine-Erden mit einer Beteiligungsquote zwischen 55 und 60 %, also mit mindestens 880 000 Anträgen, gerechnet[221].

Jeder der beteiligten Bauarbeiter kann auf diesem Wege zu einem kleinen Vermögensgrundstock kommen. Die Pfennigbeträge pro Stunde addieren sich in 5 Jahren einschließlich Zinsen und Sparprämien auf 1 300 DM bis 1 500 DM. Dabei wirft die Wahl der Anlageform besondere Probleme auf, denn da jeden Monat nur 20 DM bis 40 DM anzulegen sind, ist die freie Wahl der Anlageform de facto stark eingeschränkt. In erster Linie kommen prämienbegünstigte Sparverträge und Bausparverträge in Frage[222]. Der Abschluß eines Wertpapiersparvertrages ist bei so kleinen Monatsbeträgen nicht möglich[223].

Eine „lediglich erweiterte Sparförderung" war aber nach Ansicht *Lebers* nicht das Ziel der gewerkschaftlichen Vermögenspolitik[224]. Nicht zuletzt deshalb wurde auf Anregung der Gewerkschaft die *Bank für Sparanlagen und Vermögensbildung* gegründet; sie wirbt mit intensiver gewerkschaftlicher Hilfestellung um die nach dem Tarifvertrag zu erwartenden langfristigen Sparverträge der Bauarbeiter, indem sie ihren Einlegern nicht nur die übliche Verzinsung, sondern darüber hinaus auch eine Beteiligung am Ertrag der Bank und an der Besetzung des Aufsichtsrates anbietet[225]. Die Geschäftspolitik dieser Bank ist für unseren Zusam-

---

[220] Tarifvertrag über die Gewährung vermögenswirksamer Leistungen zugunsten der gewerblichen Arbeitnehmer im Baugewerbe vom 31. Juli 1965, § 2, zitiert nach *Leber*, Georg (Hrsg.): Vermögensbildung in Arbeitnehmerhand, Dokumentation 4, S. 49 f.

[221] Industriekurier vom 3. März 1966, S. 1.

[222] Vgl. *Leber*, Georg: Vermögensbildung in Arbeitnehmerhand, Dokumentation 4, S. 6.

[223] Allerdings ist nicht einzusehen, warum der Erwerb von Investmentzertifikaten über das „ADIG-Aufbaukonto" nicht prämienbegünstigt ist; die Allgemeine Deutsche Investmentgesellschaft bietet die Möglichkeit, auch Beträge, die weniger oder mehr als den genauen Ausgabepreis eines Zertifikats ausmachen, zum sofortigen Ankauf von Zertifikats-Bruchteilen zu verwenden. Diese Möglichkeit, auch kleine Monatsbeiträge in Wertpapieren anzulegen, ist jedoch bis jetzt noch nicht als prämienbegünstigte Anlage zugelassen.

[224] *Leber*, Georg: Vermögensbildung in Arbeitnehmerhand, Dokumentation 4, S. 6.

[225] Ebenda.

menhang insofern bemerkenswert, als nach den Worten ihres Vorstandssprechers daran gedacht ist, „in der ersten Phase der Akkumulation der Sparkonten eine Anlage in Pfandbriefen, Investmentzertifikaten oder anderen Wertpapieren vorzunehmen, um nach fünf Jahren den Sparer unmittelbar an das Wertpapier heranzuführen“[226]. Auch aus dieser Richtung sind also weitere Impulse zur Verbreitung des Wertpapierbesitzes zu erwarten.

Voraussetzung dafür und für den gesamten Erfolg des Vermögensbildungsgesetzes ist aber, daß die gesparten Beträge nach fünf Jahren nicht gleich wieder in den Konsum wandern. Inwieweit dies geschieht, hängt von der Stärke der verschiedenen Spar- und Konsummotive ab. Eine Umfrage bei Bauarbeitern zum Beispiel ergab, daß etwa 52 % der Befragten nach Ende der fünfjährigen Sperrfrist die Ersparnisse nicht antasten wollen, 30 % denken daran, sie abzuheben, und 18 % haben noch keine konkrete Vorstellung[227]. Doch sind diese Äußerungen zunächst als Absichtserklärungen zu werten. Dazwischen liegen fünf Jahre, in denen neue Erfahrungen einstellungs- und verhaltenswirksam werden. Neue Konsumwünsche können hinzukommen, und die Aufwandsnormen können schneller oder langsamer als das laufende Einkommen wachsen. Das Gefühl, einmal mehr als 1 000 DM als Rücklage zu besitzen, kann jedoch auch den Willen zum langfristigen Festhalten am ersparten Vermögen in vorher nicht geahnter Weise verstärken[228]. Die fünfjährige Sperrfrist ist daher eine Chance, daß sich zunächst einmal ein Kleinstvermögen ohne Störung durch übermächtige Konsuminteressen bilden kann. Dann erst beginnt der Kampf um den langfristigen Erfolg der Eigentumspolitik an einer Front, deren Verlauf bisher nur wenig erforscht ist[229].

---

[226] Täglich 5 000 neue Konten, in: Frankfurter Allgemeine Zeitung vom 16. Dez. 1965, S. 16.

[227] *Institut für angewandte Sozialwissenschaft:* Repräsentativerhebung „Arbeiter und Vermögensbildung“, Bad Godesberg, Juni 1965, zitiert nach: *Leber*, Georg (Hrsg.): Vermögensbildung in Arbeitnehmerhand, Dokumentation 4, S. 57.

[228] Vgl. *Scherhorn*, Gerhard: Eigentumspolitik — ein unkontrolliertes Experiment? In: Blätter für Genossenschaftswesen, Nr. 20/1963, S. 303; *Schreiber*, Wilfrid: Vermögensbildung in breiten Schichten, S. 77.

[229] Vgl. *Schmölders*, Günter: Der richtige Weg zum Eigentum? Anhörung von Sachverständigen durch die Bundestagsfraktion der Freien Demokraten, Bonn 1965, S. 30 ff.

Drittes Kapitel

Voraussetzungen für Aktienerwerb und Aktienbesitz

Der Umgang mit Wertpapieren ist „die höchste Stufe des Umgangs mit Geld und Geldeswert“[1]. Auch wenn in der Bundesrepublik durch ein weitverzweigtes Bankstellennetz die institutionellen Voraussetzungen für Rat und Hilfe beim Erwerb und bei der Verwaltung von Aktien gegeben sind, wagt der Sparer den Schritt vom bloßen Kontensparen zum Aktienerwerb in der Regel nur dann, wenn er subjektiv seiner Sache sicher ist. Daß der Anlageberatung Grenzen gesetzt sind oder daß sie sich bewußt Grenzen setzt, beweisen allein im Bereich der Sparkassen nahezu 1 Million Sparbücher, auf denen Guthaben von mehr als 10 000 DM gehalten werden[2]. Wer Aktien erwirbt, muß nicht nur ein Minimum an persönlichen Kenntnissen und Informationen über das Wesen der Aktie, sondern auch eine positive Einstellung zur Idee der Aktienanlage haben. Inwieweit diese Voraussetzungen gegeben sind, interessierte bisher vorwiegend unter dem Aspekt der potentiellen Aktiensparer. Für unsere Untersuchung kommt es jedoch mehr auf eine weitergehende Fragestellung an: Im Zusammenhang mit der Förderung des Aktienerwerbs in breiten Schichten, namentlich der durch Werbung forcierten Volksaktienausgabe, ist es wesentlich, welche persönlichen Voraussetzungen für den Aktienerwerb und den langfristigen Aktienbesitz bei denjenigen Sparern bestehen, die bereits Aktien oder Volksaktien erworben haben.

§ 5 Einstellungen und Kenntnisse als Voraussetzungen

1. Einstellungen

Menschliches Verhalten in bestimmten Situationen und gegenüber bestimmten Objekten weist über längere Zeiträume hinweg ein gewisses Maß an Regelmäßigkeit und Beständigkeit auf[3]. Diese Gleichförmigkeiten

---

[1] *Schmölders*, Günter: Sparbuch und Konto, in: Zeitschrift für das gesamte Kreditwesen, Heft 1/1962, S. 11.

[2] Vgl. *Deutscher Sparkassen- und Giroverband* e. V.: Jahresbericht 1964, S. 35.

[3] Zum folgenden siehe *Leverkus*, J. Christoph: Die Voraussetzungen für die Anlage von Ersparnissen in Aktien, Kölner Diplomarbeit 1961, unveröffentlicht, S. 129 ff.

im Verhalten werden von der sozialpsychologischen Forschung auf Attitüden (Einstellungen) zurückgeführt[4].

Nach G. W. *Allport* ist eine Einstellung „ein durch Erfahrung geformter geistseelischer Bereitschaftszustand, der die Reaktionen des Individuums auf Objekte und Situationen, mit denen es konfrontiert wird, beherrschend oder dynamisch beeinflußt"[5]. Oder wie Th. *Newcomb* es formuliert: „Unter der Einstellung eines Individuums einer Sache gegenüber verstehen wir seine Prädisposition, hinsichtlich dieser Sache zu handeln, wahrzunehmen, zu denken und zu fühlen[6]."

Attitüden oder Einstellungen bauen sich aus „sozialen Gewohnheiten und Wertvorstellungen" auf, „die in einem weitreichenden Sozialisierungsprozeß der Person gelernt werden"[7]. Objekte und Situationen werden stets im gleichen „Bezugssystem" wahrgenommen, „das durch frühere Erfahrungen bestimmt wird"[8]. Im Verlauf des Sozialisierungsprozesses des Individuums ist mit einer zunehmenden Verfestigung seiner Einstellungen zu rechnen, weil die ersten Erfahrungen, die zunächst zu einer noch wenig „intensiven"[9] Einstellung führen, ihrerseits wieder alle nachfolgenden Erfahrungen verstärken[10]. Darin liegt auch die große Stabilität der meisten Einstellungen begründet. Umgekehrt wird es in der Regel sehr starker und langandauernder, den bisherigen Erfahrungen zuwiderlaufender Impulse bedürfen, ehe sich ältere Einstellungen ändern. Zu einer schnellen, manchmal sogar abrupten Änderung von Einstellungen können hingegen Katastrophen und Grenzsituationen führen, die für den einzelnen oder die Gesellschaft von einschneidender Bedeutung sind.

Die Einstellungen sind der Forschung leider nicht unmittelbar zugänglich; sie stellen eine Abstraktion aus komplexeren Zusammenhängen dar. Ermittelt werden können lediglich die manifesten Wirkungen der Attitüden wie selektive Wahrnehmung[11], Konstanz der Meinungen, be-

---

[4] Vgl. *Hartley*, Eugene L., und Ruth E. *Hartley:* Die Grundlagen der Sozialpsychologie, Berlin 1955, S. 437; *Newcomb*, Theodore M.: Sozialpsychologie, Meisenheim a. Glan 1959, S. 93 f.

[5] *Allport*, Gordon W.: Attitudes, in: Carl *Murchison:* A Handbook of Social Psychology, Worcester Mass., London, Oxford 1935, S. 810, Übersetzung in: *Schmölders*, Günter: Das Irrationale in der öffentlichen Finanzwirtschaft, rde. Bd. 100, Hamburg 1960, S. 36.

[6] *Newcomb*, Theodore M., a.a.O., S. 94.

[7] *König*, René: Art. „Sozialpsychologie", in: Das Fischer Lexikon, Bd. 10, S. 277.

[8] *Newcomb*, Theodore M., a.a.O., S. 139.

[9] Zur „Intensität" von Einstellungen vgl. *Hartley*, Eugene L., und Ruth *Hartley*, a.a.O., S. 444 ff.

[10] Ebenda, S. 438.

[11] Die Individualpsychologie hat sich insbesondere mit den Wirkungen von

stimmte Verhaltensweisen oder Unterlassungen[12]; aus ihnen lassen sich die hinter allem Handeln, Denken und Meinen stehenden Einstellungen „erschließen". Bedeutsam ist vor allem der Zusammenhang zwischen Meinung, Einstellung und Verhalten: Die sorgfältige Ermittlung von Meinungsäußerungen über die verschiedenen Aspekte eines Gegenstandes oder einer Situation ermöglicht Rückschlüsse auf die dahinterliegende Einstellung, und die Kenntnis der Einstellungen erlaubt in einem ausgereiften Stadium des Forschungsprozesses die Prognose der wahrscheinlichen Verhaltensweisen hinsichtlich jener Objekte und Situationen. Dabei müssen wir uns bewußt bleiben, daß die begrenzte Stabilität der Einstellungen nur theoretische Aussagen „mittlerer Reichweite"[13] gestattet.

a) Allgemeine Einstellungen zum Aktienbesitz

Wer erwartet, daß die Einstellung zur Aktie in der Bundesrepublik bei einem großen Teil der Bevölkerung, namentlich bei den Arbeitern, von starken „wert- und affektgeladenen Stereotypen"[14] geprägt ist, findet in den verfügbaren Untersuchungen hierfür kaum einen Anhaltspunkt[15]. Mit der „Bändigung des Kapitalismus"[16] und der „Institutionalisierung

---

Einstellungen im Bereich der Wahrnehmung befaßt. Vgl. *Rohracher*, Hubert: Einführung in die Psychologie, 7. Aufl., Wien, Innsbruck 1960, S. 325, der auch von einer „selektiven Wirkung" der Einstellung spricht.

[12] Vgl. *Katz*, Daniel: The Functional Approach to the Study of Attitudes, in: Public Opinion Quarterly, Vol. 24, Nr. 2/1960, S. 168: „Opinion is the verbal expression of an attitude, but attitudes can also be expressed in nonverbal behavior."

[13] Vgl. *Merton*, Robert K.: Social Theory and Social Structure, 2. Aufl., Glencoe (Ill.) 1957, S. 280.

[14] *Heintz*, Peter: Soziale Vorurteile, Köln 1957, S. 28.

[15] Vgl. *Forschungsstelle für empirische Sozialökonomik:* Sozialökonomische Analyse des Wertpapiersparens in der Bundesrepublik; *DIVO-Institut:* Wertpapiere im Blick des Wirtschaftsbürgers. In diesem Materialbericht sind die wichtigsten Umfrageergebnisse des *DIVO-Instituts* über Wertpapiere und Wertpapierbesitz zusammengefaßt. — *Institut für Selbsthilfe und Sozialforschung e. V.:* Kölner Verbraucherstudie 1958/59, Köln 1960, vor allem S. 24 ff. *Weltz*, Friedrich: Aufnahme der ersten Belegschaftsaktien der Mannesmann AG., Frankfurt a. M. 1957 (*Institut für Sozialforschung* an der Johann-Wolfgang-Goethe-Universität); *INTERMARKET:* Das Wirtschaftswunder an Rhein und Ruhr, Düsseldorf 1956, S. 50 ff. Verstreute Einzelergebnisse, die aber nur selten Rückschlüsse auf Einstellungen zur Aktie zulassen, finden sich noch in Jahrbüchern und Sammelbänden demoskopischer Institute. Vgl. *Noelle*, Elisabeth, und Erich Peter *Neumann* (*Institut für Demoskopie*, Hrsg.): Jahrbuch der öffentlichen Meinung 1947—1955, Allensbach a. Bodensee; *dieselben:* Jahrbuch der öffentlichen Meinung 1957, Allensbach a. Bodensee 1957; *dieselben:* Jahrbuch der öffentlichen Meinung 1958—1964.

[16] Vgl. *Seidel*, Bruno: Industrialismus und Kapitalismus, Meisenheim/Glan 1955, S. 204 ff.

des Klassenantagonismus"[17] im „quasi-demokratischen Streitgespräch"[18] der Sozialpartner haben auch marxistische und sozialistische Vorbehalte gegenüber der Aktiengesellschaft und dem Aktionär sehr viel an Boden verloren. Der industrielle Klassenkonflikt, der immer mehr auf die Arbeitswelt begrenzt und zunehmend „ohne Bezug auf gesamtgesellschaftliche Fragen"[19] bleibt, spielt als Determinante einer negativen Einstellung zum Aktienwesen und zur Aktie nur noch eine unbedeutende Rolle[20]. Es ist bemerkenswert, daß eine jüngere betriebssoziologische Untersuchung über die Vermögensbildung in Arbeitnehmerhand zu dem Ergebnis kommt, daß ausgerechnet die Gewerkschaftsmitglieder ein relativ starkes Interesse an Belegschaftsaktien bekundeten[21].

Indessen bedeutet das nicht, daß sich eine durchgängig positive Einstellung zur Aktie ausgebreitet hätte. Beurteilt man die Einstellung zur Aktie an den Präferenzen für die Aktienanlage im Vergleich zu anderen Geldanlagen, dann ist eine starke Zurückhaltung oder Indifferenz festzustellen. Weniger als ein Zehntel der Bevölkerung würde bei der Anlage von größeren Sparbeträgen Aktien oder andere Wertpapiere überhaupt mit in Erwägung ziehen[22]. Der Aktienerwerb wird als typisch für Berufe angesehen, die an der Spitze der sozialen Rangskala stehen[23].

Einen Überblick über die Einstellung der westdeutschen Bevölkerung zur Aktie bietet die Repräsentativuntersuchung „Umgang mit Geld", die im Jahre 1959 von der *Forschungsstelle für empirische Sozialökonomik* und dem Allensbacher *Institut für Demoskopie* durchgeführt wurde. Die Befragten waren dabei im Verlauf eines Interviews aufgefordert worden, aus drei vorgegebenen typischen Ansichten über die Aktie diejenige auszuwählen, die der eigenen Ansicht am nächsten käme. Die vorgegebenen

---

[17] *Geiger,* Theodor: Die Klassengesellschaft im Schmelztiegel, Köln und Hagen 1949, S. 133 f.

[18] *Dahrendorf,* Ralf: Soziale Klassen und Klassenkonflikt, Stuttgart 1957, S. 257.

[19] Ebenda, S. 241.

[20] Vgl. *Popitz,* Heinrich, *Bahrdt,* Hans Paul, *Jüres,* Ernst August, und Hanno *Kesting:* Das Gesellschaftsbild des Arbeiters, Tübingen 1957. Legt man die Ergebnisse dieser Untersuchung zugrunde, die allerdings nur Hüttenarbeiter umfaßte, dann könnte unseren Schätzungen nach etwa ein Viertel der Hüttenarbeiter eine negative Einstellung zur Aktie haben. Andererseits wird ausdrücklich darauf hingewiesen, daß von einem Teil der Arbeiter „die Funktionen der Unternehmer und Aktionäre nicht in Frage gestellt" werden (S. 200).

[21] Vgl. *INTERMARKET:* Vermögensbildung in Arbeitnehmerhand, Ergebnisse einer betriebssoziologischen Studie bei 4000 Arbeitnehmern in Nordrhein-Westfalen, Sonderbericht, Düsseldorf 1964, S. 41.

[22] *DIVO-Institut:* Wertpapiere im Blick des Wirtschaftsbürgers, S. 52 f.; *Forschungsstelle für empirische Sozialökonomik:* Sozialökonomische Analyse des Wertpapiersparens in der Bundesrepublik, S. 25.

[23] Vgl. *Heumann Werbegesellschaft:* Untersuchung über Pfandbriefe und Kommunalobligationen, unveröffentlichter Bericht, Köln 1960, S. 17 f.

Tab. 18: Die Einstellung zur Aktie, 1959

Frage: „Hier unterhalten sich drei Männer über Aktien. Welcher davon sagt das, was auch Sie darüber denken: der Linke, der Mittlere oder der Rechte?" *(Bildblatt)*

Die Meinung des *Linken:*

„Aktien sind nur etwas für Leute mit dickem Geldbeutel. Unsereiner kann dabei doch bloß sein bißchen Geld verlieren."

Die Meinung des *Mittleren:*

„Aktien zu kaufen ist bestimmt eine gute Sache. Man hat dann einen Anteil an einem soliden Unternehmen, und der kann nicht so schnell entwertet werden."

Die Meinung des *Rechten:*

„Aktien sind ja sicher eine gute Geldanlage, aber man muß schon etwas davon verstehen, damit man nicht hereinfällt."

	Einstellung zur Aktie				Summe %	Basis
	Negativ (der *Linke*) %	Positiv (der *Mittlere*) %	Sachlich, neutral (der *Rechte*) %	Unentschieden, keine Meinung %		
Bevölkerung insgesamt	15	10	45	30	100	2 435
darunter: mit Aktienbesitz	—	55	29	16	100	38

Meinungen waren so formuliert worden, daß daraus die „Richtung"[24] der Einstellung des Befragten zur Aktie, d. h. ganz allgemein Zustimmung oder Ablehnung, erkennbar werden konnte (Tab. 18).

Die erste Ansicht (der *Linke,* siehe Fragetext Tab. 18) sollte Abneigung, Mißtrauen und negative Vorurteile der Befragten gegenüber der Aktie einfangen. Die zweite Ansicht (der *Mittlere)* zielte auf eine extrem positive Einstellung zur Aktie ab; wer ihr zustimmt, hat keinerlei Einwände oder Bedenken gegenüber dieser Anlageform. Zwischen der sehr negativen Ansicht des *Linken* und der sehr positiven des *Mittleren* liegt die

[24] Vgl. *Hartley,* Eugene L., und Ruth *Hartley,* a.a.O., S. 444 ff., die vorschlagen, die Einstellungen im Hinblick auf folgende Hauptdimensionen zu untersuchen: „Richtung" (Zustimmung oder Ablehnung), „Grad der Richtung" (z. B. ob „sehr positiv" oder nur „schwach positiv"), „Intensität" (wie stark von der eigenen Einstellung überzeugt), „Bedeutsamkeit" („zentrale" oder „periphere" Lage der Attitüde innerhalb der Persönlichkeitsstruktur).

nur leicht zum Positiven tendierende sachlich-neutrale Sammelmeinung des *Rechten;* sie beinhaltet eine stark eingeschränkte, distanzierte Zustimmung zur Aktie und legt den Ton auf die für den Aktienerwerb erforderlichen Kenntnisse, ohne die sich die theoretisch denkbaren Vorteile dieser Anlageform in gefährliche Nachteile verwandeln können.

Nur 15 % der Bevölkerung nehmen gegenüber der Aktie eine eindeutig negative Haltung ein, etwas weniger, 13 %, sind ohne Einschränkung positiv eingestellt, während fast die Hälfte der sachlich-neutralen Sammelmeinung zuneigt, die auf eine gewisse Distanz zur Aktie schließen läßt (Tab. 18). Eine größere Restgruppe von fast einem Drittel konnte sich für keine der drei Ansichten entscheiden; in ihr werden vor allem diejenigen zu suchen sein, die überhaupt noch keine Berührung mit der Aktie hatten.

Eine Analyse der Einstellung nach verschiedenen sozialökonomischen Merkmalen zeigt eine leichte Abhängigkeit der Einstellung zur Aktie von Alter, Beruf, Bildung, Wohnortgröße und Einkommen (Tab. A 6). Eine negative Einstellung ist im Vergleich zum Durchschnitt überproportional häufig bei älteren Befragten, bei Arbeitern, niedrigen Bildungs- und Einkommensschichten sowie bei Bewohnern kleiner ländlicher Gemeinden anzutreffen. Aber die Unterschiede halten sich in engen Grenzen. Es verdient Aufmerksamkeit, daß in keiner dieser untersuchten Teilgruppen der Anteil der negativ zur Aktie Eingestellten ein Fünftel übersteigt. Möglicherweise wird diese Quote seit 1959, nicht zuletzt unter dem Eindruck der großen Volksaktien-Aktionen, noch etwas gesunken sein.

Andererseits bestätigen sich alle Vermutungen, die auf eine zwar vorurteilsfreie, aber dennoch große Distanz zur Aktie oder auf eine verbreitete Einstellungslosigkeit gegenüber der Aktie hindeuten. Nicht die Vorstellungen, daß Aktien gegen Geldentwertung sicher sind und einen Anteil an einem „soliden" Unternehmen verkörpern, sprachen bei den Befragten assoziativ an, sondern der simple Hinweis auf die für den Aktienerwerb notwendigen Kenntnisse. Etwa drei Viertel der Bevölkerung stehen der Aktie distanziert, unsicher oder ganz und gar beziehungslos gegenüber; der besonders große Bedarf an Information tritt somit schon bei dem ersten Versuch zutage, die Einstellung zur Aktie zu bestimmen.

Die vorherrschende Einstellung zur Aktie in breiten Bevölkerungsschichten ist keineswegs nur unter dem Aspekt potentieller Aktienerwerber von Bedeutung; sie berührt vielmehr auch das Verhalten der derzeitigen Kleinaktionäre. Gerade die neuen Aktionäre, die gemäß der eigentumspolitischen Zielsetzung der Werbung für Volksaktien gefolgt sind, leben in einer Umwelt, die einem langfristigen Aktienbesitz nicht gerade förderlich ist. Die allgemeine Unsicherheit oder Beziehungslosigkeit gegenüber der Aktie, die Vorstellungen über die Kenntnisse, die erforderlich sind, „damit man nicht hereinfällt", übertragen sich im täglichen Kommunikationsprozeß auf diejenigen, die den Schritt in die neue Sparform zum ersten Male gewagt haben[25]. Wenngleich dies noch nicht sozialpsychologisch untersucht ist, können wir als wahrscheinlich unterstellen, daß es der „Neuling" mit seinen Aktien relativ schwer hat, wenn einmal in einer Baisse die Schattenseiten der Aktie spürbar werden. Die distanzierte Einstellung der Umwelt dürfte dann verstärkt verhaltenswirksam werden und eher auf eine baldige Trennung von dem Besitz hinwirken. Der Erwerb und Besitz anderer Güter, wenn wir die Aktien einmal mit anderen käuflichen Gütern vergleichen, trifft auf eine besser vorbereitete Umwelt; meist gehen positive Einstellungen und fundierte Kenntnisse über den zweckmäßigen und vorteilhaften Gebrauch der Güter der besitzmäßigen Verbreitung lange Zeit voraus.

Eine distanzierte Einstellung der sozialen Umwelt zum Aktienbesitz hat darüber hinaus eine um so stärkere Wirkung, je weniger gefestigt die Einstellung zur Aktie bei den derzeitigen Aktienbesitzern selbst ist. Die Umfrageergebnisse des Jahres 1959 weisen zwar ein deutlich positiveres Antwortmuster der Aktionäre als der übrigen Bevölkerung aus, aber eine uneingeschränkte Zustimmung ist nicht die ausschließliche oder die bei einer großen Mehrheit vorherrschende Einstellung zur Aktie (Tab. 18). Ein knappes Drittel der Aktionäre (29 %) hält sich mit einer eindeutig positiven Stellungnahme zurück und stimmt stattdessen der sachlichneutralen Meinung zu, die die Bedeutung der Kenntnisse unterstreicht; 16 % der Aktionäre sind in ihrer Beurteilung unentschieden oder haben überhaupt noch keine „Einstellung" zu ihrem eigenen Aktienbesitz gefunden.

b) *Die Einstellung zu Banken und Sparkassen*

Die Kreditinstitute sind die Mittler zum Aktienbesitz. Gerade weil die einstellungsmäßigen Voraussetzungen für den langfristigen Aktienbesitz bei vielen Kleinaktionären nicht günstig sind, fällt den Banken und Sparkassen eine Schlüsselrolle zu; es ist daher bedeutsam, welche Einstellungen die Kleinaktionäre zu ihren Kreditinstituten haben. Nur bei einer positiven Beziehung kann die Anlageberatung ihre unter Umständen besitzerhaltende Funktion wirkungsvoll erfüllen[26].

Hinreichend umfassende Untersuchungen über das Verhältnis Sparer — Kreditinstitut liegen jedoch bisher nicht vor[27]. Auch in der dieser

[25] Näheres bei *Schmölders*, Günter: Ermutigung zum privaten Eigentum.

[26] Vgl. *Schmölders*, Günter: Psychologie des Geldes, rde. Bde. 263—265, Reinbek bei Hamburg 1966, S. 63 f.

[27] Veröffentlicht wurde ein kleiner Auszug aus einer nichtrepräsentativen

Tab. 19: Die Einstellung zum Depotstimmrecht

Frage: „Warum sind Ihrer Meinung nach die Banken und Sparkassen bereit, ihre Kunden auf den Hauptversammlungen zu vertreten?"

	Alle Aktionäre %
Kundendienst: Allgemeiner Kundendienst / Kunden sollen gut bedient werden /Vertreten ganz allgemein die Masse / Vertreten Interessen der Kunden / Wahren unsere Interessen / Erledigen das Wertpapiergeschäft /	21
Spezielle Vorteile für den Kunden: Um Kunden Kosten zu ersparen / Um höhere Dividenden herauszuschlagen / Weil Aktionär nicht kommen kann / Aus Termingründen / Schwierigkeiten der An- und Abreise für Aktionäre /	3
Banken und Sparkassen verstehen es besser: Wissen besser Bescheid / Können Kunden besser vertreten / Haben größeren Überblick / Aus fachlichen Gründen / Haben Leute dafür / Kunden haben weniger Ahnung / Kunden fehlt Fachkenntnis /	13
Im Hinblick auf die Hauptversammlung: Damit keine Stimme verlorengeht / Damit alle vertreten sind / Irgendwer muß es ja übernehmen / Weil die Aktionäre nicht hingehen / Aus Interesselosigkeit der Aktionäre / Damit es keine zu großen Versammlungen gibt / ...	7
Geschäftspolitik / Geschäftsinteresse / finanzielles Interesse: Aus Geschäftsinteresse / Weil es ihr Interesse ist / Interesse am Kapitalmarkt / Gehört zur Geschäftspolitik / Finanziell interessiert /	8
Banken, Sparkassen verdienen daran: Verdienen dabei / Erhalten Gebühr davon / Machen Geschäft dabei / Um Geld zu verdienen / Haben Prozente davon / Bekommen Zinsen dafür /	8
Eigenes Interesse, Macht oder Einfluß für die Kreditinstitute: Eigene Interessen / Stimmenhäufung bringt Macht ein / Um Gewicht bei Verhandlungen zu bekommen / Wollen eigenen Einfluß geltend machen / Möchten in eigenem Interesse großes Kapital vertreten / Wollen Stimmrecht in ihrem Sinne benutzen / Stimmenmehrheit für eigene Leute, Aufsichtsratmitglieder / Wollen Einfluß ausüben / Wollen Aktien eventuell aufkaufen /	20
Weiß nicht / keine Angaben /	20
Zusammen	100 %
Basis	436

Spezialstudie der *Gesellschaft für Industriepublizität* mbH.: Der neue Bankkunde. Eine Untersuchung über seine Einstellung und Verhaltensweise und Empfehlungen für seine Beeinflussung, Düsseldorf 1959. Vgl. *Knothe*, R.: Die Einstellung der Bevölkerung zu den Banken, in: Der Bankkaufmann, Nr. 5/1963, S. 215 f.; Sparkasse, Heft 14/1963, S. 221.

Arbeit zugrunde liegenden Studie über Probleme der Eigentumsbildung ist nur eine einzige Spezialfrage zur Beziehung zwischen Kleinaktionär und Kreditinstitut enthalten; sie berührt zudem ein recht kontroverses Problem, nämlich das sogenannte Depotstimmrecht der Banken. Aber vielleicht ist die Einstellung zu diesem Problem dennoch oder gerade wegen seiner Umstrittenheit geeignet, Anhaltspunkte über das Verhältnis zwischen Kleinaktionär und Kreditinstitut zu geben (Tab. 19).

Im ganzen ist das Problem des Depotstimmrechtes bei den Aktionären nicht sehr aktuell. Das beweist die hohe Meinungslosenquote von einem Fünftel; bei diesen Aktionären hat sich zur Frage des Bankenstimmrechts mangels eigener Erfahrungen überhaupt noch keine Einstellung gebildet. Ein knappes Viertel der Aktionäre sieht im Depotstimmrecht ganz einfach eine Kundendienstleistung der Kreditinstitute; die Skala der Antworten, die in diese Kategorie fallen, reicht von so allgemeinen Äußerungen wie „Banken erledigen das Wertpapiergeschäft“ oder „aus Kundendienst“ über Wendungen wie „Kunden sollen gut bedient werden“, „um Kunden Kosten zu ersparen“, bis zu der etwas euphemistischen Antwort, die Banken seien bestrebt, für ihre Kunden „höhere Dividenden herauszuschlagen“. 13 % der Aktionäre meinen, die Kreditinstitute übernähmen die Vertretung ihrer Kunden auf den Hauptversammlungen, weil sie das besser verständen oder weil den Aktionären selbst die Fachkenntnisse und der Überblick dafür fehlten. 7 % beantworten die Frage mit Blick auf das Funktionieren der Hauptversammlung: „Weil die Aktionäre selbst nicht hingehen“, müssen es die Banken übernehmen, „damit alle vertreten sind“, „damit keine Stimme verlorengeht“ oder auch „damit es keine zu großen Versammlungen gibt“.

Zwei weitere Antwortkategorien mit knapp einem Sechstel (16 %) der Nennungen lassen eine sachlich-neutrale, allenfalls leicht kritische Einstellung zum Depotstimmrecht der Kreditinstitute erkennen. 8 % der Aktionäre meinen, es gehöre zur „Geschäftspolitik der Kreditinstitute“, es sei ihr „Interesse am Kapitalmarkt“ oder allgemein ihr „finanzielles Interesse“, die Vertretung der Aktionäre zu übernehmen. Die Kommentare, die in diese Gruppe eingeordnet wurden, haben einen betont sachlichen Charakter; die Einstellung zum Depotstimmrecht äußert sich jedoch differenziert und weniger naiv, und es klingt an, daß Banken und Sparkassen im Rahmen ihrer meist weiter gespannten Geschäftspolitik die Interessenvertretung der Kleinaktionäre auf den Hauptversammlungen übernehmen. Eine gleich große Gruppe der Aktionäre (8 %) ist der Ansicht, die Banken wollten an der Hauptversammlungsvertretung „verdienen“. Auch diese Antworten sind noch überwiegend neutral, wenn auch weit entfernt von der „positiven“ Vorstellung empfangener Kundendienstleistungen. Ein Teil dieser Befragten war davon überzeugt, daß die Kreditinstitute für die Übernahme der Stimmrechtsvertretung von den Aktionären eine Bezahlung erhalten: Antworten wie „sie haben Prozente davon", „erhalten Gebühr dafür" oder „bekommen Zinsen dafür" weisen in diese Richtung. Hier mag sich das Mißverständnis eingeschlichen haben, Depotgebühren, Spesen oder gar Zinsbelastungen würden von den Kreditinstituten als Ausgleich für die Übernahme der Kundenvertretung auf Hauptversammlungen in Rechnung gestellt. Daß derartige Vorstellungen sich bei einem Teil der Aktionäre entwickeln konnten, kann gleichwohl als ein Anzeichen für eine sachliche Einstellung zum Depotstimmrecht gewertet werden. Es erscheint einigen Kleinaktionären logisch, daß der vertretene Aktionär sich an den entstehenden Kosten beteiligt und die Kreditinstitute an der Dienstleistung „Hauptversammlungsvertretung" verdienen.

Kritisch bis negativ zum Depotstimmrecht äußerte sich hingegen ein Fünftel der Kleinaktionäre. Sie glauben, daß Banken und Sparkassen ihre Kunden auf den Hauptversammlungen ausschließlich oder überwiegend aus Eigeninteresse vertreten, „um Gewicht bei Verhandlungen zu bekommen", „Macht" und „Einfluß" geltend zu machen, das „Stimmrecht in ihrem eigenen Sinne zu nutzen" oder Aufsichtsratsmandate zu erringen. Aber dennoch wird dieses Eigeninteresse noch mit einer gewissen Sachlichkeit registriert, was daran abzulesen ist, daß aggressive und affektgeladene Kommentare nur ganz vereinzelt vorkommen. Die Befürchtung, daß man selbst übervorteilt werden könnte, wird so gut wie nie direkt geäußert. Klischeevorstellungen wie „Banken suchen Kontakt zu Unternehmen, um eventuell Aktien aufzukaufen" sind seltene Ausnahmen.

Fassen wir zusammen, so zeigt sich auch bei vorsichtiger Interpretation, daß höchstens ein Fünftel aller Kleinaktionäre deutlich kritisch gegenüber dem Depotstimmrecht eingestellt ist. Zweifelsfrei negative Äußerungen bringt davon nur eine Minderheit unter diesen kritisch Eingestellten zum Ausdruck. Unter dem Vorbehalt, daß eine einzige Frage in einer Untersuchung nur einen Leitstudiencharakter haben kann, auf der sich weitere Forschungen aufbauen müssen, nehmen wir nach Durchsicht der wörtlichen Kommentar-Niederschriften an, daß dem Depotstimmrecht in der 1963 gehandhabten Form keinesfalls mehr als 5 % aller Aktionäre ausdrücklich negativ gegenüberstehen. Soweit sich die Aktionäre darüber überhaupt eine Meinung gebildet haben, zeigt sich eine positiv-bejahende bis sachlich-neutrale, an Zweckmäßigkeitserwägungen orientierte Einstellung zu diesem Problem.

Wenn aber selbst dieser, in der Öffentlichkeit im Zusammenhang mit der Aktienrechtsreform sehr ausführlich diskutierte Fragenkomplex von den meisten Aktionären ohne alle Emotionen und Affekte verarbeitet wurde und zu keiner wesentlichen Vertrauensstörung führte, können wir auch davon ausgehen, daß die meisten Aktionäre zu ihren Kreditinstituten eine durchgängig positive oder zumindest sachlich-neutrale Einstellung haben.

c) *Die Einstellung zum Kreditengagement*

Gegen den Aktienerwerb in breiten Bevölkerungsschichten wird immer wieder eingewandt, die Aktie verleite zur Spekulation und der kleine Sparer müsse vor Spekulationsverlusten bewahrt werden. Als gefährlichste Form der Spekulation gilt der Aktienkauf auf Kredit. Der Zusammenbruch der New Yorker Börse im Oktober 1929 mit seinen verheerenden Folgen ist eine eindringliche Warnung. Damals waren es massenhafte Spekulationskredite, die das Kursniveau hochtrieben und schließlich zur Katastrophe führten[28].

Um die Gefahren abzuschätzen, die für den langfristigen Erfolg der Eigentumspolitik aus einem möglichen Hang zur Effektenspekulation erwachsen können, wurde in der bereits mehrfach zitierten Studie des Jahres 1963 erstmals auf dem Wege einer Aktionärsbefragung untersucht, inwieweit eine Neigung zum Aktienkauf auf Kredit überhaupt bei Kleinaktionären verbreitet ist[29].

Hierbei wurde den Befragten eine bewußt positiv formulierte Frage gestellt, damit Aktionäre, die die allgemein negative Beurteilung des Aktienerwerbs auf Kredit kennen, aber dennoch selbst auf Kredit kaufen, nicht aus Scheu vor dem Interviewer an einer wahrheitsgemäßen Antwort gehindert würden. In der Frage (siehe Tab. 20) war daher ein Fall des Börsenkredits dargestellt, der — maßvoll und vorsichtig gehandhabt — wohl noch am ehesten als vertretbare Methode langfristiger Anlagepolitik angesehen werden kann.

Rund ein Fünftel der Aktionäre sprach auf die in dieser Frage gegebenen positiven Anreize an und befürwortete unter den geschilderten Voraussetzungen einen gelegentlichen Aktienerwerb auf Kreditbasis (Tab. 20), knapp 70 % lehnten ein solches Anlageverhalten ab, und 10 % machten dazu keine konkreten Angaben.

Diese 10 % der Aktionäre könnten einen kleinen Unsicherheitsfaktor in die Interpretation der Ergebnisse bringen. Weil die zugrunde liegende Frage ein gelegentliches, maßvolles Kreditengagement leicht positiv normierte, halten wir es jedoch für unwahrscheinlich, daß sich hinter

[28] Vgl. *Galbraith*, John Kenneth: The Great Crash 1929, London 1955, S. 77 f.; *Schmölders*, Günter: Konjunkturen und Krisen, rde. Bd. 3, Hamburg 1955, S. 16 f.; *Stucken*, Wolfgang: Art. „Spekulation", in: Handwörterbuch der Sozialwissenschaften, Stuttgart, Tübingen, Göttingen 1956, Bd. 9, S. 692 ff.

[29] Umfrage „Eigentumsbildung und Altersvorsorge"; zum folgenden vgl. auch *Leverkus*, J. Christoph, und Klaus *Wieken*, a.a.O., S. 188 ff.

Tab. 20: Die Einstellung zum Aktienkauf auf Kredit

Frage: „Meinen Sie, daß es bei niedrigen Aktienkursen manchmal klug ist, schon mal ein paar Aktien auf Kredit zu kaufen, den man später durch Verkauf zu höheren Kursen oder durch Sparen zurückzahlen kann, oder sollte man Aktien nicht auf Kredit kaufen?"

	Alle Aktionäre %
Aktien schon mal auf Kredit kaufen	21
Aktien nicht auf Kredit kaufen	69
Keine Angabe	10
Zusammen	100 %
Basis	436

dieser Restgruppe ein nennenswertes Reservoir von positiv zum Börsenkredit eingestellten Aktienbesitzern verbirgt. Die Nichtbeantwortung der Frage dürfte mehr auf mangelnde Erfahrung, Unentschiedenheit oder Einstellungslosigkeit hinsichtlich des erfragten Problemzusammenhangs zurückzuführen sein. Soweit sich daher bei diesen Aktionären in Zukunft eine Einstellung dazu bilden könnte, ist überwiegend eine Orientierung an der Mehrheit der bereits Entschiedenen zu erwarten, vielleicht auch ein ungefähr gleiches Verhältnis von Befürwortern und Ablehnern wie unter den Antwortenden. Die Gruppe der Aktionäre, die in bestimmten Situationen ein Kreditengagement für klug hält, kann also demnach höchstens ein knappes Viertel (23 %) aller Aktionäre umfassen. Damit ist aber auch die größtmögliche Quote der Aktionäre bestimmt, die einem spekulativen Aktienkauf auf Kredit in dafür günstigen Börsensituationen jemals aufgeschlossen gegenüberstehen könnten. In der Wirklichkeit dürfte die Gruppe der dafür Anfälligen allerdings noch wesentlich kleiner sein, weil die gewählte experimentelle Frage so „vernünftig" formuliert war, daß sie einen gewissen Anreiz ausübte, die gelegentliche Aufnahme eines Effektenkredits zu befürworten. Das war beabsichtigt, um mit Sicherheit alle Aktionäre auszusondern, die gegen die Gefahren der Kreditspekulation völlig immun sind; dies ist bei rund 75 %[30] der Aktionäre der Fall. Umgekehrt besagt das jedoch nicht, daß die übrigen Aktienbesitzer nun tatsächlich zuweilen auf Kre-

---

[30] Unter der oben erörterten Voraussetzung, daß sich die „Meinungslosen", falls sie zu einer Einstellung kommen, etwa im gleichen Verhältnis auf die Befürworter und Ablehner verteilen wie die bereits entschiedenen Aktionäre.

ditbasis spekulieren oder jemals spekulieren werden. Ob sich ihre mehr oder minder ausgeprägte Prädisposition für ein derartiges spekulatives Verhalten in einer entsprechenden Aktion niederschlägt, hängt von weiteren Faktoren ab, wie von der persönlichen finanziellen Lage, den fördernden oder hemmenden Einflüssen der sozialen Umwelt, der gesamten Motivation beim Aktienerwerb und vor allem von den Stimuli, die eine gegebene Börsensituation ausübt. Wie viele Aktionäre bereits einmal Aktien auf Kredit erworben haben, werden wir in einem anderen Zusammenhang dieser Arbeit erörtern.

Was die Einstellung zum Effektenkredit in verschiedenen sozialökonomischen Gruppen betrifft, so ist die Signifikanz der Einstellungsunterschiede von Gruppe zu Gruppe zu gering, als daß verläßliche Aussagen möglich wären (Tab. A 7). Eine Ausnahme bildet allenfalls die Auswertung nach Altersgruppen. Hier zeigt sich die schwache Tendenz, daß ältere Aktionäre den Kreditkauf etwas häufiger ablehnen als jüngere; vielleicht sind bei den Älteren zum Teil noch negative Erfahrungen aus der Weltwirtschaftskrise lebendig.

Nahezu alle Aktionäre, die einen Erwerb von Aktien auf Kreditbasis ablehnen, waren in der Lage, ihre negative Einstellung auch zu begründen (Tab. A 8). 13 % brachten eine *generelle* Kreditfeindlichkeit zum Ausdruck[31]. Ein knappes Fünftel (17 %) ist zwar nicht prinzipiell gegen jede Art von Kredit, aber lehnt es doch entschieden ab, „mit fremdem Geld zu spekulieren“, wie sich einige Befragte ausdrückten. Ein Viertel der Aktionäre meinte ganz allgemein, das Risiko solcher Kredite sei zu groß; ein weiteres Viertel der Befragten konkretisierte seine Risikovorstellungen in Wendungen wie „Furcht vor Kursrückgängen“, „Gefahr von Zahlungsschwierigkeiten“, „Ist schon mancher arm geworden dabei“ usw. Eine kleine Gruppe (3 %) denkt weniger an das Risiko von Kursrückgängen als an die Möglichkeit, daß sich die Erwartung steigender Kurse, von der man sich beim Kauf der Aktien leiten läßt, nicht erfüllt. Jeder zehnte Aktionär schließlich, der einem Kreditengagement negativ gegenübersteht, führt bei seiner Ablehnung Rentabilitäts- oder Kostengründe ins Feld. Alles in allem vermittelt die Durchsicht der Kommentare den Eindruck, daß — abgesehen von den Kreditgegnern aus Prinzip — für die Ablehnung des spekulativen Börsenkredits durchaus Begründungen genannt werden, die auf eine hinreichende Beschäftigung mit diesem Problem schließen lassen. Damit bestätigt sich das Ergebnis der Einstellungsfrage: Die Ablehnung des Aktienerwerbs auf Kreditbasis ist subjektiv wohl begründet; eine breitere Aktienstreuung dürfte keine Ausdehnung der Kreditspekulation zur Folge haben. Die Ein-

---

[31] Vgl. *Schmölders*, Günter: Psychologie des Geldes, S. 113 f.

stellung der Kleinaktionäre zum spekulativen Kreditengagement kann den langfristigen Erfolg der Eigentumspolitik nicht gefährden.

2. Kenntnisse und Informationen

In der Vorstellung der Bevölkerung ist die Aktie keine Geldanlage für „Laien", sondern eher etwas für „Spezialisten"[32]. Objektiv mögen diese und ähnliche Vorstellungen angesichts der vielfältigen Möglichkeiten, sich von Fachleuten beraten zu lassen, nur bedingt richtig sein; subjektiv sind sie voll verhaltenswirksam, und zwar sowohl bei potentiellen Aktienkäufern als auch noch bei vielen Kleinaktionären. Der Wechsel im jeweiligen Wert der in Aktien angelegten Ersparnisse, die je nach Wirtschafts- und Geschäftslage schwankenden Erträge, Kapitalerhöhungen, Bezugsrechte und Bezugsrechtsabschläge, kurz alle Ungewißheiten und Veränderungen, die mit der Aktie verbunden sind, müssen intellektuell verarbeitet werden. Kenntnisse und Informationen über diese und andere Charakteristika der Aktie dürften einen günstigen Einfluß auf Dauer und Stabilität des Aktienbesitzes ausüben. Ohne diese Voraussetzungen besteht andererseits die Gefahr, daß gerade die Aktionäre aus den unteren und mittleren Einkommensschichten, die gemäß den eigentumspolitischen Bestrebungen an die Aktie herangeführt werden sollen, sich von ihren Aktien — häufig auch noch im ungünstigsten Augenblick — wieder trennen.

a) Allgemeine Kenntnisse über Aktien

Eine vollkommene Anlageform gibt es ebensowenig wie eine Versicherung „gegen alles"[33]. Enttäuschungen und Rückschläge kann der Sparer nur vermeiden, wenn er sich über die Vor- und Nachteile und die spezielle Funktion der von ihm gewählten Anlageform im klaren ist; erst diese Kenntnisse befähigen ihn, seine Ersparnisse den persönlichen Zielen gemäß anzulegen und zu verwalten. Dabei steht es außer Frage, daß nur wenige Aktionäre ihre eigenen „Anlageexperten" sein können. Der durchschnittliche Kleinaktionär kann bestenfalls gut fundierte Grundkenntnisse haben: Welchen Umfang diese Kenntnisse haben müssen, ist nicht prinzipiell bestimmbar. Richtwerte könnte man ermitteln, wenn empirische Untersuchungen über die Praxis der Anlageberatung in den Kreditinstituten und über das Verhältnis Anlageberatung — Kleinaktionär zur Verfügung stünden. Es kommt darauf an, welche Rolle

---

[32] *EMNID-Institut:* Studie „Geldanlage und Geldgeschäft". Repräsentativerhebung bei rund 2000 Befragten im Bundesgebiet mit West-Berlin aus dem Jahre 1963/64.

[33] *Rittershausen,* Heinrich: Wirtschaft, S. 247.

die Anlageberatung in der Praxis spielt, wie ihre Leistung in extremen Börsensituationen zu bewerten ist und wieviel Kenntnisse der einzelne Aktionär braucht, um die Ergebnisse der Wirtschaftsbeobachtung und Anlagenanalyse zu akzeptieren, ohne sich seinen Informationsquellen und Ratgebern psychisch ausgeliefert zu fühlen. Einige Anhaltspunkte darüber werden in einem späteren Abschnitt dieser Arbeit aufgezeigt, in dem die Depotdispositionen der Kleinaktionäre in Hausse und Baisse untersucht werden. Zunächst soll ein Einblick in das derzeitige Wissensniveau der Aktionäre gegeben werden.

Als Indiz für den Wissensstand können die Vorstellungen herangezogen werden, die sich die Aktionäre von wichtigen Eigenschaften der Aktie im Vergleich zu anderen Anlageformen machen (Tab. 21). Den befragten Aktionären wurde zu diesem Zweck eine Reihe von jeweils zwei gegensätzlichen Behauptungen über die Anlageformen Aktie, Pfandbrief, Sparbuch und Lebensversicherung vorgelegt und die Aufgabe gestellt, jedesmal die ihrer Meinung nach zutreffendere Behauptung zu nennen; auf diese Weise wurden die Vorstellungen über die Anlageformen gleichsam abgefragt. Es zeigte sich das „Profil“ der Anlageformen in der Sicht der Aktionäre.

Die Mehrzahl der Aktionäre (54 %) ist sich darüber im klaren, daß die Aktie im Gegensatz zum Pfandbrief eine *schwierig zu handhabende* Anlageform ist. Mit steigender Schulbildung nimmt der Respekt vor der Aktie sogar zu. Aber auch unter den Aktionären, die anläßlich der Volksaktienausgabe erstmalig Wertpapiere erworben haben, wird die Aktie etwas häufiger als vom Durchschnitt als schwierig bezeichnet (Tab. A 9). Eigentumspolitisch bedeutet das zweierlei: Einmal kann diese Erkenntnis in schwierigen Börsenkurssituationen den Entschluß begünstigen, in andere, einfachere Anlagen umzusteigen; zum anderen ist damit zu rechnen, daß die Mehrzahl der Aktionäre ihre Dispositionen mit der nötigen Vorsicht und nicht, ohne vorher um Rat nachzusuchen, treffen wird.

In die gleiche Richtung weist das Ergebnis, daß gut vier Fünftel der Aktionäre den *Risikocharakter* der Aktie unterstreichen; der Pfandbrief wird demgegenüber nur von etwas mehr als einem Fünftel als riskante Geldanlage empfunden. Die meisten Aktionäre wissen also, welche Gefahr in der Aktie beschlossen liegt; entsprechende Aufklärung benötigt nur eine Minderheit von 15 bis 20 %. Diese Minderheit kumuliert in keiner sozialen Gruppe besonders stark; allenfalls unter den Volksschülern sind die „Unbekümmerten“ etwas häufiger vertreten (Tab. A 9).

Sehr uneinheitlich fiel die Beurteilung hinsichtlich der *Geldwertsicherheit* der Aktie aus. Nur knapp die Hälfte der Aktienbesitzer nennt die Aktie eine geldwertsichere Anlageform, zwei Fünftel bezeichnen sie im Gegenteil als „nicht sicher vor Geldentwertung“, der Rest ist unent-

Tab. 21: Das Profil der Anlageformen bei Aktionären

Frage: „Hier ist eine Liste mit Aussagen, die man über die verschiedenen Sparformen machen kann. Suchen Sie mir bitte auf jeder Zeile heraus, was für die betreffende *Sparform* mehr zutrifft, und machen Sie bei der entsprechenden Aussage ein Kreuz. Wenn Sie einmal nicht ganz sicher sind, nehmen Sie das, was Ihnen noch eher zuzutreffen scheint als das andere. Nur wenn Sie mit den Worten auf einer Zeile einmal gar nichts anfangen können, durchkreuzen Sie die Null." *(Liste)*

Beurteilung der Anlageformen durch die Aktionäre	Aktien %	Pfandbriefe %	Sparbuch %	Lebensversicherung %
Schwierig damit umzugehen	54	23	2	13
Einfach damit umzugehen	37	57	92	76
Weder — noch	6	10	2	5
Keine Angabe	3	10	4	6
Geldanlage mit Risiko	81	22	28	43
Geldanlage ohne Risiko	15	59	66	47
Weder — noch	2	9	2	4
Keine Angabe	2	10	4	6
Sicher vor Geldentwertung	49	31	13	15
Nicht sicher vor Geldentwertung	40	48	79	75
Weder — noch	8	11	3	4
Keine Angabe	3	10	5	6
Wenig Ertrag	18	33	75	54
Guter Ertrag	63	45	17	29
Weder — noch	16	11	4	10
Keine Angabe	3	11	4	7
Geld leicht wieder in die Hand zu bekommen	67	46	87	14
Geld schwer wieder in die Hand zu bekommen	24	33	5	75
Weder — noch	5	11	3	5
Keine Angabe	4	10	5	6
Zur Altersvorsorge gut geeignet	58	67	47	79
Zur Altersvorsorge weniger geeignet	31	15	43	12
Weder — noch	8	8	5	4
Keine Angabe	3	10	5	5
Zusammen jeweils	100 %	100 %	100 %	100 %
Basis jeweils	437	437	437	437

schieden oder äußerte keine konkrete Meinung. Auch die Einschätzung des Pfandbriefes läßt große Wissenslücken erkennen; lediglich die Geldwertgefährdung des Sparbuches ist bei der überwiegenden Mehrheit (79 %) der Aktienbesitzer bekannt; doch auch hier würde sich noch jeder achte Aktionär, falls er ein Sparbuch besitzt, einem zu starken Sicherheitsgefühl hingeben.

Faßt man das Urteil der Aktionäre über die Geldwertsicherheit der vier Anlageformen Aktie, Pfandbrief, Sparbuch und Lebensversicherung zusammen, dann erweisen sich kaum mehr als ein Sechstel (17 %) über alle Anlageformen richtig informiert; bei den meisten mischen sich mehr oder minder richtige mit falschen Informationen, oder es bestehen überhaupt keine konkreten Vorstellungen über dieses Problem (Tab. A 10). Das Erlebnis der schleichenden Geldentwertung, das sich mit der stetigen Verteuerung der Güter des täglichen Bedarfs immer stärker im Gedächtnis verankert (Tab. A 11), hat bei vielen Aktionären nicht zu einem adäquaten Drang nach Informationen geführt, wie man dieser Entwertung unter Umständen ausweichen könnte bzw. das Risiko eines wachsenden Kaufkraftverlustes vermindern könnte[34]. Das überrascht nicht, wenn man weiß, wie groß der Anteil der Aktionäre ist, die über das unterschiedliche Schicksal von Rentenpapieren und Aktien bei der Währungsreform nicht zutreffend und vollständig informiert sind; das markant günstigere Abschneiden der Aktie ist nur einem Drittel aller heutigen Aktionäre bekannt (Tab. 22). Die auf die Dauer gute Werterhaltung der meisten Aktienanlagen aus der Kriegs- und Vorkriegszeit ist zwar etwa drei Fünfteln der Aktionäre (62 %) nicht verborgen geblieben (Tab. A 12), aber da gleichzeitig nur 37 % der Aktionäre über die großen Abwertungsverluste der Besitzer festverzinslicher Wertpapiere richtig informiert sind, bleibt das Wissen der meisten ein wertloses Halbwissen (Tab. A 13). Auch die Spuren der Inflation verwischen sich mit zunehmendem zeitlichen Abstand vom Geschehen[35]. Die immer noch verbreitete Angst vor der Inflation als „größtem aller Schrecken“[36] führt nur bei wenigen zu einer Aufnahme und Bewahrung differenzierten Wissens über die unterschiedliche Inflationssicherheit von Geldanlagen.

Gewiß darf die Frage der Geldwertgefährdung oder Geldwertsicherheit einer Anlageform nicht überbewertet werden; andere Aspekte einer Geldanlage sind gleich wichtig oder noch wichtiger. Aber das Problem müßte bekannt sein und bei der Entscheidung über die Wahl der Anlageform mit bedacht werden können. Sonst entsteht ein einseitiges Bild,

---

[34] Vgl. *Schmölders*, Günter: Psychologie des Geldes, S. 155.

[35] Vgl. *Boehme*, Heiner: Geldwertbewußtsein und Sparerverhalten, Forschungsberichte des Landes Nordrhein-Westfalen, Nr. 878, Köln und Opladen (1960), S. 90.

[36] *Institut für Demoskopie Allensbach:* Pressedienst, Mitte April 1964.

Tab. 22: Genauigkeit der Information über die Werterhaltung von festverzinslichen Wertpapieren und Aktien

Fragen: „Wie ist es Ihrer Erfahrung nach jemandem mit seinem Vermögen ergangen, der vor oder während des zweiten Weltkrieges sein Geld in Aktien angelegt hatte und diese Aktien bis heute behalten hat?"

„Und wie war es Ihrer Meinung nach mit denjenigen, die vor oder während des zweiten Weltkrieges festverzinsliche Wertpapiere wie Pfandbriefe, Obligationen oder Staatsanleihen gekauft hatten: standen die sich auf längere Sicht besser, schlechter oder gleich gut wie diejenigen, die Geld in Aktien angelegt hatten?"

Über die Werterhaltung von Geldanlagen in Aktien und Rentenpapieren aus der Vorkriegszeit oder Kriegszeit waren ...	Alle Aktionäre %
richtig informiert	32
teils richtig — teils nicht informiert	16
teils richtig — teils falsch informiert	22
teils falsch — teils nicht informiert	8
falsch informiert	2
völlig ohne Information	20
Zusammen	100 %
Basis	437

und ein wesentlicher Vorteil der Aktie, der ihr sonstiges Risiko langfristig zu mindern vermag, kann nicht richtig in Rechnung gestellt werden.

Wie sehr das der Fall ist, zeigt eine offene Frage über die Vor- und Nachteile festverzinslicher Wertpapiere (Tab. A 14, 15). Ein Drittel bis zwei Fünftel der Aktionäre sind überhaupt nicht imstande, irgendwelche Vor- und Nachteile zu nennen, und soweit Vorteile genannt werden, rangieren Hinweise auf den Sachwertcharakter der Aktie mit 10 % der Meinungsäußerungen ziemlich am Ende der Werteskala.

Wahrscheinlich hängt es ebenfalls mit dem nicht ganz scharfen Bild über das Risiko und die Sicherheit der Aktienanlage zusammen, daß im Hinblick auf die *Altersvorsorge* der Pfandbrief im Durchschnitt eine bessere Note erhält als die Aktie. An einer unterschiedlichen Beurteilung der *Erträge* beider Wertpapiere kann das nicht liegen, denn keine der in die Untersuchung einbezogenen Geldanlagen bringt nach Meinung der Aktionäre so guten Ertrag wie die Aktie.

Nicht alle Aktionäre sind über die leichte *Liquidierbarkeit* der Aktie richtig informiert. Etwa ein Viertel der befragten Aktionäre meinte, das in Aktien angelegte Geld sei „schwer wieder in die Hand zu bekommen". Inwieweit bei dieser Ansicht auch mögliche Kursverluste eine Rolle spielen, kann nicht festgestellt werden. Dagegen spricht die Tatsache, daß die Liquidierbarkeit des im allgemeinen sehr kursstabilen Pfandbriefs[37] sogar noch häufiger falsch beurteilt wird. Aktionäre mit geringer Schulbildung und Neulinge, die anläßlich der Volksaktienausgabe erstmalig Wertpapiere erwarben, stellen die Liquidierbarkeit der Aktie häufiger als der Durchschnitt in Frage (Tab. A 9); hier haben sich bei einer Minderheit noch Fehlvorstellungen gehalten, die in der Bevölkerung weit verbreitet sind[38]. Nicht zuletzt spiegeln sich darin die geringen Erfahrungen im Umgang mit Wertpapieren selbst vieler Aktionäre: Viele der Neulinge haben noch nie Aktien verkauft: 12 % der Aktionäre haben alle oder den größten Teil ihrer Aktien geschenkt bekommen oder geerbt[39].

Fassen wir die in Tabelle 21 dargestellten Ergebnisse über das „Profil" der Aktie in der Sicht der Aktionäre zusammen, so ergibt sich folgender Gesamteindruck: Jeweils eine Mehrheit der Aktionäre weiß über die Grundzüge der Aktie Bescheid, nur eine sehr kleine Minderheit verkennt ihren Risikocharakter. Je spezieller jedoch der zur Beurteilung dargebotene Sachverhalt ist und je weniger er im Bereich so gängiger Stereotypen wie „riskante Anlage" liegt, um so stärker wächst die Minderheit, die eine von der vorherrschenden Meinung abweichende Stellungnahme abgibt. Während nur ein Fünftel der Aktionäre — neben vielen unentschiedenen Meinungsäußerungen — der Aktie keinen guten „Ertrag" attestiert, bestreitet schon ein Viertel die leichte Liquidierbarkeit, fast ein Drittel die Eignung zur Altersvorsorge und zwei Fünftel die Sicherheit vor Geldentwertung. Was die Beurteilung des Geldwertrisikos betrifft, so wird das Bild noch ungünstiger, wenn wir den Kennt-

---

[37] Zum Zeitpunkt der Umfrage „Eigentumsbildung und Altersvorsorge" im Jahre 1963 und in den Jahren davor befand sich der Rentenmarkt jedenfalls in einer Verfassung, die diese Vorstellung rechtfertigte.

[38] Vgl. *DIVO-Institut:* Wertpapiere im Blick des Wirtschaftsbürgers, S. 76, wonach sich bei einer repräsentativen Bevölkerungsumfrage (nur Haushaltsvorstände) im Jahre 1960 — bei derselben Fragestellung wie in der Erhebung des Jahres 1963 — nur 24 % der Befragten richtig über die Liquidierbarkeit der Aktie informiert zeigten; ferner *EMNID-Institut:* Umfrage „Geldanlage und Geldgeschäft", a.a.O.; hier zeigte sich, daß 14 % der Bevölkerung nicht wissen würden, an wen sie sich zwecks Erwerb von Aktien wenden sollten und daß darüber hinaus 16 % an eine *falsche* Stelle herantreten würden (Postsparkasse, Wertpapiermakler, Börse, Firma, von der die Aktie stammt, Zeitungsanzeige aufgeben).

[39] Auszählung aus dem Datenmaterial der Umfrage „Eigentumsbildung und Altersvorsorge".

nissen über das Abschneiden von Aktien und Rentenpapieren bei der letzten Währungsreform auf den Grund gehen oder das Wissen über das Geldwertrisiko mehrerer Anlageformen kombiniert auswerten. Dann erweist sich nicht mehr als ein Fünftel bis ein Drittel der Aktionäre darüber präzise informiert.

Gehen wir nun einen Schritt weiter und versuchen den Wissensstand der Aktionäre an Hand einiger spezieller Probleme zu prüfen. Inwieweit sind sie z. B. in der Lage, die für sie am ehesten geeigneten Aktienwerte auszuwählen, d. h. ihr allgemeines Wissen über „das" Risiko der Aktie bei der konkreten Anlageentscheidung anzuwenden? Als Testfall wurde eine Frage nach dem Für und Wider des Erwerbs von Aktien kleiner und mittlerer Unternehmen herangezogen. Gut ein Viertel der Aktionäre hält solche Aktien für besser oder gleich gut wie die Aktien großer Gesellschaften, ein knappes Viertel stimmt nur mit deutlicher Einschränkung zu, und ein weiteres Viertel bezieht eine negative Stellung; 5 % der Aktionäre betonen, daß für den Erwerb von Neben- oder Regionalwerten spezielle Kenntnisse notwendig seien, und ein Fünftel schließlich hat zum ganzen Fragenkomplex überhaupt keine Meinung (Tab. A 16). Abgesehen von der Problematik, Aktien prinzipiell in Risikoklassen einzuteilen, muß man doch festhalten, daß den meisten Kleinaktionären, — vor allem den Aktionärs-Neulingen —, für die wegen des geringen Umfangs ihrer Ersparnisse eine Risikostreuung unmöglich ist, Standardaktien wesentlich mehr zu empfehlen sind. Eine uneingeschränkte und vorbehaltlose Zustimmung zu den Aktien aller Gesellschaften, ob klein oder groß, oder sogar eine Präferenz für Aktien kleiner oder mittlerer Unternehmen weist daher darauf hin, daß abgesehen von einer generellen Risikovorstellung nur wenig differenziertes Wissen über die verschiedenen Komponenten des Anlagerisikos vorhanden ist. Bei vielen Kleinaktionären (25 %) kann deshalb nicht ausgeschlossen werden, daß sie ohne verantwortungsbewußte Beratung arglos eine für sie zu schwierige und zu riskante Anlage wählen könnten. Darüber hinaus zeigt der hohe Meinungslosenanteil von einem Fünftel, daß das Problem einer zweckmäßigen Auswahl von Aktien bei der Anlage von Ersparnissen für einen beachtlichen Teil der Kleinaktionäre weit außerhalb des eigenen Erfahrungsbereiches liegt.

Wie schlecht es um die Informiertheit über wichtige Einzelheiten des Aktienbesitzes bestellt ist, zeigen außerdem die Antworten auf zwei Fragen, die sich nach der *Kapitalertragsteuer* und nach der sogenannten Kapitalertragsteuer-*Freistellungs*bescheinigung erkundigten. Etwa die Hälfte der Aktionäre weiß nicht, wieviel Prozent Kapitalertragsteuer von ihrer Dividende einbehalten wird (Tab. A 17). Die Kapitalertragsteuer scheint sich im System der Einkommensteuer durch ein relativ hohes Maß an „Unmerklichkeit“[40] auszuzeichnen. Ebenfalls gering ist die Informiertheit hinsichtlich der Möglichkeit, sich von der Kapitalertragsteuer befreien zu lassen. Nur etwas mehr als die Hälfte der Aktionäre hat von dieser eigentumspolitisch bedeutsamen Vergünstigung schon einmal etwas gehört (Tab. A 18). Vor allem in den niedrigen Bildungs- und Einkommensschichten und bei den Aktionärs-Neulingen — also unter denen, für die die Vergünstigung gedacht ist — ist der Anteil der richtig Informierten besonders gering. Zwar wirkt sich diese Unkenntnis zur Zeit nicht bei allen Aktionären nachteilig aus, weil die Dividende aufgrund der oben dargelegten Sondervorschriften an die *Erst*erwerber von Volksaktien und an die meisten Erwerber von Belegschaftsaktien ohne Steuerabzug ausgezahlt werden kann, aber das generelle Problem des aus Unkenntnis „großzügigen Steuerzahlers“[41] bleibt bestehen. Wir haben auf der Grundlage unseres Befragungsmaterials des Jahres 1963 einmal versucht, diejenigen Kleinaktionäre auszusondern, die eine Freistellungsbescheinigung mit der Folge der Steuerersparnis beantragen könnten, dies aber aus Unkenntnis oder aus anderen Gründen unterlassen: Mindestens 5 % der Aktionäre — das sind mehr als 100 000 Arbeitnehmer mit einem Haushaltseinkommen unter 24 000 DM und einem Depotwert unter 10 000 DM — machen unserer Schätzung nach von der Möglichkeit der Freistellungsbescheinigung keinen Gebrauch[42]. Diese Zahl kann jedoch noch stark anwachsen, wenn die Volksaktien-Ausgabe ihre Funktion als Initialzündung erfüllt und immer mehr Volksaktionäre zukünftige Ersparnisse in „normalen“ Aktien anlegen, die ohne Freistellungsbescheinigung dem üblichen Kapitalertragsteuerabzug unterliegen. Dann wäre es unter eigentumspolitischen Aspekten wünschenswert, daß gerade die Arbeitnehmer-Kleinaktionäre aus unteren und mittleren Einkommensschichten mit den speziellen Vergünstigungen vertraut gemacht würden, die der Gesetzgeber ihnen zugedacht hat.

Lückenhafte Kenntnisse über die Aktie zeigten sich schließlich auch in einem ganz anderen Bereich: Gut ein Drittel aller Aktionäre konnte keinerlei Angabe dazu machen, ob und gegebenenfalls zu welchem ungefähren *Beleihungswert* Aktien als Kreditsicherheit dienen können; 3 % meinten sogar, Aktien könnten überhaupt nicht als Kreditsicherheit

---

[40] Der Begriff der „unmerklichen Steuern“ wurde von *Schmölders* im Zusammenhang mit der Umsatz- und Verbrauchsbesteuerung geprägt: Unmerkliche Steuern, in: Finanzarchiv, N. F. Bd. 20, Heft 1/1959, S. 1 ff.

[41] Vgl. Steuerzahler schenken dem Fiskus eine Milliarde Mark, in: Frankfurter Allgemeine Zeitung vom 18. Mai 1966, S. 7.

[42] Der Anteil der begünstigten Arbeitnehmer, die ausschließlich oder unter anderem auch „normale“ Aktien besitzen und die gleichzeitig angaben, daß ihnen 25 % KapESt abgezogen werden oder die nicht wußten, wieviel Steuer einbehalten wird, wurde in Beziehung gesetzt zur Gesamtaktionärszahl des Jahres 1963 von etwa 2,2 Mill. Vgl. Tab. A 19 und 20.

fungieren. Ein Fünftel der Aktionäre nannte einen überhöhten Beleihungswert von 75 % und darüber[43]. Auch Beleihungssätze zwischen 51 und 74 %, die von 7 % der Aktionäre genannt wurden, sind nicht bankenüblich. Realistische Antworten gab jedoch ein Drittel der Aktionäre, die einen Beleihungswert in Höhe von 25 bis 50 % des Kurswertes der Aktien für möglich hielten. Nun soll es hier nicht darauf ankommen, die Vorstellungen der Aktionäre zu einem Problemkreis zu beurteilen, über den nicht einmal in der einschlägigen Bankliteratur nähere Angaben zu finden sind[44]. Nichtwissen oder falsche Informationen über diesen Komplex könnten je nach Standpunkt vielleicht sogar begrüßt werden; jedenfalls können sie als zusätzlicher Beweis gewertet werden, wie sehr der Effektenkredit für den durchschnittlichen Kleinaktionär außerhalb jeder Überlegung liegt. Da jedoch die hohe Beleihungsgrenze für festverzinsliche Wertpapiere von bis zu 75 % des Kurswertes als Werbeargument für Pfandbriefe und Kommunalobligationen verwendet wird[45], sollten auch die Aktionäre wissen, daß sie gegen Verpfändung ihrer Aktien notfalls einen Kredit aufnehmen können; abgesehen von dem wesentlich niedrigeren Beleihungswert der Aktien ist dieser Kredit zu gleich guten Bedingungen erhältlich, wie sie bei der Beleihung festverzinslicher Wertpapiere bankenüblich sind, und zu erheblich günstigeren Konditionen, als sie beim sogenannten „persönlichen Kleinkredit" gewährt werden. Kenntnisse hierüber können besitzstabilisierend wirken und das Sicherheitsgefühl größerer Liquidität vermitteln; sie können unter Umständen verhindern, daß unerfahrene Kleinaktionäre eines nur kurzfristigen und vorübergehenden Geldbedarfs wegen zu ungünstigen Terminen Aktien veräußern, die gemäß den eigentumspolitischen Zielen ihr dauerhafter und vererblicher Besitz bleiben sollten.

b) Laufendes Informiertsein

Die Informationsträger und Kommunikationsmittel, die für den Kleinaktionär günstigstenfalls erreichbar sind, vermitteln nur in Ausnahmefällen so aktuelle Nachrichten, daß ihm daraus kurzfristige Chancen am Aktienmarkt erwachsen. Ständiges Informiertsein kann daher für die Mehrheit der Aktionäre in erster Linie nur die Funktion einer Ent-

---

[43] Die Beleihungsgrenzen für festverzinsliche Wertpapiere liegen im Lombardverkehr mit der Deutschen Bundesbank bei höchstens 75 % des Kurswertes. Vgl. *Mindner*, Rudolf: Das kleine Börsenlexikon, 6. Aufl., Düsseldorf 1960, S. 121.

[44] Vgl. *Delorme*, Hermann: Art. „Lombardgeschäft", in: Enzyklopädisches Lexikon für das Geld-, Bank- und Börsenwesen, hrsg. von Melchior *Palyi* und Paul *Quittner*, Frankfurt a. M. 1958, Bd. 2, S. 1135; o. Verf.: Art. „Einschuß", in: Enzyklopädisches Lexikon ..., Bd. 1, S. 498.

[45] Vgl. *Gemeinschaftsdienst der Boden- und Kommunalkreditinstitute Köln* (Hrsg.): Wie verdopple ich mein Geld? Ohne Ort und Jahr, S. 39.

scheidungshilfe für mittel- und langfristige Dispositionen erfüllen. Darüber hinaus können regelmäßige Informationen das Interesse am Aktienbesitz stärken und das Verständnis für wirtschaftliche Zusammenhänge fördern.

Die Kursentwicklung der eigenen Aktien wird von einer sehr großen Mehrheit der Aktionäre regelmäßig verfolgt. Auf die Frage: „Wie häufig informieren Sie sich im allgemeinen über den Kursstand Ihrer Wertpapiere?" zeigten sich nur 7 % der befragten Aktionäre völlig uninteressiert. Mehr als ein Drittel informiert sich fast jeden Tag, ein Viertel ungefähr jede Woche und nur ein knappes Drittel (29 %) seltener als wöchentlich (Tab. A 22).

Die Beobachtung der Börsenkurse bedeutet für viele Aktienbesitzer mehr als eine rein sachlich bestimmte Notwendigkeit. Rund die Hälfte der Aktionäre finden die „tägliche Lektüre des Kurszettels sehr interessant, ja sogar spannend" (Tab. A 23). Je häufiger sich jemand mit Aktienkursen beschäftigt, um so wahrscheinlicher ist es, daß er irgendwann den anziehenden Reiz des Auf und Ab der Kurse entdeckt. Dazu braucht er kein Spekulant oder eifriger Mitspieler zu sein; ein „stehender Einsatz" einiger Aktien genügt, um mit angespanntem Interesse zuzuschauen. Auch können Aktionäre, die sich im allgemeinen nie über den Kursstand ihrer eigenen Wertpapiere informieren, zum Teil sogar Verständnis dafür aufbringen, daß andere die Lektüre des Kurszettels sehr interessant und spannend finden.

Der Informationsbedarf der Volksaktien-Neulinge — das sind die Aktionäre, die mit dem Erwerb von Volksaktien erstmals im Leben ein Wertpapier erworben haben — entspricht etwa dem Durchschnitt aller Aktionäre. Unter den Neulingen ist der Anteil der an Aktienkursen völlig Uninteressierten mit 3 % sogar besonders niedrig (Tab. A 22). Wesentlich seltener als die Volksaktien-Neulinge informieren sich Aktionäre, die keine Volksaktien besitzen. Jedoch werden die Neulinge in ihrer Informationsbereitschaft von denen übertroffen, die neben Volksaktien noch andere Aktien oder Wertpapiere im Depot haben. 73 % dieser „alten" Wertpapierbesitzer informieren sich täglich oder wöchentlich über den Kursstand ihrer Aktien.

Das Interesse an einer regelmäßigen Information über die Börsenkurse ist in den höheren Einkommens- und Bildungsschichten etwas stärker als in den unteren. Aktienbesitzer in Dorfgemeinden informieren sich seltener als Aktionäre in Groß- und Mittelstädten (Tab. A 22).

Unter den Kommunikationsmitteln, die über die Börsenkurse unterrichten, steht die Zeitung unangefochten an der Spitze; fast vier Fünftel (77 %) der an Kursen interessierten Aktionäre schöpfen ihre Informationen aus dem Kurszettel ihrer Tageszeitung (Tab. A 24). Das zweitwichtigste Kommunikationsmittel ist der Schaukastenaushang am Sparkassen- und Bankgebäude, der von 16 % der Aktionäre gleichsam im Vorübergehen beachtet wird. Mit einer Reichweite von 9 % steht die Börsenberichterstattung der Rundfunkanstalten an dritter Stelle. Eine Minderheit informiert sich vorwiegend im persönlichen Gespräch am Bankschalter (7 %) oder in Unterhaltungen mit Verwandten, Bekannten und Freunden (6 %). Der Fernsprechansagedienst der Bundespost, über den bereits eine Stunde nach Börsenschluß die Kurse abgehört werden können und der auch Vorberichte und Anfangskurse übermittelt, spielt dagegen für die Gesamtheit der Aktionäre praktisch keine Rolle. Obwohl 60 % der Aktionäre privaten Telefonanschluß haben[46], machen nur etwa 1 % aller Aktienbesitzer von diesem Ansagedienst Gebrauch. Allerdings wird er von diesen wenigen sehr häufig angewählt; allein im Bereich der Oberpostdirektion Köln wurden im Jahre 1963 197 000mal telefonisch die Börsenkurse abgefragt[47]. Ebenfalls unbedeutend für die Gesamtheit der Aktionäre sind so exklusive und teure Informationsquellen wie spezielle Börseninformationsdienste[48]; nur rund 1 % der Aktionäre haben einen solchen Börsenberatungsdienst abonniert oder früher einmal bezogen.

Die meisten Aktionäre (67 %) informieren sich nur aus einer einzigen Quelle über die Kursentwicklung ihrer Aktien, 17 % nehmen zwei und 4 % nehmen drei und mehr Kommunikationsmittel in Anspruch (Tab. A 25). In den höheren Einkommens- und Bildungsgruppen sowie in den Großstädten ist der Anteil der Aktionäre, die aus mehreren Informationsquellen schöpfen, etwas größer als in den unteren Bildungs- und Einkommensschichten sowie in Dorfgemeinden.

Unterschiede je nach Einkommen, Schulabschluß und Wohnortslage der Aktionäre ergeben sich auch hinsichtlich der *Art* der benutzten Informationsquellen (Tab. A 24). Eigentumspolitisch bemerkenswert erscheinen uns vor allem die in Tabelle 23 dargestellten Ergebnisse: Aktionäre aus einer niedrigen sozialökonomischen Schicht und Neulinge, die gerade durch die Volksaktie für das Aktiensparen gewonnen worden sind, zeigen im Vergleich zu den Aktionären höherer Einkommens- und Bildungsschichten eine deutlich stärkere Zurückhaltung vor dem Gespräch am Bankschalter und begnügen sich statt dessen häufiger mit dem Schaukastenaushang am Gebäude. Die im Durchschnitt erfahreneren Aktionäre gehen herein und suchen das persönliche Gespräch, die Unerfahrenen und die Neulinge bleiben lieber draußen, obwohl sie die

---

[46] Vgl. S. 43 dieser Arbeit.

[47] Diese Zahlen wurden dem Verf. von der Oberpostdirektion Köln mitgeteilt.

[48] Vgl. *Wendt,* Kurt: Wer informiert über den deutschen Wertpapiermarkt, München 1957, S. 44 ff.

Tab. 23: Geringerer Bankkontakt bei Aktionären niedriger sozialökonomischer Schicht[a)]

	Gewählte Informationsquellen	
	Aushang am Bankgebäude %	Persönliche Nachfrage am Schalter %
Volksschulabschluß	19	4
Abitur/Hochschulbildung	10	13
Nettomonatseinkommen		
Unter 800 DM	22	6
Über 1500 DM	9	12
Volksaktien-Neulinge	18	3

a) Fragestellung und Gesamtergebnisse vgl. Tab. A 24.

Information kaum weniger suchen als andere. Solange es nur um die einfache Information über Kurse geht, ist die unterschiedliche Vorliebe für Schaukastenaushang und Schaltergespräch eigentumspolitisch kaum beachtenswert. Aber es ist anzunehmen, daß auch bei schwierigeren Entscheidungen — etwa bei der Frage, was es mit einer Kapitalerhöhung und einem Bezugsrecht auf sich hat — keine völlige Umkehrung der Informationsgewohnheiten zu erwarten ist. Auch dann wird der Volksaktien-Neuling und der Aktionär aus einer niedrigeren sozialen Schicht den Weg zum Bankschalter im Vergleich zum Durchschnitt der Aktionäre relativ selten finden.

Der Erfolg der Informationstätigkeit, die Informiertheit, wurde mit zwei verschiedenen Fragen getestet: Die Aktionäre sollten Kurshöhe und letzte Dividende der VW-Aktie nennen. Mit der Frage: „Wieviel Dividende hat das VW-Werk für eine 100-Mark-Aktie gezahlt?" sollte untersucht werden, ob der Aktionär sich um den Ertrag seiner Ersparnisse kümmert und die jährliche Dividendenzahlung zur Kenntnis nimmt. Wer mit dem Ertrag seiner Aktien rechnet, seine genaue Höhe kennt und ihn vielleicht sogar mit einer gewissen Befriedigung entgegennimmt, dürfte aller Wahrscheinlichkeit nach an seinem Besitz mehr hängen als andere, die kein „Ertragsbewußtsein" entwickeln. Daß ein solches „Ertragsbewußtsein" und ein an ihm ausgerichtetes Verhalten nicht selbstverständlich ist, beweisen Untersuchungen über die sogenannte „Zinsempfindlichkeit" der Sparer[49]; sie ergaben, daß erst von einer bestimmten Höhe der Ersparnisse an, etwa bei 2000 DM, Renditeüberlegungen eine nennenswerte Bedeutung für das Sparverhalten besitzen. Freilich erwiesen sich schon bei dieser Untersuchung Wertpapiersparer, wahrscheinlich wegen ihrer im Durchschnitt höheren ökonomischen Bildung, häufiger „zinsbewußt" als die meisten Sparbuchsparer.

Zwei Fünftel der Volksaktionäre — sie alle besaßen VW-Aktien — konnten sich zum Zeitpunkt der Umfrage (April bis Juli 1963) an die vom Volkswagenwerk im Sommer 1962 ausgezahlte 12 %ige Dividende erinnern; weitere 11 % der Volksaktionäre nannten statt dessen den im Juni 1963 gerade vom Volkswagenwerk veröffentlichten Dividendenvorschlag für 1962 in Höhe von 14 % (Tab. A 26). Insgesamt konnte also die Hälfte der Aktionäre auf die Frage nach der VW-Dividende eine einigermaßen befriedigende Antwort geben. Eindeutig falsche Angaben machte nur etwa jeder zehnte Volksaktionär, während ein gutes Drittel (36 %) der Aktionäre überhaupt nicht wußte, wieviel Dividende für eine VW-Aktie gezahlt worden war oder zu erwarten war.

Die Volksaktien-Neulinge sind nicht schlechter informiert als die „übrigen" Volksaktionäre, die neben Volksaktien noch andere Aktien oder Wertpapiere besitzen (Tab. A 26). Außerdem zeigte sich entgegen der sehr oft zu beobachtenden Tendenz hier einmal, daß die Angehörigen der oberen sozialökonomischen Schichten keineswegs immer am besten informiert sind: Über einen so einfachen Tatbestand wie die Höhe der Dividende auf ihre Aktien sind Volksaktionäre aus den unteren Einkommensschichten im Durchschnitt genauso gut und häufig informiert wie alle anderen Volksaktionäre. Der größte Anteil der richtigen Antworten über die Dividende wurde von Aktionären mit mittlerem Einkommen und mittlerer Schulbildung gegeben. Unter den untersuchten Berufsgruppen war die kleine Gruppe der Arbeiter über den Dividendensatz für VW-Aktien überraschend gut unterrichtet. Dagegen ist die Informiertheit der weiblichen Volksaktionäre äußerst gering; sie liegt weit unter der der Männer (Tab. A 26).

Darüber hinaus ist bemerkenswert, daß sich die Informationstätigkeit der Aktionäre offensichtlich nicht nur auf die *eigenen* Aktien erstreckt: Auch unter den Aktionären, die selbst *keine* VW-Aktien besitzen, ist ein Viertel über die Höhe der auf diese Aktien gezahlten Dividende zutreffend unterrichtet (Tab. A 26).

Wesentlich höhere Anforderungen an die Informiertheit der Aktionäre stellte die zweite der Testfragen: „Können Sie mir vielleicht sagen, wie

---

[49] Vgl. *Schmölders*, Günter: Die sogenannte „Zinsempfindlichkeit" des Sparers, in: Zeitschrift für das gesamte Kreditwesen, Heft 15/1961, S. 8; *Wissmann*, Bernhard: Die Zinsempfindlichkeit der deutschen Sparer, Berlin 1960.

hoch stehen die VW-Aktien im Moment?" Während auf die Frage nach der Dividende etwa die Hälfte der Volksaktionäre eine richtige Antwort wußte, waren über den Kursstand der VW-Aktie nur ein gutes Drittel der *Volksaktionäre* richtig informiert (Tab. A 27). Berücksichtigt man jedoch, daß überhaupt nur ein Drittel der Aktionäre täglich den Kurszettel studiert, dann kann der Erfolg der Informationstätigkeit als optimal bezeichnet werden. Die übrigen Volksaktionäre sind mit mehr oder minder großer Abweichung falsch oder gar nicht unterrichtet: Der genannte Kurs weicht jedoch bei einem Fünftel der Volksaktionäre nicht mehr als höchstens 12 Prozentpunkte nach oben oder unten vom richtigen Kurs ab; bei einem weiteren Fünftel ist der Fehler mit mehr als ± 12 Punkten schon größer, und 3 % nennen einen „Phantasiekurs", den die VW-Aktie nie erreicht hat. Völlig uninformiert zeigten sich nur ein Fünftel der Volksaktionäre, die auf unsere Frage nach dem Kursstand ihrer Aktien keinerlei Angaben machen konnten.

Beachtenswert ist wiederum, daß die Volksaktien-Neulinge ungefähr gleich gut wie die „übrigen" Volksaktionäre, die noch andere Aktien oder Wertpapiere besitzen, informiert sind (Tab. A 27). Auch bei dieser Frage ergab sich nicht das so häufig zu beobachtende Informationsgefälle von den oberen zu den niedrigeren sozialökonomischen Schichten. Im Gegenteil: Die Informiertheit über den richtigen Tageskurs der VW-Aktie war bei den Volksaktionären aus den oberen Einkommens- und Bildungsschichten deutlich geringer als in den unteren und mittleren. Besonders gut informiert waren wiederum die Arbeiter, extrem schlecht unterrichtet zeigte sich die Gruppe der weiblichen Volksaktionäre (Tab. A 27).

Diese annähernd gleich gute Informiertheit der Neulinge und der „älteren" Aktionäre über so einfache Tatbestände wie Kurs und Dividende sagt allerdings noch nichts darüber aus, ob auch die Ursachen der Dividenden- und Kursveränderungen gleichermaßen beachtet und verstanden werden. Hierfür bedürfte es weiterer empirischer Untersuchungen. Bisher vorliegende Einzelergebnisse von *Katona*[50] und dem Allensbacher *Institut für Demoskopie*[51] über die Beurteilung der abrupten Kurseinbrüche des Sommers 1962 betreffen zu sehr eine Ausnahmesituation, als daß sie allgemeine Aussagen über das Urteilsvermögen der Aktionäre erlaubten. Damals hielten die meisten Amerikaner die Börse nicht für ein „Barometer der Wirtschaft"[52], und in Deutschland erklärten etwa die Hälfte der Wertpapierbesitzer und die Mehrheit der über die betreffen-

[50] Vgl. *Katona*, George: Der Massenkonsum, Wien - Düsseldorf 1965, S. 275—277.

[51] Vgl. Tabelle A 28 dieser Arbeit; ferner *Noelle-Neumann*, Elisabeth: Der Verbraucher und die Konjunktur, in: Frankfurter Allgemeine Zeitung vom 15. Sept. 1962, S. 5.

[52] Vgl. *Katona*, George, a.a.O., S. 277.

den Börsenvorgänge informierten Bevölkerung, die gesunkenen Aktienkurse seien kein Anzeichen einer schlechter werdenden Wirtschaftslage[53]. Aber es ist zu berücksichtigen, daß der Kurseinbruch an der Börse Schlagzeilen bis in die Boulevardblätter zur Folge hatte und daß die anschließenden Erklärungen der Regierung und anderer sachverständiger Institutionen das Urteil der Öffentlichkeit stark beeinflußten. Welcher Teil der Aktionäre wirklich zu jeder Zeit in der Lage ist, Börsenvorgänge selbständig zu beurteilen, ist so offen wie die Frage, an welchen Richtwerten die Urteilsfähigkeit gemessen werden kann.

Vergleiche zwischen den USA und der Bundesrepublik lassen aber darauf schließen, daß die durchschnittliche Informiertheit und Informationsbereitschaft der deutschen Aktionäre keinesfalls geringer ist als die der amerikanischen (Tab. A 29, A 22)[54]. Der Anteil der Aktionäre in den USA, die die Kurse gründlich verfolgen, entspricht mit 30 % etwa dem Anteil der deutschen Aktionäre (35 %), die sich fast jeden Tag um den Kursstand ihrer Aktien kümmern; die Zahl der Uninteressierten scheint jedoch in den USA — auch unter Berücksichtigung der spezielleren Fragestellung in der amerikanischen Umfrage[55] — sogar höher als in Deutschland zu sein. Weshalb das so ist, kann ohne zusätzliches internationales Vergleichsmaterial nicht erklärt werden; wahrscheinlich hat aber die spektakuläre Kursentwicklung der VW-Aktie nach der Privatisierung in der Bundesrepublik zu einem besonders großen Interesse an Kursinformationen beigetragen.

§ 6 Motive des Aktienerwerbs

„Ein Motiv muß vom Ziel her, auf das das Verhalten gerichtet ist, gesehen werden, eine Einstellung dagegen vom Gegenstand oder Symbol her, um das sich verschiedene Motive zentrieren[56].“ Ermitteln wir die Motive für den Aktienerwerb, so lassen sich daraus bestimmte Rückschlüsse auf das zukünftige Verhalten ziehen. Es ist zwar nicht sicher, daß Aktionäre, die mit dem Aktienerwerb Vermögen auf lange Sicht begründen wollen, diesen Vorsatz auch durchhalten, aber wer umgekehrt von vornherein diesen Willen nicht hat, bei dem ist eine langfristige Bindung der zurückgelegten Ersparnisse weitaus unwahrschein-

---

[53] Vgl. Tabelle A 28.

[54] Vgl. *Katona*, George, Charles A. *Lininger* and Eva *Mueller:* 1964 Survey of Consumer Finances (Monograph No. 39, *Survey Research Center — Institute for Social Research, The University of Michigan)*, Michigan 1965, S. 102; ferner *Forschungsstelle für empirische Sozialökonomik:* Sozialökonomische Analyse des Wertpapiersparens in der Bundesrepublik, S. 9 f.

[55] Vgl. Tab. A 29 und A 22.

[56] *Newcomb*, Theodore M., a.a.O., S. 95.

licher. Die Motivuntersuchung gestattet also nur, bei den verschiedenen Aktionärsgruppen relativ günstige oder relativ ungünstige Voraussetzungen für die Verwirklichung eigentumspolitischer Ziele zu konstatieren. Die „Plastizität" der menschlichen Bedürfnisse[57] setzt der Konstanz der Motive Grenzen; dies gilt vor allem, wenn die Verhaltensweisen — wie beim Aktienerwerb — noch wenig eingeübt, die Ziele noch neu sind. Andererseits ist auch die Existenz solcher Motive bedeutsam, die im Wettstreit aller Motive zeitweilig unterliegen und zurücktreten; sie können durch neue Reize, Wahrnehmungen oder Argumente wieder aktiviert werden[58]. Aus der Erforschung der Motive lassen sich daher auch Anhaltspunkte dafür gewinnen, wie eine im Sinne der eigentumspolitischen Zielsetzung aufklärende und besitzstabilisierende Sparwerbung zu betreiben wäre.

1. Spekulations-, Kapital- oder Zwecksparanlage

Im aktienrechtlichen Schrifttum finden sich zahlreiche Versuche, den Kleinaktionär auf Grund seiner vorherrschenden Anlagemotive zu charakterisieren[59]. Dabei wird aus jedem für wichtig erachteten Motiv jeweils ein spezieller Aktionärstyp abgeleitet: So ist von „Rendite"-, „Anlage"-, „Wachstums"-, „Spekulationsaktionären" und ähnlichen Typisierungen die Rede[60]. Wie häufig derartige „reine" Typen und aus ihnen zusammengesetzte Mischtypen in der Wirklichkeit vorkommen, wie sich die Gesamtzahl der Aktionäre auf die einzelnen Typen verteilt, wird nicht untersucht; allenfalls werden Hypothesen über die steigende oder schwindende Bedeutung des einen oder anderen Aktionärstyps aufgestellt[61].

Die sozialökonomische Verhaltensforschung[62] kann hier einen Schritt weiterführen und mit Hilfe moderner sozialwissenschaftlicher Forschungstechniken klären, *wieviele* Kleinaktionäre *welche* Anlagemotive haben. Einen Anfang macht die bereits zitierte Repräsentativumfrage bei Aktionären[63]; in ihr wurde zwar nicht das ganze Bündel denkbarer

---

[57] *Scherhorn*, Gerhard: Methodologische Grundlagen der sozialökonomischen Verhaltensforschung, Forschungsberichte des Landes Nordrhein-Westfalen, Nr. 942, Köln und Opladen o. J., S. 117.

[58] Vgl. *Newcomb*, Theodore M., a.a.O., S. 94.

[59] Vgl. S. 11 f. dieser Arbeit und die dort angegebene Literatur.

[60] Vgl. *Alof*, Werner, a.a.O., S. 160—273, aus dessen Untersuchung hervorgeht, welche Bedeutung diesen Aktionärstypen in der Literatur zugemessen wird.

[61] Vgl. *Alof*, Werner, a.a.O., S. 173 und 183.

[62] Zu den Aufgaben und Methoden der sozialökonomischen Verhaltensforschung vgl. *Schmölders*, Günter: Ökonomische Verhaltensforschung, in: ORDO, Bd. V (1953), S. 203 ff.; *ders.*: 10 Jahre sozialökonomische Verhaltensforschung in Köln, in: ORDO, Bd. X (1963), S. 259 ff.

[63] Umfrage „Eigentumsbildung und Altersvorsorge".

Anlagemotive untersucht, jedoch konnten einige wichtige Motivkonstellationen einer empirischen Überprüfung unterzogen werden.

Zu diesem Zweck wurde an einen repräsentativen Querschnitt der Aktionäre folgende Frage gestellt:

„Hier unterhalten sich 3 Aktienbesitzer über Aktien. Wem würden Sie am ehesten zustimmen? (*Interviewer* übergibt Liste mit Ausschnitten aus dem Gespräch)

K sagt: Ich weiß noch nicht, was ich mit meinen Aktien mache. Vielleicht werde ich sie irgendwann in den nächsten Jahren verkaufen, wenn ich für eine größere Anschaffung oder sonst etwas Geld brauche.

L sagt: Wenn ich Aktien kaufe, denke ich mir: Wenn die mal im Kurs gestiegen sind, dann verkaufe ich sie mit Gewinn. An Aktien kann ich zwar auch mal etwas verlieren, aber wenn alles gut geht, ganz nett gewinnen.

M sagt: Ich kaufe meine Aktien nicht so sehr, um kurzfristige Kursgewinne zu machen, sondern behalte sie auf lange Sicht als Kapitalanlage."

Die drei Meinungen des fiktiven Gesprächs waren so formuliert worden, daß in ihnen die unter eigentumspolitischen Aspekten wichtigsten Anlageziele zum Ausdruck kamen. Der befragte Aktionär gab durch seine Zustimmung zu einer dieser Meinungen *indirekt* seine eigene Zielsetzung zu erkennen. Dabei muß jedoch bei der Interpretation nicht nur

Tab. 24: Zwecksetzung beim Aktienerwerb

	Alle Aktionäre %	Alle Volksaktionäre %	darunter: Volksaktien-Neulinge %	Aktionäre ohne Volksaktien %
Für Anschaffungen verkaufen (K) (konsumorientierte Aktionäre)	12	13	15	10
Mit Gewinn verkaufen (L) (spekulationsoriente Aktionäre)	19	21	21	16
Als langfristige Kapitalanlage behalten (M) (akkumulationsorientierte Aktionäre)	66	64	62	70
Unentschieden	3	2	2	4
Zusammen	100 %	100 %	100 %	100 %
Basis	436	290	129	146

der Aussagegehalt der gewählten Alternative, sondern auch der der *abgelehnten* Alternativen berücksichtigt werden. Durch die erste Ansicht (K) sollte angesprochen werden, wer seine Aktien mehr als kurzfristige Anlage ansieht und sie wahrscheinlich bald wieder verkaufen wird, um den Erlös dem Konsum zuzuführen (konsumorientierte Aktienbesitzer). Mit der zweiten Meinung (L) sollten die vorwiegend spekulationsorientierten Aktionäre erfaßt werden, mit der dritten (M) diejenigen, die in erster Linie auf eine langfristige Kapitalanlage Wert legen (akkumulationsorientierte Aktionäre). Zwei Drittel der Aktionäre stimmten dieser letzten Meinung zu; sie betrachten ihre Aktien überwiegend als Daueranlage und weisen ein größeres Interesse an kurzfristigen Kursgewinnen ausdrücklich zurück (Tab. 24).

Ganz im Gegensatz dazu ist ein knappes Fünftel der Aktionäre (19 %) eher spekulationsorientiert; für sie stehen Kursgewinne im Vordergrund. 12 % der Aktionäre schließlich wollen nicht so sehr spekulieren oder auf lange Sicht Vermögen bilden, sondern halten es für wahrscheinlicher, daß sie ihre Aktien in absehbarer Zeit wieder verkaufen, um den Erlös für Konsumzwecke zu verwenden.

Zur Prüfung und Präzisierung dieser Resultate läßt sich noch eine weitere Frage aus der angeführten Repräsentativerhebung heranziehen. Sie wurde offen und direkt gestellt, d. h., der Aktionär hatte völlige Freiheit in der Wahl seiner Antwort:

„Es gibt ja verschiedene Gründe, weshalb man Aktien kauft. Was ist der wichtigste Grund für Sie?"

Knapp zwei Fünftel der Aktionäre (38 %) können hierauf nichts anderes sagen, als daß es eben ihr Wunsch gewesen sei, Geld anzulegen. Die Unbestimmtheit ihrer Antworten weist darauf hin, daß im Vordergrund der Anlageentscheidung weder besonders schwerwiegende Vorteile der Aktie standen noch daß ein einziger Sparzweck die Gedanken beherrschte. Einige Kommentare lassen erkennen, daß es eine Art „Restsparen" war, welches zum Aktienerwerb führte; man wollte „überflüssiges Geld anlegen". Nur ganz wenige Aktionäre dieser Befragten-Gruppe erwähnen neben der allgemeinen Begründung, Geld zurücklegen zu wollen, auch noch das Interesse an Dividenden.

Eine andere Aktionärsgruppe (13 %) äußert sich im ganzen konkreter; sie hebt vor allem die Sicherheit und den Sachwertcharakter der Aktie hervor. Weitere 12 % der Aktionäre nennen spezielle langfristige Sparziele wie Altersvorsorge, Rücklagenbildung für Notfälle oder Versorgung der Familie. Rund ein Viertel der Aktionäre (27 %) betonen ihr Interesse an Kursgewinnen oder an der Wertsteigerung ihres Aktienbesitzes; 6 % haben Aktien gekauft, weil sich ihnen eine ihrer Meinung nach günstige Kaufgelegenheit bot. In diesen beiden Gruppen von zusammen einem Drittel dürften sowohl die Antworten spekulationsorientierter als auch die Antworten wachstumsorientierter Aktionäre erfaßt sein; allerdings lassen sich die Anteile der beiden Interessenrichtungen auf Grund der spontanen Antworten nicht quantitativ trennen.

Neben der Absicht, eine Kapitalanlage auf lange Sicht zu begründen, sei es ohne oder sei es mit einer speziellen Zwecksetzung (zusammen 63 % der Nennungen), sowie dem Wunsch, Kursgewinne zu erzielen oder eine günstige Kaufgelegenheit auszunutzen (zusammen 33 % der Nennungen), geben die Aktionäre auf direktes Befragen kaum weitere Gründe an; nur 5 % der Nennungen entfallen noch auf verschiedene andere Motive, während 9 % der Aktionäre keine Gründe nannten bzw. ihre Aktien nicht selbst gekauft hatten (Tab. 25).

Tab. 25: Die wichtigsten Gründe für den Aktienerwerb

Gründe	Alle Aktionäre %	Volksaktionäre %	Übrige Aktionäre %
Kapitalanlage allgemein	38	37	40
Sichere, wertbeständige Kapitalanlage, Sachwert	13	13	11
Altersvorsorge, Notgroschen, für Familie	12	12	12
Kursgewinne, Wertsteigerung, Geld verdienen	27	30	20
Günstige, billige Kaufgelegenheit	6	8	3
Andere Gründe	5	2	11
Keine Angabe, Aktien nicht selbst gekauft	9	7	14
Zusammen	110 %	109 %	111 %
Basis	436	290	146

(Mehrfachnennungen)

Überblicken wir die Antworten auf die offene Frage, so erweist es sich als schwierig, sie unter genau die gleichen Motivgruppen zu subsumieren, die auch mit der geschlossenen Frage anvisiert worden waren. Außerdem nannten einige Aktionäre zwei Gründe, obwohl nach dem „wichtigsten" Grund gefragt worden war. Die isoliert ausgewerteten Ergebnisse beider Fragen sind daher nicht unmittelbar vergleichbar. Die spontanen Äußerungen können jedoch als ein Korrekturfaktor zu den sehr groben Kategorien der geschlossenen Frage herangezogen werden. Es ist zu prüfen, inwieweit die Antworten eines jeden Aktionärs auf *beide* Fragen in die gleiche Richtung tendieren oder voneinander abweichen. Vergleicht man hierfür die beiden Fragen, dann ergeben sich noch einige Abstufungen innerhalb des zunächst stark vereinfachten Kategorienschemas (Tab. A 30). Z. B. wählten nicht alle Aktionäre, die als wichtigsten Grund für den Aktienerwerb langfristige Anlageziele nannten, in der geschlossenen Frage die Alternative „auf lange Sicht als Kapitalanlage behalten". Einige zeigten spekulatives Interesse, andere hielten auch eine Rückführung ihres Aktienvermögens in den Konsum nicht für ausgeschlossen, als ihnen diese Möglichkeit in der Frage ausdrücklich zur Wahl gestellt wurde. Dies offenbart keinen Widerspruch, sondern beweist, daß ein Teil der Aktionäre mehrere Motive für den Aktienerwerb hat und nicht durch eine feste Rangfolge der Motive geleitet wird, so daß in diesen Fällen mit den unterschiedlich formulierten Fragen nicht immer dasselbe Motiv in den Vordergrund gezogen wurde.

Die Ergebnisse einer kombinierten Auswertung der beiden Motivfragen sind in Tab. 26 dargestellt. Auch diese Werte könnten in späteren Untersuchungen durch die Heranziehung zusätzlicher Fragen noch weiter präzisiert und abgestuft werden; für die Eigentumspolitik lassen sich jedoch schon jetzt mit ausreichender Sicherheit einige Schlußfolgerungen ziehen, die die Hauptprobleme betreffen.

Bei mehr als der Hälfte der Sparer (54 %) schält sich auch nach wiederholter Befragung nur ein einziges wichtiges Motiv für den Aktienkauf heraus: die feste Absicht, auf lange Sicht ein Vermögen aufzubauen, sei es, daß hierbei an das Alter, an Notfälle oder an die Versorgung der Familie gedacht wird, sei es, daß eine langfristige Kapitalanlage ohne jede konkrete Zweckbestimmung begründet werden soll. Weitere 16 % der Aktionäre verfolgen zwar ähnliche Ziele, zeigen aber gleichermaßen Interesse, zusätzlich und im Rahmen dieser Zwecksetzung gelegentlich zu spekulieren; in dieser Gruppe sind auch die Aktionäre erfaßt, die weniger kurzfristige Spekulationsgewinne als langfristiges Wachstum der Kapitalanlage erhoffen, doch erlaubte unser Material keine quantitative Aussonderung dieser Untergruppe. 6 % der Aktionäre schwanken zwischen dem Wunsch nach Konsum und Vermögensbildung, 2 % zwischen Konsum- und Spekulationsinteressen. Überwiegend konsumorientiert ist lediglich eine Minderheit von 3 %, und nur bei 12 % der Aktienbesitzer schließlich steht das Spekulationsinteresse so eindeutig im Vordergrund, daß sie auf beide Fragen kein anderes Ziel nannten als den Wunsch, Kursgewinne zu realisieren oder eine Wertsteigerung des eingesetzten Kapitals zu erleben.

Tab. 26: Typisierung der Aktionäre nach eigentumspolitisch relevanten Motiven[a)]

Motivationsgruppen	Alle Aktionäre %	Volksaktien-Neulinge[b)] %	Übrige Volksaktionäre %	Aktionäre ohne Volksaktien %
Vorwiegend konsumorientiert	3	3	4	3
Teils konsumorientiert — teils spekulationsorientiert	2	3	2	1
Teils konsumorientiert — teils akkumulationsorientiert	6	8	6	5
Vorwiegend akkumulationsorientiert	54	52	55	54
Teils akkumulationsorientiert — teils spekulationsorientiert	16	17	16	16
Vorwiegend spekulationsorientiert ..	12	13	15	7
Nicht einstufbar	7	4	2	14
Zusammen	100 %	100 %	100 %	100 %
Basis	436	129	161	146

a) Vgl. *Leverkus*, J. Christoph, und Klaus *Wieken*, a.a.O., S. 186.
b) Vgl. Anmerkungen zu Tab. A 12.

Damit ist sicher, daß eine ausgeprägte Spekulationsneigung unter den Kleinaktionären nur wenig verbreitet ist[64]. Das Reservoir, aus dem der Börse in dafür günstigen Marktsituationen aktive Spekulanten zuströmen können, ist klein. Aber selbst die Aktionäre, die nach ihren eigenen Äußerungen am stärksten an Kursgewinnen interessiert sind, lehnen mit großer Mehrheit jeglichen Aktienerwerb auf Kredit ab[65] (Tab. A 31). Die Behauptung, die Aktie verleite zur Spekulation, kann somit auch nicht als *allgemeines* Gegenargument gegen eine Politik aufrechterhalten werden, die den Aktienbesitz in breiten Schichten fördern will. Dem widerspricht nicht, daß gerade eine eigentumspolitische Maßnahme, nämlich die Teilprivatisierung des Volkswagenwerkes, den Anteil der spekulationsorientierten Aktionäre um einige Prozent erhöht hat (vgl. Tab. 25, 26). Manche

---

[64] Vgl. auch *Katona*, George: Der Massenkonsum, S. 274, der in diesem Zusammenhang von einer „ziemlich konservativen Einstellung der Aktienkäufer" spricht.

[65] Zur in Deutschland weit verbreiteten „Scheu vor dem Schuldenmachen" vgl. *Schmölders*, Günter: Psychologie des Geldes, Reinbek bei Hamburg 1966, S. 114 ff.

Volksaktionäre, darunter viele Neulinge, orientierten sich auch noch 1963 an den „Traumkursen“, die die VW-Aktie infolge der außergewöhnlichen Marktbedingungen kurz nach der Privatisierung vorübergehend erreichen konnte. In ihren Motiven spiegelt sich die Enttäuschung, nicht zu den hohen Kursen der Monate Mai und Juni 1961 verkauft zu haben, und die Hoffnung, bei nächster Gelegenheit ähnliche Gewinnchancen besser zu nutzen; ihnen fehlt die tröstende Einsicht, daß die Höchstkurse minutenschnell zusammengebrochen wären, wenn jeder, der den Nicht-Verkauf heute bereut, damals Verkaufsorder gegeben hätte.

Damit ist es aber auch zweifelhaft, ob die Motivationsstruktur jener Aktionäre auch nur einige Jahre hindurch als stabil gelten kann; denn wie ihre Erfahrungen über Aktien vorwiegend auf dem Erlebnis der VW-Privatisierung beruhen, sind auch ihre Motive und künftigen Anlageziele stark von der exzeptionellen Kursentwicklung der VW-Aktie geprägt. Da der Ausnahmecharakter dieser Erfahrungen aber im Laufe der Zeit auch dem letzten Aktionär deutlich werden wird, dürfte sich die Motivationsstruktur der Volksaktionäre — wahrscheinlich beschleunigt durch die gegenteiligen Erfahrungen der VEBA-Privatisierung — bald an die der übrigen Aktionäre angleichen. Für das Ausmaß des eigentumspolitischen Dauererfolges ist entscheidend, auf welchem Wege diese Angleichung geschieht: Ob über die erste Verkaufswelle nach der Privatisierung hinaus weitere konsum- und spekulationsorientierte Neulinge ihren Aktienbesitz aufgeben, oder ob sich die wahrscheinlich noch wenig verfestigten Motive der neuen Aktionäre in Richtung auf eine stärkere „Akkumulationsorientierung“ wandeln.

Auf Grund der Motivationsstruktur des Jahres 1963 ist die Gefahr eines Abwanderungsverlustes von Aktionären relativ am größten bei den Arbeitern, am geringsten dagegen bei den Beamten (Tab. A 32). Bei den Arbeitern fällt vor allem die verhältnismäßig hohe Quote der vorwiegend oder teilweise konsumorientierten Aktionäre auf (9 bzw. 12 %). Eine überproportional starke Tendenz zur Spekulation (21 %) ist dagegen bei jüngeren Aktionären zu beobachten. Trotz dieser Unterschiede darf aber nicht übersehen werden, daß auch in den Gruppen, in denen die Voraussetzungen für einen dauerhaften Aktienbesitz motivmäßig relativ am ungünstigsten sind, das Interesse an einer langfristigen Vermögensbildung noch bei weitem überwiegt. Nachdem die erste Verkaufswelle nach der Privatisierung abgeebbt ist, betrachtet die große Mehrheit der verbliebenen Aktionäre — Aktionäre mit und ohne Volksaktien — ihre Aktien als Daueranlage.

2. Prestigegesichtspunkte

Mit den vorstehend beschriebenen Motivgruppen sind selbstverständlich nicht alle Motive für den Aktienerwerb erfaßt; es waren dies jedoch wahrscheinlich die wichtigeren, wenn wir als wichtig bezeichnen dürfen, was dem Befragten zunächst auf der Zunge lag. Weitere Motive können als Nebenmotive hinzutreten und den Sparer in seinem Vorsatz, Aktien zu kaufen, bestärken.

Im Schrifttum wird vor allem auf *ein* Motiv hingewiesen, welches für die Eigentumsbildung und vielleicht auch für den Aktienerwerb größere Bedeutung haben könnte: Das Streben nach Prestige. „Wo heute gespart wird", meint *Gehlen*, „geschieht es selten zum Zwecke der Eigentumsbildung. Vielmehr herrschen Prestigemomente vor. Wertvoller Konsumbesitz wird als Statusabzeichen erstrebt[66]." „Diese Umlenkung des Interesses auf das Prestige liegt genau auf der Linie einer demokratisierten Massengesellschaft, die von sich aus keine erkennbaren Statusabzeichen mehr verteilt. In ihr geht eine Art Wettkampf um Ansehen in der Gesamtgesellschaft vor sich, wobei sich das Würdegefühl sichtbar am besten und wirkungsvollsten im Eigentum niederschlagen kann[67]." Hypothesen, die in diese Richtung weisen, können sich sowohl auf die anthropologische Erkenntnis stützen, daß der Wunsch nach Prestige ein sehr wichtiger Grundzug der menschlichen Persönlichkeit sei[68], als auch an spezielle Ergebnisse der neueren Konsumforschung anknüpfen, die die überragende Bedeutung des Prestige-Faktors für den Kaufentschluß erweisen[69]; auch in die Investitionspläne mancher Unternehmer schleichen sich Prestigeüberlegungen ein[70].

Es liegt auf der Hand, daß ein „prestigegesteuertes Vermögensinteresse"[71] in erster Linie auf leicht sichtbare, wertvolle Konsumgüter gerichtet ist, die von außen sichtbar einem jeden die „finanzielle Stärke" ihres

---

[66] *Gehlen*, Arnold: Soziologische Aspekte des Eigentumsproblems in der Industrie-Gesellschaft, in: *Walter-Raymond-Stiftung* (Hrsg.), S. 183.

[67] Ebenda, S. 171.

[68] Vgl. *Schmölders*, Günter: Psychologie des Geldes, S. 21 f.; *Herscovits*, M.: Economic Anthropology, New York 1952, S. 38; *Vershofen*, Wilhelm: Die Marktentnahme als Kernstück der Wirtschaftsforschung, Berlin - Köln 1959, S. 104.

[69] Vgl. *Rinsche*, Günter: Der aufwendige Verbrauch, Diss. Köln 1960, und die dort angegebene Literatur; die Bedeutung des Prestigefaktors zeigt sich auch daran, daß „die Werbestützung mit Hilfe der Selbstgefühle, der Selbsterhöhung und der Prestigesymbolik die werbliche Triebanregung der Liebesbedürfnisse zahlenmäßig überholt (hat)" (*Benesch*, Helmuth: Wirtschaftspsychologie, München - Basel 1962, S. 127).

[70] Vgl. *Kreikebaum*, Hartmut: Das Prestige-Element im Investitionsverhalten, Diss. Köln 1960.

[71] *Molitor*, Bruno: Vermögensverteilung als wirtschaftspolitisches Problem, S. 34.

Eigners „demonstrieren“[72]. Den gleichen oder noch höheren „Geltungsnutzen“ — zusätzlich zum „Gebrauchsnutzen“[73] — kann Haus- und Grundbesitz vermitteln. Darüber hinaus wird diese Eigenschaft aber auch dem Wertpapierbesitz zugeschrieben[74]. „Mit steigendem Lebensstandard und wachsender Vertrautheit mit den Techniken des Geldsystems“ greift „der Radius des Prestigestandards auch auf die abstraktere Vermögensform des *Wertpapiers* über“[75]. Diese letzte These ist jedoch noch zu prüfen; denn ein *unmittelbarer* Demonstrationseffekt wie von einem hohen Konsumstandard, der manchmal schon mit der Fernsehantenne auf dem Dach und dem Auto vor der Tür beweisbar ist, geht von abstrakterem Geldvermögen wie Wertpapierbesitz nicht aus[76]. Aktien bekommt ja im allgemeinen nicht einmal der Eigentümer, geschweige denn ein Außenstehender, je zu Gesicht, und Depotauszüge werden nicht herumgezeigt. Sollte also auch der Aktienbesitz einen Geltungsnutzen abwerfen, dann kann er nicht aus genau den gleichen Wurzeln erklärt werden wie der Geltungsnutzen des weithin sichtbaren Sachbesitzes und des aufwendigen Konsums.

Der Prestigewert verschiedener Geldanlageformen war auch Gegenstand der bereits mehrfach zitierten Befragung bei Aktionären und Selbständigen. Es zeigte sich, daß ohne Zweifel auch so abstraktes und wenig sichtbares „Eigentum“ wie Aktien, Pfandbriefe, Lebensversicherungen oder Sparbücher seinen Besitzern einen zusätzlichen Geltungsnutzen vermitteln kann. Aber nicht alle Anlageformen werden in dieser Hinsicht gleich eingeschätzt. Während die Aktie nach Meinung von 62 % der Aktionäre „Ansehen bei anderen verschafft“, wird ein derartiger Prestigewert dem Pfandbrief nur von 47 %, dem Sparbuch und der Lebensversicherung nur von jeweils 35 % der Aktionäre zuerkannt (Tab. 27).

Diese Rangfolge des Prestiges der untersuchten Geldanlagen — gemessen an der Häufigkeit, mit der der einzelnen Anlage ein Geltungsnutzen zuerkannt wurde — ist keinesfalls davon abhängig, welche dieser Güter man persönlich besitzt. Auch Inhaber von Pfandbriefen und festverzinslichen Wertpapieren, die keine Aktien im Depot haben, messen der Aktie *häufiger* einen Prestigewert zu als dem Pfandbrief (Tab. A 33). Und auch bei einem Vergleich der Antworten von Selbständigen mit und ohne Wertpapierbesitz ergaben sich keine signifikanten Unterschiede in der Rangfolge des Prestigewertes der vier Anlageformen: Das höchste Pre-

---

[72] *Veblen*, Thorstein: Die Theorie der feinen Leute, Köln - Berlin 1957, S. 93 (Orig. amerik.: The Theory of the Leisure Class, New York 1899).

[73] *Vershofen*, Wilhelm, a.a.O., S. 87.

[74] Vgl. *Gehlen*, Arnold: Soziologische Aspekte des Eigentumsproblems in der Industrie-Gesellschaft, a.a.O., S. 171; *Molitor*, Bruno, a.a.O., S. 39.

[75] Ebenda.

[76] Vgl. *Michel*, Hartmut: Eigentumspolitik, Tübingen 1962, S. 104.

Tab. 27: Einschätzung des Prestigewertes verschiedener Geldanlagen durch Aktionäre

Anlageformen	Einschätzung				Summe	Basis
	Verschafft Ansehen bei anderen %	Verschafft weniger Ansehen bei anderen %	Weder — noch %	Keine Angaben %	%	
Aktie	62	13	21	4	100	437
Pfandbriefe	47	17	25	11	100	437
Lebensversicherung ..	35	32	26	7	100	437
Sparbuch.......	35	34	25	6	100	437

stige vermittelt der Besitz von Aktien, mit deutlichem Abstand folgt an zweiter Stelle der Pfandbrief, während Sparbuch und Lebensversicherung etwa gleichwertig das Ende der Rangskala einnehmen (Tab. A 34).

Die Rangfolge der Geldanlageformen nach ihrem Prestigewert bleibt auch innerhalb verschiedener sozialökonomischer Gruppen unverändert; was sich ändert, ist die relative Häufigkeit, mit der diesen Vermögensformen ein Prestigewert zugemessen wird. Je niedriger die Schulbildung oder die soziale Schichteinstufung einer Gruppe ist, um so mehr Gruppenmitglieder sind davon überzeugt, daß der Besitz von Aktien, Pfandbriefen, Lebensversicherungen oder Sparguthaben „Ansehen bei anderen verschaffe" (Tab. A 35). Während z. B. Aktionäre mit Volksschulbildung der Aktie zu 68 % einen Geltungsnutzen zuschreiben, sind es unter denen mit Abitur oder Hochschulbildung nur 52 %.

Die Tatsache, daß der Aktie besonders häufig von den Aktionären aus *breiten* Bevölkerungsschichten ein Geltungsnutzen zugemessen wird, weist gleichzeitig darauf hin, *weshalb* die Aktie geeignet erscheint, „Ansehen bei anderen zu verschaffen". Die Aktie gilt als Symbol einer gehobenen sozialen Schicht; sie ist in der Meinung der Bevölkerung hauptsächlich für die Anlage „größerer Beträge" geeignet[77]. Wer in der Lage ist, sich dieses Symbols zu bemächtigen, auf den fällt ein Abglanz des Sozialprestiges einer höheren Schicht, der kann sich aus seiner eigenen Gruppe, in der der Aktienbesitz noch selten ist, herausheben; er

[77] *DIVO-Institut:* Wertpapiere im Blick des Wirtschaftsbürgers, S. 75.

avanciert zum „arrivierten Wirtschaftsbürger“[78]. Zudem kann der Besitz von Aktien als Partizipation an den dynamischen Großunternehmen unserer Industriegesellschaft empfunden werden. Die denkbare und zutreffende Aussage eines Aktionärs „ich bin bei ‚*Bayer*‘ beteiligt“ oder „ich habe dem Volkswagenwerk Kapital zur Verfügung gestellt“ wird nicht ohne positiven Einfluß auf Selbstgefühl und Sozialprestige bleiben.

Da der „Sparstandard“ aber nicht so unmittelbar demonstriert werden kann wie der „Konsumstandard“, muß der Zins auf den Geltungswert des Sparens auf eine indirektere, „feinere“ Weise eingetrieben werden. Ohne Zweifel gelingt dies, denn sonst hätten wir nicht, wie vorstehend, einen Prestigewert der Aktie nachweisen können. Das wichtigste Kommunikationsmittel, durch das Aktionäre andere „beiläufig“ auf ihren Aktienbesitz aufmerksam machen können, dürfte das persönliche Gespräch sein[79]; ein Viertel der erwachsenen Bevölkerung unterhält sich gelegentlich in der Familie oder mit Bekannten über Wertpapiere[80], und sicherlich werden die Wertpapierbesitzer allesamt zu denen gehören, die dieses Thema von Zeit zu Zeit anschneiden. Bei dem Interesse, das Wirtschaftsfragen allgemein entgegengebracht wird, dürfte es an Anknüpfungspunkten nicht mangeln, an denen durch „demonstrative Information“ über Wirtschaft, Börse und bestimmte Unternehmen indirekt oder direkt auf den eigenen Aktienbesitz aufmerksam gemacht werden kann. Daß dieser Kommunikationsweg weitgehend funktioniert, zeigte die Aktionärsbefragung aus dem Jahre 1963: Fast drei Viertel der Aktionäre trauten sich eine Auskunft darüber zu, inwieweit im näheren Freundes- oder Kollegenkreis Wertpapierbesitz verbreitet ist, und über den Wertpapierbesitz in der engeren und weiteren Familie waren sogar mehr als 90 % der Befragten im einzelnen unterrichtet[81].

Unabhängig davon, worauf der Prestigewert so abstrakter Vermögensformen wie der Aktie beruht, ist für die Eigentumspolitik schon die Tatsache als solche von Bedeutung; sie bedeutet eine Abschwächung der These *Riesmans*, „daß die Verbraucherhaltung zur dominanten Reaktionsform des Zeitgenossen geworden ist“[82]. Neben neuen Konsumnormen entstehen auch neue Sparnormen, und zwar aus den gleichen Wurzeln, aus denen der Zwang zum Konsum erwächst: aus dem Wunsch nach sozialer Differenzierung. Wie wir bei der Ermittlung der Motivationsstruktur der Aktionäre sahen, sind kurz- und mittelfristige Konsumziele

---

78 *Molitor*, Bruno, a.a.O., S. 39.

79 Vgl. *Michel*, Hartmut, a.a.O., S. 104.

80 *DIVO-Institut:* Wertpapiere im Blick des Wirtschaftsbürgers, S. 35.

81 Nach Auszählungen aus dem Datenmaterial der Umfrage „Eigentumsbildung und Altersvorsorge“.

82 *Schelsky*, Helmut: Einführung zu: *Riesman*, David: Die einsame Masse, rde. Bde. 72/73, Hamburg 1959, S. 13.

selten Motiv für den Aktienerwerb, während langfristige Zielsetzungen eindeutig überwiegen. Bei rund einem Fünftel der Aktionäre reichen die Planungen sogar über den eigenen Tod hinaus, wie es die „Nebenüberlegung" zeigt, einen Teil der erworbenen Aktien später einmal zu vererben (Tab. A 36).

Wenn Aktien Prestige vermitteln, dann kann auch das Phänomen der „Ansteckung"[83] für den Erwerb eine Rolle spielen. Vielleicht ist die psychische Schwelle für die Wirksamkeit dieser Erscheinung noch nicht überschritten; immerhin hat bei der Befragung des Jahres 1963 jeder zehnte Aktionär zugegeben, er hätte beim Aktienkauf die Überlegung angestellt, daß viele seiner Bekannten und Verwandten ebenfalls Aktien besitzen „und sehr viel davon halten" (Tab. A 36).

Schließlich kann der Prestigewert der Aktie nicht nur ein Stimulus für den Kauf, sondern auch ein Stabilisator des Besitzes sein. Wie der Erwerb einen Prestigegewinn verschafft, so führt umgekehrt die Veräußerung der Aktien zu einem Prestigeverlust.

Unter diesem Aspekt ist es wesentlich, daß sich Prestigegesichtspunkte überproportional häufig in denjenigen Schichten und Gruppen nachweisen ließen, die die wichtigsten Destinatare der Eigentumspolitik sind und bei denen die Tendenz, die einmal erworbenen Aktien wieder dem Konsum zuzuführen, relativ am größten ist. Der Geltungsnutzen, der für viele mit dem Aktienbesitz verbunden ist, kann hierzu ein kleines Gegengewicht bilden und damit die Chancen für den Erfolg einer Politik der breiten Aktienstreuung vergrößern. Wurde bisher schon vorgeschlagen oder versucht, in einer eigentumspolitisch motivierten Sparwerbung an das Streben nach Prestige anzuknüpfen[84], so erlauben unsere empirischen Ergebnisse nunmehr den Schluß, daß Hinweise auf den Prestigewert von Geldanlagen besonders wirkungsvoll sein werden, wenn sie im Rahmen einer Aufklärungsaktion für die *Aktie* gegeben werden. Inwieweit die Aktiengesellschaften ihrerseits dazu beitragen können, den Prestigewert der Aktie zu erhöhen, um damit nicht nur ihren eigenen Finanzierungsinteressen, sondern indirekt auch der Eigentumspolitik zu dienen, steht auf einem anderen Blatt.

---

[83] *Schmölders,* Günter: Psychologie des Geldes, S. 14.

[84] Vgl. *Gehlen,* Arnold, a.a.O., S. 183; *Michel,* Hartmut, a.a.O., S. 104. — Ein Beispiel für die Anknüpfung an das Prestigebedürfnis in der Sparwerbung sind die Slogans „Sparst Du was — hast Du was! Hast Du was — bist Du was!" der Gemeinschaftswerbung für Pfandbriefe und Kommunalobligationen. Vgl. z. B. *Gemeinschaftsdienst der Boden- und Kommunalkreditinstitute* (Hrsg.), a.a.O., S. 44.

Viertes Kapitel

Der Umgang mit dem Aktiendepot

In der Börsenliteratur der letzten hundert Jahre wird wiederholt von *Übertreibungen* in der Kursbewertung berichtet: Unbändige Kauflust des Publikums, Spekulationsfieber, übersteigerter Optimismus und unerschütterlicher Glaube an weitere Kursbesserungen zu der einen Zeit finden ihr Gegenstück in panikartigen Verkaufswellen, übertriebenem Pessimismus und sich hartnäckig haltenden, negativen Kurserwartungen zu anderer Zeit[1]. Albert *Hahn* hat diese aus der Börsengeschichte bekannten Phänomene in seinem „Schema einer typischen Börsenbewegung" verdeutlicht[2]. Danach zerfällt jede größere Abwärts- und Aufwärtsbewegung der Kurse in drei Teile: in eine „Angleichungs-", eine „Normal-" und eine „Übertreibungsphase". Nur in der „Normalphase" „werden die Zukunftsaussichten weder besser noch schlechter beurteilt, als es der gegenwärtigen Lage entspricht"[3]; in den übrigen Phasen werden die Kurse „über-" oder „unterbewertet"[4]. Die Ursache dafür sieht *Hahn*

---

[1] Vgl. z. B. *Hirschbach*, Hermann: Von der Börse, oder: Der Geist der Speculation, Leipzig (1864), S. 41 ff.; *Hecht*, Felix: Das Börsen- und Actienwesen der Gegenwart und die Reform des Actien-Gesellschafts-Rechts, Mannheim 1874, S. 13—20; *Ehrenberg*, R.: Die Fondspekulation und die Gesetzgebung, Berlin 1883, S. 72—76, 204 f.; *Petražycki*, L. von: Aktienwesen und Spekulation, Berlin 1906 (Orig. russ. 1898), S. 62 ff., spricht von der „subjektiven Tendenz zu einer übertriebenen Bewertung der zu erwerbenden Gewinnchancen" (S. 62); *o. Verf.*: Kapitalisten wahret Euch! Leipzig 1901, S. 59; *Prion*, W(illi): Die Preisbildung an der Wertpapierbörse, Leipzig 1910, S. 32; 2. Aufl., München und Leipzig 1929, S. 244 f.; *Schuetze*, Alfred: Die Börse und die Börsengeschäfte, 20. neubearb. Aufl., Berlin, Leipzig 1928, S. 550; *Freude*, Siegfried: Die Bestimmungsfaktoren der periodischen Schwankungen am Aktienmarkt, Diss. Frankfurt 1929, S. 31 f.; *Egger*, J(osef) G(ebhard): Kapitalanlage und Vermögensverwaltung, 2. verm. Aufl., Tübingen 1939, S. 146 f.; *ders.*: Der Schutz des Vermögens gegen die Geldentwertung, 3. erw. Aufl., Zürich 1958, S. 31—34; *Bückle*, Willy: Versuch einer Systematik der Preisbestimmungsfaktoren am Aktienmarkt, Diss. Frankfurt 1938, S. 88 f., spricht vom „Gesetz der Extreme" (S. 89); *Kessler*, Walter: Spekulation und Kursbildung an der Effektenbörse, Diss. Bern 1946, S. 7, 23—27; *Wanner*, Helmut: Die am Aktienmarkt herrschenden Kräfte und ihr Einfluß auf die Kursgestaltung, Diss. München 1958, S. 98—103; *Roeper*, Hans: Börsenkurse, Massenpsychologie und Konjunktur, in: Frankfurter Allgemeine Zeitung vom 9. Juni 1962, S. 7.

[2] *Hahn*, L. Albert: Wirtschaftswissenschaft des gesunden Menschenverstandes, Frankfurt a. M. 1954, S. 189 ff.

[3] Ebenda, S. 190.

[4] Ebenda, S. 191.

unter anderem in einem „massenpsychologischen Gesetz der Trägheit", demzufolge solange eine Fortsetzung des jeweiligen wirtschaftlichen Trends erwartet wird, „bis diese Erwartung unter dem Einfluß sehr massiver Gegenerfahrung sich als falsch erweist"[5].

Den Hypothesen *Hahns* und anderer Autoren zufolge[6] ist jedoch nicht damit zu rechnen, daß sich — ex post — die Erwartungen aller Investorengruppen als im gleichen Maße falsch erweisen. Vielmehr wird angenommen, daß in Hausse und Baisse auf Grund des unterschiedlichen Verhaltens der einzelnen Anleger „typische Besitzverschiebungen" eintreten, so daß Erfolglose und Erfolgreiche sich zu Ende eines Börsenzyklus keinesfalls gleichmäßig auf alle „Investorengruppen" verteilen[7]. So schrieb *Sombart* 1923: „Man wird wohl mit einiger Sicherheit behaupten können, daß die Kauflust der großen Masse auch minder wohlhabender Kreise in dem Maße zunimmt, wie die Kurse steigen. Ich glaube, daß namentlich bei Industrie- und ähnlichen Papieren die Erwerbung solcher Werte seitens ‚kleinerer Leute' erst recht einsetzt, wenn die Kurse schon anfangen, imaginäre zu sein. Die potenteren Geldbesitzer . . . pflegen dann ihre Effekten abzustoßen. Sie ziehen sich zurück und wälzen das gesteigerte Risiko auf schwächere Schultern ab. Kommt dann der unvermeidliche Kursrückgang, so werden vom Verluste natürlich nur die letzten Käufer getroffen, deren an sich schon geringes Vermögen nun eine empfindliche Schmälerung erfährt. Die Hausse dient also in ihrem Effekte recht eigentlich dazu, die Taschen des ‚Publikums' von Zeit zu Zeit (jedesmal wenn sie eben sich wieder gefüllt haben) zu leeren und einen beträchtlichen Teil des Volksvermögens den wohlhabenderen Kreisen zuzuführen[8]."

Zurückhaltender, jedoch im gleichen Sinne, äußerte sich *Hahn:* „Die große Masse wird regelmäßig bei niedrigen Kursen nicht kaufen, sondern eher noch verkaufen, weil sie noch niedrigere Kurse erwartet. Und sie wird zu hohen Kursen nicht verkaufen, sondern eher noch kaufen, weil sie noch höhere Kurse erwartet. Daher müssen die Aktien zu niederen Kursen aus den Händen der Vielen in die Hände der Wenigen, und bei hohen Kursen aus den Händen der Wenigen in die der Vielen übergehen . . . Am Ende der Baisse und bei Beginn der Hausse ist die Zahl der Aktienbesitzer regelmäßig am kleinsten, der durchschnittliche Aktienbesitz der Besitzenden am größten. Und so bleibt es während der Hausse,

---

[5] Ebenda, S. 189.

[6] Vgl. *Sombart,* Werner: Die deutsche Volkswirtschaft im neunzehnten Jahrhundert und im Anfang des 20. Jahrhunderts, 6. Aufl., Berlin 1923, S. 198 f.; *Prion,* W(illi): Die Preisbildung an der Wertpapierbörse, Leipzig 1910, S. 7, 10, 32; *Schlesinger,* Rudolf H.: Der kleine Mann macht es immer falsch, in: Die Zeit vom 5. April 1963, S. 33.

[7] *Hahn,* L. Albert, a.a.O., S. 198 f.

[8] *Sombart,* Werner, a.a.O., S. 198 f.

in der im wesentlichen Besitzverschiebungen zwischen den Teilerfolgreichen und Teilerfolglosen stattfinden. Gegen Ende der Hausse aber vergrößert sich die Zahl der Aktienbesitzer, der durchschnittliche Aktienbesitz der Besitzenden sinkt[9]." Dies würde aber bedeuten, daß es vornehmlich die Kleinaktionäre mit geringem Aktienbesitz sind, die infolge ihres zyklusparallelen Anlageverhaltens in Hausse und Baisse die größten Verluste erleiden.

Die Bedeutung dieser Hypothesen für die Eigentumspolitik liegt auf der Hand. Wäre dieses — zugegeben stark schematisiert dargestellte — Verhalten für die überwiegende Mehrheit der Kleinaktionäre typisch, so ließe sich eine Förderung des breitgestreuten Aktienbesitzes ohne tiefgreifende institutionelle Schutzmaßnahmen und nachhaltige Änderung dieser Verhaltensweisen nicht verwirklichen. Doch ehe derartige weitreichende Konsequenzen gezogen werden, gilt es, die tatsächlichen Verhaltensweisen der Kleinaktionäre im einzelnen und wiederholt empirisch zu untersuchen.

§ 7 Die Depotdispositionen der Kleinaktionäre

Unter den Begriff „Depotdispositionen" sollen hier alle Verfügungen eines Sparers über oder in Bezug auf Wertpapiere mit Ausnahme des ersten Wertpapiererwerbs, mit dem ein Depot begründet wird, subsumiert werden. Als Depotdispositionen gelten also z. B. Verkauf, Zukauf oder Tausch von Wertpapieren, Ausnutzung oder Veräußerung von Bezugsrechten, aber auch die Entscheidung, eine einmal geschaffene Anlage nicht aufzugeben, langfristig festzulegen oder zu beleihen. Die Erforschung der Depotdispositionen vermittelt ein Bild darüber, wie sich der Sparer verhält, *nachdem* er Aktien erworben hat.

1. Das Ausmaß der Kauf- und Verkaufsaktivität

Im Schrifttum ist häufig davon die Rede, daß „die Masse", „das große Publikum" oder „die Vielen" in bestimmten Phasen der Kursbewegung auf dem Aktienmarkt tätig werden. Was sich aber hinter der vagen Bezeichnung „großes Publikum" verbirgt, wer „die Vielen" sind, erscheint uns nicht hinreichend erklärt. Offen bleibt auch die Frage, welche und wieviele kleine Aktionäre sich in einer gegebenen Börsensituation in das große Publikum einreihen. Selbst wenn die Hypothese verifiziert werden könnte, daß sich die Verluste in einem Börsenzyklus auf bedeutend mehr Schultern verteilen als die Gewinne und daß die Masse der an der Börse Erfolglosen über einen im Durchschnitt niedrigeren Aktienbesitz ver-

[9] *Hahn*, L. Albert, a.a.O., S. 199.

fügen als die wenigen Erfolgreichen, würde dies nur insoweit für die Theorie der Eigentumsverteilung und für die Eigentumspolitik von Bedeutung sein, wie sich die Kleinaktionäre an den Börsentransaktionen aktiv beteiligen. Das Verhalten der in einem Börsenzyklus aktiven Investoren ist eigentumspolitisch von um so größerem Interesse, je größer der Anteil der in dieser Periode an der Börse tätigen Kleinaktionäre ist. Es ist daher nicht nur zu prüfen, aus welchen sozialen Gruppen die Kleinaktionäre stammen, die etwa durch mehr oder minder zyklusparalleles Verhalten Verluste erleiden, sondern auch, welchen Anteil diese Investoren an der Gesamtzahl aller Kleinaktionäre ausmachen. Erst dann läßt sich ermessen, inwieweit die populäre These „der kleine Mann macht es immer falsch“[10] richtig oder falsch ist.

Um zunächst einen allgemeinen Überblick über das Maß der Aktionärsaktivität zu gewinnen, greifen wir wiederum auf Umfragematerial der Untersuchung „Eigentumsbildung und Altersvorsorge“[11] zurück; darin wurde ein repräsentativer Querschnitt von Aktionären im Frühjahr 1963 gefragt, ob sie in den letzten vier Jahren einmal Aktien gekauft oder auch verkauft hätten.

Der vierjährige Untersuchungszeitraum umfaßte sowohl die große Hausse der Jahre 1959/60 als auch die kräftigen Kurseinbrüche und die lang andauernde Baisse der Jahre 1961/62. Dadurch war sichergestellt, daß die Antworten die durchschnittliche Aktivität innerhalb eines vollständigen Börsenzyklus widerspiegelten, so daß etwaige Sondereinflüsse der Hausse oder der Baisse das Verhaltensmuster nicht einseitig bestimmen konnten. Selbstverständlich waren in diesem Zusammenhang nur die Antworten derjenigen Aktionäre auswertbar, die bereits vor 1959 Aktien besaßen; denn nur sie hatten die Chance, im gesamten Untersuchungszeitraum Depotdispositionen zu treffen.

Es zeigt sich, daß die bei weitem häufigste Art der Depotdisposition in einer mehrjährigen Periode der *Zukauf* von Aktien ist; fast die Hälfte aller Aktionäre haben in den vier Jahren von 1959 bis 1963 nur Aktien gekauft, ohne jemals einen Verkauf vorzunehmen (Tab. 28). Demgegenüber ist der Anteil der Aktionäre, die in der gleichen Zeit *nur verkauft* haben, mit 6 % äußerst niedrig. Nur ein knappes Viertel der Aktienbesitzer (23 %) waren in den vier Jahren sowohl mit Käufen als auch mit Verkäufen am Markt. Dieser aktivsten Aktionärsgruppe steht jedoch eine gleich große, völlig *inaktive* Gruppe der Aktionäre gegenüber (24 %), die in der Zeit von 1959 bis 1963 weder Aktien kauften noch verkauften, sondern ihr Depot umsatzlos ruhen ließen.

---

[10] *Schlesinger*, Rudolf H.: Der kleine Mann macht es immer falsch, S. 33.

[11] Vgl. *Forschungsstelle für empirische Sozialökonomik* und *DIVO-Institut*, a.a.O.

Tab. 28: Depotdispositionen in einer Vierjahresperiode

Fragen: „Haben Sie in den letzten vier Jahren, d. h. seit Anfang 1959, Aktien gekauft?"

„Haben Sie in dieser Zeit auch einmal welche verkauft?"

1959—1962/63 Aktien ...	Erster Aktienbesitz		
	1947 und früher %	1948 — 1958 %	1958 und früher (insgesamt) %
nur gekauft	47	46	46
nur verkauft	4	7	6
gekauft *und* verkauft	27	21	23
weder gekauft noch verkauft	22	25	24
Keine Angabe	—	1	1
Zusammen	100 %	100 %	100 %
Basis	45	89	134

Auf einen Nenner gebracht, läßt sich feststellen, daß in einem Beobachtungszeitraum von mehr als vier Jahren 70 % der Aktionäre keine einzige Aktie verkauft haben, und das, obwohl in diese Zeit die größte Hausse und eine der größten Baissen der deutschen Nachkriegsbörsen fielen. Dabei ist interessant, daß sich die ganz „alten" Aktionäre, die schon vor der Währungsreform Aktien im Besitz hatten, nicht wesentlich anders verhalten als die Aktionäre, die zwischen 1948 und 1959 erstmals Aktien erwarben.

Ohne der späteren Detailuntersuchung über das Aktionärsverhalten in Hausse und Baisse vorzugreifen, ergibt sich schon aus einer allgemeinen Übersicht über die Börsenaktivität, daß die Kleinaktionäre dazu neigen, Kursgewinne ebensowenig zu realisieren wie Verluste. Vor allem die im ganzen geringe Verkaufstätigkeit läßt schon jetzt alle bisherigen Verhaltenshypothesen als ergänzungsbedürftig erscheinen, die ein durchgängig zyklusparalleles Verhalten der Kleinaktionäre unterstellen. Der beachtliche Anteil der über mehrere Jahre völlig inaktiven Aktionäre mindert zudem die eigentumspolitische Relevanz der kurz- und mittelfristigen Kursveränderungen und die dadurch induzierten Kauf- und Verkaufsreaktionen.

Eine Aufgliederung nach sozialökonomischen Gruppen — die wegen des zahlenmäßig kleinen Samples nur ganz grob erfolgen konnte — ergab, daß die Aktivität der Aktionäre mit niedrigem Einkommen und mit nur wenigen Aktien noch wesentlich geringer ist als die der Aktionäre aus den oberen Einkommensgruppen und Depotgrößenklassen (Tab. A 37). Auf welche Depotdispositionen sich die wachsende Aktivität der Aktionäre aus den höheren ökonomischen Schichten konzentriert, läßt sich auf Grund der geringen Zahl an Befragten nicht zweifelsfrei klären; die Aufgliederung nach Einkommen und Depotwert weist einige ohne zusätzliche Untersuchungen nicht näher erklärbare Unterschiede auf. Am wahrscheinlichsten erscheint die Hypothese, daß mit steigendem ökonomischen Status vor allem der Anteil der Aktionäre wächst, die in einer Periode sowohl Aktien kaufen als auch verkaufen, daß also nicht nur der Anteil der inaktiven Aktionäre, sondern auch der der „Nur-Käufer" und „Nur-Verkäufer" sinkt; zumindest nehmen wir an, daß mit steigendem ökonomischen Status die Quote der in einer Periode auf beiden Marktseiten aktiven Aktionäre relativ am stärksten zunimmt. Trotz alledem bleiben auch in den obersten ökonomischen Schichten die Aktionäre, die in einem längeren Zeitraum nur Aktien dazukaufen, die bei weitem größte Gruppe; die Aktionärsbefragung des Jahres 1963 zeigte zum Beispiel, daß 45 % der Aktionäre mit einem Depot von mehr als 25 000 DM in der untersuchten Vierjahresperiode ausschließlich Aktien gekauft hatten (Tab. A 37).

Wie nicht anders zu erwarten, wird das Maß der Kauf- und Verkaufsaktivität auch von der Motivation der Aktionäre bestimmt; die höchste Aktivität zeigen jene Aktionäre, die vorwiegend oder unter anderem spekulationsorientiert sind (Tab. A 38). Aber so sehr wir uns bemüht haben, die am meisten an Kursgewinnen interessierten Aktionäre zu isolieren —, selbst unter diesen gibt es noch eine, wenn auch deutlich kleinere Gruppe völlig inaktiver Depotinhaber (11 %), und 47 % der „Spekulationsorientierten" haben in vier Jahren nichts anderes unternommen, als nur Aktien zu *kaufen*. Eine Verhaltensweise, die in der Vierjahresperiode bei spekulationsinteressierten Aktionären jedoch überhaupt nicht nachgewiesen werden konnte, war die Verfügung über das Depot *allein* durch Verkäufe; wer mit Aktien spekuliert, ist offenbar nicht bereit, mehrere Jahre hintereinander mit Käufen auszusetzen.

Ähnliche Untersuchungen wie die Aktionärsbefragung der *Forschungsstelle für empirische Sozialökonomik* und des *DIVO-Instituts* sind bisher nur in den USA vom *Survey Research Center* an der Universität Michigan[12] und mit begrenzter Problemstellung auch von der *New York Stock Exchange*[13] durchgeführt worden. Wenn auch Zeitpunkt, Zeitraum,

---

[12] Vgl. *Katona*, George, *Lininger*, Charles A., and *Mueller*, Eva: 1964 Survey of Consumer Finances, S. 93 ff.; die anderen Ausgaben des jährlich erscheinenden Berichts über die Befragungen des *Survey Research Center* enthalten zwar auch Ergebnisse von Fragen über Aktien, nicht jedoch Einzelheiten über Depotdispositionen.

[13] Vgl. *New York Stock Exchange:* The Stock Market Under Stress, New York 1963; *dieselbe:* Shareownership Today and Tomorrow, New York 1963.

Frageformulierungen und andere Besonderheiten dieser Untersuchungen keinen unmittelbaren Vergleich mit den deutschen Ergebnissen zulassen, so finden sich doch genügend Parallelen, die eine Überprüfung unserer Resultate der Tendenz nach ermöglichen.

Was die Gesamtaktivität der Aktionäre betrifft, so ist vor allem eine Feststellung der *New York Stock Exchange* bemerkenswert, wonach im Verlaufe eines Jahres etwa

2 % der Aktionäre mehr als 10 Aufträge,
48 % der Aktionäre 1 bis 10 Aufträge und
50 % der Aktionäre keinen einzigen Auftrag

an die Börse geben[14]. Demnach ist auch in den USA nur eine kleine Minderheit der Aktionäre regelmäßig mit Käufen oder Verkäufen am Markt, und wir können überdies annehmen, daß von den 2 % überwiegend „sophisticated shareowners, who have their objektives clearly in mind“[15], ein beträchtlicher Anteil nicht gerade den Kleinaktionären zuzurechnen ist.

Nach Ermittlungen des *Survey Research Centers* der Universität Michigan Anfang 1964 haben nur 40 % der Haushalte, die zu diesem Zeitpunkt Aktien besaßen, seit Beginn des Jahres 1963, also innerhalb gut eines Jahres, Aktien gekauft (Tab. A 40). Die Häufigkeit der Käufe staffelt sich nach den Angaben dieser Befragten wie folgt: 12 % kaufen alle paar Wochen, 11 % ein paarmal im Jahr, weitere 11 % kaufen ganz unregelmäßig und 6 % kaufen nur einmal im Jahr oder noch seltener.

Aus einer anderen Untersuchung desselben Instituts vom Mai/Juni 1964 geht hervor, daß nur 18 % aller Haushalte mit Aktienbesitz in den vorangegangenen 12 Monaten Aktien veräußert hatten, und zwar hatten 8 % einen, 3 % zwei und 5 % der Haushalte drei oder mehr Verkaufsaufträge an die Börse gegeben(Tab. A 39). Betrachten wir nur den Anteil der Inaktiven, dann haben in etwa einem Jahr rund 56 % der amerikanischen Aktionärs-Haushalte keine Aktien erworben (Januar 1963 bis Februar 1964) und 82 % keine Aktien veräußert (April 1963 bis April 1964).

Über die Häufigkeit der Käufe hat das *Survey Research Center* auch Ergebnisse für eine Vierjahresperiode vorgelegt (Tab. A 40). Allerdings ist eine genaue Vergleichbarkeit mit den Resultaten der Untersuchung „Eigentumsbildung und Altersvorsorge“ nicht gegeben, weil die amerikanische Auswertung auch die Aktionäre einbezieht, die im Untersuchungszeitraum erstmals Aktien erwarben. Dadurch wird eine etwas höhere Kauftätigkeit ausgewiesen, als wenn nur die Käufe der Ak-

---

[14] *New York Stock Exchange:* Shareownership Today and Tomorrow, New York 1963, S. 10.

[15] Ebenda.

tionäre betrachtet worden wären, die zu Beginn der Periode bereits Aktien hatten. Um so bemerkenswerter ist es, daß der Gesamtanteil der „Aktienkäufer" innerhalb von vier Jahren in den USA geringer war als in der Bundesrepublik. Das geht aus folgender Gegenüberstellung hervor: In der Bundesrepublik kauften 70 % der Aktionäre, die zu Beginn der Vierjahresperiode (Anfang 1959 bis April/Juni 1963) bereits ein Depot hatten, innerhalb dieser Periode irgendwann einmal Aktien (Tab. 28). In den USA erwarben dagegen nur 55 % der Haushalte[16], die am Ende der Vierjahresperiode (Anfang 1960 bis Januar/Februar 1964) ein Depot hatten, im Laufe dieser Periode irgendwann einmal Aktien (Tab. A 40).

Wahrscheinlich ist die höhere Kauf- und Verkaufsaktivität in der Bundesrepublik auf die Privatisierung des Volkswagenwerkes im Jahre 1961 zurückzuführen. Aus diesem Anlaß hat möglicherweise auch ein Teil der „alten" Aktionäre von vor 1959, die sonst keine Aktie dazugekauft hätten, Volksaktien erworben.

Doch wenn auch aus diesem Grund in der untersuchten Periode die Kaufs- und Verkaufsaktivität der deutschen Aktionäre etwas größer ist, die Tendenz ist in beiden Ländern die gleiche: Die Anzahl der Käufe und Verkäufe pro Aktionär ist auch in einer mehrjährigen Periode allgemein äußerst gering; besonders niedrig ist sie im Durchschnitt bei Aktionären mit kleinem Einkommen und geringem Wert des Aktienbesitzes. Die Gruppe der „hochentwickelten" Aktionäre mit zahlreichen Transaktionen im Jahr, der „sophisticated shareowners"[17], wie sie von der *New York Stock Exchange* einmal fast liebevoll apostrophiert wurden, sind eine winzige Minderheit von nicht einmal 5 % aller Aktionäre. Ein Fünftel bis ein Drittel der Kleinaktionäre rühren dagegen ihr Depot jahrelang überhaupt nicht an; am „unbeweglichsten" verhalten sich die Inhaber von Kleinstdepots. Verkäufe sind allgemein selten, vor allem Verkäufe ohne gleichzeitige oder spätere Wiederauffüllung des Depots durch Zukäufe. Der Anteil der Entsparer — also der Aktionäre, die ihr Depot vermindern —, liegt in einer Vierjahresperiode schätzungsweise zwischen 10 und 15 % (Tab. 28, A 41). Soweit Kleinaktionäre an der Börse aktiv werden, überwiegt selbst in einer mehrjährigen Periode der mehr oder minder regelmäßige und ausschließliche Zukauf von Aktien. Wie die Mehrzahl der Sparkonten, so zeigt auch die große Masse der Aktiendepots langfristig die Tendenz zu wachsen.

---

[16] Die mögliche Differenz beim Vergleich, die dadurch entsteht, daß die amerikanische Untersuchung im Gegensatz zur deutschen das Verhalten aller aktienbesitzenden Haushaltsmitglieder zusammenfaßt, kann hier nicht näher erörtert werden. Bei der Haushaltsauswertung errechnen sich jedoch im Vergleich zur Einzelauswertung aus dem gleichen Grundmaterial eher etwas höhere denn niedrigere Kauf- und Verkaufsquoten.

[17] *New York Stock Exchange:* Shareownership Today and Tomorrow, S. 10.

2. Aktienerwerb auf Kredit

Wie an anderer Stelle dieser Arbeit dargelegt, lehnen rund drei Viertel der Aktionäre jeden Aktienerwerb auf Kredit auch dann entschieden ab, wenn ihnen eine Testfrage vorgelegt wird, die den gelegentlichen Kreditkauf bewußt als „vernünftige" Form einer antizyklischen Anlagepolitik erscheinen läßt. Nur ein Viertel der Aktionäre war auf eine solche positiv normierte Testfrage bereit zuzugeben, daß es „bei niedrigen Aktienkursen" manchmal „klug" sein könne, „schon mal ein paar Aktien auf Kredit zu kaufen, den man später durch Verkauf zu höheren Kursen oder durch Sparen zurückzahlen kann"[18]. Die Zustimmung zu dieser Frage, die den Vorteil einer geglückten Spekulation vor Augen führte, zeigt zwar eine gewisse Anfälligkeit gegenüber spekulativem Denken, bedeutet aber keinesfalls, daß alle diese Aktionäre auch persönlich schon einmal Aktien auf Kredit erworben haben oder dieses Risiko jemals auf sich nehmen wollen.

Über die Verbreitung und Handhabung des Börsenkredits in Deutschland ist sehr wenig bekannt. Obwohl der Spekulationskredit seit der großen Krise der dreißiger Jahre geächtet ist, deuten vereinzelte Hinweise in der Wirtschaftspresse darauf hin, daß auch heute noch nicht alle Gefahren gebannt sind, die dem Kapitalmarkt aus einer hohen und verbreiteten Beleihung der Aktiendepots erwachsen können. So hieß es z. B., daß im Haussejahr 1960 „Effektenkredite in Höhe von 70 bis 80 Prozent des Kurswertes gang und gäbe" waren[19], daß es sogar Banken gegeben hat, „die ihrer Kundschaft Wertpapierkredite geradezu aufdrängten"[20] und daß späterhin — vor allem in den Monaten Mai und Juni 1962 — manche Kreditpositionen unter Zwang abgebaut werden mußten[21]. So bemerkenswert diese Beobachtungen auch sind, so können sie bei dem großen Mangel an kontinuierlicher Publizität über diese Probleme jedoch leicht den Blick auf die Proportionen zwischen Spekulanten und Nicht-Spekulanten verstellen und ein latentes Mißtrauen in die innere Verfassung des Aktienmarktes und die Verhaltensweisen der an diesem Markte Beteiligten wachhalten. Vor allem könnte die Vorstellung Bestätigung finden, die Aktie verleite viele Aktionäre zur gefährlichsten Form der Spekulation, zum Aktienerwerb auf Kredit, und der kleine

---

[18] Vgl. Fragewortlaut zu Tab. 29.

[19] *Brestel*, Heinz: Wie lange noch Börsenbaisse? In: Frankfurter Allgemeine Zeitung vom 21. Mai 1966, S. 7.

[20] *Wendt*, Kurt: Börsenzug wieder unter Dampf, in: Die Zeit vom 20. März 1964, S. 27.

[21] Vgl. z. B. Kursstürze in der ganzen Welt, in: Der Volkswirt, Nr. 22/1962, S. 1032; Neuer Kursdruck an den Aktienbörsen, in: Der Volkswirt, Nr. 26/1962, S. 1271; siehe auch: *Deutsche Bank AG.*: Das Börsenbild 1962, Düsseldorf, Frankfurt (Main), Hamburg 1963, S. 12.

Sparer müsse vor dieser Gefahr von vornherein geschützt werden, indem man ihm gänzlich von der Aktie abrate.

Die große Masse der Aktionäre nimmt jedoch an der Effektenspekulation auf Kredit überhaupt nicht teil. Sogar mehr als vier Fünftel (82 %) der Aktionäre, die bei niedrigen Kursen einen Aktienerwerb auf Kredit für klug halten würden, haben selbst noch niemals einen Kreditkauf getätigt. Auf alle Aktionäre bezogen ergibt dies, daß nur rund 4 % der Aktionäre jemals einen Börsenkredit in Anspruch genommen haben (Tab. 29). Dabei ist noch zu berücksichtigen, daß ohne den Sondereinfluß der VW-Privatisierung die Quote der „Kreditkäufer" sogar unter 4 % gelegen hätte. Denn rund 10 % des Privatisierungskapitals der Volkswagenwerk AG war seinerzeit auf „Raten" gezeichnet worden[22], und wenn auch ein Teil der „Ratenkäufer" zwischen 1961 und 1963 ihre Aktien wieder veräußerte, so mußten doch viele der verbliebenen Volksaktionäre die Frage nach dem Aktienerwerb auf Kredit nur wegen der Ratenzahlung ihrer VW-Aktien bejahen[23].

Tab. 29: Aktienerwerb auf Kredit

Fragen: „Meinen Sie, daß es bei niedrigen Aktienkursen manchmal klug ist, schon mal ein paar Aktien auf Kredit zu kaufen, den man später durch Verkauf zu höheren Kursen oder durch Sparen zurückzahlen kann, oder sollte man Aktien nicht auf Kredit kaufen?"

Falls ‚Aktien schon mal auf Kredit kaufen':
„Haben Sie selbst schon ein paar Aktien auf Kredit gekauft?"

Einstellung zum Aktienerwerb auf Kredit ...	Alle Aktionäre
positiv und auch *selbst* schon auf Kredit gekauft	4
positiv, aber *nicht* selbst auf Kredit gekauft	17
negativ	69
Keine Angabe	10
Zusammen	100 %
Basis	437

[22] Nach dem endgültigen Zeichnungsergebnis der VW-Privatisierung, mitgeteilt vom *Bundesschatzministerium*.

[23] Möglicherweise wurde an einen Teil der Aktionäre, die nur VW-Aktien besaßen, die in Tabelle 29 zitierte Nachfrage nicht gestellt, weil diese Aktionäre trotz der Bezahlung ihrer VW-Aktien auf Raten einem „Kredit" zu spekulativen Zwecken — wie er in der Vorfrage dagestellt wurde — von vornherein ablehnend gegenüberstanden.

Der geringe Anteil der Aktionäre, die sich an der Aktienspekulation auf Kredit beteiligen, wird auch durch amerikanische Untersuchungen bestätigt. Teilweise gilt dies sogar für die große Spekulationsperiode des Jahres 1929; spätere Untersuchungen des amerikanischen Senats über die Hintergründe des Kurszusammenbruchs haben ergeben, „daß der Boom und die darauf gefolgte Krise in erster Linie nicht von den kleinen Spekulanten verursacht worden war, sondern daß vielmehr die verantwortungslose Kreditgewährung der Banken an Broker einerseits und die Weiterleitung dieser Kredite durch die Broker an die Spekulanten andererseits, Börsenmanipulationen und Finanzierungsschwindel bei Emissionen die Ursache waren“[24]. Keinesfalls war die große Hausse des Jahres 1929, wie es in einer zeitgenössischen Schilderung hieß, eine „nationale Manie“ gewesen[25]. „Die Klischeevorstellungen von 1929, daß jedermann am Börsenmarkt beteiligt war, ist von der Wahrheit weit entfernt[26].“ Nach Angaben der Broker-Häuser vor dem Untersuchungsausschuß des Senats haben im ganzen Jahr 1929 insgesamt nur 1,55 Millionen Aktionäre Kauf- oder Verkaufsanträge an die Börse gegeben. Davon nahmen etwa 650 000 Aktionäre irgendwann einen Broker-Kredit in Anspruch — darunter nur rund 50 000 erstmals zwischen Januar und Juli 1929 —, während 950 000 den Gegenwert ihrer Käufe in bar oder per Guthaben ausglichen[27]. Selbst wenn einige Aktienerwerber, die bei den Brokern volle Zahlung leisteten, sich anderswo Kredite beschafft hatten, muß die Zahl der aktiven Spekulanten bei weniger, wahrscheinlich weit weniger, als 1 Million gelegen haben[28].

Über die Gesamtzahl der amerikanischen Aktionäre im Jahre 1929 liegen leider nur stark voneinander abweichende Schätzungen vor. Die niedrigste Schätzung liegt bei 4, die höchste bei 9 Millionen Aktionären[29]. Setzen wir nun die Zahl der Kreditkäufer von etwa 800 000 und die Anzahl der an der Börse überhaupt aktiven Aktionäre von 1,55 Millionen jeweils in Beziehung zu der am höchsten und der am niedrigsten geschätzten Aktionärs-Gesamtzahl, so ergeben sich folgende Größenordnungen: Nicht mehr als 9—20 % der amerikanischen Aktionäre haben im

---

[24] *Waldthausen*, Michael von: Handbuch des amerikanischen Stockbrokergeschäfts, Veröffentlichungen des *Instituts für Bankwirtschaft und Bankrecht an der Universität Köln*, Wirtschaftswissenschaftliche Reihe, Bd. XIII, Frankfurt a. M. 1963, S. 29.

[25] Vgl. *Rosenstiel*, Frederik H.: Dreißig Jahre nach dem großen Börsenkrach, in: Frankfurter Allgemeine Zeitung vom 24. Oktober 1959, S. 5, der den Bericht eines Amerikaners über die Atmosphäre vor der Krise zitiert.

[26] *Galbraith*, John Kenneth: Der große Krach 1929, Stuttgart 1963, S. 122 (Orig. amerik.: The Great Crash 1929, London 1955).

[27] Ebenda, S. 123.

[28] Ebenda.

[29] *Cox*, Edwin Burk: Trends in the Distribution of Stock Ownership, Philadelphia/Penn. 1963, S. 33.

Jahre 1929 Aktien auf Kredit erworben, und nur 17—39 % aller Aktionäre sind in jenem Jahr überhaupt an der Börse tätig geworden. Auch die größte Spekulationshausse der modernen Börsengeschichte war somit nur von einer Minderheit der Aktionäre getragen.

Gleichwohl dürfte ein Anteil von 9—20 % Kreditkäufern seitdem nie mehr erreicht worden sein. Die Gefahren, die dem Kapitalmarkt und der ganzen Wirtschaft von dieser auf Kredit spekulierenden Minderheit drohen, haben nach der großen Krise in den USA zu einer besonders konsequenten Reglementierung und Kontrolle des Börsenkredits geführt[30]. Vorschriften des *Federal Reserve Board* und die Börsenordnung der *New York Stock Exchange* schreiben seitdem für Aktienkäufe bestimmte Mindesteinzahlungen vor, die in der Hausse erhöht und in der Baisse vermindert werden können und bisher zwischen 40 und 90 % des Anschaffungspreises der Aktie geschwankt haben. Die Teilnahme kleiner Aktionäre an der Kreditspekulation ist an der *New York Stock Exchange* außerdem auch dadurch erschwert, daß von allen Kreditkäufern ein Mindesteinschuß von 2000 $ bei niedrigeren Erstaufträgen die Einzahlung des vollen Kaufbetrages verlangt wird[31].

Diese institutionellen Sicherheiten und das Wissen um die Höhe der Spekulationsrisiken, die vielen Amerikanern auch heute noch vor Augen stehen, dürften die Hauptgründe dafür sein, daß der Anteil der Kreditkäufer an der Gesamtzahl der amerikanischen Aktionäre in den sechziger Jahren erheblich geringer war als etwa im Jahre 1929. Eine Untersuchung der *New York Stock Exchange* über die Hintergründe der extremen Abwärts- und Aufwärtsbewegung der Aktienkurse innerhalb der letzten drei Börsentage im Mai 1962 läßt die Größenordnungen erkennen[32]. Zwar war der Anteil der Börsenumsätze, der über Kreditkonten abgerechnet wurde, mit einem Fünftel der Gesamtumsätze oder gut einem Drittel der Umsätze der nicht-institutionellen Anleger erstaunlich hoch[33]; jedoch wäre es falsch, hieraus auf eine große Zahl der Kreditkäufer zu schließen. Ende Mai 1962 gab es bei allen Mitgliedern der *New York Stock Exchange*

---

[30] Einen Überblick gibt *Waldthausen*, Michael von, a.a.O., S. 172 ff.; die Entwicklung ist aber noch nicht abgeschlossen. Die vorwiegend in den frühen dreißiger Jahren erlassenen Gesetze und Verordnungen wurden im Auftrag des Kongresses in den Jahren 1961—1963 auf ihre Wirksamkeit untersucht. Der Bericht der untersuchenden Behörde (SEC) schlägt u. a. weitere Kontrollen vor. Vgl. *Hazard*, John W., and Milton *Christie:* The Investment Business. A Condensation of the SEC Report, New York und London 1964, S. 320 ff., vor allem S. 329 f.

[31] Der Mindesteinschuß wurde erst im Frühjahr 1966 von 1000 auf 2000 $ erhöht. Vgl. Wall Street will Spekulation bremsen, in: Frankfurter Allgemeine Zeitung vom 25. April 1966, S. 15.

[32] *New York Stock Exchange:* The Stock Market Under Stress.

[33] Ebenda, S. 17, Tab. 7 und 8.

nur 387 000 offene Kreditkonten[34]. Da der Anteil dieser Börse am gesamten amerikanischen Aktienmarkt zwischen 70 und 90 % liegt[35], halten wir eine Schätzung von rund 480 000 Konten für alle amerikanischen Börsen für realistisch. Hinzu kommen noch Kreditkonten bei Nichtmitgliedern der Börsen, deren Anzahl sich jedoch nicht genau abschätzen läßt. Allerdings wird die Zahl dieser Konten bei weitem nicht die Zahl der bei den Börsenmitgliedern bestehenden Konten erreichen; von dieser Annahme war auch *Galbraith* für das Jahr 1929 ausgegangen[36]. Wir schätzen daher nach Abwägung aller Umstände den Anteil der Kreditkäufer an der Gesamtzahl der amerikanischen Aktionäre des Jahres 1962 von 17 Millionen auf weniger als 5 %. Dies erscheint auch im Hinblick auf die oben dargestellte geringe durchschnittliche Kauf- und Verkaufsaktivität realistisch; denn wer Aktien auf Kredit erwirbt, wird in den meisten Fällen mehr als nur einige Male im Jahr einen Kauf- oder Verkaufsauftrag geben, und die Gruppe der Aktionäre mit häufigen Transaktionen umfaßt ebenfalls nur eine Minderheit von wenigen Prozent aller Aktionäre.

Abschließend ist noch zu fragen, wer die Aktionäre sind, die Aktien auf Kredit erwerben. Gehen wir von den Ergebnissen der Aktionärsbefragung in der Bundesrepublik des Jahres 1963 aus, dann verteilt sich die kleine Gruppe der Kreditkäufer ziemlich gleichmäßig auf alle sozialökonomischen Schichten (Tab. A 42). Etwas geringer als beim Durchschnitt ist der Aktienerwerb auf Kreditbasis nur in der untersten Einkommensschicht und bei den älteren Aktionären verbreitet. Außerdem zeichnen sich die Kreditkäufer dadurch aus, daß in ihrer Familie und in ihrem Kollegen- und Bekanntenkreis Aktienbesitz relativ häufig anzutreffen ist.

Allgemein zeigt die Auswertung nach sozialökonomischen Merkmalen jedoch nur wenig signifikante Differenzen. Wahrscheinlich liegt dies darin begründet, daß die Ratenzahlung bei der VW-Privatisierung den Unterschied zwischen „echten" Krediterwerbern und solchen Neulingen, die gewissermaßen nur das einmalige „Sonderangebot" ausnutzten, verwischt hat. Selbstverständlich ist der Anteil der Kreditkäufer unter den vorwiegend spekulationsorientierten Aktionären am höchsten; aber keinesfalls alle, ja nicht einmal 10 % von denen, die in erster Linie eine Kurssteigerung ihrer Aktien erhoffen, sind auch bereit, hierfür ein Geschäft auf Einschuß zu wagen (Tab. A 43).

Vergleichbare amerikanische Ergebnisse über die soziale Schichtung der Kreditkäufer liegen nicht vor. Die *New York Stock Exchange* hat

---

[34] Ebenda, S. 41.

[35] Vgl. *Weidenhammer*, Robert M.: Das Bank- und Börsenwesen in den USA, Taschenbücher für Geld, Bank und Börse, Bd. 32, Frankfurt a. M. 1966, S. 70.

[36] Vgl. *Galbraith*, John Kenneth, a.a.O., S. 122 f.

jedoch die Börsenumsätze an den drei letzten Tagen des Monats Mai 1962 nach dem Haushaltseinkommen der Auftraggeber und nach Bar- und Kreditkäufern aufgegliedert. Hierbei zeigte sich, daß der Anteil der Barumsätze am Gesamtgruppenumsatz in der niedrigsten Einkommensgruppe am höchsten (75,4 %), in der obersten Einkommensgruppe dagegen am geringsten ist (61,2 %)[37]. Dies deutet darauf hin, daß der Anteil der Kreditkäufer mit steigendem Einkommen wächst. Ob das allerdings schon zu der Behauptung berechtigt, daß „those who buy on margin can afford it most“[38], wie die *New York Stock Exchange* an anderer Stelle etwas euphemistisch ausführt, ist zumindest zweifelhaft. Immerhin erhielten rund 11 % der Kreditkäufer, die Ende Mai 1962 einen Kredit bei einem Börsenmitglied der *New York Stock Exchange* in Anspruch genommen hatten, in der letzten Woche des Mai 1962 eine oder mehrere Aufforderungen (margin calls), zwecks Vermeidung von Zwangsmaßnahmen umgehend die Sicherheitsleistung für ihre Kredite zu erhöhen[39]. Wenn dies auch nicht einmal ein halbes Prozent aller amerikanischen Aktionäre betraf, so führte es doch erneut die Risiken vor Augen, die jeder spekulative Kredit mit sich bringen kann.

Andererseits können sich die Entscheidungen der Eigentumspolitik nicht an den möglichen Mißbräuchen und dem Leichtsinn einer kleinen Minderheit orientieren. Im ganzen ist der Anteil der auf Kredit spekulierenden Aktionäre so gering, daß keinerlei Grund besteht, deswegen an der Eignung der Aktie als Vermögensanlage für kleine Ersparnisse zu zweifeln. Gewiß kann eine unkontrollierte Ausweitung der Effektenkredite die Kursbewegungen nach beiden Seiten verschärfen und damit den langfristigen Interessen der Mehrheit aller Investoren schaden. Doch hiergegen hilft allein und zuverlässig eine strengere, in Hausse und Baisse variable Begrenzung der spekulativen Effektenkredite. Die Minderheit der auf Kredit spekulierenden Aktionäre kann keine Begründung für eine allgemeine Diskriminierung der Aktie liefern. Das empirische Material führt vielmehr zu der Hypothese, daß mit wachsendem Anteil der kleinen Aktiensparer am gesamten Aktienkapital auch die Quote der aktiven Spekulanten an der Gesamtzahl der Aktionäre sinken wird

3. Die Festlegung von Aktien nach dem Sparprämiengesetz

Sowohl unsere Motivationsanalyse wie die Untersuchung des faktischen Verhaltens in einer Vierjahresperiode lassen keinen Zweifel daran, daß die meisten Aktionäre mit dem Aktienerwerb eine langfristige Liquidi-

---

[37] Errechnet nach Angaben der *New York Stock Exchange:* The Stock Market Under Stress, S. 19 ff., Tab. 12 und 14.

[38] *New York Stock Exchange:* Shareownership Today and Tomorrow, S. 12.

[39] *New York Stock Exchange:* The Stock Market Under Stress, S. 41.

tätsbindung beabsichtigen. Rund 90 % der Aktionäre, deren Anlageverhalten zwischen 1959 und 1963 beobachtet werden konnte, haben in diesem Zeitraum ihr Aktiendepot entweder nur vergrößert, umgeschichtet oder überhaupt nicht angetastet. Damit wäre bei diesen Aktionären auch die wichtigste Voraussetzung gegeben, um die Vorteile des Sparprämiengesetzes ausnutzen zu können.

Indessen ist der Anteil der Aktionäre, die die Vergünstigungen dieses Gesetzes tatsächlich in Anspruch genommen haben, mit 55 % wesentlich geringer, als es die durchweg lange Festlegung der in Aktien angelegten Ersparnisse möglich erscheinen läßt (Tab. 30). Rational, d. h., wenn allein in Aufwands- und Ertragskategorien gedacht wird, ist dieses Verhalten

Tab. 30: Ausnutzung des Sparprämiengesetzes

Fragen: „Haben Sie schon einmal vom sogenannten ‚Sparprämiengesetz' gehört, mit dem der Staat das längerfristige Sparen auf dem Sparbuch oder in bestimmten Wertpapieren fördern will?"

Falls davon gehört:

„Haben Sie persönlich schon von den Möglichkeiten des Sparprämiengesetzes Gebrauch gemacht?"

Vergünstigungen des SparPG ...	Alle Aktionäre %	Aktionäre, die vor 1960 erstmals Aktien erwarben %
haben ausgenutzt	53	55
haben nicht ausgenutzt, aber schon davon gehört	43	41
sind unbekannt	4	4
Zusammen	100 %	100 %
Basis	437	177

nicht erklärbar, geht doch dadurch für einen Teil der Ersparnisse eine fast mühelos zu erlangende „Zusatzverzinsung" von jährlich mindestens 4 % verloren. Daß hierin eine gesteigerte „Liquiditätsvorliebe" im *Keynes*schen Sinne zum Ausdruck kommt, erscheint wenig wahrscheinlich. Selbst wenn es den meisten Aktionären nicht bekannt wäre, daß ein Sparprämienvertrag innerhalb der Festlegungsfrist jederzeit rückgängig gemacht werden kann und dann nichts weiter als der Prämienanspruch verloren geht, kann „Liquiditätsvorliebe" keine allgemeine Erklärung für die Zurückhaltung der Aktionäre gegenüber dem Sparprämiengesetz sein. Denn fast 50 % der Nicht-Prämiensparer haben zusätzlich zu ihren Aktien noch eine ständige finanzielle Reserve von mindestens 2 000 DM auf dem Konto (Tab. A 44). So dürften die Hypothesen größere Wahrscheinlichkeit für sich haben, die die Ursachen der relativ geringen Ausnutzung des Sparprämiengesetzes mehr in fehlenden Kenntnissen und „psychologischen Imponderabilien“[40] sehen. 4 % der Aktionäre fallen als potentielle Nutznießer aus, weil sie überhaupt noch nicht von den Vergünstigungen des Gesetzes gehört haben; andere Aktionäre dürften nicht *ausreichend* oder gar nicht über wichtige Modalitäten unterrichtet sein. Darüber hinaus könnten Bequemlichkeit und ähnliche in der psychischen Konstitution des einzelnen begründete irrationale Verhaltenspraedispositionen, die der allzu theoretischen Annahme vom rational handelnden Menschen zuwiderlaufen, der Ausnutzung der Vergünstigungen im Wege stehen. Auf die große Bedeutung der Persönlichkeitsfaktoren für den Umgang mit Geld hat kürzlich vor allem *Schmölders* hingewiesen[41]. Zu diesen persönlichen, nicht durch die Kategorien Aufwand und Ertrag bestimmten Faktoren gehört sicherlich auch eine negative Einstellung gegen jede schriftliche Festlegung und jeglichen bürokratischen Aufwand als Hindernis für den Abschluß von Sparprämienverträgen; eine dahingehende Hypothese erscheint uns der künftigen empirischen Überprüfung wert. Hier dürfte möglicherweise auch die Ursache dafür liegen, daß Aktionäre aus dem Kreis der Beamten die Vorteile des Sparprämiengesetzes mit Abstand am häufigsten in Anspruch nehmen (Tab. A 45).

Dem widerspricht nicht, daß darüber hinaus generell eine enge Beziehung zwischen der sozialökonomischen Situation der Aktionäre und der Ausnutzung des Sparprämiengesetzes besteht. Aus den höheren Einkommens- und Bildungsschichten nehmen erheblich mehr Aktionäre die Vergünstigungen dieses Gesetzes in Anspruch als aus den unteren (Tab. A 45). Aktionäre mit einem Nettomonatseinkommen über 1 500 DM beispielsweise gehörten 1963 bereits zu 62 % in den Kreis der Prämiensparer, Aktionäre mit einem Einkommen von weniger als 800 DM dagegen nur zu 45 %. Oder anders dargestellt: Das durchschnittliche Nettomonatseinkommen aller prämiensparenden Aktionäre betrug im Jahre 1963 1 280 DM, das der nicht-prämiensparenden Aktionäre hingegen nur 1 100 DM[42]. Da die finanziellen und liquiditätsmäßigen Voraussetzungen für die prämienbegünstigte Festlegung von Ersparnissen objektiv bei fast allen Aktionären gegeben sind, dürften diese Unterschiede vorwiegend darauf zurückzuführen sein, daß sich mit einem höheren sozialökonomischen Status häufig auch eine größere Fähigkeit verbindet, die vorge-

[40] *Schmölders*, Günter: Psychologie des Geldes, S. 63.

[41] Ebenda, S. 57.

[42] Nach Auszählungen aus dem Datenmaterial der Umfrage „Eigentumsbildung und Altersvorsorge“.

nannten kenntnismäßigen, einstellungsbedingten und psychischen Hindernisse für einen rationalen, rechenhaften Umgang mit den eigenen Ersparnissen zu überwinden.

Wie auch immer der unterschiedliche Ausnutzungsgrad der Eigentumsförderungsmaßnahmen in den verschiedenen sozialökonomischen Schichten der Aktionäre zu erklären ist, eigentumspolitisch ist er von großer Bedeutung. Von den Förderungsmaßnahmen profitieren bisher die ökonomisch Schwächeren, denen die Vergünstigungen in erster Linie zugedacht sind, deutlich *weniger* als diejenigen, die den eigentumspolitischen Zielen nach von der Förderung eigentlich ausgeschlossen sein sollten. Die an anderer Stelle dargelegten positiven Aspekte des Sparprämiengesetzes[43] können daher nicht darüber hinwegtäuschen, daß das Gesetz in seiner derzeitigen Fassung infolge des spezifisch unterschiedlichen Verhaltens der legal Berechtigten antiredistributiv wirkt.

Sofern Aktionäre die Vergünstigungen des Sparprämiengesetzes ausnutzen, geschieht dies nun keineswegs überwiegend in der Form des prämienbegünstigten Erwerbs von Wertpapieren, sondern in den meisten Fällen durch Einzahlungen auf ein prämienbegünstigtes Sparkonto. Bezogen auf alle Aktionäre, die bis zum Jahre 1963 die Förderung des Gesetzes in Anspruch nahmen, haben mehr als zwei Drittel ausschließlich einen Kontensparvertrag (69 %), dagegen nur ein knappes Drittel ausschließlich (18 %) oder unter anderem (13 %) einen Wertpapiersparvertrag abgeschlossen (Tab. 31).

Obwohl also die meisten Aktienbesitzer ihr Depot über Jahre oder Jahrzehnte nur vergrößern oder mindestens im gleichen Umfange aufrechterhalten, führt dies nur selten dazu, daß sie Teile ihres Depots als prämienbegünstigte Anlage begründen und für fünf Jahre festlegen. Dieses Ergebnis verliert auch dadurch kaum an Gewicht, daß der Anteil der Wertpapiersparverträge an der Gesamtzahl der prämienbegünstigten Sparverträge wahrscheinlich in der Gesamtbevölkerung *noch* geringer ist[44].

Die Gründe für die bisher geringe Resonanz des Wertpapiers als prämienbegünstigte Sparform selbst bei Aktienbesitzern sind noch nicht Gegenstand empirischer Untersuchungen gewesen. Wahrscheinlich ist die Tatsache, daß auch Aktien und andere Wertpapiere prämienbegünstigt angelegt werden können, allgemein noch wenig bekannt[45]. Auch die Beratungspraxis und Werbung der Kreditinstitute dürfte den Wertpapiersparvertrag in den Hintergrund treten lassen. Keinesfalls ist je-

---

[43] Vgl. oben S. 86 ff.

[44] Vgl. oben S. 88.

[45] Vgl. *Deutscher Bundestag*, 4. Wahlperiode, Drucksache IV/3224, S. 2.

Tab. 31: Anlageform der prämienbegünstigten Ersparnisse

Frage: (*Falls* vom SparPG Gebrauch gemacht)
„Haben Sie das Geld auf dem Sparbuch bzw. Sparkonto oder in Wertpapieren festgelegt?"

	Aktionäre, die das SparPG ausnutzen %
Sparbuch, Sparkonto	69
Wertpapiere	18
Sparbuch, Sparkonto *und* Wertpapiere	13
Zusammen	100 %
Basis	227

doch die geringe Quote der Wertpapiersparverträge überwiegend darauf zurückzuführen, daß zum Zeitpunkt der Befragung im Jahre 1963 der *Zweit*erwerb von Aktien noch nicht in den Katalog der prämienbegünstigten Sparleistungen aufgenommen worden war. Volksaktien konnten z. B. in jedem Fall prämienbegünstigt angelegt werden, und doch ist der Anteil der Volksaktionäre, die lediglich Einzahlungen auf ein prämienbegünstigtes Sparkonto vorgenommen haben, sehr hoch (Tab. A 46). Wertpapiersparverträge wurden am seltensten von Aktionären abgeschlossen, die mit dem Volksaktienerwerb erstmals Wertpapiere in Besitz nahmen. Es ist, als ob Neulinge das Wagnis des ersten Wertpapierkaufs nicht gleich in ein festes Vertragsverhältnis einbringen wollten. Dagegen nutzen die Aktionäre, die außer Volksaktien noch andere Aktien besitzen, die im Sparprämiengesetz vorgesehenen Vergünstigungen besonders vielfältig aus. In die gleiche Richtung weist das Ergebnis, daß mit steigendem sozialökonomischen Status der Aktionäre auch die Präferenz für Wertpapiersparverträge zunimmt; je größer der Gesamtanteil der Sparprämiensparer in einer Aktionärsschicht ist, desto höher ist auch der Anteil der Verträge, die eine prämienbegünstigte Anlage von Wertpapieren vorsehen (Tab. A 46).

Alles in allem zeigen die Resultate, daß das Sparprämiensystem für die Förderung des dauerhaften Aktienbesitzes noch längst nicht voll erschlossen ist. Vor allem die Aktionäre aus den ökonomisch schwächeren Bevölkerungsschichten, denen eine Sparprämie den ersten Schritt in das Neuland des Aktiensparens erleichtern könnte, nutzen die gebotene Chance relativ selten aus. Solange das Gesetz nicht auf Sparer der unteren Einkommensschichten begrenzt wird, muß daher im Sinne der eigentumspolitischen Zielsetzung zu der finanziellen Begünstigung der Sparleistung eine gezielte Spar*werbung* hinzukommen, damit die unteren Schichten in der Häufigkeit der Ausnutzung des Gesetzes nachziehen. Nur so kann der verhaltensbedingte antiredistributive Effekt der Förderungsmaßnahmen mit der Zeit abgeschwächt werden.

4. Das Verhalten in Hausse und Baisse

Die allgemein geringe Kauf- und Verkaufsaktivität der Kleinaktionäre, das starke Überwiegen der Zukäufe und die minimale Spekulation auf Kredit bieten noch keine ausreichende Gewähr dafür, daß die Kleinaktionäre nicht durch die Art, wie sie mit ihren Aktien umgehen, die Ziele der Eigentumspolitik durchkreuzen könnten. Auch eine relativ geringe Gesamtaktivität an der Börse schließt nicht aus, daß die sporadischen Käufe und die noch selteneren Verkäufe sich so unglücklich auf Baisse und Hausse verteilen, daß daraus Vermögensverluste und eine fortwährende Gefährdung der eigentumspolitischen Zielsetzung erwachsen. Es ist daher wichtig, die Depotdispositionen der Aktionäre in Hausse und Baisse gesondert zu untersuchen.

In der Aktionärsbefragung des Jahres 1963 der *Forschungsstelle für empirische Sozialökonomik* und des *DIVO-Instituts* wurde die Börsenaktivität für zwei Untersuchungszeiträume im einzelnen ermittelt: Für das zweite Halbjahr 1960 und für den Zeitraum von Anfang 1962 bis zum Zeitpunkt der Befragung zwischen April und Juni 1963. In das zweite Halbjahr 1960 fiel die stürmische Endphase und der Kursgipfel der bisher größten Nachkriegshausse, in die Untersuchungsperiode 1962/63 eine ausgeprägte, starke Baisse mit Tiefstkursen während der Kubakrise im Oktober 1962. Auch wenn diese Baissetendenz nicht die ganze Untersuchungsperiode hindurch anhielt, sondern durch eine kräftige Zwischenerholung im November 1962 und eine Haussebewegung von März bis Mai 1963 unterbrochen bzw. abgelöst wurde, kann für die Gesamtperiode die Baisse als bestimmendes Charakteristikum angesehen werden; immerhin lag der Aktienindex des *Statistischen Bundesamtes* Anfang Juli 1963 noch 117 Punkte unter dem Stand von Anfang 1962 und 188 Punkte unter dem von Ende 1960[46]. An der am längsten andauernden Kurstendenz gemessen, bezeichnen wir daher im folgenden den Zeitraum von Anfang 1962 bis zum April/Juli 1963 grob als Periode mit überwiegender Baissetendenz, um die Verhaltensweisen der Aktionäre in dieser Zeit mit denen in der Hausse im zweiten Halbjahr 1960 zu vergleichen.

---

[46] *Statistisches Bundesamt,* Fachserie I: Geld und Kredit, Reihe 2: Aktienkurse, I. Index der Aktienkurse, 1960—1963.

Tab. 32: Kauf- und Verkaufsaktivität in Hausse und Baisse

Fragen: „Sie sagten, Sie haben in den letzten vier Jahren Aktien gekauft oder verkauft: Haben Sie auch in den letzten anderthalb Jahren, also seit Anfang 1962, Aktien gekauft, haben Sie welche verkauft oder beides?"

„Vielleicht nehmen wir dann nur noch das Jahr 1960 oder der Einfachheit halber nur die zweite Jahreshälfte 1960, als die Aktienkurse einen sehr hohen Stand erreicht hatten. Vielleicht erinnern Sie sich bitte einmal, so gut es geht, daran: Haben Sie in dieser Zeit Aktien verkauft, haben Sie welche gekauft oder beides?"

	Hausse 2. Halbjahr 1960	*Baisse* 1962/63	
	Aktionäre, die 1960 oder früher erstmals Aktien erwarben %	Alle Aktionäre %	darunter: Aktionäre, die 1960 oder früher erstmals Aktien erwarben %
Nur gekauft	20	29	28
Nur verkauft	8	3	3
Gekauft und verkauft ..	3	5	8
Weder gekauft noch verkauft	61	61	59
Keine Angabe	8	2	2
Zusammen	100 %	100 %	100 %
Basis	214	437	181

In Tabelle 32 ist die Kauf- und Verkaufsaktivität der Aktionäre in der untersuchten Hausse- und Baisseperiode dargestellt.

Am auffallendsten ist, daß jeweils rund drei Fünftel der Aktionäre in der Hausse und in der Baisse keinerlei Aktivität entfaltet haben. Sie weichen in den Extremphasen der Börsenkursbewegung den erhöhten Risiken aus, nutzen aber auch nicht die gebotenen Chancen besonders günstiger Käufe oder Verkäufe. Für eine Theorie des Anlageverhaltens bedeutet dies, daß alle Hypothesen, die spezifische Kauf- und Verkaufsaktivitäten der Aktionäre in Hausse und Baisse annehmen, nur einen Teilausschnitt der Wirklichkeit erklären können. Der „kleine" Aktiensparer reagiert auf Kursschwankungen im allgemeinen weit weniger als vielfach angenommen wird. Der spekulationsorientierte aktive Aktionär, der im Vordergrund der theoretischen Überlegungen von *Hahn* und

Sombart[47] steht, mag zwar einen relativ großen Einfluß auf die Börsenpreisbildung ausüben, er ist jedoch, nachdem die Zahl der Aktionäre mit Kleinstdepots von Jahr zu Jahr immer größer wird, nicht oder nicht mehr der zahlenmäßig vorherrschende Reaktionstyp.

Betrachten wir nun den Gesamtanteil der *aktiven* Aktionäre und berücksichtigen dabei die unterschiedlich lange Dauer der untersuchten Hausse- und Baisseperiode, dann ergibt sich in der Hausse eine deutlich größere Aktivität der Aktionäre als in der Baisse. In der halbjährigen Hausseperiode wurden ungefähr genau so viele Aktionäre an der Börse tätig wie in der fast dreimal längeren Baisseperiode. Die im ganzen geringe Aktivität der Aktionäre verteilt sich also nicht gleichmäßig auf Hausse und Baisse; insoweit wird die These von der größeren Anziehungskraft der Hausse bestätigt.

Was die *Art* der Aktivität betrifft, so überwiegen in beiden Perioden die Käufer erheblich. Jedoch ist das Verhältnis der Käufer zu den Verkäufern in der Hausse ausgewogener als in der Baisse. Während im Untersuchungszeitraum mit Haussetendenz das Verhältnis von Nur-Käufern zu Nur-Verkäufern 2,5 : 1 betrug, lag es im Zeitraum mit Baissetendenz bei fast 10 : 1. In der Hausse verkaufen also relativ mehr Aktionäre als in der Baisse.

Aber im ganzen fallen die Verkäufe in beiden Perioden sehr wenig ins Gewicht. Die privaten Aktionäre reagieren, soweit sie überhaupt aktiv sind, durch das Ausmaß ihrer Kauftätigkeit. Gewinne werden selten und Verluste noch seltener realisiert.

Gehen wir in der Analyse einen Schritt weiter und fragen, ob und inwieweit diese Gesamtergebnisse auch das Verhalten der Aktionäre aus verschiedenen sozialökonomischen Gruppen repräsentieren.

Die größte Veränderung bei einer Aufgliederung nach sozialökonomischen Merkmalen erfährt das Verhältnis von inaktiven zu aktiven Aktionären (Tab. A 47 und A 48). In den Aktionärsgruppen mit niedrigem Einkommen, niedriger Schulbildung oder niedrigem Kurswert des Aktiendepots ist die Inaktivität in Hausse und Baisse jeweils am größten. Je höher der sozialökonomische Status eines Aktionärs, um so wahrscheinlicher ist es, daß er in Hausse und Baisse mit Käufen und Verkäufen aktiv wird.

Unabhängig vom Gesamtumfang der Aktivität in den einzelnen sozialökonomischen Gruppen ist unter Berücksichtigung der Dauer der untersuchten Hausse- und Baisseperiode in sämtlichen Gruppen die Aktivität in der Hausse größer als in der Baisse. Ebenso überwiegen in allen Schichten in der Hausse wie in der Baisse bei weitem die Käufe.

---

[47] Vgl. S. 145 ff. dieser Arbeit.

Der ohnehin stets geringe Anteil der Aktionäre, die ausschließlich auf der Verkäuferseite tätig sind, nimmt in allen Aktionärsschichten in der Baisse weiter ab.

Der Einfluß der sozialökonomischen Schicht auf das Baisse- und Hausseverhalten der *aktiven* Aktionäre kann also nur sehr schwach sein und äußert sich keinesfalls in einem gegenläufigen Verhalten. Lediglich das *Verhältnis* zwischen Käufen und Verkäufen scheint sich bei einem grundsätzlichen Überwiegen der Käufe schichtspezifisch etwas zu verändern.

Wahrscheinlich verhalten sich Aktionäre aus höheren Einkommens- und Bildungsschichten in der Hausse etwas „richtiger", indem sie im Vergleich zu den Aktionären aus der untersten sozialökonomischen Schicht häufiger Aktien zu hohen Kursen veräußern (Tab. A 47). Aber das Befragungsmaterial zeigt keine durchgängige Tendenz. Zwar realisieren Aktionäre der untersten Einkommensgruppe und der niedrigsten Bildungsstufe ihre Gewinne besonders selten, aber es ist auch nicht die Aktionärsgruppe mit dem höchsten Einkommen und der besten Bildung, bei der das Verhältnis von Käufern zu Verkäufern in der Hausse am „günstigsten" ist; denn in dieser Gruppe haben am meisten Aktionäre auch zu den Höchstkursen der Hausse Aktien erworben. Am besten schneiden auf Grund der vorliegenden Befragungsergebnisse Aktionäre mit mittlerem Einkommen und mittlerer Schulbildung ab; bei ziemlich hoher Inaktivität wurden in diesen Gruppen von relativ vielen Aktionären Aktien veräußert, während der Anteil der Käufer im Vergleich zu allen anderen Gruppen am niedrigsten lag.

Auch in der Baisse zeigt sich nur ein kleiner schichtspezifischer Einfluß im Verhältnis der Aktionäre, die nur kaufen, zu denen, die nur verkaufen. In der obersten Einkommens- und Bildungsschicht ist der Anteil der Aktionäre, die zu Baissekursen Aktien ausschließlich erwerben, besonders hoch und im Vergleich dazu der Anteil der Aktionäre, die in der Baisse nur Aktien verkaufen, besonders gering (Tab. A 48). Unter den Berufsgruppen erweist sich das Verhältnis zwischen Käufen und Verkäufen in der Baisse bei den freien Berufen am vorteilhaftesten und bei den Selbständigen aus Handel und Gewerbe am ungünstigsten.

Doch diese Unterschiede sind im Hinblick auf den in der Baisse durchweg großen Anteil der inaktiven Aktionäre und den in sämtlichen Gruppen sehr niedrigen Verkäuferanteil zu gering, als daß ihnen eigentumspolitisch großes Gewicht beigemessen werden könnte. Möglicherweise hat auch die VW-Privatisierung den Verkäuferanteil in einigen Aktionärsgruppen etwas erhöht; denn selbst auf dem Höhepunkt der Kubakrise konnte die VW-Aktie noch mit Gewinn veräußert werden. Jedenfalls zeigte eine amerikanische Aktionärsbefragung aus dem Jahre 1963[48], die im allgemeinen die Ergebnisse der deutschen Befragung bestätigte, für die Baisse *keinen* schichtspezifischen Einfluß im Verhältnis der Käufer zu den Verkäufern (Tab. A 49). Diese Frage bedürfte also noch einer Überprüfung, wobei es zweckmäßig wäre, eine größere Stichprobe zu befragen, um die oberen Einkommensschichten stärker aufgliedern zu können. Vorläufig wollen wir davon ausgehen, daß die Ergebnisse der deutschen Befragung für einen geringfügigen schichtspezifischen Einfluß auf das Anlageverhalten sprechen. Aber das Wissen um die Wahrscheinlichkeit eines Tendenzumschwunges in den Extremphasen der Börsenkursbewegung scheint in den oberen ökonomischen Schichten nur ein Fünkchen größer zu sein und die Fähigkeit, sich rechtzeitig von der Massenmeinung zu emanzipieren, nur um eine Spur besser entwickelt. Daher kann auch angenommen werden, daß eine nennenswerte Redistribution zwischen verschiedenen sozialökonomischen Schichten innerhalb der großen Masse der privaten Aktionäre auf Grund der Depotdispositionen in Hausse und Baisse nicht stattfindet.

Das schließt aber nicht aus, daß nicht in jeder Schicht ein bestimmter Anteil der Aktionäre infolge seines Verhaltens im Verlauf eines Börsenzyklus größere Verluste erleidet. Solche Verluste könnten durch kumulierte Käufe in der „Übertreibungsphase" der Hausse oder durch massenhafte Verkäufe in der „Übertreibungsphase" der Baisse entstehen.

Betrachten wir unter diesem Aspekt noch einmal das Verhalten der Aktionäre, so geht von der Baisse als solcher kaum eine Gefahr für die Stabilität des Aktienbesitzes aus. Dazu ist die Verkaufsneigung in der Baisse viel zu gering. In der fast anderthalbjährigen Baisseperiode waren nur 5 % der Aktionäre ausschließlich auf der Verkäuferseite; weitere 3 % haben zwar Aktien verkauft, aber in der gleichen Periode auch welche gekauft (Tab. 32). Eine Verkäuferquote dieses geringen Ausmaßes dürfte im Rahmen einer durchschnittlichen Entspartätigkeit liegen; ein Teil der Verkäufe betrifft zudem Depotumschichtungen. Panikartige, massenhafte Verkäufe aus Furcht vor weiteren Kursrückgängen, — manchmal wird gerade den kleineren Aktionären eine „größere Labilität" nachgesagt[49] —, können daher in der Baisseperiode 1962/63 bei der großen Mehrheit der Aktionäre gar keine Rolle gespielt haben. Auch die bereits zitierte amerikanische Aktionärsbefragung[50] ergab für die Baisse des Jahres 1962 nur eine ganz geringe Verkaufstätigkeit.

---

[48] Nach Auszählungen aus der Studie 717, 1963 Survey of Consumer Finances des *Survey Research Center* (University of Michigan); siehe Tab. A 49.

[49] *Heubeck*, Georg: Aktienkauf als Mittel der Altersversorgung, in: Der Betriebsberater, Beilage 8/1962 zu Heft 27/1962, S. 3.

[50] Vgl. Tab. A 49.

Ungeachtet der spezifischen Struktur der deutschen Aktionäre haben daher unsere Befunde die Vermutung der Allgemeingültigkeit für sich. Wenn trotzdem zuweilen — wie z. B. in der Bundesrepublik im Oktober 1962 — von einer „größeren Abgabewelle“ berichtet wird, die durch „massive Verkäufe von Kleinsparern“[51] ausgelöst worden sein soll, kann es sich angesichts der Millionenzahl der Aktionäre nicht um eine Massenerscheinung im statistisch-repräsentativen Sinne handeln. Möglicherweise verbergen sich dahinter nur einige tausend, allenfalls einige zehntausend auf Kredit spekulierende Aktionäre, die bei starken Kursrückgängen nervös werden und dem drohenden Verkaufszwang entgehen wollen. Anhaltspunkte dafür ergeben sich auch aus unserem Befragungsmaterial, das eine unterproportionale Kauf- und eine überproportionale Verkaufstätigkeit der spekulationsorientierten Aktionäre in der Baisse zeigt (Tab. A 50).

Bei der Marktenge an den deutschen Börsen und bei einer in der Baisse nachlassenden Nachfrage bleiben derartige Verkäufe verschreckter Spekulanten nur selten ohne Wirkung auf die Kurse; unter langfristigen eigentumspolitischen Aspekten ist dieser ganze Vorgang jedoch von geringer Bedeutung. Eigentumspolitisch sehr bedeutsam ist hingegen, daß ein Fünftel der Aktionäre auch im zweiten Halbjahr 1960, als die Aktienkurse ihren Nachkriegshöchststand erreichten, ausschließlich Aktien gekauft haben (Tab. 32). Dabei dürften hohe Verlustpositionen entstanden sein, die vielleicht überhaupt nicht oder erst in vielen Jahren wieder aufgeholt werden können. Das Haussejahr 1960 ist daher paradoxerweise als ein besonders schlechtes Jahr für die Popularisierung des Aktiensparens zu bezeichnen. Es stellt ein lehrreiches Beispiel für jede zukünftige Eigentumspolitik dar. Will man neue Sparerschichten dauerhaft für die Aktienanlage gewinnen, muß die Gefahr, daß sich viele Kleinaktionäre auch durch „subjektiv übersteigerte“ Höchstkurse nicht von weiteren Aktienkäufen abhalten lassen, zum Ausgangspunkt aller Beratung, Aufklärung, Kurspflege und kapitalmarktpolitischen Einflußnahme genommen werden. Haben diese Bemühungen Erfolg, wird es allerdings eine Hausse wie 1960 nicht mehr geben.

5. Das Verhalten der Volksaktionäre

Möglichkeiten und Grenzen der Popularisierung des Aktiensparens dürften nirgends deutlicher sichtbar werden als im Verhalten der Volksaktionäre. Dabei interessieren vor allem die Dispositionen der durch die Privatisierung neu gewonnenen Aktionäre. Unsere bisherige allgemeine Analyse konnte hierüber noch keinen hinreichenden Aufschluß geben.

---

[51] „Grauer Freitag“ an den Börsen, in: Frankfurter Allgemeine Zeitung vom 13. Okt. 1962, S. 7.

Einmal fand die erste große Privatisierungsaktion, die Teilprivatisierung des Volkswagenwerkes, erst *nach* der Hausse des Jahres 1960 statt, so daß unsere Kenntnisse aus dieser Periode nicht ohne nähere Überprüfung auf die Volksaktionäre übertragen werden können; zum anderen fordert der Ausnahmecharakter der Privatisierungen ein anderes methodisches Vorgehen. Während in der allgemeinen Analyse der pro rata temporis unbedeutende Anteil der *früheren* Aktionäre, die irgendwann in den vergangenen Jahrzehnten durch Ausverkauf ihres Depots aus dem Kreis der Aktienbesitzer ausgeschieden sind, vernachlässigt werden kann[52], ist der Anteil der ausgeschiedenen Volksaktionäre eigentumspolitisch sowohl quantitativ wie qualitativ von höchster Bedeutung.

Ex ante konnte mit einer Verkäuferquote von 20—25 % gerechnet werden. Dies ergab eine Testfrage bei potentiellen Volksaktienkäufern im Jahre 1959[53]. Vor die Entscheidung gestellt, was im Falle eines späteren Kursanstiegs der Volksaktien günstiger sei, den Gewinn zu realisieren oder die Aktien auf lange Sicht zu behalten, entschieden sich 20 % der Befragten für den Verkauf, „damit man den Gewinn bar in die Hand bekommt“[54]. Dieses Resultat entspricht ziemlich genau der Motivationsstruktur der Aktionäre im Jahre 1963. Dabei ist bemerkenswert, daß die hypothetische Fragestellung in den unteren Einkommensschichten eine überproportional starke Neigung zur Gewinnrealisation ergab (Tab. 33).

Was das faktische Verhalten der Volksaktionäre angeht, so hat die staatliche Eigentumspolitik den Erfolg der kostspieligen Privatisierungsaktionen bisher nur sehr lückenhaft kontrolliert. Es wurde lediglich zu verschiedenen Zeitpunkten ermittelt, welcher Anteil des Privatisierungskapitals von den Erstzeichnern bis dahin jeweils wieder veräußert worden war. Jedoch auch diese Daten liegen nur für die VW-Privatisierung exakt und fortlaufend vor (Tab. 34); über die Verkäufe von PREUSSAG- und VEBA-Aktien sind lediglich für einige Zeitpunkte mehr oder minder genaue Schätzungen vorgenommen worden. Verlautbarungen des Bundesschatzministeriums über derartige Verkaufsquoten wurden freilich in der Presse nicht immer richtig interpretiert. Zuweilen wurde der Anteil des von den Erstzeichnern wiederveräußerten Aktienkapitals am ge-

---

[52] Auszählungen aus dem Datenmaterial der Umfrage „Eigentumsbildung und Altersvorsorge“ ergaben bei der repräsentativen Teilgruppe der Selbständigen einen Anteil von 15 % ehemaliger Aktienbesitzer an der Gesamtheit aller Selbständigen, die jemals Aktien gekauft hatten. Da sich diese 15 % ehemaliger Aktienbesitzer aus der Summe der jährlichen Depotausverkäufe von Jahrzehnten zusammensetzen, kann davon ausgegangen werden, daß pro Jahr nur ein minimaler Prozentanteil der Aktienbesitzer durch Veräußerung sämtlicher Aktien aus dem Kreis der Aktionäre ausscheidet.

[53] *Forschungsstelle für empirische Sozialökonomik* und *Institut für Demoskopie Allensbach:* Umfrage „Umgang mit Geld“.

[54] Vgl. Frageformulierung in Tab. 33.

Tab. 33: Neigung potentieller Volksaktienkäufer zur Gewinnrealisation

Frage: *(Falls* Befragter schon von Volksaktien gehört und sich wahrscheinlich noch Volksaktien kaufen wird)

„Wenn Sie Volksaktien gekauft haben und stellen nach einiger Zeit fest, daß sie im Wert gestiegen sind: was halten Sie dann für günstiger — die Aktien zu verkaufen, damit man den Gewinn bar in die Hand bekommt, oder ist es auf lange Sicht besser, sie lieber zu behalten?"

Potentielle Volksaktionäre 1959	Verkaufen %	Behalten %	Andere Antworten %	Weiß nicht %	Summe %	Basis
Nettomonatseinkommen						
Unter 400 DM	29	60	1	10	100	105
400 — unter 600 DM	18	68	5	9	100	104
600 — unter 800 DM	15	71	2	12	100	52
800 DM und mehr	14	80	2	4	100	50
Kein eigenes Einkommen	15	70	3	12	100	59
Insgesamt	20	68	3	9	100	370

samten Privatisierungskapital irrtümlich mit dem Anteil der Erstzeichner gleichgesetzt, die sich von ihren Aktien wieder getrennt haben[55]. Eine solche Gleichsetzung übersieht, daß viele Aktionäre nur einen Teil der zugeteilten zwei oder drei Stücke veräußert haben und daß deshalb der Anteil der Erstzeichner, der noch Volksaktien besitzt, stets größer ist als der Anteil des Privatisierungskapitals, der noch von Erstzeichnern gehalten wird. Beide Betrachtungsweisen, die kapital-mäßige und die personen-mäßige, sind also zu trennen.

Der Umfang des von den Erstzeichnern zu verschiedenen Zeitpunkten veräußerten Privatisierungskapitals („Verkaufsquote") läßt zwar nicht die Anzahl der Verkäufer und der verbleibenden Volksaktionäre erkennen, zeigt aber doch die allgemeine Verkaufsneigung im Zeitablauf. In den ersten fünf Monaten nach der Zuteilung der VW- und VEBA-Volksaktien war eine kräftige Abgabewelle zu beobachten, in deren Ver-

[55] Vgl. 40,3 Prozent der VEBA beim Bund, in: Frankfurter Allgemeine Zeitung vom 28. Jan. 1966, S. 24.

lauf jeweils etwa 16 % des privatisierten Nominalkapitals von den Erstzeichnern wieder veräußert wurde. Die Einzeldaten über die VW-Privatisierung zeigen im übrigen, daß die Verkaufsquote mit zunehmendem Abstand vom Privatisierungstermin deutlich eine sinkende Tendenz aufweist.

Tab. 34: Veräußerung von VW-Aktien durch Ersterwerber (Kapitalquoten)

Stichtag / Zeitraum	Verkaufsquote kumuliert[a] %	Monatliche Verkaufsquote seit letztem Stichtag %
17. 5. 61	9,3	9,3
16. 6. 61	13,3	4,0
17. 7. 61	14,8	1,5
17. 8. 61	15,8	1,0
15. 9. 61	16,6	0,8
17. 10. 61	17,3	0,7
17. 11. 61	18,8	1,5
15. 12. 61	19,9	1,1
17. 1. 62	20,5	0,6
16. 2. 62	21,1	0,6
16. 3. 62	21,7	0,6
17. 4. 62	22,3	0,6
17. 5. 62	22,6	0,3
18. 6. 62	23,0	0,4
17. 7. 62	23,16	0,16
17. 8. 62	23,38	0,22
17. 9. 62	23,60	0,22
17. 10. 62	23,74	0,14
17. 1. 63	24,16	0,14
15. 3. 63	24,26	0,05
8. 7. 63	31,5	1,81
6. 7. 64	39,7	0,68
5. 7. 65	45,6	0,49
1. 7. 66	48,0	0,02

a) *Quelle:* Mitteilung des *Bundesschatzministeriums* an den Verfasser.

Zwei Einflußgrößen spielen hierbei eine Rolle: der Faktor Zeit und die Entwicklung der Aktienkurse. Nach einigen Monaten und Jahren ist der größte Teil der Aktionäre, die an ihren Aktien von vornherein nur kurz- oder mittelfristig festhalten wollten, wieder abgewandert; allein daraus ergibt sich eine allmähliche Verringerung der Verkaufsquote. Darüber hinaus übt die Baisse offensichtlich eine verkaufshemmende Wirkung aus. Im zweiten Halbjahr 1962, als der Kurs der VW-Aktie einen Tiefststand erreichte, war auch die Verkaufsquote extrem niedrig. Nur in der Baisse des Jahres 1965/66 wurden noch niedrigere Verkaufszahlen verzeichnet.

Wahrscheinlich übt umgekehrt die Hausse eine verkaufsstimulierende Wirkung aus. In den Monaten April bis Juli 1963, als der VW-Kurs vorübergehend noch einmal in wenigen Tagen bis auf 700 anzog, erhöhte sich auch die monatliche Verkaufsquote von 0,05 % auf 1,81 %. Und auch das relativ gute Börsenjahr 1964 zeigte eine vergleichsweise hohe monatliche Verkaufsquote (Tab. 34). Aber der Hausseeinfluß ist nicht exakt zu isolieren, da ab Mitte März 1963 die VW-Aktie erstmals auch ohne Verlust des Sozialrabattes veräußert werden konnte. Unsere Hypothesen müssen daher auf Grund eines längeren Beobachtungszeitraumes noch einmal überprüft werden. Für ihre Richtigkeit spricht allerdings schon jetzt, daß sie auf der oben dargestellten Linie des allgemeinen Aktionärsverhaltens liegen: Erhöhte Verkaufsneigung in der Hausse, sinkende Verkaufstätigkeit in der Baisse und keinerlei Panikneigung.

Inwieweit sich im Zeitablauf die Gesamtverkaufsquoten bei allen drei Volksaktiengesellschaften einander annähern, ist noch nicht zu übersehen. Zur Zeit zeichnet sich schon ab, daß die im Anfang ruhigere Kursentwicklung der PREUSSAG-Volksaktie den Dauerbesitz begünstigt hat. Denn im Juni 1965 waren erst 30 % des PREUSSAG-Privatisierungskapitals, aber schon mehr als 40 % des VW-Kapitals von den Erstzeichnern wieder veräußert, obwohl die PREUSSAG fast zwei Jahre länger privatisiert ist als das Volkswagenwerk[56].

Für eine genaue Kontrolle des eigentumspolitischen Erfolges genügt es aber nicht, lediglich die Verkaufsquoten insgesamt und im Zeitablauf zu ermitteln. Entsprechend der Zielsetzung, eine möglichst breite Streuung des Aktienkapitals zu erreichen und die Eigentumsbildung vor allem in den unteren Einkommensschichten zu fördern, interessiert die Frage, *wieviele* Aktionäre aus *welchen* sozialökonomischen Schichten ihre Volksaktien veräußert haben. Solange die staatliche Eigentumspolitik nicht auf eine bessere statistische Erfassung des Volksaktionärsverhal-

---

[56] Vgl. Bundesschatzminister zur 2. Zeichnungsrunde, in: Bulletin des Presse- und Informationsamtes der Bundesregierung, Nr. 99/1965, S. 800.

tens über die Kreditinstitute einwirken kann oder will[57], kommen auch hierfür als Materialquellen nur repräsentative Bevölkerungsumfragen in Betracht. Die Kernproblematik ist bisher am besten in einer Mehrthemenumfrage des *DIVO-Instituts* vom November 1966 behandelt worden[58]. In dieser Erhebung wurde sowohl der Bevölkerungsanteil ermittelt, der jemals Volksaktien gezeichnet hatte, als auch der Anteil der Volksaktionäre, die seitdem einen Teil oder alle Volksaktien wieder veräußert haben.

Angesichts der Börsenkursentwicklung der letzten Jahre kann die Durchhaltekraft der Volksaktionäre als überraschend groß bezeichnet werden (Tab. 35). Jahrelang hätten VW- und PREUSSAG-Aktionäre beachtliche Gewinne realisieren können, mehr als ein Jahr lang standen die VEBA-Aktien mit Verlust zu Buche, aber weder Gewinne noch Verluste haben die überwiegende Mehrheit der Volksaktionäre zu Verkäufen veranlassen können. Was die allgemeine Analyse des Aktionärsverhaltens ergab, gilt auch für die Volksaktionäre: Die Verkaufsneigung ist generell gering. Nur rund ein Fünftel der Ersterwerber hat sich von *allen* Volksaktien wieder getrennt. Eine eigentumspolitische „Verlustquote" dieses Ausmaßes erscheint siebeneinhalb Jahre nach der PREUSSAG-Privatisierung, sechs Jahre nach der VW-Privatisierung und anderthalb Jahre nach der VEBA-Privatisierung sehr gering.

Ungefähr drei Fünftel der Volksaktionäre (58 %) haben ihren Volksaktienbesitz bisher überhaupt nicht angetastet, während rund ein Sechstel (16 %) nur einen Teil der Aktien veräußert hat.

Besonders diese Teilverkäufe sind interessant. Sie zeigen, daß viele Aktionäre schrittweise vorgehen und keinesfalls ihre ganzen Aktien auf einmal „auf's Spiel setzen". Das gilt sowohl für Volksaktionäre, die sich an mehr als einer Privatisierungsaktion beteiligten, wie für Aktionäre, die lediglich mehrere Aktien einer einzigen Volksaktiengesellschaft erworben haben[59]. Die Gründe können verschieden sein. Möglicherweise ist es das Prestigebedürfnis, das den Aktionär zurückhält, durch den Verkauf der letzten Aktie aus dem Kreis der Aktionäre auszuscheiden;

---

[57] Solche Untersuchungen wären unter Wahrung des Bankgeheimnisses gelegentlich möglich. Um die den Kreditinstituten zu erstattenden Kosten in vertretbaren Grenzen zu halten, könnte eine nach Ortsgröße, Bankstellen und nach den Anfangsbuchstaben der Depotinhaber-Namen mehrstufig geschichtete Stichprobe untersucht werden.

[58] *DIVO-Institut:* Mehrthemenerhebung 960, Nov./Dez. 1966, 1817 Fälle, 16—79 Jahre, repräsentativ für das Bundesgebiet einschl. Berlins, Randomauswahl.

[59] Nach Auszählungen aus dem Datenmaterial der Umfrage „Eigentumsbildung und Altersvorsorge" hatten z. B. 4 % der Zeichner von VW-Aktien, die im Jahre 1963 noch irgendwelche Wertpapiere besaßen, *alle* VW-Aktien, dagegen 8 % nur einen *Teil* verkauft.

vielleicht verkörpert die letzte Aktie den Notgroschen, den man sich bewahren will, vielleicht schreckt man vor einem völligen Ausverkauf zurück, um sich zukünftige Kurschancen nicht entgehen zu lassen. Jeden-

Tab. 35: Veräußerung von Volksaktien — Neulinge und Alt-Wertpapierbesitzer[a)]

Fragen: „Vielleicht können Sie mir für eine Statistik noch angeben, ob Sie von Ihren Volksaktien schon welche verkauft haben? Haben Sie von Ihren Volksaktien (PREUSSAG, VW, VEBA) einen Teil oder alle verkauft, oder haben Sie keine verkauft?"

„Als Sie Volksaktien kauften, haben Sie damit zum erstenmal in Ihrem Leben Wertpapiere erworben oder hatten Sie vorher schon einmal Aktien oder andere Wertpapiere im Besitz gehabt?"

Volksaktienkäufer	Haben von ihren Volksaktien ... alle verkauft %	einen Teil verkauft %	keine verkauft %	Keine Angabe %	Summe %	Basis
Mit Volksaktien zum erstenmal Wertpapiere gehabt	21	14	58	7	100	89
Vorher schon Wertpapiere gehabt	16	22	58	4	100	50
Alle[b)]	20	16	58	6	100	141

a) Auszählung aus der Mehrthemenumfrage 960 des *DIVO-Instituts.*

b) Einschließlich zwei Befragter, die keine Angabe darüber machten, ob sie mit dem Volksaktienkauf zum erstenmal Wertpapiere erwarben.

falls bestätigt sich die Ansicht des Vertreters „der federführenden Konsortionalbank", der anläßlich der VEBA-Privatisierung im zuständigen Bundestagsausschuß dafür plädierte, den Zeichnern nicht nur eine Aktie zuzuteilen, da anzunehmen sei, „daß durch den Erwerb von mehr als einer Aktie die Neigung zur Daueranlage bei den Erwerbern gefestigt würde"[60].

Keineswegs haben sich die Wertpapier-Neulinge unter den Volksaktien-Zeichnern besonders häufig wieder von ihren Papieren getrennt (Tab. 35). Die Unterschiede im Verhalten der Neulinge und der „alten" Wertpapierbesitzer halten sich vielmehr in wesentlich engeren Grenzen,

---

[60] *Deutscher Bundestag*, 4. Wahlperiode, Drucksache IV/3707, S. 2.

als es auf Grund der oben dargestellten Neigung potentieller Volksaktienkäufer zur Gewinnrealisation hätte erwartet werden können. Der Anteil der Volksaktienerwerber, die noch keine einzige ihrer Volksaktien wieder veräußert hatten, lag Ende 1966 bei den Neulingen wie bei den Alt-Wertpapierbesitzern mit 58 % genau gleich hoch. Die beiden Gruppen unterscheiden sich nur darin, daß die Neulinge, *wenn* sie verkaufen, etwas häufiger als die Alt-Wertpapierbesitzer gleich ihre *sämtlichen* Volksaktien verkaufen.

Ein ähnliches Bild zeigt auch eine Aufgliederung nach Schulbildung und Einkommen: In den oberen sozialökonomischen Schichten ist der Teilverkauf der Volksaktien häufiger als der Ausverkauf, im übrigen aber die Tendenz, an den einmal erworbenen Aktien festzuhalten, fast gleich stark ausgeprägt (Tab. A 51). Es bestehen auch gute Aussichten, daß die Neulinge mit gleicher Intensität wie alle anderen Aktionäre weiterhin an ihren Aktien festhalten. Selbst bei einem plötzlichen, unerwarteten Geldbedarf in einer Größenordnung von 2 000 DM würden viele der Volksaktien-Neulinge — wie eine Testfrage im Jahre 1963 zeigte — lieber einen Kredit aufnehmen als ihre Wertpapiere antasten (Tab. A 52). Dies ist um so erstaunlicher, als viel weniger Neulinge als Alt-Wertpapierbesitzer in einem solchen Falle auf eine ausreichend hohe Liquiditätsreserve zurückgreifen könnten, gleiche Standhaftigkeit gegenüber einer Veräußerung der Aktien, also eine größere Verschuldungsbereitschaft der Neulinge, voraussetzt.

Auch wenn der geringe Anteil der Verkäufe von Volksaktien unter eigentumspolitischen Aspekten im allgemeinen positiv bewertet wird, bezweifeln wir, ob das umgekehrte Verhalten, die Realisation der entstandenen Kursgewinne, in jedem Falle als Verstoß gegen den „Sinn der Privatisierungs-Aktionen“ anzusehen ist[61]. Gewiß war es das Ziel der Privatisierungen, die Bildung langfristigen, vererbbaren Eigentums in breiten Bevölkerungsschichten zu fördern; aber daneben sollte über das Aktieneigentum auch das Verständnis für wirtschaftliche Zusammenhänge geweckt werden. Will man aber den mündigen Wirtschaftsbürger, so kann man eine bestimmte Reaktionsfähigkeit auf geänderte Marktdaten nur begrüßen; dann kann es nur gut sein, wenn auch die Volksaktionäre rechtzeitig lernen, daß die Bewertung der Risiken und Chancen am Aktienmarkt ständig schwankt und daß es losgelöst von der einzel- und gesamtwirtschaftlichen Entwicklung in der Baisse und Hausse zuweilen „Übertreibungsphasen“ gibt, in der die Kurse entweder auf ein „Spekulationsniveau“[62] hochgetrieben werden oder in einem Ausmaß

[61] Treue Volksaktionäre, in: Frankfurter Allgemeine Zeitung vom 28. Mai 1962, S. 11.

[62] *Deutsche Bank AG.:* Das Börsenbild 1956—1966, Düsseldorf, Frankfurt (Main), Hamburg 1967, S. XI.

fallen, daß generell von einer „selten günstigen Gelegenheit“ für „kluge Anleger“[63] gesprochen werden kann. Unter diesem Aspekt erscheint mancher Verkauf von VW-Aktien in einem anderen Licht. Hat die Kursentwicklung nicht allen denen recht gegeben, die ihre VW-Aktien zu 600, 800, 900 oder gar 1000 verkauft haben? Für eine abschließende eigentumspolitische Beurteilung sind daher die Gründe ausschlaggebend, aus denen die Verkäufe erfolgten. Hierüber liegen bisher nur Befragungsergebnisse einer kleinen Leitstudie vor, in der die Volksaktionäre, die mit der Veräußerung ihrer Volksaktien aus dem Kreis der Wertpapierbesitzer ausgeschieden sind, leicht unterrepräsentiert sind (Tab. A 53). Mit der gebotenen Vorsicht lassen sich auf der Grundlage dieser Resultate jedoch folgende Hypothesen stützen:

Ein Teil der Verkäufer — etwa in der Größenordnung eines Fünftels — hat seine Volksaktien veräußert, um damit laufende Konsumwünsche zu befriedigen (Tab. A 53). Entweder hatten diese Sparer von Anfang an nicht die Absicht, ihre Volksaktien langfristig zu behalten, oder sie haben ihren Sparentschluß schon bald bereut. Daß die Kursentwicklung die Verkaufsentscheidung in vielen Fällen begünstigte, ist wahrscheinlich; aber sicherlich gibt es auch den Typus des Sparers, der unabhängig von der Chance, einen Kursgewinn zu realisieren, dem Anreiz verlockender Konsummöglichkeiten auf die Dauer nie standhalten kann und es bestenfalls zu einem verlängerten „Zwecksparen“ bringt[64]. Soweit solche kurzfristigen Zwecksparer von den Volksaktienangeboten angesprochen wurden, ist in der Tat kein nachhaltiger Effekt im Sinne der eigentumspolitischen Zielsetzung erreicht worden. Es hat daher auch keinen Zweck, durch eine forcierte Werbung Sparer zum Aktienkauf zu veranlassen, die noch nicht als „wertpapierreif“ gelten können. Sie werden ihre Ersparnisse über kurz oder lang doch wieder dem Konsum zuführen[65].

Anders sind schon die Verkäufe zweier weiterer Gruppen zu beurteilen; sie veräußerten die Volksaktien aus Gründen, die den eigentumspolitischen Zielen weitaus weniger zuwider laufen dürften. Eine kleine Gruppe, die nur einige Prozent der Verkäufer umfaßt, mußte die Volksaktien für Notfälle und zum Ausgleich außergewöhnlicher Belastungen liquidieren. Eine zweite relativ große Gruppe, — sie umfaßte in der Leitstudie 15 % der Verkäufer —, hat ihre Volksaktien verkauft, um den

---

[63] *Deutsche Bank AG.:* Das Börsenbild 1965, Düsseldorf, Frankfurt (Main), Hamburg 1966, S. 25 f.

[64] In seiner „Psychologie des Geldes“ hat G. *Schmölders* hierfür die gegensätzlichen psychologischen Typen der „Verantwortungsbewußten“ und der „Unbekümmerten“ entwickelt und ihre Einstellungs- und Verhaltensunterschiede analysiert, a.a.O., S. 37 ff.

[65] Vgl. *Scherhorn,* Gerhard: Eigentumspolitik — ein unkontrolliertes Experiment? S. 3.

Erlös zur Bildung anderen, ebenso förderungswürdigen Eigentums zu verwenden: für den Bau eines Hauses oder den Erwerb eines Grundstückes. Mag hier der Weg über die Aktie auch als Umweg erscheinen, im Grunde genommen können diese Verkäufer nicht auf die Verlustseite des eigentumspolitischen Erfolgskontos gebucht werden.

Der weitaus häufigste Grund, weshalb sich viele Sparer wieder von ihren Volksaktien trennten, war jedoch die Kursentwicklung der Volksaktien bald nach der Zuteilung an die Zeichner. Vor allem bei der VW-Privatisierung sind 30—50 % der Verkäufe überwiegend durch den rasanten und starken Kursanstieg sowie den folgenden ebenso raschen Zusammenbruch der spekulativ überhöhten Kurse bewirkt worden (Tab. A 53). Es war ein schwerer strategischer Fehler in der Durchführung der beiden ersten Privatisierungsaktionen, daß dem Kurspflegegesichtspunkt keine Beachtung geschenkt worden war. Bei einer stetigeren Kursentwicklung wäre mancher Verkauf unterblieben, weil die Reaktionsschwelle vieler zur Inaktivität neigenden Aktionäre nicht überschritten worden wäre. Dabei sind die Verkäufe, die auf das Konto der Kursentwicklung gehen, noch der geringere Schaden, der angerichtet wurde. Wer beispielsweise seine VW-Aktien zu hohen Kursen verkaufte — und der überwiegende Teil der Verkäufer hat zu Kursen über 600 % verkauft[66] — braucht deswegen nicht auf die Dauer für das Aktiensparen verloren zu sein. Viele Kommentare der Befragten deuten darauf hin, daß die Ersparnisse als solche erhalten blieben und nur in eine andere Anlageform oder in andere Aktien transformiert wurden. Schwerwiegender als dies alles ist die Beunruhigung und Enttäuschung bei denjenigen Aktionären, die ihre Aktien behalten haben und heute noch den überhöhten Kursen von damals nachtrauern. Ihnen wurde ein falsches Bild von den Chancen und Risiken der Aktie vermittelt, das erst mit der Zeit korrigiert werden kann. Die Privatisierung der VEBA im Jahre 1965 dürfte hier schon ausgleichend gewirkt haben. Allerdings gab es dabei eher eine Übertreibung in die andere Richtung. Ein Teil der Aktionäre wollte sich sicherlich die Erfahrungen aus der VW-Privatisierung zunutze machen und diesmal schneller reagieren. Jedoch der in Börsenkreisen skeptischer beurteilte Ausgabekurs der VEBA-Aktie[67] und die gänzlich andere Kapitalmarktsituation des Jahres 1965 in Verbindung mit diesem Willen zur schnelleren Reaktion bewirkten, daß aus den vielfach erwarteten Gewinnen zunächst nur Verluste wurden und daß die gesteigerte Reaktionsbereitschaft sich schließlich nur in einer Verschärfung des Kursdruckes niederschlug.

---

[66] Vgl. *Leverkus*, J. Christoph, und *Wieken*, Klaus, a.a.O., Tab. A 132 und A 133.

[67] Vgl. Der VEBA-Kurs, in: Frankfurter Allgemeine Zeitung vom 10. April 1965, S. 7.

Aber gerade die unter eigentumspolitischen Aspekten unerwartet „ungünstige" Kursentwicklung der VW- und VEBA-Volksaktie unmittelbar nach dem Privatisierungstermin und die dadurch ausgelösten zusätzlichen Verkäufe lassen den hohen Anteil in Höhe von fast 80 % der Erstzeichner, die trotzdem ihre Aktien ganz oder teilweise behalten haben, in einem noch helleren Licht erscheinen. Dies gilt um so mehr, als im Grunde nur die kleine Gruppe der konsumorientierten Verkäufer als eigentumspolitischer Verlust von Dauer gelten kann und, — was besonders wichtig ist —, sich die Neulinge nicht viel häufiger von ihren Volksaktien getrennt haben als die „alten" Wertpapierbesitzer.

§ 8 Erfahrungen und Reaktionen

Ein amerikanischer Kritiker des „People's Capitalism", Victor *Perlo*[68], hat auf die zyklische Bewegung des Aktionärsanteils an der Bevölkerung in den Jahren 1920 bis 1956 aufmerksam gemacht. Danach stieg der Anteil der Aktienbesitzer an der amerikanischen Bevölkerung während der Hausse der Aktienkurse der zwanziger Jahre, sank in der folgenden Baisse und wirtschaftlichen Depression, stabilisierte sich auf niedrigem Niveau und begann erst in der Hausse Mitte der fünfziger Jahre wieder zu steigen. Untersuchungen von *Cox*[69] lassen es zwar möglich erscheinen, daß unmittelbar nach dem großen Börsenkrach die Aktionärszahlen noch einmal leicht gestiegen sind, bestätigen aber insgesamt die zyklische Veränderung der Aktionärsquote[70]. 1956 gab es in den USA mit rund 8,6 Millionen sogar absolut weniger Aktienbesitzer als 1930 (9—11 Mill.), und im Verhältnis zur Gesamtbevölkerung war der Anteil der Aktionäre auch noch 1959 mit rund 7 % etwas geringer als 1930, als er nach verschiedenen Schätzungen zwischen 7,3 und 8,9 % gelegen haben muß[71]. 30 Jahre lang ist also per Saldo die Aktionärsdichte in den USA nicht gewachsen. Infolge des Börsenzusammenbruchs im Jahre 1929 und der sich daran anschließenden jahrelangen Baisse hatten sich viele Aktionäre enttäuscht von der Aktie abgewandt und ihre neuen Ersparnisse anderen Anlageformen anvertraut; noch weniger konnten in dieser Zeit neue Aktionäre gewonnen werden. Der Wall des Mißtrauens gegenüber der Börse wurde nur von wenigen überwunden.

---

[68] *Perlo*, Victor: „People's Capitalism" and Stock Ownership, in: The American Economic Review, No. 3/1958, S. 333 ff.

[69] *Cox*, Edwin B.: Trends in the Distribution of Stock Ownership, Philadelphia/Penn. 1963.

[70] Ebenda, S. 32 f.

[71] Vgl. *Perlo*, Victor, a.a.O., S. 335; *Cox*, Edwin B., a.a.O., S. 9, 32 f.; *New York Stock Exchange:* Shareownership in America 1959, New York 1959, S. 10.

Mag auch die Börsenkatastrophe des Jahres 1929 und die darauf folgende Dauerbaisse in ihrem Ausmaß unwiederholbar erscheinen, so kann ein Vergleich der Aktionärsquoten von 1930 und 1960 doch als Warnung dienen, die es verbietet, ein Jahrzehnt steigender Aktionärszahlen wie etwa von 1920 bis 1930 voreilig als säkularen Trend zu deuten. Solange die psychischen Auswirkungen längerer Baissen auf das Aktionärsverhalten, — vor allem wenn solche Baissen auf übersteigerte Haussen folgen —, nicht näher untersucht sind, gilt diese Warnung auch für die Beurteilung der jüngsten Fortschritte des Aktiensparens in der Bundesrepublik. Ähnlich wie in den USA der zwanziger Jahre fielen die größten Zuwachsraten der Aktionärszahlen wiederum in die Zeit einer ungewöhnlich starken Aktienhausse.

Daß die meisten Aktionäre bisher an ihren Aktien festgehalten haben und wahrscheinlich auch weiter festhalten werden, ist allein kein zuverlässiger Maßstab für ihre Reaktionen auf die Baisse. Die geringe Verkäuferquote ist zum Teil lediglich Ausdruck der vorherrschenden Inaktivität. Hinter dieser Inaktivität können sich Aktionäre verbergen, die zwar an ihrem derzeitigen Aktienbesitz noch festhalten, sich aber auf Grund ihrer Erfahrungen innerlich längst von der Aktienanlage abgewandt haben. Von echten Fortschritten auf dem Wege zu einer breiteren Aktienstreuung können wir daher erst sprechen, wenn auch die Präferenzen für Aktien langfristig erhalten bleiben, wenn wir damit rechnen können, daß die Kleinaktionäre nicht nur an ihrem Besitz festhalten, sondern darüber hinaus auch bereit sein werden, neue Ersparnisse in Aktien anzulegen.

1. Die Bewertung der persönlichen Erfahrungen mit Aktien

Die Untersuchung des Verhaltens der Aktionäre in der Hausse des zweiten Halbjahres 1960 und in der Baisseperiode 1962/63 war exemplarisch; sie erfaßte lediglich zwei extreme Ausschnitte eines Börsenzyklus. Zu welchem positiven oder negativen Gesamtergebnis sich *alle* Anlageentscheidungen eines Aktionärs schließlich addieren, läßt sich in Ermangelung kontinuierlicher Panelbefragungen vorerst nur aus dem Urteil des Aktionärs erschließen. Auch wenn diesen Urteilen kein einheitlicher Maßstab zugrundeliegt, ist dies kein Mangel; denn auch für die zukünftigen Anlageentscheidungen der Aktionäre wird die subjektive Bewertung der eigenen Erfahrungen mit Aktien als Richtschnur dienen.

Wesentlich ist vor allem, wie die Aktionäre damit fertig werden, daß die Aktie starken Wertschwankungen unterliegt und daß ein mehr oder minder großer Irrtum über den Verlauf dieser Wertänderungen unvermeidlich ist. Eine Testfrage in der Aktionärsuntersuchung des Jahres 1963 zielte daher darauf ab, den Anteil der Aktionäre zu ermitteln, die sich hinsichtlich ihrer früheren Depotdispositionen schon einmal einer schwerwiegenden Fehlentscheidung bewußt waren. Es interessierte das Ausmaß der psychischen Reagibilität; auf Grund der Kursentwicklung der vergangenen Jahre war doch anzunehmen, daß sehr viele Aktionäre mit ihren Dispositionen oder Unterlassungen objektiv gegebene Chancen ausgelassen hatten oder mindestens unrealisierte Verluste hinnehmen mußten.

Diese Entwicklung hat aber wider Erwarten das Urteil der Aktionäre über ihre eigenen Anlagedispositionen nur relativ wenig beeinflußt. Vier Fünftel der Aktionäre sind sich noch keines größeren Fehlers beim Umgang mit Aktien bewußt. Nur 18 % der Aktionäre erklärten, „sie hätten sich schon einmal ganz gründlich verkalkuliert“ (Tab. 36).

Erwartungsgemäß müssen Aktionäre, die schon länger Aktien besitzen, häufiger schwerwiegende Fehlentscheidungen eingestehen als Neulinge. Ihre Erfahrungen im Umgang mit Aktien resultieren nicht bloß aus einem einzigen Börsenzyklus. Die quantitative Analyse zeigt darüber hinaus, daß selbst unter den Aktionären, die schon fünfzehn Jahre und länger Aktien besitzen, noch nicht einmal die Hälfte meinen, sich irgendwann einmal bei einer Anlagedisposition gründlich geirrt zu haben. Und bei den Aktionären, die zwischen 1948 und 1959 erstmals Aktien erwarben, liegt die Quote der „irrtumsbewußten“ Aktionäre mit 23 % nur noch knapp über dem Durchschnitt (Tab. 36).

Tab. 36: Schwerwiegende Fehlentscheidungen — Jahr des ersten Aktienkaufs

Frage: „Man kann sich ja beim Kauf und Verkauf von Aktien auch einmal ganz gründlich verkalkulieren, so daß es sich hinterher herausstellt, es war falsch, was man gemacht hat. Ist Ihnen das schon einmal passiert oder nicht?“

Zum ersten Male Aktien erworben	Schwerwiegende Fehlentscheidungen			Summe	Basis
	Ja %	Nein %	Keine Angabe %	%	
Vor 1948	45	53	2	100	45
1948—1958	23	76	1	100	89
1959/1960	21	73	6	100	75
1961—1963	9	89	2	100	215
Nicht ermittelt	(25)	(58)	(17)	100	12
Alle Aktionäre	18	79	3	100	436

Der Einwand, die „Sorge um das Prestige“ hindere viele Aktionäre daran, vor dem Interviewer schlechte Erfahrungen und eigene Fehler einzugestehen, ist vielleicht naheliegend, aber nicht stichhaltig. Wäre die Frage sozial tabuiert, müßte das Antwortmuster einen höheren Meinungslosenanteil aufweisen[72], was hier jedoch nicht der Fall ist. Es ist damit zu rechnen, daß vier Fünftel der Aktionäre sich tatsächlich keiner gravierenden Fehlentscheidung bewußt sind.

Wie die Untersuchung der Börsenaktivität zwischen 1959 und 1963 zeigt, ist aber dieses relativ geringe „Irrtumsbewußtsein“ keineswegs eine Folge besonders geschickten Verhaltens der Mehrheit der Kleinaktionäre an der Börse. Es besteht kein Zweifel, daß die meisten Kleinaktionäre, soweit sie neben Volksaktien andere Aktien besaßen, im Jahre 1962 — also im Jahre vor der Befragung — unrealisierte Verluste hinnehmen mußten. Vielmehr hängt der nur geringe Anteil der Aktionäre, die größere Fehler in ihren Depotdispositionen zugeben, damit zusammen, daß unter den Kleinaktionären, vor allem unter den neuen Aktionären, ein ganz bestimmter Typ vorherrscht: Es ist der tendenziell inaktive Aktionär, der nur selten, manchmal jahrelang, keine einzige Aktie dazukauft, der noch viel seltener verkauft, vor allem nicht in der Baisse, der kaum spekulationsorientiert ist, darum auch keine schnellen Gewinne erwartet, und der insgesamt wenig kursbewußt handelt.

Der Zusammenhang zwischen Börsenaktivität und „Irrtumsbewußtsein“ geht am deutlichsten aus einer Untersuchung der Aktionäre hervor, die 1958 oder früher erstmals Aktien gekauft haben. Während im Durchschnitt nur 30 % dieser Aktionäre zugaben, sich beim Kauf oder Verkauf von Aktien schon einmal „gründlich verkalkuliert“ zu haben, lag der entsprechende Anteil in der Gruppe der aktivsten Aktionäre, die zwischen 1959 und 1963 sowohl gekauft als auch verkauft hatten, mit 61 % doppelt so hoch (Tab. 37). Dagegen waren sich in der Gruppe der inaktiven Aktionäre, die in denselben vier Jahren weder gekauft noch verkauft hatten, nicht mehr als 6 % (!) eines Fehlers bewußt.

Da auch diese inaktiven Aktionäre in den Jahren 1960/61 ihre Aktien mit hohem Gewinn hätten veräußern können, kann ihre besonders schwache Reaktion auf dieses Versäumnis nur mentalitätsbedingt sein. Aktionäre, die ihr Depot jahrelang nicht bewegen, scheinen auch das seelische Rüstzeug zu haben, alle Folgen dieses Verhaltens mit relativer Gelassenheit zu ertragen. Mit steigender Aktivität werden die gleichen Fehler und Unterlassungen schmerzhafter empfunden. Da jedoch die Aktivität der meisten Kleinaktionäre gering ist, ist auch ihre Reagibilität allgemein schwach entwickelt. Solange dadurch die Bereitschaft zur

---

[72] Vgl. *Leverkus-Brüning*, Iris: Die Meinungslosen. Die Bedeutung der Restkategorie in der empirischen Sozialforschung, S. 131 ff.

Tab. 37: Kauf- und Verkaufsaktivität 1959—1963, schwerwiegende Fehlentscheidungen der Aktionäre

Aktionäre, die 1958 oder früher erstmals Aktien erworben haben	Schwerwiegende Fehlentscheidungen			Summe	Basis
	Ja %	Nein %	Keine Angabe %	%	
Börsenaktivität 1959—1963					
Gekauft *und* verkauft	61	39	—	100	31
Nur gekauft	27	71	2	100	62
Nur verkauft	(25)	(75)	(—)	100	8
Weder gekauft — noch verkauft	6	91	3	100	32
Insgesamt[a)]	30	69	1	100	134

a) Einschließlich eines Befragten, der keine Angaben zur Art seiner Börsenaktivität machte.

Neuanlage nicht allzusehr gehemmt wird, kann hierin unter eigentumspolitischen Aspekten jedoch auch ein stabilisierender Faktor gesehen werden.

Von der eigentumspolitischen Zielsetzung her betrachtet, dürfen aber auch die anderen Aktionäre nicht außer acht gelassen werden, die größere Fehler in ihren Anlageentscheidungen eingestehen. Es handelte sich 1963 immerhin um eine beachtliche Minderheit von rund einem Fünftel (Tab. 36). Bemerkenswert ist vor allem, daß 13 % der Aktionäre, die *nur* Volksaktien besitzen, bereits 1963 überzeugt waren, sich schon einmal gründlich verkalkuliert zu haben (Tab. A 54). Anders als bei den übrigen Aktionären können wir bei den verbliebenen Nur-Volksaktionären sogar mit großer Wahrscheinlichkeit erschließen, weshalb sie bereits einen gravierenden Irrtum eingestehen. Obwohl ihre einzigen Aktien auch 1963 noch mit hohem Gewinn zu Buche standen, bedauerten diese Volksaktionäre, ihre Papiere nicht rechtzeitig losgeschlagen zu haben, als dabei der doppelte und dreifache Gewinn hätte erzielt werden können. Ob eine Quote von 10—15 % „irrtumsbewußter" Volksaktionäre im Jahre 1963 als hoch oder als niedrig zu bewerten ist, läßt sich wissenschaftlich nicht entscheiden. Im Vergleich zu den Belegschaftsaktionären, die ebenfalls bevorzugt Aktien erwerben konnten und von denen 1963 so gut wie niemand irgendwelche Fehlentscheidungen zu bedauern hatte (Tab. A 54), erscheint der Anteil der Volksaktionäre mit Fehlerbewußtsein jedoch ziemlich hoch. Jedenfalls weist er darauf hin, in welchem Umfange ungefähr die mangelnde Kurspflege nach der VW-Privatisierung die Effizienz der Förderungsmaßnahmen selbst bei den verbliebenen Volksaktionären vermindert hat. Überdies ist nicht ausgeschlossen, daß die erneute Baisse der Jahre 1965/66 noch mehr Volksaktionäre dazu bringt, ihre Inaktivität oder Standhaftigkeit früherer Jahre zu bedauern.

Freilich führt das Bewußtsein, größere Fehler gemacht zu haben, nicht unbedingt zu einer Abwendung von der Aktie. Dies ist nur eine der möglichen Reaktionsweisen, die um so wahrscheinlicher ist, je mehr sich die Irrtumserfahrungen häufen. Eine andere Reaktionsform ist es, die negativen Erfahrungen als eine Art Lehrgeld aufzufassen und sich vorzunehmen, es das nächste Mal geschickter anzustellen. Jeder Fehler und jeder dadurch bedingte „Verlust" kann zudem durch „Gewinnerlebnisse" kompensiert werden.

Um diese ausgleichenden Einflüsse mitzuerfassen, wurde in der Aktionärsbefragung des Jahres 1963 mit einer weiteren Frage getestet, zu welchem Gesamtbild sich sämtliche Erfahrungen der Aktionäre mit Aktien im Endeffekt zusammenfügen. Als einheitlicher Maßstab war die Skala der Schulzensuren vorgegeben; dadurch wurde die Möglichkeit eröffnet, das Urteil verschiedener Aktionärsgruppen über die Aktie nicht nur in seiner Verteilung auf die sechs Skalenwerte von „sehr gut" bis „ungenügend" darzustellen, sondern auch in einer Durchschnittszensur zu komprimieren.

Nur 8 % aller Aktionäre bewerten die Eignung der Aktie als Geldanlage schlechter als „ausreichend" (Tab. 38). Die Zensur „ungenügend" wird sogar nur von 2 % vergeben. Demgegenüber beurteilen fast die Hälfte der Aktionäre die Aktie mit „gut" (38 %) oder sogar „sehr gut" (8 %). Der dichteste Wert liegt bei „gut", und die Durchschnittszensur beträgt 2,72, ist also noch etwas besser als „befriedigend".

Bei einer Aufgliederung der Aktionäre nach sozialen und ökonomischen Merkmalen ergeben sich keine signifikanten Unterschiede in der Bewertung. In keiner Gruppe wird die Aktie herausragend als gut oder als besonders schlecht beurteilt. Sowohl die Verteilung der Zensuren als auch die Durchschnittszensur vermitteln ein überraschend einheitliches Bild[73].

Eine gewisse Beziehung scheint jedoch zwischen den Motiven der Aktionäre beim Aktienerwerb und der Beurteilung ihrer persönlichen Erfahrungen mit Aktien zu bestehen. Die spekulationsorientierten Ak-

---

[73] Nach Auszählungen aus dem Datenmaterial der Umfrage „Eigentumsbildung und Altersvorsorge".

Tab. 38: Die Beurteilung der Aktie durch neue und alte Aktionäre 1963

Frage: „Wenn Sie einmal an alle Ihre Erfahrungen denken, die Sie mit Aktien bisher gemacht haben, und Sie sollten mit einer Schulzensur beurteilen, inwieweit die Aktie als Geldanlage für Sie und Ihre Familie geeignet ist, welche Zensur würden Sie da geben?"

Zensur	Alle Aktionäre %	Aktionäre ohne Volksaktien %	Volks-aktien-Neulinge %	Übrige Volks-aktionäre %
Sehr gut	8	7	10	7
Gut	38	43	35	36
Befriedigend	33	31	33	36
Ausreichend	9	8	10	9
Mangelhaft	6	4	7	8
Ungenügend	2	1	1	3
Weiß nicht	4	6	4	1
Zusammen	100 %	100 %	100 %	100 %
Basis	436	146	129	161
Durchschnittszensur	2,72	2,59	2,73	2,83

tionäre geben der Aktie am häufigsten extrem schlechte Prädikate, und auch im Durchschnitt bewertet diese Gruppe die Aktie mit weniger als „befriedigend" (Tab. A 55). Dagegen fällt das Urteil der großen Mehrheit der Aktionäre, die ihre Aktien als Daueranlage erworben haben, besonders günstig aus.

Die Volksaktien-Neulinge, die mit der Zeichnung der VW- oder PREUSSAG-Aktien zum ersten Male im Leben Wertpapiere erworben haben, bewerten auf Grund ihrer persönlichen Erfahrungen die Eignung der Aktie als Geldanlage nicht besser oder schlechter als der Durchschnitt aller Aktionäre (Tab. 38). Das ist unerwartet, wenn man bedenkt, daß diese Aktionäre zum Zeitpunkt des Interviews im Gegensatz zu den meisten anderen Aktionären noch keinerlei echte Verlusterfahrung gemacht hatten; sowohl der Kurs der PREUSSAG-Aktie als auch der der VW-Aktie war noch nicht unter den Ausgabekurs für die Erstzeichner gefallen. Selbst am Tage des bis dahin erreichten tiefsten PREUSSAG-Kurses konnte unter Brücksichtigung eines früher erfolgten Bezugsrechtsabschlages immer noch 21 % des Einstandspreises als Gewinn realisiert werden[74]. Beim ungünstigsten VW-Kurs seit der Privatisierung, der bei 423 lag, hätte ohne Einrechnung des Sozialrabattes ebenfalls ein Gewinn von rund 20 % auf den Emissionskurs erzielt werden können. Dennoch ist diese von der Eigentumspolitik gewollte Privilegierung aus dem Urteil der Volksaktionäre nicht mehr herauszulesen. Die Volksaktionäre haben sich in ihrer Beurteilung der Risiken und Chancen der Aktie an die übrigen Aktionäre bereits völlig angeglichen, ohne daß sie die bitterste aller Erfahrungen, — nämlich das Gefühl, daß in Aktien angelegte Ersparnisse zeitweilig nur mit Verlusten in Geld zurückverwandelt werden können —, schon machen mußten. Soweit bei einigen Volksaktionären Fehldispositionen beklagt werden, sind Anlaß dazu nicht unrealisierte Verluste, sondern lediglich die Erfahrung, nicht den maximalen Gewinn erzielt zu haben.

Der größte Einfluß auf die persönliche Bewertung der Aktie dürfte von der Beobachtung der langandauernden, stetigen Baisse der Jahre 1961/62 ausgegangen sein. Dies genügte bereits, das Urteil über die Eignung der Aktie als Geldanlage trotz des noch verbleibenden eigenen Kursgewinns zu beeinträchtigen. Auch wenn einmal erreichte Höchstkurse noch jahrelang „magisch" nachwirken „wie eine glanzvolle Vergangenheit"[75], war das Urteil über die Aktie bei den immer noch begünstigten Volksaktionären durchaus geteilt und bereits wesentlich häufiger mittelmäßig als überschwenglich.

2. Der Wandel der Präferenzen nach einer Baisse

Theoretisch bietet die Baisse dem Aktiensparer auf lange Sicht ebenso große Chancen wie die Hausse; in der Hausse ist es die Chance des Verkaufs, in der Baisse die des Kaufs. Gewiß würden die Kursschwankungen weniger ausgeprägt sein, wenn diese Chancen von den Kleinaktionären in großem Umfange ausgenutzt würden, doch hieße es den Einfluß der privaten Investoren auf die Kursentwicklung erheblich überschätzen, wollte man Hausse und Baisse als überwiegend von den Anlageentscheidungen der Kleinaktionäre abhängig ansehen. Ohne auf die vielfältigen Kursbestimmungsfaktoren[76] hier eingehen zu müssen, läßt sich schon an bestimmten geldpolitischen Maßnahmen der Bundesbank zeigen, daß auch unabhängig von dem Verhalten der kleinen Anleger in der Baisse

[74] Vgl. *Deutsche Bank AG.:* Das Börsenbild, Jg. 1959—1963, a.a.O., wo u. a. die Jahrestiefst- und Jahreshöchstkurse aller börsennotierten deutschen Aktien verzeichnet sind.

[75] *Lewinsohn*, Richard, und Franz *Pick:* Sinn und Unsinn der Börse, Berlin 1933, S. 282.

[76] Vgl. *Prion*, W.: Die Preisbildung an der Wertpapierbörse, Leipzig 1910; *Donner*, Otto: Die Kursbildung am Aktienmarkt, Berlin, Hamburg 1934; *Bückle*, Willy, a.a.O.; *Wanner*, Helmut, a.a.O.

Chancen liegen. Bei einer harten Restriktionspolitik der Notenbank beispielsweise, bei steigenden Mindestreserveanforderungen und steigenden Diskontsätzen, werden in aller Regel die Aktienkurse sinken, obwohl die Konjunkturlage und die Gewinnsituation bei den Gesellschaften hierfür keinen Anlaß zu geben brauchen[77]. Während die meisten institutionellen Anleger über kurz oder lang schon allein aus Liquiditätsgründen auf diese Politik der Notenbank mit Zurückhaltung bei der Neuanlage oder durch Abgaben aus dem Portefeuille reagieren müssen, bleibt der Masse der kleinen Sparer, die Anlagemittel aus laufenden Einkommen oder aus Liquiditätsreserven entnehmen können, ein großer Entscheidungsspielraum erhalten.

Betrachtet man unabhängig von der Kursentwicklung das typische Verhalten der meisten Kleinaktionäre über einen längeren Zeitraum, so müßte ihnen im Grunde die Ausnutzung der Baissechancen näher liegen als die Ausnutzung der Haussechancen, da die Kleinaktionäre wesentlich häufiger kaufen als verkaufen, so gut wie nie Gewinne realisieren und die einmal erworbenen Aktien in guten wie in schlechten Zeiten meist als Daueranlage durchhalten. Dennoch ist fraglich, ob die Chancen der Baisse von den Kleinaktionären erkannt und genutzt werden. Dies würde voraussetzen, daß Kursrückgänge in der Baisse die Bereitschaft zur Neuanlage von Aktien eher größer als kleiner werden ließen.

Dem steht entgegen, daß die Präferenz für die Aktie als Sparform auch bei vielen Aktienbesitzern ohnehin nicht sehr hoch ist. Schon die Analyse der Einstellung zur Aktie ergab bei der Mehrheit der Aktionäre nur eine distanzierte Zustimmung. Vor allem das Bewußtsein, daß der Umgang mit Aktien schwierig und riskant ist und man etwas davon verstehen muß, um keine Verluste zu erleiden, hemmt häufig den Aufbau einer intensiv positiven Einstellung. Daher ist die Hypothese naheliegend, daß jede Baisse die Vorstellungen von der schwierigen und riskanten Anlageform aktualisiert und an den ohnehin geringen Präferenzen für die Aktie zehrt, und zwar um so stärker, je länger die Baisse andauert.

Die beste Methode, die Wirkung der Baisse zu quantifizieren, wäre die mehrfache Befragung derselben Aktionäre in einem sogenannten Panel[78]. Ebenfalls zum Ziele kämen mehrfache Repräsentativbefragungen vor und nach der Baisse mit vergleichbarer Fragestellung. Solange derartige Forschungsergebnisse jedoch nicht zur Verfügung stehen, bleibt

---

[77] *Prion*, W., a.a.O., S. 113.

[78] Vgl. *Lazarsfeld*, Paul F., *Rosenberg*, M., und W. *Thielens:* Die Panel-Befragung, in: *König*, René (Hrsg.): Das Interview. Praktische Sozialforschung I, 2. erw. Aufl., Köln 1957, S. 253 ff.

nur der Versuch, durch geeignete direkte und indirekte Fragen in derselben Untersuchung den Wandel der Präferenzen nach einer Baisse gewissermaßen ex post zu ermitteln.

In der Aktionärsbefragung des Jahres 1963 wurden mit dieser Absicht hintereinander die beiden folgenden Fragen gestellt:

1. „Angenommen, Sie wollten *in der nächsten Woche* Wertpapiere kaufen: Würden Sie dann festverzinsliche Wertpapiere oder Aktien kaufen?"
2. „Und was hätten Sie vor zwei Jahren gekauft: Festverzinsliche Wertpapiere oder Aktien?"

Während im Frühjahr 1961 noch 70 % der Aktionäre ausschließlich oder unter anderem Aktien erworben hätten, war dieses Interesse im Verlauf der folgenden zwei Jahre bis zum Frühjahr 1963 merklich abgekühlt. Zu den vergleichsweise niedrigen Kursen des Jahres 1963 würden im Falle eines Wertpapierkaufs nur noch 52 % der Aktionäre ihre Ersparnisse ganz oder teilweise in Aktien anlegen. Demgegenüber ist eine deutliche Hinwendung zum festverzinslichen Wertpapier festzustellen[79]. Die Präferenz für Rentenwerte stieg von 25 % im Jahre 1961 auf 39 % im Jahre 1963 (Tab. 39).

Tab. 39: Präferenzen im Falle eines Wertpapierkaufs 1963 und 1961

Im Falle eines Wertpapiererwerbs würden kaufen bzw. hätten gekauft ...	Alle Aktionäre 1963 %	Alle Aktionäre 1961 %
Aktien	45	63
Festverzinsliche Wertpapiere	32	18
Sowohl als auch	7	7
Andere Wertpapiere	1	1
Keine Angabe/Weiß nicht	15	11
Zusammen	100 %	100 %
Basis	437	437

Die Präferenzverschiebungen zwischen 1961 und 1963 sind jedoch noch umfangreicher, als es aus einer bloßen Gegenüberstellung der Antworten auf die beiden obigen Fragen ersichtlich ist; hieraus läßt sich nur das Nettoergebnis der Veränderungen ablesen. Insgesamt ergibt sich das in der folgenden Tabelle 40 dargestellte Bild:

[79] Vgl. *Leverkus*, J. Christoph, und Klaus *Wieken*, a.a.O., S. 208 ff.

Tab. 40: Wandel der Präferenzen zwischen 1961 und 1963

Vorliebe für Aktien ist 1963 im Vergleich zu 1961 ...	Alle Aktionäre %
größer	7
unverändert groß oder klein	54
etwas kleiner	12
viel kleiner	16
Keine Angaben	11
Zusammen	100 %
Basis	437

Danach blieben durch die Baisse des Jahres 1962 nur die Präferenzen von rund der Hälfte der Aktionäre unbeeinflußt, d. h. sie äußerten für 1963 keine größere oder geringere Bereitschaft, Aktien zu kaufen, als für 1961. Ein gutes Fünftel der Aktienbesitzer (28 %) zeigte eine deutlich gestiegene Skepsis gegenüber weiteren Aktienkäufen, und zwar war die Präferenz für Aktien bei 12 % der Aktionäre *etwas* kleiner und bei 16 % *viel* kleiner als 1961[80]. Nur eine kleine Gruppe von 7 % der Aktionäre war 1963 in stärkerem Maße als 1961 bereit, sich am Aktienmarkt zu engagieren. Diese Minderheit dokumentiert, daß nicht alle Aktionäre die Chance verkannten, die das im Vergleich zu 1960/61 niedrigere Kursniveau des Jahres 1963 bot.

Die Kleinaktionäre aller ökonomischen Schichten und Bildungsstufen geraten ziemlich gleichmäßig in den Sog der Baisse (Tab. A 56). Soweit sich geringe Unterschiede abzeichnen, lassen sie sich nicht eindeutig auf bestimmte Faktoren zurückführen. Allenfalls wird die Hypothese gestützt, daß die Aktie nach der Baisse besonders bei Arbeitern und Beamten stark an Boden verliert, während die Präferenzen der Selbständigen in Handel und Gewerbe überdurchschnittlich stabil bleiben. Die Annahme, daß die Vorliebe für Aktien bei Kleinaktionären mit Abitur oder Hochschulbildung oder mit einem größeren Depot besonders unerschütterlich sei und die Chancen der Baisse klarer erkannt würden, bestätigt sich nicht.

---

[80] Als „etwas kleiner“ wurde die Präferenz bei folgenden Antwortkombinationen (Kaufwünschen) bezeichnet:

1961 unter anderem Aktien + 1963 nur festverzinsliche Wertpapiere
1961 nur Aktien + 1963 unter anderem Aktien
1961 nur Aktien + 1963 weiß nicht, welche Wertpapiere
1961 nur Aktien + 1963 andere Wertpapiere.

Als „viel kleiner“ wurde die Präferenz bei folgenden Antwortkombinationen (Kaufwünschen) bezeichnet:

1961 nur Aktien + 1963 nur festverzinsliche Wertpapiere.

Deutlich weniger als beim Durchschnitt sinkt jedoch die Präferenz für Aktien bei den Aktionären, die zwischen 1948 und 1958 erstmals Aktien erworben haben (Tab. A 57). Es ist, als ob diejenigen Aktionäre, die seinerzeit vor allen anderen sehr frühzeitig zur deutschen Industrie und ihren Wiederaufstiegschancen Vertrauen faßten und die dafür durch hohe Kursgewinne auf die billig gekauften Aktien belohnt wurden, auch nach einer Baisse besonders häufig die Vorteile des ermäßigten Kursniveaus erkennen.

Bei den Neulingen, die mit der Zeichnung von Volksaktien erstmals in den Kreis der Wertpapierbesitzer getreten sind, verliert die Aktie nach der Baisse nur wenig mehr an Boden als beim Durchschnitt aller Kleinaktionäre (Tab. A 56). Der ohnehin stets geringe Anteil der Aktionäre, die nach der Baisse ein größeres Interesse an Aktien haben als vorher, ist unter den Neulingen mit 2 % jedoch besonders klein. Etwa die Hälfte der neugewonnenen Aktionäre (53 %) äußert eine unvermindert große oder kleine Vorliebe für Aktien, und ein knappes Drittel (31 %) würde 1963 ganz im Gegensatz zu 1961 neue Ersparnisse überhaupt nicht mehr oder nur noch unter anderem in Aktien anlegen.

Die nach einer längeren Baisse um sich greifende Unsicherheit über die Vorteile einer erneuten Anlage von Ersparnissen in Aktien spiegelt sich gleichermaßen in einer nur mittelmäßigen Bewertung der persönlichen Erfahrungen mit Aktien wie in wenig optimistischen Kurserwartungen. So rechnete im Frühjahr 1963 nur ein Viertel der Kleinaktionäre für die nächsten 12 Monate mit steigenden Kursen, etwa die Hälfte erwartete stagnierende und etwa 6 % sogar wieder fallende Notierungen, während ein knappes Fünftel überhaupt keine Vorstellung darüber hatte, wie es weitergehen würde, nachdem die größten Kurseinbrüche des Herbstes 1962 wieder aufgeholt worden waren[81]. Aber wesentlicher für die Einschätzung der Baissereaktionen als dieses vielleicht noch nicht einmal übermäßig ungünstige Erwartungsbild ist die Tatsache, daß selbst positive Kurserwartungen nicht immer zu gleichbleibenden und größeren Präferenzen für die Aktie führen (Tab. A 58). Dies kann nur mit der geringen „Intensität" der eigenen Erwartungen erklärt werden. Man stellt sich zwar noch vor, wie sich die Kurse in naher Zukunft weiterentwickeln werden, aber der Glaube in die Richtigkeit der eigenen Kursvorstellungen dürfte unabhängig von der Art der Erwartungen längst nicht mehr so unerschütterlich sein wie in der Hausse. Auch in positive Erwartungen mischt sich nun die Skepsis; die geringe Stabilität der Meinungen lähmt die Aktivität und läßt eine abwartende Haltung geraten erscheinen. Zu häufig wurde die Zuversicht in der langandauernden Baisse verprellt.

---

[81] Nach Auszählungen aus dem Datenmaterial der Umfrage „Eigentumsbildung und Altersvorsorge".

In welchem Maße die „Intensität“ der Einstellungen in der Baisse absinkt, zeigt ein Vergleich zwischen der Beurteilung der Aktie als geeignete Geldanlage und dem Wandel der Präferenzen. Aktionäre, die auch noch *nach* der Baisse die Aktie mit dem besten Prädikat, also mit „sehr gut“, bewerten, hätten sie dennoch häufiger zu den hohen Kursen des Jahres 1961 dem festverzinslichen Wertpapier vorgezogen als zu den vergleichsweise niedrigeren Kursen des Jahres 1963. Auch hinter dem besten Urteil über die Aktie scheint in der Baisse eine geringere Überzeugungskraft und ein schwächerer Wille zum Handeln zu stehen als in der Hausse (Tab. A 59).

Davon abgesehen besteht erwartungsgemäß folgende Beziehung: Je schlechter die Eignung der Aktie als Geldanlage nach der Baisse beurteilt wird, um so stärker ist auch die Präferenz für Aktien in der Zeit zwischen Hausse und Baisse gesunken. War beim Urteil „sehr gut“ nur bei 15 % der Aktionäre eine Präferenzminderung festzustellen, so stieg diese Quote bei einem mangelhaften oder ungenügenden Urteil der Aktionäre auf 40 % (Tab. A 59). Aber die empirischen Untersuchungen weisen auf mehr hin als auf diese recht plausible These. Auch in der Gruppe mit der schlechtesten Beurteilung der Aktie gibt es immer noch eine Minderheit von etwa 10 % der Aktionäre, die die Chancen der Baisse nicht verkennen und trotz ihrer bisherigen Erfahrungen nunmehr gerade auch in der Baisse die Aktie bevorzugen würden, um etwaige Verluste wettzumachen oder einen günstigeren durchschnittlichen Einstandskurs für ihr ganzes Aktiendepot zu erzielen.

Auch das Interesse für Volksaktien kühlte im Verlaufe der Baisse des Jahres 1962 fühlbar ab. Dies gilt ungeachtet der nach wie vor deutlich größeren Präferenz für Volksaktien als für „normale“ Aktien. Während 1963 — auf einen eventuellen Wertpapierkauf angesprochen — nur die Hälfte der Aktionäre Aktien kaufen wollte, äußerten zur gleichen Zeit zwei Drittel der Aktionäre die feste Absicht, sich an einer etwaigen Volksaktienemission im nächsten Jahr zu beteiligen. Die Volksaktionäre waren sogar zu 71 % bereit, erneut zu zeichnen (Tab. 41).

Dieses Ergebnis ließ schon 1963 keinen Zweifel daran, daß eine nach der VW-Privatisierung durchgeführte weitere Volksaktienaktion zu einem Sturm auf die Effektenschalter der Kreditinstitute führen würde. Denn auch unter den Aktionären, die bisher abseits standen, erkannten nun viele die Chance, die da nahezu risikolos — wie es schien — geboten wurde. Zudem war zu erwarten, daß beim dritten Anlauf viele Nicht-Aktienbesitzer in der Bevölkerung endlich Mut fassen würden. Aber neben diesem sich abzeichnenden quantitativen Erfolg darf nicht übersehen werden, daß nicht alle VW- und PREUSSAG-Aktionäre ein zweites oder drittes Mal Volksaktien kaufen wollten. Bedeutsam ist vor allem, daß unter den Neulingen die Bereitschaft, nochmals Volksaktien zu erwerben, geringer ist als unter den übrigen Volksaktionären, die schon vor der Volksaktienzeichnung Erfahrungen mit Wertpapieren sammeln konnten (Tab. 41).

Weshalb wollte im Frühjahr 1963 ein Fünftel der Aktionäre auf keinen Fall im nächsten Jahre Volksaktien kaufen? Etwa ein Drittel der Ablehnungen erfolgte, weil man aus den verschiedensten Gründen für den Aktienerwerb nunmehr kein Geld mehr hatte oder ausgeben wollte (Tab. A 60). Hinzu kommen noch einige Aktionäre, die ein erneutes Interesse mit Hinweis auf ihr Alter verneinten. Weniger mangelnde Sparfähigkeit als der Wunsch, nur in einem ganz begrenzten Umfang Aktien zu kaufen, spricht aus den Begründungen von weiteren 15 % der nicht mehr an Volksaktien interessierten Aktionäre. Jede zehnte Absage bezog sich auf die Zeichnungsbedingungen, die zu erwarten waren; entweder hält man die für eine Privatisierung in Frage kommenden Gesellschaften nicht für „international bekannte", „alte" Unternehmen, oder man mißtraut generell der späteren Kursentwicklung der Volksaktien, „weil

Tab. 41: Bereitschaft zum erneuten Volksaktienkauf 1963 und 1966

Frage: „Wenn im nächsten Jahr ein weiteres Unternehmen aus Bundesbesitz privatisiert würde und jedem Bundesbürger ohne Rücksicht auf die Höhe seines Einkommens Volksaktien zum Kaufe angeboten würden: wären Sie dann bereit, eine oder mehrere dieser Volksaktien zu kaufen?"

	April-Juli 1963[a]			Nov. / Dez. 1966[b]			
	Volksaktionäre			Volksaktionäre			
	Alle	Neulinge	Übrige Volksaktionäre	Alle	Neulinge	Übrige Volksaktionäre	Gesamtbevölkerung 1966
	%	%	%	%	%	%	%
Würde Volksaktien kaufen	71	64	76	32	30	35	13
Würde *nicht* kaufen	15	20	11	53	53	55	72
Kommt darauf an/ Weiß nicht	14	16	12	15	17	10	15
Zusammen	100%	100%	100%	100%	100%	100%	100%
Basis	290	129	161	105	64	40	1817

a) *Forschungsstelle für empirische Sozialökonomie* und *DIVO-Institut:* Umfrage „Eigentumsbildung und Altersvorsorge", a.a.O.

b) *DIVO-Institut:* Mehrthemenerhebung 960, Repräsentativerhebung Bundesgebiet einschl. Berlin (West), 16—79 Jahre, 1817 Fälle, Randomauswahl, November/Dezember 1966.

Volksaktien meistens verkaufsgebunden sind und beim Freiwerden so stark fallen", wie sich ein Befragter ausdrückte.

Direkte Hinweise auf schlechte Erfahrungen mit Aktien und Volksaktien, auf das Risiko des Aktienkaufs, auf Vorurteile und Angst sowie die Einsicht, daß deshalb andere Geldanlagen als Aktien vorteilhafter seien, enthält gut ein Viertel (28 %) der ablehnenden Antworten; hinzu kommt noch eine Minderheit (2 %), die mit Hinweis auf die schlechte Konjunktur- und Wirtschaftslage zu einem erneuten Volksaktienerwerb nicht bereit ist.

Daß schlechte Erfahrungen mit Aktien, Risikoangst und Vorurteile auch 1963 schon einen Teil der Kleinaktionäre von einem *weiteren Volksaktien*kauf abhielten, ist vor allem deshalb so bemerkenswert, weil in dieser Zeit beide Volksaktien noch mindestens 20 % über dem Emissionskurs notierten. Doch bei einigen Aktionären genügte bereits die Beobachtung des allgemeinen Kursverfalles in den Jahren 1961 und 1962 sowie der rasante Kurssturz der VW-Aktie, um trotz der noch beruhigenden Kursgewinne Angstgefühle aufkommen zu lassen. Diese Minderheit hält zwar noch an ihren einmal erworbenen Aktien fest, aber für ihre neuen Ersparnisse zeichnet sich bereits der Rückzug in traditionelle Anlageformen ab: „Man hat doch Angst um sein Geld, siehe VW", wie es ein Aktionär auf seine Weise formulierte.

War 1963 trotzdem das Interesse an Volksaktien alles in allem quantitativ noch sehr hoch, so ist nach der VEBA-Privatisierung des Jahres 1965 zunächst eine gewisse Ernüchterung eingetreten. Ende 1966 fragte das Frankfurter *DIVO-Institut* mit der gleichen Fragestellung wie 1963 erneut nach der Bereitschaft der Volksaktionäre, sich an einer etwaigen Volksaktienemission im nächsten Jahr zu beteiligen[82]. Zum Zeitpunkt dieser Befragung, im November/Dezember 1966, notierten unter Hinzurechnung zwischenzeitlich erfolgter Bezugsrechtsabschläge die PREUSSAG-Aktie 30 bis 40 % *über* dem Ausgabekurs, die VW-Aktie 3 bis 10 % *über* dem höchsten Ausgabekurs (Sozialrabatt 10 %) und lediglich die VEBA-Aktie 16 bis 24 % *unter* ihrem Ausgabekurs[83]. Einen Kursverlust hatten also unter den Volksaktienzeichnern nur die VEBA-Aktionäre zu beklagen. Diese erste Verlusterfahrung, das Hinschmelzen des VW-Buchgewinns und die allgemeine, heftige Baisse des zweiten Halbjahres 1966 mit Tiefstkursen im November 1966 genügten jedoch, den Anteil der Volksaktionäre, die Interesse für einen erneuten Volksaktienerwerb zeigten, mehr als zu halbieren. Während 1963 noch 71 % der Volksaktio-

---

[82] *DIVO-Institut:* Mehrthemenumfrage 960.

[83] Kursnotierungen aus dem Börsenteil des Handelsblatts, November und Dezember 1966; Bezugsrechtsabschläge aus: *Deutsche Bank AG.:* Das Börsenbild, Jg. 1961—1966, a.a.O.

näre die feste Absicht bekundeten, sich an einer etwaigen Privatisierungsaktion des nächsten Jahres zu beteiligen, erklärten sich Ende 1966 nur noch 32 % aller Volksaktionäre dazu bereit (Tab. 41).

Dieses Ergebnis könnte falsch interpretiert werden, wenn nicht die geradezu dramatische politische und wirtschaftliche Situation in der Bundesrepublik zum Zeitpunkt der Befragung im November und Dezember 1966 mit in Rechnung gestellt wird. Der Kursverfall der VEBA-Volksaktie im Zusammenhang mit der seit Ende 1965 immer deutlicher werdenden allgemeinen Schwäche am Aktienmarkt war nur ein einziger Faktor für den Wandel der Präferenzen. Verstärkend wirkten die Auslösefaktoren dieser Kursentwicklung, die nicht nur den Aktienmarkt beeinflußten, sondern unabhängig davon Ende 1966 in der gesamten Bevölkerung zu einem „Stimmungstief" allergrößten Ausmaßes führten. Nach über einem Jahrzehnt stetiger wirtschaftlicher Entwicklung und Kontinuität in der politischen Führung, nach Jahren der Überbeschäftigung, mußte für die im Vergleich zu anderen Ländern mittlerweile krisenungewohnte Bevölkerung der Bundesrepublik der politische und wirtschaftliche Einschnitt des Herbstes 1966, vor allem die wachsende Arbeitslosigkeit und Kurzarbeit, wie ein Schock wirken. Da Einsichten in die speziellen geld- und wirtschaftspolitischen Hintergründe dieser Entwicklung[84] in breiten Schichten nicht vorausgesetzt werden können, vielmehr Erinnerungen an die „große" Krise der dreißiger Jahre wachgerufen wurden, konnten sich die Ereignisse zu einer allgemeinen Vertrauenskrise auswachsen. So ist es leicht erklärlich, daß Aktien in dieser Zeit nicht sehr gefragt waren. Die Tatsache, daß zwei der drei Volksaktien auch am Tiefstpunkt des Aktienkursniveaus im November 1966 ohne effektiven Verlust hätten liquidiert werden können, war ein zu geringes Gegengewicht, um in dieser Situation das Vertrauen zur Volksaktie und mithin auch zum Aktiensparen in vollem Umfange zu erhalten. Stellen wir die außergewöhnlichen Umständen der Baisse des Herbstes 1966 in Rechnung, dann ist es beachtlich, daß sich dennoch fast ein Drittel der Volksaktionäre weiterhin am Aktienkauf interessiert zeigt. Hiermit dürfte das denkbar niedrigste Niveau des Interesses bestimmt sein. Nach Überwindung der Krise wird es schnell und wahrscheinlich auch dauerhaft ansteigen; denn das Erlebnis einer überwundenen Krise wird einen um so nachhaltigeren Eindruck machen, je stärker die Krise vorher empfunden wurde. Wie die Kursentwicklung der VW-Aktie die Chancen, so haben die Baissen 1962 und 1965/66 die Risiken der Aktienanlage in ihrem ganzen Ausmaß vor Augen geführt. Das Bild von der Aktie ist realistischer geworden. Die nüchterne Skepsis nach einer Baisse bietet jedoch

[84] Vgl. *Schmölders*, Günter: Die schleichende Inflation — ein Ausdruck unserer Ungeduld, in: Schleichende Inflation? Schriftenreihe Information, Bd. 12, Köln 1965.

auf die Dauer bessere Ansatzpunkte für eine Popularisierung des Aktiensparens als ein übersteigerter Optimismus in Haussezeiten.

Allerdings lassen alle Reaktionen auf die Baisse auch erkennen, daß die drei Privatisierungsaktionen kein großer Wurf waren, mit dem auf einen Schlag bei ein bis zwei Millionen neuer Aktionäre eine Aktiensparwelle in Gang gesetzt wurde, die nun wie von selbst weiterläuft. Die Privatisierungsaktionen waren zwar mehr als nur ein Strohfeuer; denn die bisher erstaunlich große Stabilität des Aktien-Neubesitzes läßt die Hoffnung begründet erscheinen, daß sich auch noch nach Jahren und Jahrzehnten ein großer Teil der Volksaktien ziemlich gleichmäßig in den Händen der Erstzeichner befindet und die Aktien aus den einkommensschwächeren Schichten der Aktionäre kaum schneller abfließen als aus den übrigen. Aber diese Stabilität beruht zum Teil noch mehr auf einer Tendenz zur Inaktivität in der Abwicklung jeglicher Geldgeschäfte denn auf einer tieferen Einsicht in die besonderen Vorteile des Aktiensparens.

Ist schon generell bei allen Kleinaktionären die Zukaufstätigkeit in Hausse und Baisse gering — rund ein Viertel der „alten" Kleinaktionäre hat zwischen 1959 und 1963 ihr Depot nicht bewegt und die meisten anderen kaufen nur sporadisch mit monatelangen oder jahrelangen Abständen —, so läßt das Interesse in und unmittelbar nach einer Baisse für längere Zeit in besonders großem Umfange nach, obwohl sich dem Daueranleger gerade dann günstige Anlagechancen eröffnen. Dieses Absinken der Präferenzen nach einer Baisse, und — als Pendant dazu — die größere Anziehungskraft der Hausse sind die neuralgischen Punkte in den Bemühungen um einen nachhaltigen Erfolg bei der Popularisierung des Aktiensparens. Steigende Aktionärszahlen haben darüber nur einige Jahre hinwegtäuschen können.

Bei den Aufgaben, die sich hier stellen, vereinen sich die Interessen der Eigentumspolitik und der Unternehmen, die einen breiteren Finanzierungsspielraum suchen. Ein funktionsfähiger Kapitalmarkt besteht erst dann, wenn nicht jeder Konjunkturrückschlag zu einer jahrelangen Vertrauensstörung der Anleger führt und wenn Hochkonjunkturgewinne nicht alle Gegenkräfte des Marktes versiegen lassen. Bei dem psychischen und intellektuellen Habitus der meisten Kleinaktionäre, ihren Motiven, ihrer Einstellung, ihren Kenntnissen und ihrem bisherigen Verhalten dürfte Aufklärung dabei kaum allein zum Ziele führen. Schon vor 60 Jahren hat *Prion* „den Hauptwert aller Reformen in der Aufklärung und Erziehung des großen den Börsenvorgängen ferner stehenden Publikums" gesehen[85]. Inzwischen sind zwar viele strukturelle, gesetzliche und institutionelle Voraussetzungen in Wirtschaft und Gesellschaft im Sinne der eigentumspolitischen Zielsetzungen erfüllt worden, aber die Auf-

[85] *Prion*, W., a.a.O., S. 215.

klärungsmaßnahmen, soweit sie je in Angriff genommen wurden, haben bisher das zum Teil zyklusparallele Verhalten der Kleinaktionäre kaum verändert. Viel wirkungsvoller als jede allgemeine Aufklärung — so nützlich diese als zusätzliche Maßnahme auch sein kann[86] — dürfte daher eine Intensivierung der Anlageberatung sein[87]. Allerdings müßte sie auch mehr als bisher auf den Kleinaktionär zugeschnitten werden und könnte dabei in bestimmten Phasen der Kursentwicklung, gestützt auf die modernen, am Gesamtertrag orientierten Methoden der Aktienanalyse[88], Warnungen und Empfehlungen etwas deutlicher als bisher üblich aussprechen. Schon die aktive Hinwirkung auf eine zeitlich möglichst regelmäßige Anlage von Ersparnissen in Aktien — so sehr diese primitive Grundregel auch einem Hauptproblem der Anlageberatung, der Zeitwahl, ausweicht[89] —, wird gegenüber dem dargestellten Verhalten der Kleinaktionäre ein großer Fortschritt sein.

[86] Z. B. wurde kürzlich erstmals in Deutschland eine umfassende Aufklärungsaktion für Aktien begonnen. Vgl. *Arbeitskreis zur Förderung der Aktie* e. V.: Deutsche Aktie Wert mit Zukunft. Es lohnt sich mehr über Aktien zu wissen, Düsseldorf 1967.

[87] Vgl. *Abs*, Hermann J.: Wertpapier und Vermögensanlage (Vortrag auf dem 3. Deutschen Wertpapiertag), in: Das Wertpapier, Beilage zu Nr. 11/1964, S. 3.

[88] Vgl. *Büschgen*, Hans E.: Aktienanalyse und Aktienbewertung nach der Ertragskraft (Bd. 2 der Beiträge zur Betriebswirtschaftslehre, hrsg. von Heinrich *Rittershausen*), Wiesbaden 1962.

[89] Vgl. *Grodinsky*, Julius: Investments, New York 1953, S. 489 f.

Tabellenanhang

Tabelle A 1

Das quantitative Element im Begriff Kleinaktionär

Fragen: "Bis zu wieviel Mark darf jemand Aktien besitzen, damit Sie ihn noch als einen Kleinaktionär bezeichnen können?"

FALLS 'Weiß nicht':
"Was meinen Sie, wie hoch wohl der durchschnittliche Betrag sein darf, um noch als Kleinaktionär zu gelten?"

Höchstbesitz oder durchschnittlicher Besitz eines Kleinaktionärs	Aktionäre, die ... Höchstbetrag nannten %	Aktionäre, die ... Durchschnittsbetrag nannten %	Alle Aktionäre, die einen Betrag nannten %
Unter 1000 DM	6	9	7
1000 - unter 3000 DM	21	21	21
3000 - unter 7000 DM	20	23	21
7000 - unter 12000 DM	28	24	26
12000 - unter 18000 DM	2	2	2
18000 - unter 25000 DM	8	6	8
25000 - unter 50000 DM	2	5	3
50000 DM und mehr	13	10	12
Zusammen	100 %	100 %	100 %
Basis	181	101	282
Gruppendurchschnitt	16900 DM	14900 DM	16200 DM

Tabelle A 2

Aktienbesitz nach Wirtschaftszweigen

Frage: "Bisher ist in der Statistik nichts darüber bekannt, wie der Aktienbesitz in der Bundesrepublik wirklich verteilt ist. Wir möchten Sie bitten, uns dabei zu helfen, indem Sie uns sagen, zu welchen Wirtschaftszweigen die Gesellschaften gehören, von denen Sie Aktien besitzen." (KARTE)

Es besitzen Aktien folgender Wirtschaftszweige	Alle Aktionäre %
Automobil-, Fahrzeug- und Maschinenbau	74
Montan-, Eisen- und Stahlindustrie, Bergbau und Metallgewinnung	23
Chemie	17
Banken	9
Elektrotechnik	8
Energie-, Versorgungs- und Erdölunternehmen	7
Andere Wirtschaftszweige	12
Nicht ermittelt	5
Zusammen	155 %
Basis	436

Tabelle A 3: Einfluß der Wohnortsgröße auf den Aktienerwerb a)

	Haushalte der Angestellten und Beamten (außer leitenden)				Haushalte der Facharbeiter			
Wohnortsgröße	Aktienbesitz %	Kein Aktienbesitz %	Summe %	Basis	Aktienbesitz %	Kein Aktienbesitz %	Summe %	Basis
Unter 2000 Einwohner	9	91	100	46	1	99	100	88
2000 - unter 20000 Einwohner	6	94	100	71	1	99	100	96
20000 - unter 100000 Einwohner	10	90	100	59	7	93	100	46
100000 und mehr Einwohner	15	85	100	144	8	92	100	82
Zusammen	11	89	100	320	4	96	100	312

a) Auszählungen aus dem Datenmaterial der Umfrage "Sparverhalten" des DIVO-INSTITUTS, a. a. O.

Tabelle A 4

Anteil der Aktienbesitzer in verschiedenen Wohnortsgrößen in den USA, 1956 - 1965 [a)]

Wohnortsgröße	Aktienbesitzer in % der Einwohner			
	1956	1959	1962	1965
Rural Areas (farm and non-farm)	2,7	1,7	3,4	3,4
2500 - 25000 Einwohner	7,3	10,4	12,5	15,5
25000 - 100000 Einwohner	6,6	9,1	12,7	13,5
100000 - 500000 Einwohner	7,3	9,2	13,1	13,9
500000 und mehr Einwohner	5,6	10,4	13,0	12,1
Bevölkerung zusammen	5,2	7,0	9,4	10,3

a) Quelle: NEW YORK STOCK EXCHANGE, Census of Shareowners 1959, 1962 und 1965.

Tabelle A 5: VEBA-Zeichnungsstatistik nach Berufsgruppen a)

Berufsgruppen	Beruf ausübend		Pensionär Rentner		Lehrling Schüler Student		Hausfrau		Insgesamt	
	abs.	%	abs.	%	abs.	%	abs.	%	abs.	%
Arbeiter	279027	20,6	95412	26,1	24784	13,1	187009	26,9	586232	100
Angestellte	749027	55,4	130859	35,8	72131	38,1	270322	38,8	1222339	100
Beamte	174428	12,9	82827	22,6	43044	22,7	133653	19,2	433952	100
Selbst. Kaufleute und Gewerbetreibende	97956	7,3	36234	9,9	22653	12,0	61534	8,8	218377	100
Selbst. Land- und Forstwirte	24195	1,8	11001	3,0	3992	2,1	19414	2,9	58602	100
Freiberuflich Tätige	26942	2,0	9435	2,6	22645	12,0	24076	3,4	83098	100
Zusammen	1351575	100 %	365768	100 %	189249	100 %	696008	100 %	2602600	100

a) Quelle: BUNDESSCHATZMINISTERIUM.

Tabelle A 6

Die Einstellung zur Aktie in der Bevölkerung - sozialökonomische Merkmale a)

Frage: "Hier unterhalten sich drei Männer über Aktien. Welcher davon sagt das, was auch Sie darüber denken: der Linke, der Mittlere oder der Rechte?" (BILDBLATT)

Die Meinung des LINKEN:

"Aktien sind nur etwas für Leute mit dickem Geldbeutel. Unsereiner kann dabei doch bloß sein bißchen Geld verlieren!"

Die Meinung des MITTLEREN:

"Aktien zu kaufen ist bestimmt eine gute Sache. Man hat dann einen Anteil an einem soliden Unternehmen, und der kann nicht so schnell entwertet werden."

Die Meinung des RECHTEN:

"Aktien sind ja sicher eine gute Geldanlage, aber man muß schon etwas davon verstehen, damit man nicht hereinfällt."

Bevölkerung	Einstellung zur Aktie				Summe %	Basis
	Negativ (der LINKE) %	Positiv (der MITTLERE) %	Sachlich, neutral (der RECHTE) %	Unentschieden, keine Meinung %		
Berufskreise						
Selbständige in Handel u. Gewerbe, freie Berufe	8	13	53	26	100	225
Beamte	10	16	53	21	100	153
Angestellte	10	13	53	24	100	639
Land- und Forstwirte	12	5	31	52	100	210
Arbeiter	19	9	41	31	100	1190
Schulbildung						
Volksschule	16	9	41	34	100	1911
Mittlere Reife	7	15	60	18	100	383
Abitur/Hochschule	7	23	57	13	100	108

Noch Tabelle A 6:

Bevölkerung	Einstellung zur Aktie Negativ (der LINKE) %	Positiv (der MITTLERE) %	Sachlich, neutral (der RECHTE) %	Unentschieden, keine Meinung %	Summe %	Basis
Alter						
Unter 22 Jahre	11	10	47	32	100	393
22 - unter 30 Jahre	13	11	49	27	100	362
30 - unter 40 Jahre	12	10	49	29	100	374
40 - unter 50 Jahre	15	11	48	26	100	576
50 - unter 60 Jahre	16	12	42	30	100	361
60 Jahre und älter	21	9	35	35	100	358
Nettoeinkommen des Hauptverdieners im Haushalt						
Unter 400 DM	17	9	39	35	100	681
400 - unter 600 DM	14	10	46	30	100	984
600 - unter 800 DM	15	10	50	25	100	444
800 - unter 1000 DM	11	9	49	31	100	183
1000 DM und mehr	9	20	52	19	100	139
Wohnortsgröße						
Unter 2000 Einwohner	17	7	38	38	100	596
2000 - unter 20000 Einwohner	16	13	40	31	100	559
20000 - unter 100000 Einwohner	13	14	51	22	100	350
100000 und mehr Einwohner	12	9	51	28	100	893
Bevölkerung insgesamt	15	10	45	30	100	2435

a) FORSCHUNGSSTELLE FÜR EMPIRISCHE SOZIALÖKONOMIK und INSTITUT FÜR DEMOSKOPIE ALLENSBACH, Studie "Umgang mit Geld", Repräsentativerhebung im Bundesgebiet und Berlin (West), alle Haushaltsmitglieder über 16 Jahre, Quota-Auswahl, 2435 Befragte, Herbst 1959.

Tabelle A 7

Einstellung zum Aktienkauf auf Kredit
sozialökonomische Merkmale

Frage: "Meinen Sie, daß es bei niedrigen Aktienkursen manchmal klug ist, schon mal ein paar Aktien auf Kredit zu kaufen, den man später durch Verkauf zu höheren Kursen oder durch Sparen zurückzahlen kann, oder sollte man Aktien nicht auf Kredit kaufen?"

Aktionäre	Aktien schon mal auf Kredit kaufen %	Aktien nicht auf Kredit kaufen %	Keine Angabe %	Summe %	Basis
Berufskreise					
Freie Berufe	24	70	6	100	37
Selbständige in Handel und Gewerbe	14	72	14	100	94
Land- und Forstwirte	(21)	(68)	(11)	100	19
Arbeiter	26	60	14	100	43
Angestellte	21	71	8	100	159
Beamte	25	67	8	100	64
Alter					
Unter 35 Jahre	27	65	8	100	82
35 - unter 55 Jahre	22	66	12	100	208
55 Jahre und älter	14	77	9	100	146
Schulbildung					
Volksschule	22	63	15	100	174
Mittlere Reife	20	73	7	100	151
Abitur/Nicht abgeschlossene Hochschulbildung	12	75	13	100	52
Abgeschlossene Hochschulbildung	24	74	2	100	59
Nettomonatseinkommen					
Unter 600 DM	17	72	11	100	78
600 - unter 1000 DM	18	69	13	100	118
1000 - unter 2000 DM	21	73	6	100	102
2000 DM und mehr	21	70	9	100	47
Nicht ermittelt	25	63	12	100	91

Tabelle A 8

Begründung einer negativen Einstellung zum Kreditengagement

Fragen: "Meinen Sie, daß es bei niedrigen Aktienkursen manchmal klug ist, schon mal ein paar Aktien auf Kredit zu kaufen, den man später durch Verkauf zu höheren Kursen oder durch Sparen zurückzahlen kann, oder sollte man Aktien nicht auf Kredit kaufen?"

FALLS 'Aktien sollte man nicht auf Kredit kaufen':
"Warum sollte man Aktien nicht auf Kredit kaufen?"

	Aktionäre, die Kreditkäufe ablehnen %
Grundsätzliche Ablehnung jedes Kredites: Lehne alle Kreditkäufe ab/Widerspricht meiner Auffassung von Solidität/Bin nicht für Kreditkäufe/Gegner von Kreditsachen/Lehne Kredit überhaupt ab/Wir machen keine Schulden/Zahle bar	13
Aktien-Kauf auf Kredit grundsätzlich abgelehnt in allgemeiner Formulierung: Aktien nicht auf Kredit kaufen/Keine Schulden deshalb/Aktien soll man immer bar bezahlen/Nicht mit fremdem Geld spekulieren/Ohne Geld Hände davon lassen/Grundsätzlich gegen Spekulation, will nur anlegen	17
Risiko zu groß (ohne nähere Begründung): Risiko zu groß/Weil es ein Risiko ist, heute so, morgen so/Gewagte Sache/Unsichere Angelegenheit/Ist Spiel/Lebt ewig in Sorgen	26
Furcht vor Kursrückgängen, Verlusten Zahlungsschwierigkeiten: Wenn Kurse zurückgehen, muß ich Geld aufbringen und habe Verluste/Risiko ist zu groß, daß Kurse fallen, dann muß man zulegen/Man weiß nicht, wie Kurse sich entwickeln/Kann sich über Nacht ändern, Gefahr des Zwangsverkaufes/Gefahr der Zahlungsschwierigkeiten/Ist schon mancher arm geworden	24
Furcht, Kurse könnten nicht steigen: Es kann möglich sein, daß Kurse nicht steigen/Kurserholung ungewiß/Risiko zu groß, Aktien steigen nicht sicher	3
Hinweis auf Kosten- und Rentabilitätsüberlegungen: Kredit kostet Zinsen/Kleinaktionär gewinnt nicht viel dabei/Wenn Aktien fallen, muß Kredit bei hohem Zins wieder zurückgezahlt werden/Verzinsung im Verhältnis zur Dividende zu hoch	10
Andere Antworten	3
Keine Angabe	4
Zusammen	100 %
Basis	302

Tabelle A 9

Profil der Aktie - Schulbildung, Erfahrung der Aktionäre a)

Beurteilung der Aktie	Alle Aktionäre	Schulbildung: Volksschule	Schulbildung: Mittlere Reife	Schulbildung: Abitur, Hochschule	Erfahrung: Volksaktien-Neulinge b)	Erfahrung: Übrige Volksaktionäre b)	Erfahrung: Aktionäre ohne Volksaktien
	%	%	%	%	%	%	%
Schwierig damit umzugehen	54	53	48	64	59	57	47
Einfach damit umzugehen	37	37	45	28	31	36	45
Weder - noch	6	7	5	4	8	3	6
Keine Angabe	3	3	2	4	2	4	2
Geldanlage mit Risiko	81	75	84	84	82	82	78
Geldanlage ohne Risiko	15	18	14	11	16	13	16
Weder - noch	2	4	1	3	1	2	3
Keine Angabe	2	3	1	2	1	3	3
Sicher vor Geldentwertung	49	52	47	48	52	49	47
Nicht sicher vor Geldentwertung	40	38	41	40	40	43	36
Weder - noch	8	7	10	8	6	5	14
Keine Angabe	3	3	2	4	2	3	3
Wenig Ertrag	18	17	19	18	19	19	16
Guter Ertrag	63	62	63	63	60	64	63
Weder - noch	16	17	15	15	18	13	18
Keine Angabe	3	4	3	4	3	4	3
Geld leicht wieder in die Hand zu bekommen	67	63	69	69	62	71	67
Geld schwer wieder in die Hand zu bekommen	24	27	22	21	30	21	23
Weder - noch	5	5	6	6	6	4	6
Keine Angabe	4	5	3	4	2	4	4
Zur Altersvorsorge gut geeignet	58	66	57	48	58	58	58
Zur Altersvorsorge weniger geeignet	31	24	33	39	32	32	30
Weder-noch	8	7	8	10	8	8	9
Keine Angabe	3	3	2	3	2	2	3
Zusammen jeweils	100 %	100 %	100 %	100 %	100 %	100 %	100 %
Basis	437	174	152	111	129	161	147

a) Fragewortlaut siehe Tabelle 21, S. 120.
b) Vgl. Anmerkungen zu Tab. A 12.

Tabelle A 10

Grad der Informiertheit über die Geldwertsicherheit von vier Anlageformen a)

Grad der Informiertheit	Anzahl der richtigen, falschen und unsicheren Antworten über die Geldwertsicherheit der vier Anlageformen: Aktie, Pfandbrief, Lebensversicherung, Sparbuch	Alle Aktionäre %
+ 4	Vier richtig	17
+ 3	Drei richtig, eine unsicher	6
+ 2	Drei richtig, eine falsch oder zwei richtig, zwei unsicher	38
+ 1	Zwei richtig, eine unsicher, eine falsch oder eine richtig, drei unsicher	10
0	Zwei richtig, zwei falsch oder eine richtig, zwei unsicher, eine falsch oder vier unsicher	18
- 1	Eine falsch, drei unsicher oder zwei falsch, eine unsicher, eine richtig	4
- 2	Zwei falsch, zwei unsicher oder drei falsch, eine richtig	6
- 3	Drei falsch, eine unsicher	0
- 4	Vier falsch	1
Zusammen		100 %
Basis		437

a) Zugrundegelegt wurde die Beurteilung der vier Anlageformen Aktie, Pfandbrief, Lebensversicherung und Sparbuch (Frageformulierung siehe Tab. 21, S. 120). Für jede richtige Antwort erhielt der Befragte 1 Pluspunkt, für jede falsche Antwort 1 Minuspunkt; eine Weder-Noch-Antwort bzw. keine Antwort wurde mit Null bewertet. Die Summe der Punkte für die Beurteilung der vier Anlageformen ergab den Grad der Informiertheit. Z. B. ist unter + 4 der Anteil der Befragten ausgewiesen, der die Geldwertsicherheit aller vier Anlageformen richtig beurteilt.

Tabelle A 11

Geldwertvertrauen der Bevölkerung und der Aktionäre

Fragen: "Stellen Sie sich vor, jemand verlegt heute dummerweise einen Zwanzig-Mark-Schein und findet ihn in zehn Jahren - also 1973 - wieder. Was meinen Sie: Wird er sich dann für die zwanzig Mark soviel kaufen können wie heute, oder mehr oder weniger?"

FALLS 'Weniger als heute':

"Wird er sich dann e t w a s weniger oder v i e l weniger dafür kaufen können?"

Für 20 Mark wird man sich in zehn Jahren kaufen können:	Gesamtbevölkerung a) %	Aktionäre 1963 %	Schulbildung der Aktionäre: Volksschule %	Mittlere Reife %	Abitur, Hochschule %
Mehr oder gleichviel wie heute	8	6	6	9	3
Weniger als heute	69	79	73	80	85
und zwar:					
etwas weniger	15	21	23	22	16
viel weniger	43	50	44	51	58
weiß nicht, wieviel weniger	11	8	6	7	11
Unmöglich zu sagen	23	15	21	11	12
Zusammen	100 %	100 %	100 %	100 %	100 %
Basis	2000	437	174	152	111

a) Vergleichszahlen nach NOELLE, Elisabeth, und Erich Peter NEUMANN (Hrsg.), Jahrbuch der öffentlichen Meinung 1958 - 1964, a.a.O., S. 414. In der Frageformulierung "Zwanzig Mark" statt "Zwanzig-Mark-Schein".

Tabelle A 12

Vorstellungen über die Werterhaltung von Aktienanlagen aus der Kriegs- oder Vorkriegszeit

Frage: "Wie ist es Ihrer Erfahrung nach jemandem mit seinem Vermögen ergangen, der vor oder während des zweiten Weltkrieges sein Geld in Aktien angelegt hatte und diese Aktien bis heute behalten hat?"

	Vermögensentwicklung							
Aktionäre	Ausgezeichnet %	Gut %	Unterschiedlich, je nachdem welche Aktien %	Geringe Verluste %	Große Verluste %	Weiß nicht, keine Erfahrung %	Summe %	Basis
Volksaktien-Neulinge a)	14	21	8	1	14	42	100	129
Übrige Volksaktionäre b)	24	39	13	1	6	17	100	161
Aktionäre ohne Volksaktien	16	37	10	3	6	28	100	147
Nettomonatseinkommen								
Unter 800 DM	15	34	7	-	9	35	100	131
800 - unter 1500 DM	21	33	12	2	7	25	100	129
1500 und mehr	32	32	14	-	7	15	100	85
Alle Aktionäre	18	33	11	2	8	28	100	437

a) Aktionäre, die mit dem Erwerb von Volksaktien zum ersten Male im Leben Wertpapiere erworben haben.

b) Aktionäre, die neben Volksaktien andere Aktien oder andere Wertpapiere besitzen.

Tabelle A 13

Vorstellung über die Werterhaltung von festverzinslichen Wertpapieren im Vergleich zur Aktie

Frage: "Und wie war es Ihrer Meinung nach mit denjenigen, die vor oder während des zweiten Weltkrieges festverzinsliche Wertpapiere wie Pfandbriefe, Obligationen oder Staatsanleihen gekauft hatten: standen die sich auf längere Sicht besser, schlechter oder gleich gut wie diejenigen, die Geld in Aktien angelegt hatten?"

Aktionäre	Besitzer festverzinslicher Wertpapiere standen sich ... besser %	gleich gut %	schlechter %	Weiß nicht %	Summe %	Basis
Volksaktien-Neulinge a)	9	17	22	52	100	129
Übrige Volksaktionäre a)	11	15	51	23	100	161
Aktionäre ohne Volksaktien	10	16	36	38	100	147
Erster Wertpapierbesitz						
Vor 1948	8	10	63	19	100	59
1948 - 1958	10	10	55	25	100	108
1959/1960	9	17	23	51	100	121
1961 - 1963	11	20	27	42	100	132
Kurswert der Aktien						
Unter 2500 DM	13	17	27	43	100	131
2500 - unter 10000 DM	7	18	36	39	100	147
über 10000 DM	9	14	54	23	100	79
Alle Aktionäre	10	16	37	37	100	437

a) Vgl. Anmerkungen zu Tab. A 12.

Tabelle A 14

Vorteile festverzinslicher Wertpapiere gegenüber der Aktie

Frage: "Welche Vor- und Nachteile haben Ihrer Meinung nach festverzinsliche Wertpapiere gegenüber der Aktie?"

Vorteile festverzinslicher Wertpapiere	Alle Aktionäre %	Volksaktien-Neulinge a) %	Übrige Volksaktionäre a) %	Aktionäre ohne Volksaktien %
Größere Sicherheit, kleineres Risiko	25	22	27	25
Kursrisiko geringer, weniger Kursschwankungen	19	22	27	16
Gleichmäßige, feste Verzinsung	24	22	29	21
Größerer Zinsertrag, höhere Rendite	5	5	7	5
Andere Antworten, z. B. fester Rückzahlungsbetrag, kleinere Anlagebeträge, keine Kenntnisse notwendig, staatliche Prämienbegünstigung	4	1	7	3
Keine Vorteile gegenüber der Aktie	1	-	1	1
Weiß nicht	32	43	19	36
Zusammen	110 %	115 %	117 %	107 %
Basis	436	129	161	146

(Mehrfachnennungen)

a) Vgl. Anmerkungen zu Tab. A 12.

Tabelle A 15

Nachteile festverzinslicher Wertpapiere gegenüber der Aktie

Frage: "Welche Vor- und Nachteile haben Ihrer Meinung nach festverzinsliche Wertpapiere gegenüber der Aktie?"

Nachteile festverzinslicher Wertpapiere	Alle Aktionäre %	Volksaktien-Neulinge a) %	Übrige Volksaktionäre a) %	Aktionäre ohne Volksaktien %
Keine Kursgewinne	28	22	35	26
Niedrigere Erträge, weniger Zinsen	13	11	16	12
Keine Sicherheit bei Geldentwertung	9	4	11	12
Kein Sachwert, weniger Substanz, kein Wachstum	2	-	2	2
Schwierige Liquidierbarkeit	8	8	10	6
Keine Nachteile gegenüber der Aktie	5	4	6	5
Andere Antworten	1	2	-	-
Weiß nicht	38	52	24	40
Zusammen	104 %	103 %	104 %	103 %
Basis	436	129	161	146

(Mehrfachnennungen)

a) Vgl. Anmerkungen zu Tab. A 12.

Tabelle A 16

Beurteilung von Aktien kleinerer oder mittlerer Aktiengesellschaften als Kapitalanlage

Frage: "Es gibt ja Leute, die sagen, Aktien von kleineren oder mittleren Aktiengesellschaften sollte man besser nicht kaufen. Andere sagen, auch solche Aktien sind häufig eine gute Kapitalanlage. Wie ist Ihre Ansicht dazu?"

Beurteilung der Aktien kleinerer oder mittlerer Aktiengesellschaften	Alle Aktionäre %	Volksaktien-Neulinge a) %	Übrige Volksaktionäre a) %	Aktionäre ohne Volksaktien %
Sehr positiv, starke Zustimmung	4	4	4	4
Sind gleich gut wie Aktien großer AGs	23	19	32	15
Eingeschränkte Zustimmung, kommt darauf an	23	22	21	25
Sind ungünstiger	18	20	16	20
Ausdrückliche Ablehnung	8	7	10	8
Spezielle Kenntnisse dafür notwendig	5	2	5	7
Weiß nicht	19	26	12	21
Zusammen	100 %	100 %	100 %	100 %
Basis	437	129	160	147

a) Vgl. Anmerkungen zu Tab. A 12.

Tabelle A 17

Kenntnis der Höhe des Kapitalertragsteuerabzuges bei den eigenen Aktien

Frage: "Wieviel Prozent Kapitalertragsteuer wird Ihnen von Ihrer Dividende abgezogen, oder wird Ihnen keine Kapitalertragsteuer einbehalten?"

Aktionäre	Richtige Angaben (25 %) %	Falsche Angaben (weniger oder mehr als 25 %) %	Kein Kapitalertragsteuerabzug %	Weiß nicht %	Summe %	Basis
Volksaktien-Neulinge a)	10	1	36	53	100	129
Übrige Volksaktionäre a)	26	7	26	41	100	161
Aktionäre ohne Volksaktien	21	8	19	52	100	146
Schulbildung						
Volksschule	13	4	28	55	100	173
Mittlere Reife	20	7	27	46	100	152
Abitur/Hochschule	30	6	23	41	100	111
Nettomonatseinkommen						
Unter 800 DM	14	4	31	51	100	130
800 - unter 1500 DM	22	4	30	44	100	129
1500 DM und mehr	33	12	16	39	100	85
Nicht ermittelt	12	6	23	59	100	92
Kurswert der Aktien						
Unter 2500 DM	7	5	38	50	100	131
2500 - unter 10000 DM	20	5	30	45	100	147
10000 DM und mehr	38	10	13	39	100	79
Nicht ermittelt	23	5	14	58	100	79
Alle Aktionäre	20	6	26	48	100	436

a) Vgl. Anmerkungen zu Tab. A 12.

Tabelle A 18

Information über die Möglichkeit der Kapitalertragsteuer-Freistellungsbescheinigung - sozialökonomische Merkmale

Frage: "Von der Dividende muß man ja eine Steuer, die sogenannte Kapitalertragsteuer entrichten, die von der Aktiengesellschaft gleich einbehalten und direkt an das Finanzamt überwiesen wird. Haben Sie zufällig schon gehört oder gelesen, daß man unter bestimmten Voraussetzungen keine Kapitalertragsteuer zu zahlen braucht, d. h. die Dividende ohne Abzug ausgezahlt bekommt?"

Aktionäre	Ja, davon gehört oder gelesen %	Nein %	Keine Angabe, Weiß nicht %	Summe %	Basis
Volksaktien-Neulinge a)	44	47	9	100	129
Übrige Volksaktionäre a)	69	29	2	100	161
Aktionäre ohne Volksaktien	53	38	9	100	146
Schulbildung					
Volksschule	47	44	9	100	173
Mittlere Reife	60	37	3	100	152
Abitur/Hochschule	64	28	8	100	111
Nettomonatseinkommen					
Unter 800 DM	46	46	8	100	130
800 - 1500 DM	60	36	4	100	129
1500 DM und mehr	67	25	8	100	85
Nicht ermittelt	53	39	8	100	92
Kurswert der Aktien					
Unter 2500 DM	56	40	4	100	131
2500 - unter 10000 DM	58	38	4	100	147
10000 DM und mehr	59	37	4	100	79
Nicht ermittelt	49	33	18	100	79
Alle Aktionäre	56	37	7	100	436

a) Vgl. Anmerkungen zu Tab. A 12.

Tabelle A 19

Informiertheit über die Kapitalertragsteuer - Freistellungsbescheinigung bei den begünstigten Arbeitnehmern a)

Arbeitnehmer, die für ihre Aktien eine Freistellung von der Kapitalertragsteuer beantragen könnten:	Von der Befreiungsmöglichkeit haben gehört oder gelesen %	nicht gehört oder gelesen %	Keine Angabe/ Weiß nicht %	Summe %	Basis
Nur Besitz von Volks- und/ oder Belegschaftsaktien	53	39	8	100	115
Ausschließlich oder unter anderem auch "normale" Aktien im Besitz	72	26	2	100	42
Insgesamt	58	36	6	100	157

a) Fragewortlaut vgl. Tab. A 18.

Tabelle A 20

Kenntnis der Höhe des Kapitalertragsteuerabzuges bei den eigenen Aktien a)

Arbeitnehmer, die für ihre Aktien eine Freistellung von der KapESt beantragen könnten:	Richtige Angaben (25 %) %	Falsche Angaben (weniger oder mehr als 25 %) %	Kein Kapitalertragsteuerabzug %	Weiß nicht %	Summe %	Basis
Nur Besitz von Volks- und/oder Belegschaftsaktien	7	1	42	50	100	115
Ausschließlich oder unter anderem auch "normale" Aktien im Besitz	12	2	45	41	100	42
Insgesamt	8	1	43	48	100	157

a) Fragewortlaut vgl. Tab. A 17.

Tabelle A 21: Kenntnis des Beleihungswertes von Aktien

Frage: "Jemand hat Aktien im Kurswert von 4000 Mark bei der Bank deponiert. Für einen Kredit bei dieser Bank möchte er seine Aktien als Sicherheit anbieten. Wieviel Mark Kredit bekommt er ungefähr, ohne weitere Sicherheiten zu geben, oder würde die Bank ihm auf seine Aktien keinen Kredit geben?"

	Beleihungswert bei 4000 DM Depotwert								
Aktionäre	Unter 1000 DM %	1000 - unter 2000 DM %	2000 DM %	2001 - unter 3000 DM %	3000 DM und mehr %	Keinen Kredit %	Weiß nicht %	Summe %	Basis
Volksaktien-Neulinge a)	1	12	25	2	20	3	37	100	129
Übrige Volksaktionäre a)	1	7	25	9	19	4	35	100	161
Aktionäre ohne Volksaktien	1	8	20	10	25	3	33	100	146
Kurswert der Aktien									
Unter 2500 DM	1	11	23	6	18	2	39	100	131
2500 - unter 10000 DM	2	7	31	5	23	3	29	100	147
Über 10000 DM	-	9	27	10	25	1	28	100	79
Nicht ermittelt	-	6	10	8	20	8	48	100	79
Nettomonatseinkommen									
Unter 800 DM	1	6	23	4	24	1	41	100	130
800 - unter 1500 DM	1	12	29	5	20	4	29	100	129
Über 1500 DM	1	7	22	11	25	4	30	100	85
Nicht ermittelt	1	10	19	9	16	5	40	100	92
Alle Aktionäre	1	9	24	7	21	3	35	100	436

a) Vgl. Anmerkungen zu Tab. A 12.

Tabelle A 22

Informationsbedarf der Aktionäre - sozialökonomische Merkmale

Frage: "Wie häufig informieren Sie sich im allgemeinen über den Kursstand Ihrer Wertpapiere?"

Aktionäre	Kursbeobachtung Fast jeden Tag %	Ungefähr jede Woche %	Seltener %	Nie, kein Interesse %	Keine Angabe %	Summe %	Basis
Volksaktien-Neulinge a)	33	26	33	3	5	100	129
Übrige Volksaktionäre a)	43	30	17	5	5	100	161
Aktionäre ohne Volksaktien	27	17	37	14	5	100	147
Schulbildung							
Volksschule	32	21	31	10	6	100	174
Mittlere Reife	33	28	27	7	5	100	152
Abitur/Hochschule	41	25	27	4	3	100	111
Nettomonatseinkommen							
Unter 800 DM	32	23	33	8	4	100	131
800 - unter 1500 DM	40	23	26	5	6	100	129
1500 DM und mehr	38	27	25	8	2	100	85
Nicht ermittelt	28	26	30	8	8	100	92
Wohnortsgröße							
Unter 2000 Einwohner	29	18	35	12	6	100	49
2000 - unter 20000 Einwohner	33	20	33	7	7	100	114
20000 - unter 100000 Einwohner	36	31	24	6	3	100	88
100000 Einwohner und mehr	36	26	27	7	4	100	186
Alle Aktionäre	35	24	29	7	5	100	437

a) Vgl. Anmerkungen zu Tab. A 12.

Tabelle A 23

Informationsbedarf der Aktionäre - emotionale Bewertung der Kurszettellektüre

Fragen: "Wie häufig informieren Sie sich im allgemeinen über den Kursstand Ihrer Wertpapiere?"

"Es gibt Aktienbesitzer, die sagen, die tägliche Lektüre des Kurszettels sei sehr interessant oder sogar spannend. Finden Sie das auch, oder finden Sie das nicht?"

Beobachtung der Aktienkurse	Kurszettellektüre ist ... sehr interessant oder sogar spannend %	nicht interessant %	Weiß nicht %	Summe %	Basis
Fast jeden Tag	79	16	5	100	151
Ungefähr jede Woche	59	36	5	100	107
Seltener	27	69	4	100	125
Nie, kein Interesse, keine Angaben	26	48	26	100	54
Alle Aktionäre	53	40	7	100	437

Tabelle A 24: Bevorzugte Kommunikationsmittel zur Information über die Börsenkurse

Frage: (FALLS 'Interesse an Börsenkursen' a)): "Es gibt ja verschiedene Möglichkeiten, sich über den Kurs der Wertpapiere zu informieren. Von welchen Möglichkeiten machen Sie Gebrauch?" (KARTE)

	Kommunikationsmittel										
Aktionäre	Tageszeitung %	Aushang am Bankgebäude %	Radiodurchsage %	Persönliche Nachfrage am Bankschalter %	Unterhaltung mit Verwandten, Freunden %	Telefonische Kursdurchsage %	Abonnement eines Börsenberatungsbriefes %	Andere %	Keine Angabe %	Summe %	Basis
Volksaktien-Neulinge b)	74	18	6	3	6	1	-	2	6	116	125
Übrige Volksaktionäre b)	83	14	12	8	5	3	2	1	5	133	153
Aktionäre ohne Volksaktien	73	15	9	9	6	1	2	4	8	127	127
Nettomonatseinkommen											
Unter 800 DM	73	22	8	6	6	1	2	2	4	124	120
800 - unter 1500 DM	80	13	7	7	5	2	1	3	7	125	122
1500 DM und mehr	86	9	13	12	8	3	1	1	4	137	78
Nicht ermittelt	72	18	12	5	5	-	1	4	9	126	85
Insgesamt	77	16	9	7	6	1	1	2	6	125	405
Schulbildung											
Volksschule	71	19	11	4	4	2	1	3	8	123	157
Mittlere Reife	80	16	5	6	8	-	1	2	5	123	142
Abitur/Hochschule	83	10	13	13	4	3	3	3	4	136	106

Noch Tabelle A 24:

Aktionäre	Kommunikationsmittel										
	Tageszeitung %	Aushang am Bankgebäude %	Radiodurchsage %	Persönliche Nachfrage am Bankschalter %	Unterhaltung mit Verwandten, Freunden %	Telefonische Kursdurchsage %	Abonnement eines Börsenberatungsbriefes %	Andere %	Keine Angabe %	Summe %	Basis
Wohnortsgröße											
Unter 2000 Einwohner	74	9	16	2	2	2	2	7	5	119	43
2000 - unter 20000 Einwohner	70	14	10	10	8	2	1	5	8	128	106
20000 - unter 100000 Einwohner	69	19	8	8	5	-	1	1	10	121	83
100000 Einwohner und mehr	87	17	8	6	6	2	2	1	3	132	173

(Mehrfachnennungen)

a) Die Frage wurde an alle Aktionäre gestellt, die sich mindestens gelegentlich über die Kurse ihrer Aktien informieren oder keine Angabe über die Höhe ihres Informationsbedarfes machten.

b) Vgl. Anmerkungen zu Tab. A 12.

Tabelle A 25

Zahl der benutzten Kommunikationsmittel zur Börsenkursinformation [a)]

	Alle Aktionäre %
1 Kommunikationsmittel	66
2 Kommunikationsmittel	17
3 und mehr Kommunikationsmittel	4
Kein Interesse an Information [b)]/ Keine Angabe über benutzte Kommunikationsmittel	13
Zusammen	100 %
Basis	437

a) Zugrunde lag die in Tab. A 24 zitierte Frage. Ausgewertet wurde, wieviele der in dieser Frage vorgegebenen 8 Kommunikationsmittel von den Befragten in Anspruch genommen worden waren.

b) Befragte, denen die in Tab. A 24 zitierte Frage nicht gestellt wurde, weil sie sich überhaupt nicht informieren.

Tabelle A 26

Kenntnis der Dividendenhöhe für VW-Aktien
- sozialökonomische Merkmale

Frage: "Wieviel Dividende hat das VW-Werk für eine 100-Mark-Aktie gezahlt?"

	Richtig informiert (12 %) %	Nur über Dividendenvorschlag richtig informiert (14 %) %	Falsche Angaben %	Weiß nicht %	Summe %	Basis
Alle Aktionäre	34	9	11	46	100	436
Aktionäre ohne Volksaktien	19	6	8	67	100	146
Volksaktien-Neulinge a)	43	9	11	37	100	129
Übrige Volksaktionäre a)	40	12	13	35	100	161
Alle Volksaktionäre	41	11	12	36	100	290
Schulbildung der Volksaktionäre						
Volksschule	40	8	15	37	100	116
Mittlere Reife	46	13	8	33	100	108
Abitur/Hochschule	35	12	14	39	100	66
Nettomonatseinkommen der Volksaktionäre						
Unter 800 DM	38	13	12	37	100	94
800 - unter 1500 DM	49	11	15	25	100	92
1500 DM und mehr	41	10	14	35	100	49
Nicht ermittelt	35	7	5	53	100	55

Noch Tabelle A 26:

	Richtig informiert (12 %) %	Nur über Dividendenvorschlag richtig informiert (14 %) %	Falsche Angaben %	Weiß nicht %	Summe %	Basis
Wohnortsgröße der Volksaktionäre						
Unter 2000 Einwohner	41	6	9	44	100	32
2000 - unter 20000 Einwohner	41	7	8	44	100	73
20000 - unter 100000 Einwohner	43	13	18	26	100	61
100000 Einwohner und mehr	41	13	12	34	100	124
Alter der Volksaktionäre						
Unter 35 Jahre	43	10	7	40	100	58
35 - unter 55 Jahre	46	7	13	34	100	136
55 Jahre und mehr	34	16	14	36	100	96
Berufskreise der Volksaktionäre						
Freie Berufe, Selbständige in Handel und Gewerbe	34	5	19	42	100	80
Beamte	43	18	11	27	100	44
Angestellte	46	12	9	33	100	114
Arbeiter	55	6	10	29	100	31
Sonstige	(24)	(14)	(10)	(52)	100	21
Männer (Volksaktionäre)	49	10	11	30	100	186
Frauen (Volksaktionäre)	28	12	13	47	100	104

a) Vgl. Anmerkungen zu Tab. A 12.

Tabelle A 27

Informiertheit über die Kurshöhe der VW-Aktie
- sozialökonomische Merkmale

Frage: "Können Sie mir vielleicht sagen: Wie hoch stehen die VW-Aktien im Moment?" a)

	Kursstand der VW-Aktie ...							
	richtig angegeben	falsch mit folgender Abweichung angegeben			mit "Phantasiekurs" angegeben	Weiß nicht		
		bis ±6	±7 bis ±12	±13 und mehr			Summe	Basis
	%	%	%	%	%	%	%	
Alle Aktionäre	28	11	7	20	3	31	100	436
Aktionäre ohne Volksaktien	14	8	5	18	3	52	100	146
Volksaktien-Neulinge b)	33	13	7	22	5	20	100	129
Übrige Volksaktionäre b)	37	13	7	20	2	21	100	161
Alle Volksaktionäre	35	13	7	21	3	21	100	290
Schulbildung der Volksaktionäre								
Volksschule	39	18	10	12	2	19	100	116
Mittlere Reife	38	7	7	25	3	20	100	108
Abitur/Hochschule	24	14	3	29	6	24	100	66
Berufskreise der Volksaktionäre								
Freie Berufe, Selbständige in Handel und Gewerbe	31	8	7	26	4	24	100	80
Beamte	32	16	2	20	-	30	100	44
Angestellte	33	16	8	20	4	19	100	114
Arbeiter	55	19	10	6	-	10	100	31
Sonstige	(38)	(5)	(9)	(24)	(5)	(19)	100	21

Noch Tabelle A 27:

	Kursstand der VW-Aktie ...					Weiß nicht	Summe	Basis
	richtig angegeben	falsch mit folgender Abweichung angegeben			mit "Phantasiekurs" angegeben			
		bis ±6	±7 bis ±12	±13 und mehr				
	%	%	%	%	%	%	%	
Männer (Volksaktionäre)	40	15	4	23	2	16	100	186
Frauen Volksaktionäre)	27	10	12	17	5	29	100	104
Alter der Volksaktionäre								
Unter 35 Jahre	36	10	9	26	5	14	100	58
35 - unter 55 Jahre	33	16	9	19	4	19	100	136
55 Jahre und älter	38	10	4	20	1	27	100	96
Nettomonatseinkommen der Volksaktionäre								
Unter 800 DM	39	10	13	17	1	20	100	94
800 - unter 1500	40	22	7	16	1	14	100	92
1500 DM und mehr	27	14	2	35	6	16	100	49
Nicht ermittelt	27	4	4	22	7	36	100	55

a) Ausgangspunkt der Bewertung war der Kurs der VW-Aktie an der Frankfurter Börse am Tage des Interviews; ± 3,5 Punkte für mögliche Kursunterschiede an den deutschen Börsenplätzen ergab den "richtigen" Tageskurs. Als richtig wurden auch - ebenfalls innerhalb einer Spanne von ± 3,5 Punkten - Kursangaben gewertet, die bis zu zwei Tagen vor dem Befragungstag notiert wurden.

b) Vgl. Anmerkungen zu Tab. A 12.

Tabelle A 28

Beurteilung der Kurseinbrüche im Mai/Juni 1962 a)

Frage: "Daß die meisten Aktien in den letzten Monaten gefallen sind: ist das Ihrer Ansicht nach ein Zeichen, daß die Wirtschaftslage schlechter wird oder hängt das nicht damit zusammen?"

	Bevölkerung insgesamt %	Besitzer von Wertpapieren (Aktien, Investmentzertifikate, Staatsanleihen, Industrie-Obligationen) %	Besitzen keine Wertpapiere %
Fallende Aktienkurse sind Zeichen einer schlechter werdenden Wirtschaftslage	27	33	27
Fallende Aktienkurse bedeuten nicht, daß sich die Wirtschaftslage verschlechtern wird	38	53	37
Unentschieden	35	14	36
Zusammen	100 %	100 %	100 %
Basis	1008	71	937

a) Die in der Tabelle dargestellten Ergebnisse entstammen einer repräsentativen Bevölkerungsumfrage des INSTITUTS FÜR DEMOSKOPIE ALLENSBACH im Juni 1962, Bundesgebiet mit West-Berlin, 16 Jahre und älter.

Tabelle A 29

Informationsbedarf amerikanischer Aktionäre [a)]

Frage: "Do you follow the stock market closely and keep track of a number of stocks?"

	All stockowning families b) c) %
Follow closely	30
Sometimes or occasionally follow	7
Do not follow	63
Total	100 %
Number of families	260

a) Quelle: KATONA, George, Charles A. LININGER, and Eva MUELLER, 1964 Survey of Consumer Finances, a. a. O., S. 102.

b) Includes public and privately traded stock.

c) Includes not ascertained cases.

Tabelle A 30: Alleinige und mehrere Motive für den Aktienerwerb a)

Zweck des Aktienkaufs b)	Wichtigste Gründe für den Aktienerwerb b) Kapital-anlage, Sachwert %	Alters-vorsorge, Notgroschen, Familie %	Kurs-gewinne, Geld verdienen %	Günstige Kauf-gelegenheit %	Andere Gründe %	Nicht selbst gekauft %	Keine Angabe %	Summe %	Basis
Für Anschaffungen verkaufen (konsumorientierte Aktionäre)	49	4	23	11	4	4	13	108	53
Mit Gewinn verkaufen (spekulationsorientierte Aktionäre)	31	11	58	4	4	1	4	113	84
Als langfristige Kapitalanlage behalten (akkumulationsorientierte Aktionäre)	57	14	18	6	6	2	6	109	288
Unentschieden	(36)	(-)	(18)	(-)	(-)	(-)	(46)	102	11
Alle Aktionäre	51	12	27	6	5	2	7	110	436

(Mehrfachnennungen)

a) Vgl. LEVERKUS, Christoph, und Klaus WIEKEN, a. a. O , Tab. A 121.

b) Frageformulierung siehe Tab. 24 und 25, S. 134 und 135 dieser Arbeit.

Tabelle A 31

Typisierung der Aktionäre nach eigentumspolitisch relevanten Motiven - Einstellung zum Kreditengagement

Frage: "Meinen Sie, daß es bei niedrigen Aktienkursen manchmal klug ist, schon mal ein paar Aktien auf Kredit zu kaufen, den man später durch Verkauf zu höheren Kursen oder durch Sparen zurückzahlen kann, oder sollte man Aktien nicht auf Kredit kaufen?"

Motivationsgruppen der Aktionäre	Aktien schon mal auf Kredit kaufen %	Aktien nicht auf Kredit kaufen %	Keine Angabe %	Summe %	Basis
Vorwiegend oder unter anderem konsumorientiert	12	78	10	100	51
Vorwiegend akkumulationsorientiert	23	68	9	100	234
Teils akkumulationsorientiert - teils spekulationsorientiert	22	72	6	100	71
Vorwiegend spekulationsorientiert	25	67	8	100	51
Nicht einstufbar	(3)	(62)	(35)	100	29

Tabelle A 32: Typisierung der Aktionäre nach eigentumspolitisch relevanten Motiven - sozialökonomische Merkmale

Aktionäre	Motivationsgruppen: Vorwiegend konsum-orientiert %	Konsum-orientiert/ spekula-tionsorien-tiert %	Konsum-orientiert/ akkumula-tionsorien-tiert %	Vorwie-gend akku-mulations-orientiert %	Akkumula-tionsori-entiert/ spekula-tionsori-entiert %	Vorwie-gend spe-kulations-orien-tiert %	Nicht ein-stuf-bar %	Summe %	Basis
Volksaktien-Neulinge a)	3	3	8	52	17	13	4	100	129
Übrige Volks-aktionäre a)	4	2	6	55	16	15	2	100	161
Aktionäre ohne Volksaktien	3	1	5	54	16	7	14	100	146
Berufskreise									
Freie Berufe, Selbständige in Handel und Gewerbe	4	1	6	46	18	10	15	100	131
Angestellte	1	2	6	60	14	16	1	100	159
Arbeiter	9	2	10	49	16	14	-	100	43
Beamte	1	1	6	66	16	8	2	100	64
Sonstige	8	3	8	38	20	5	18	100	39
Alter									
Unter 35 Jahre	4	-	8	46	17	21	4	100	82
35 - unter 55 Jahre	2	2	6	56	14	10	10	100	209
55 Jahre und älter	5	2	6	55	19	9	4	100	145

Noch Tabelle A 32:

Aktionäre	Motivationsgruppen							Summe %	Basis
	Vorwiegend konsumorientiert %	Konsumorientiert/spekulationsorientiert %	Konsumorientiert/akkumulationsorientiert %	Vorwiegend akkumulationsorientiert %	Akkumulationsorientiert/spekulationsorientiert %	Vorwiegend spekulationsorientiert %	Nicht einstufbar %		
Nettomonatseinkommen									
Unter 800 DM	2	3	6	51	17	15	6	100	130
800 DM - unter 1500 DM	3	2	5	53	17	13	7	100	129
1500 DM und mehr	5	1	5	61	15	5	8	100	85
Nicht ermittelt	4	1	10	52	15	11	7	100	92
Kurswert der Aktien									
Unter 2500 DM	2	4	3	56	19	13	3	100	131
2500 - unter 10000 DM	4	1	7	59	11	12	6	100	147
10000 DM und mehr	3	1	5	44	30	8	9	100	79
Nicht ermittelt	5	-	13	49	8	14	11	100	79

a) Vgl. Anmerkungen zu Tab. A 12.

Tabelle A 33

Prestigewert der Aktie und des Pfandbriefes bei Besitzern festverzinslicher Wertpapiere und Pfandbriefbesitzern

	Besitzer festverzinslicher Wertpapiere		Pfandbriefbesitzer	
	Einschätzung ...		Einschätzung ...	
	der Aktie %	des Pfandbriefes %	der Aktie %	des Pfandbriefes %
Verschafft Ansehen bei anderen a)	66	52	69	57
Verschafft weniger Ansehen bei anderen	8	14	4	11
Weder - noch	20	30	20	29
Keine Angabe	6	4	7	3
Zusammen	100 %	100 %	100 %	100 %
Basis	194	194	120	120

a) Fragestellung vgl. Tab. 21, S. 120.

Tabelle A 34

Prestigewert der Aktie und des Pfandbriefes bei Selbständigen

	Selbständige[a]					
	Insgesamt		Mit Wertpapieren		Ohne Wertpapiere	
	Einschätzung ...		Einschätzung ...		Einschätzung ...	
	der Aktie %	des Pfandbriefes %	der Aktie %	des Pfandbriefes %	der Aktie %	des Pfandbriefes %
Verschafft Ansehen bei anderen b)	63	47	64	50	62	46
Verschafft weniger Ansehen bei anderen	8	16	10	15	8	16
Weder - noch	19	24	22	25	18	23
Keine Angabe	10	13	4	10	12	15
Zusammen	100 %	100 %	100 %	100 %	100 %	100 %
Basis	646	646	150	150	496	496

a) Die Umfrage "Eigentumsbildung und Altersvorsorge", a.a.O., umfaßte auch einen repräsentativen Querschnitt der Selbständigen (ohne Landwirte).

b) Fragestellung vgl. Tab. 21, S. 120.

Tabelle A 35

Prestigewert der Aktie - Schulbildung, soziale Schicht der Aktionäre

Aktionäre	Einschätzung der Aktie a) Verschafft Ansehen bei anderen %	Verschafft weniger Ansehen bei anderen %	Weder - noch %	Keine Angabe %	Summe %	Basis
Schulbildung						
Volksschule	68	12	16	4	100	174
Mittlere Reife	62	13	21	4	100	152
Abitur/Hochschule	52	15	29	4	100	111
Soziale Schicht b)						
A-Schicht (oberste)	51	11	35	3	100	37
B-Schicht	58	13	25	4	100	195
C/D-Schicht (unterste)	68	13	15	4	100	205
Alle Aktionäre	62	13	21	4	100	437

a) Fragewortlaut vgl. Tab. 21, S. 120.

b) Interviewereinstufung nach vom DIVO-INSTITUT vorgegebenen Kriterien.

Tabelle A 36

Nebenmotive beim Aktienerwerb

Frage: "Es gibt auch noch andere Gründe, die beim Aktienkauf zwar nicht so entscheidend sind, aber dennoch eine Rolle spielen können. Würden Sie mir bitte sagen, ob Sie die eine oder andere dieser Überlegungen hier auch angestellt haben und falls ja, welche?" (KARTE)

	Alle Aktionäre %
Der Besitz von Aktien gibt mir ein Gefühl der Sicherheit	43
Es macht mir einfach Freude, Aktien zu besitzen und ihre Kursentwicklung zu verfolgen	31
Mit Aktien kann man sich schon für wenig Geld an einem bedeutenden Unternehmen beteiligen	21
Ich möchte meinen Kindern und meiner Familie auch ein paar Aktien vererben	18
Viele meiner Bekannten und Verwandten besitzen ebenfalls Aktien und halten sehr viel davon	10
Keine Angabe	15
Zusammen	138 %
Basis	437

(Mehrfachnennungen)

Tabelle A 37

Depotdispositionen in einer Vierjahresperiode - ökonomische Merkmale

Fragen: "Haben Sie in den letzten vier Jahren, d. h. seit Anfang 1959, Aktien gekauft?"

"Haben Sie in dieser Zeit auch einmal welche verkauft?"

Aktionäre, die vor 1959 schon Aktien hatten	1959 - 1962/63 Aktien ... nur gekauft %	nur verkauft %	gekauft und verkauft %	weder gekauft noch verkauft %	Keine Angabe %	Summe %	Basis
Nettomonatseinkommen							
Unter 1500 DM	40	8	21	30	1	100	63
Über 1500 DM	57	2	24	17	-	100	47
Nicht ermittelt	(42)	(8)	(29)	(21)	(-)	100	24
Kurswert der Aktien							
Unter 25000 DM	49	7	15	28	1	100	68
Über 25000 DM	45	5	30	20	-	100	40
Nicht ermittelt	(42)	(4)	(35)	(19)	(-)	100	26
Zahl der Beteiligungsgesellschaften							
1 - 3 AGs	48	7	15	29	-	100	87
4 und mehr AGs	42	5	39	14	-	100	43
Insgesamt	46	6	23	24	1	100	134

Tabelle A 38

Depotdispositionen in einer Vierjahresperiode - Motivationsgruppen

Fragen: "Haben Sie in den letzten vier Jahren, d.h. seit Anfang 1959, Aktien gekauft?"

"Haben Sie in dieser Zeit auch einmal welche verkauft?"

Aktionäre, die vor 1959 schon Aktien hatten ...	1959 - 1962/63 Aktien ... nur gekauft %	nur verkauft %	gekauft und verkauft %	weder gekauft noch verkauft %	Keine Angabe %	Summe %	Basis
Motivationsgruppen							
Vorwiegend oder unter anderem spekulationsorientiert	47	-	42	11	-	100	38
Übrige Motivationsgruppen	49	9	17	24	1	100	85
darunter:							
Vorwiegend akkumulationsorientiert	51	11	12	25	1	100	73
Nicht ermittelt	(18)	(-)	(9)	(73)	(-)	100	11
Insgesamt	46	6	23	24	1	100	134

Tabelle A 39

Sale of Stock During Last Twelve Months [a)]

Fragen: "Did you sell any stock at any time during the last twelve months?"

If yes:
"On how many different occasions did you sell stock?"

Sold stock during last twelve months (April 1963 - May 1964)	All stockowning families %
Once	8
Twice	3
Three or more times	5
Did not sell stock	82
Not ascertained	2
Total	100 %
Number of families	356

a) Quelle: KATONA, George, Charles A. LININGER, and Eva MUELLER, 1964 Survey of Consumer Finances, a. a. O., S. 99.

Tabelle A 40

Frequency of Stock Purchases a)

Fragen: "Have you bought any common stock in the last few years? When was the last time? How frequently do you buy stocks - every few weeks, a few times a year, or what?"

	All stockholding families %	
Bought in 1963 or early 1964		40
Buys every few weeks	12	
Buys a few times a year	11	
Buys once a year or less	6	
Buys irregularly	11	
Did not buy in 1963 or (early) 1964		56
Bought in 1962	10	
Bought in 1960 - 1961	5	
Has not bought since 1959	41	
Not ascertained		4
Total		100 %
Number of families		356

a) Quelle: KATONA, George, Charles A. LININGER, and Eva MUELLER, 1964 Survey of Consumer Finances, a.a.O., S. 101.

Tabelle A 41

Whether Increased or Decreased Investment in Stock During the Last Two or Three Years a)

Fragen: "Altogether did you put new money into stocks or take money out "on balance" over the last two or three years?"

"Did you put in (take out) a little or quite a lot?"

Whether increased or decreased investment (1962 - 1964)		All stockowning families (May 1964) %
Increased		49
Large amount	16	
Medium amount	4	
Small amount	29	
About the same		35
Decreased		8
Large amount	5	
Medium amount	1	
Small amount	2	
Not ascertained		8
Total		100 %
Number of families		356

a) Quelle: KATONA, George, Charles A. LININGER, and Eva MUELLER, 1964 Survey of Consumer Finances, a. a. O., S. 100.

Tabelle A 42

Aktienerwerb auf Kredit - sozialökonomische Merkmale

Aktionäre	Einstellung zum Aktienkauf auf Kredit				Summe %	Basis
	Positiv		Negativ %	Keine Angabe %		
	Selbst auf Kredit gekauft %	Nicht selbst auf Kredit gekauft %				
Berufskreise						
Freie Berufe	3	22	70	5	100	37
Selbständige in Handel und Gewerbe	1	13	72	14	100	94
Angestellte	4	17	71	8	100	159
Beamte	6	19	67	8	100	64
Arbeiter	5	21	60	14	100	43
Sonstige	-	15	69	16	100	39
Nettomonatseinkommen						
Unter 800 DM	1	17	71	11	100	130
800 - 1500 DM	7	11	71	11	100	129
Über 1500 DM	3	18	73	6	100	85
Nicht ermittelt	1	24	63	12	100	92
Schulbildung						
Volksschule	3	19	63	15	100	173
Mittlere Reife	4	16	73	7	100	152
Abitur/Nicht abgeschlossene Hochschulbildung	2	10	75	13	100	52
Abgeschlossene Hochschulbildung	5	19	74	2	100	59
Alter						
Unter 35 Jahre	5	22	65	8	100	82
35 - unter 55 Jahre	4	18	66	12	100	209
55 Jahre und älter	2	13	77	8	100	145

Tabelle A 43

Aktienerwerb auf Kredit - Motivationsgruppen a)

Motivationsgruppen der Aktionäre	Einstellung zum Aktienkauf auf Kredit				Summe %	Basis
	Positiv		Negativ	Keine Angabe		
	Selbst auf Kredit gekauft %	Nicht selbst auf Kredit gekauft %	%	%		
Vorwiegend spekulationsorientiert	8	17	67	8	100	51
Teils spekulationsorientiert - teils akkumulationsorientiert/teils spekulationsorientiert - teils konsumorientiert	2	18	75	5	100	79
Vorwiegend konsumorientiert/teils konsumorientiert - teils akkumulationsorientiert	-	14	74	12	100	43
Vorwiegend akkumulationsorientiert	4	19	68	9	100	234
Nicht ermittelt	(-)	(3)	(62)	(35)	100	29
Alle Aktionäre	4	17	69	10	100	436

a) Fragestellung vgl. Tab. 29, S. 154.

Tabelle A 44

Ausnutzung des Sparprämiengesetzes - Liquiditätsreserve auf dem Konto

Frage: "Nehmen wir einmal an, Sie brauchten dringend und unvorhergesehen 2000 Mark: Würden Sie in dem Fall Wertpapiere verkaufen oder Kredit aufnehmen, oder haben Sie im allgemeinen soviel flüssige Reserve auf dem Konto?"

Aktionäre, die Vergünstigungen des SparPG ...	Verhalten bei plötzlichem Bargeldbedarf von 2000 DM: Wertpapiere verkaufen %	Kredit aufnehmen %	Flüssige Reserve auf Konto %	Keine Angabe %	Summe %	Basis
ausgenutzt haben	10	22	61	7	100	230
nicht ausgenutzt haben bzw. denen SparPG unbekannt	8	39	49	4	100	206
Alle Aktionäre	9	30	55	6	100	436

Tabelle A 45

Ausnutzung des Sparprämiengesetzes - sozialökonomische Merkmale

Aktionäre	Vergünstigungen des SparPG... haben ausgenutzt %	haben nicht ausgenutzt, aber schon davon gehört %	sind unbekannt %	Summe %	Basis
Aktionäre ohne Volksaktien	45	50	5	100	147
Volksaktien-Neulinge a)	49	46	5	100	129
Übrige Volksaktionäre	63	35	2	100	161
Berufskreise					
Freie Berufe	57	43	-	100	37
Selbständige in Handel und Gewerbe	53	40	7	100	94
Angestellte	51	47	2	100	159
Beamte	69	28	3	100	64
Arbeiter	34	59	7	100	44
Sonstige	49	41	10	100	39
Schulbildung					
Volksschule	45	48	7	100	174
Mittlere Reife	54	43	3	100	152
Abitur/Hochschule	62	36	2	100	111
Nettomonatseinkommen					
Unter 800 DM	46	49	5	100	131
800 - unter 1500 DM	56	42	2	100	129
1500 DM und mehr	62	37	1	100	85
Nicht ermittelt	49	40	11	100	92
Alle Aktionäre	53	43	4	100	437

a) Vgl. Anmerkungen zu Tab. A 12

Tabelle A 46

Anlageform der prämienbegünstigten Ersparnisse - sozialökonomische Merkmale

Aktionäre, die das SparPG ausnutzen	Anlageform: Sparbuch, Sparkonto %	Wertpapiere %	Sparbuch, Sparkonto und Wertpapiere %	Summe %	Basis
Aktionäre ohne Volksaktien	72	19	9	100	64
Volksaktien-Neulinge a)	75	13	12	100	63
Übrige Volksaktionäre a)	64	21	15	100	100
Berufskreise					
Freie Berufe	(34)	(33)	(33)	100	21
Selbständige in Handel und Gewerbe	74	18	8	100	49
Angestellte	73	17	10	100	80
Beamte	72	14	14	100	43
Arbeiter	(67)	(13)	(20)	100	15
Sonstige	(79)	(16)	(5)	100	19
Schulbildung					
Volksschule	77	12	11	100	78
Mittlere Reife	74	16	10	100	80
Abitur/Hochschule	55	28	17	100	69
Nettomonatseinkommen					
Unter 800 DM	77	10	13	100	60
800 - unter 1500 DM	66	20	14	100	71
1500 DM und mehr	64	19	17	100	52
Nicht ermittelt	70	25	5	100	44
Insgesamt	69	18	13	100	227

a) Vgl. Anmerkungen zu Tab. A 12.

Tabelle A 47

Kauf- und Verkaufsaktivität in der Hausse - sozialökonomische Merkmale

Frage: "Vielleicht nehmen wir dann nur noch das Jahr 1960 oder der Einfachheit halber nur die zweite Jahreshälfte 1960, als die Aktienkurse einen sehr hohen Stand erreicht hatten. Vielleicht erinnern Sie sich bitte einmal, so gut es geht, daran: Haben Sie in dieser Zeit Aktien verkauft, haben Sie welche gekauft oder beides?"

Aktionäre, die 1960 oder früher erstmals Aktien erwarben	Kauf- und Verkaufsaktivität im 2. Halbjahr 1960				Keine Angabe %	Summe %	Basis
	Nur gekauft %	Nur verkauft %	Gekauft und verkauft %	Weder-noch %			
Schulbildung							
Volksschule	22	5	-	65	8	100	64
Mittlere Reife	14	9	4	67	6	100	80
Abitur/Hochschule	24	10	6	50	10	100	70
Nettomonatseinkommen							
Unter 800 DM	17	4	-	75	4	100	47
800 - unter 1500 DM	15	9	5	67	4	100	67
1500 DM und mehr	27	8	2	51	12	100	60
Nicht ermittelt	20	10	8	50	12	100	40
Kurswert der Aktien							
Unter 10000 DM	21	5	2	68	4	100	97
10000 DM und mehr	22	9	6	56	7	100	69
Nicht ermittelt	15	12	2	54	17	100	48
Insgesamt	20	8	3	61	8	100	214

Tabelle A 48

Kauf- und Verkaufsaktivität in der Baisse
- sozialökonomische Merkmale

Frage: "Sie sagten, Sie haben in den letzten 4 Jahren Aktien gekauft oder verkauft. Haben Sie auch in den letzten anderthalb Jahren, also seit Anfang 1962, Aktien gekauft, haben Sie welche verkauft oder beides?"

Aktionäre	Kauf- und Verkaufsaktivität 1962/63: Nur gekauft %	Nur verkauft %	Gekauft und verkauft %	Weder-noch %	Keine Angabe %	Summe %	Basis
Berufskreise							
Freie Berufe	40	-	8	49	3	100	37
Selbständige in Handel und Gewerbe	25	8	5	61	1	100	94
Angestellte	28	1	7	63	1	100	159
Beamte	36	2	3	56	3	100	64
Arbeiter	21	5	2	68	4	100	44
Sonstige	23	5	3	67	2	100	39
Schulbildung							
Volksschule	25	3	2	66	4	100	174
Mittlere Reife	25	5	6	63	1	100	152
Abitur/Hochschule	38	2	9	50	1	100	111
Nettomonatseinkommen							
Unter 800 DM	25	2	2	70	1	100	131
800 - unter 1500 DM	28	7	10	53	2	100	129
1500 DM und mehr	31	2	4	61	2	100	85
Nicht ermittelt	33	1	4	58	4	100	92
Kurswert der Aktien							
Unter 2500 DM	26	2	-	71	1	100	131
2500 - unter 10000 DM	29	4	5	58	4	100	147
10000 DM und mehr	30	4	11	55	-	100	79
Nicht ermittelt	29	4	7	56	4	100	80
Alle Aktionäre	29	3	5	61	2	100	437

Tabelle A 49

Depotdispositionen deutscher und amerikanischer Aktionäre in der Baisse 1962/63 - Schulbildung, Einkommen

	Zukäufe per Saldo %	Verkäufe per Saldo %	Weder Käufe noch Verkäufe/ Käufe und Verkäufe gleich %	Keine Angabe %	Summe %	Basis
BRD-Aktionäre/ Januar 1962 - April/Juli 1963 a)						
Schulbildung						
Volksschule	26	4	66	4	100	174
Mittlere Reife	28	6	65	1	100	152
Abitur/Hochschule	40	4	55	1	100	111
Nettomonatseinkommen						
Unter 800 DM	25	3	71	1	100	131
800 - unter 1500 DM	33	9	56	2	100	129
1500 DM und mehr	32	5	61	2	100	85
Nicht ermittelt	33	1	62	4	100	92
Alle Aktionäre	30	5	63	2	100	437
USA-Haushalte mit Aktienbesitz/ Januar 1962 - Januar 1963 b)						
Schulbildung des Haushaltsvorstandes						
Volksschule, kurze Zeit höhere Schule	29	2	66	3	100	91
Abgeschlossene höhere Schulbildung/Hochschule ohne Abschluß	32	6	60	2	100	173
Abgeschlossene Hochschulbildung	43	10	43	4	100	134
Haushaltseinkommen						
Unter 5000 $	18	3	74	5	100	78
5000 - unter 7500 $	29	5	66	-	100	77
7500 - unter 10000 $	43	8	47	2	100	75
10000 - unter 15000 $	42	8	48	2	100	93
15000 $ und mehr	43	9	43	5	100	75
Alle	35	7	55	3	100	398

Anmerkungen zu Tabelle A 49

a) Frage: "Sie sagten, Sie haben in den letzten 4 Jahren Aktien gekauft oder verkauft: Haben Sie auch in den letzten anderthalb Jahren, also seit Anfang 1962, Aktien gekauft, haben Sie welche verkauft oder beides?"

FALLS 'beides':
"Wenn Sie bitte einmal Ihre Käufe seit Anfang 1962 mit den Verkäufen vergleichen, haben Sie dann per Saldo für mehr Geld Aktien gekauft oder für mehr Geld verkauft, oder haben sich die Beträge bei den Käufen und Verkäufen ungefähr die Waage gehalten?"

b) Nach Auszählungen aus der Studie 717, 1963 Survey of Consumer Finances des SURVEY RESEARCH CENTER (University of Michigan), Januar/Februar 1963.

Frage: "Stock prices change and people also put money into stocks or take money out. Did you put new money into stock or take money out 'on balance' over the last 12 months?"

Tabelle A 50

Kauf- und Verkaufsaktivität in der Baisse - Motivationsgruppen

Frage: "Sie sagten, Sie haben in den letzten 4 Jahren Aktien gekauft oder verkauft: Haben Sie auch in den letzten anderthalb Jahren, also seit Anfang 1962, Aktien gekauft, haben Sie welche verkauft oder beides?"

Motivationsgruppen der Aktionäre	Kauf- und Verkaufsaktivität 1962/63						
	Nur gekauft %	Nur verkauft %	Gekauft und verkauft %	Weder gekauft noch verkauft %	Keine Angabe %	Summe %	Basis
Vorwiegend oder unter anderem spekulationsorientiert	21	5	12	58	4	100	130
davon:							
Vorwiegend spekulationsorientiert	15	8	16	57	4	100	51
Unter anderem spekulationsorientiert	25	4	9	58	4	100	79
Vorwiegend oder unter anderem konsumorientiert	37	7	2	51	3	100	43
Vorwiegend akkumulationsorientiert	32	2	2	63	1	100	234
Nicht einstufbar	(21)	(-)	(3)	(73)	(3)	100	29
Alle Aktionäre	29	3	5	61	2	100	437

Tabelle A 51

Veräußerung der Volksaktien - Schulbildung, Einkommen a)

Volksaktienkäufer	Volksaktien Alle verkauft[b] %	Einen Teil verkauft %	Keine verkauft %	Keine Angabe %	Summe %	Basis
Schulbildung						
Volksschule	22	12	61	5	100	67
Mittlere Reife/ Abitur/Hochschule	16	20	56	8	100	74
Nettomonatseinkommen des Haushaltsvorstandes						
Unter 800 DM	20	15	58	7	100	45
800 - unter 1000 DM	19	12	59	10	100	41
1000 DM und mehr	14	20	62	4	100	50
Alle	20	16	58	6	100	141

a) Auszählung aus der Mehrthemenumfrage 960 des DIVO-INSTITUTS, a. a. O.

b) Frageformulierung siehe Tab. 35, S. 174.

Tabelle A 52

Verkaufsneigung der Volksaktionäre bei unvorhergesehenem Geldbedarf

Frage: "Nehmen wir einmal an, Sie brauchten dringend und unvorhergesehen 2000 Mark: Würden Sie in dem Fall Wertpapiere verkaufen oder Kredit aufnehmen, oder haben Sie im allgemeinen soviel flüssige Reserve auf dem Konto?"

	Würde Wertpapiere verkaufen %	Würde Kredit aufnehmen %	Habe flüssige Reserve %	Keine Angabe %	Summe %	Basis
Aktionäre ohne Volksaktien	6	33	52	9	100	146
Volksaktien-Neulinge a)	9	36	50	5	100	129
Übrige Volksaktionäre a)	10	24	62	4	100	161
Alle Aktionäre	9	30	55	6	100	436

a) Vgl. Anmerkungen Tab. A 12.

Tabelle A 53

Gründe für den Verkauf von VW- oder PREUSSAG-Volksaktien

Fragen: FALLS früher Volksaktien besessen, heute keinerlei Wertpapiere mehr: "Können Sie mir sagen, wann Sie sich ungefähr von diesen Volksaktien getrennt haben und warum?"

FALLS 'alle oder einen Teil der VW-Aktien verkauft': "Warum haben Sie die Volksaktien verkauft?"

Gründe	Verkäufer von Volksaktien,... die noch Aktien oder andere Wertpapiere besitzen (repräsentativ) %	Verkäufer von Volksaktien,... die keine Wertpapiere mehr besitzen (Leitstudie) a) %	Verkäufer von Volksaktien zusammen (Leitstudie) a) %
Normaler Konsumbedarf	21	(27)	22
Geldbedarf allgemein	13	(11)	11
Brauchte Geld für Anschaffungen, Haushaltsgegenstände, Kleidung, Urlaubsreise, brauchte Geld zum Leben, Einkommen reichte nicht	8	(16)	11
Außergewöhnlicher Konsum, Notfälle	5	(-)	4
Brauchte Geld für Krankheitskosten, Kur, Unterstützung von Angehörigen, Ausbildung der Kinder, brauchte Geld für das Geschäft			
Transformation in Immobilien	13	(16)	15
Brauchte Geld für Hausbau, Grundstück			
Vorwiegend kursbedingter Verkauf	51	(31)	47
Günstiger, hoher Kurs, konnte mit Kursgewinn verkaufen, wollte andere Aktien, Wertpapiere kaufen	38	(21)	36
Risiko zu hoch, kein Interesse mehr, wollte verkaufen	13	(10)	11
Andere Antworten	2	(5)	4
Keine Angaben	8	(21)	8
Zusammen	100 %	100 %	100 %
Basis	39	19	58

a) Personen, die früher Volksaktien gehabt hatten, zum Zeitpunkt der Befragung aber keinerlei Aktien oder andere Wertpapiere mehr besaßen, hatten keine gleiche Auswahlchance, in die Stichprobe für die Umfrage "Eigentumsbildung und Altersvorsorge", a. a. O., zu gelangen; diesen Teilergebnissen kann daher nur Leitstudiencharakter beigemessen werden.

Tabelle A 54

Schwerwiegende Fehlentscheidungen bei Volks- und Belegschaftsaktionären

Frage: "Man kann sich ja beim Kauf und Verkauf von Aktien auch einmal ganz gründlich verkalkulieren, so daß es sich hinterher herausstellt, es war falsch, was man gemacht hat. Ist Ihnen das schon einmal passiert oder nicht?"

	Schwerwiegende Fehlentscheidungen				
Art des Aktienbesitzes	Ja %	Nein %	Keine Angabe %	Summe %	Basis
Nur Volksaktien	13	83	4	100	179
Nur oder unter anderem Belegschaftsaktien	3	94	3	100	31
darunter: Nur Belegschaftsaktien	(-)	(94)	(6)	100	18
Nur oder unter anderem "normale" Aktien, jedoch keine Belegschaftsaktien	24	71	5	100	226
Alle Aktionäre	18	79	3	100	436

Tabelle A 55: Beurteilung der Aktie - Motivationsgruppen

Frage: "Wenn Sie einmal an alle Ihre Erfahrungen denken, die Sie mit Aktien bisher gemacht haben und Sie sollten mit einer Schulzensur beurteilen, inwieweit die Aktie als Geldanlage für Sie und Ihre Familie geeignet ist, welche Zensur würden Sie da geben?"
(INTERVIEWER übergibt Karte mit Schulzensuren)

Motivationsgruppen der Aktionäre	Urteil über die Aktie								
	Sehr gut %	Gut %	Befriedigend %	Ausreichend %	Mangelhaft, ungenügend %	Weiß nicht %	Summe %	Basis	Durchschnittszensur
Vorwiegend spekulationsorientiert	4	27	41	8	20	-	100	51	3, 12
Teils spekulationsorientiert - teils akkumulationsorientiert / teils spekulationsorientiert - teils konsumorientiert	13	33	32	15	7	-	100	79	2, 73
Vorwiegend konsumorientiert / teils konsumorientiert - teils akkumulationsorientiert	2	49	28	9	12	-	100	43	2, 79
Vorwiegend akkumulationsorientiert	8	42	34	7	5	4	100	234	2, 57
Nicht ermittelt	(7)	(21)	(24)	(17)	(10)	(21)	100	29	3, 09
Alle Aktionäre	8	38	33	9	8	4	100	436	2, 72

Tabelle A 56

Wandel der Präferenzen für Aktien zwischen 1961 und 1963 - sozialökonomische Merkmale

Aktionäre	Präferenz für Aktien 1963 im Vergleich zu 1961				Keine Angabe	Summe	Basis
	Unverändert %	Größer %	Etwas kleiner %	Viel kleiner %	%	%	
Volksaktien-Neulinge a)	53	2	16	15	14	100	129
Aktionäre ohne Volksaktien	52	9	8	17	14	100	146
Übrige Volksaktionäre a)	56	9	13	16	6	100	161
Berufskreise							
Freie Berufe	54	8	5	22	11	100	37
Selbständige in Handel und Gewerbe	62	7	7	14	10	100	94
Angestellte	57	8	14	14	7	100	159
Beamte	47	5	11	22	15	100	64
Arbeiter	49	2	23	12	14	100	43
Sonstige	39	10	10	21	20	100	39
Schulbildung							
Volksschule	53	5	13	14	15	100	173
Mittlere Reife	55	8	14	14	9	100	152
Abitur/Hochschule	54	8	7	23	8	100	111
Nettomonatseinkommen							
Unter 800 DM	50	5	15	16	14	100	130
800 - unter 1500 DM	54	9	7	19	11	100	129
1500 DM und mehr	57	8	13	14	8	100	85
Nicht ermittelt	57	5	13	14	11	100	92
Kurswert der Aktien							
Unter 2500 DM	55	2	11	15	14	100	131
2500 - unter 10000 DM	58	10	15	12	5	100	147
10000 DM und mehr	53	5	9	27	6	100	79
Nicht ermittelt	46	6	11	14	23	100	79
Alle Aktionäre	54	7	12	16	11	100	436

a) Vgl. Anmerkungen zu Tab. A 12.

Tabelle A 57

Wandel der Präferenzen für Aktien zwischen 1961 und 1963 - Jahr des ersten Aktienkaufs

Erster Aktienerwerb	Präferenz für Aktien 1963 im Vergleich zu 1961: Unverändert %	Größer %	Etwas kleiner %	Viel kleiner %	Keine Angabe %	Summe %	Basis
Vor 1948	45	7	13	22	13	100	45
1948 - 1958	60	12	8	12	8	100	89
1959/1960	56	4	15	16	9	100	75
1961 - 1963	52	6	13	17	12	100	215
Keine Angabe	(58)	(-)	(8)	(-)	(34)	100	12
Alle Aktionäre	54	7	12	16	11	100	436

Tabelle A 58

Wandel der Präferenzen für Aktien zwischen 1961 und 1963 - Kurserwartungen

Frage: "Wie meinen Sie, werden sich die Aktienkurse in den nächsten 12 Monaten entwickeln? Werden sie im großen und ganzen steigen, fallen oder gleichbleiben?"

Kurse werden ...	Präferenz für Aktien 1963 im Vergleich zu 1961: Unverändert %	Größer %	Etwas kleiner %	Viel kleiner %	Keine Angabe %	Summe %	Basis
steigen	60	13	12	11	4	100	112
gleich bleiben	56	6	11	18	9	100	212
fallen	(68)	(-)	(18)	(14)	(-)	100	28
Weiß nicht	36	2	12	19	31	100	84
Alle Aktionäre	54	7	12	16	11	100	436

Tabelle A 59

Wandel der Präferenzen für Aktien zwischen 1961 und 1963 - Beurteilung der Aktie

Beurteilung der Aktie a)	Präferenz 1963 für Aktien im Vergleich zu 1961 Unverändert %	Größer %	Etwas kleiner %	Viel kleiner %	Keine Angabe %	Summe %	Basis
Sehr gut	76	6	9	6	3	100	34
Gut	59	6	12	13	10	100	166
Befriedigend	50	9	12	18	11	100	145
Ausreichend	45	3	12	25	15	100	40
Mangelhaft, ungenügend	46	11	14	26	3	100	35
Weiß nicht	(25)	(6)	(13)	(6)	(50)	100	16
Alle Aktionäre	54	7	12	16	11	100	436

a) Fragewortlaut vgl. Tab. 38, S. 184.

Tabelle A 60

Gründe für das Desinteresse an weiteren Volksaktien 1963

Frage: "Warum würden Sie keine Volksaktien kaufen?"

Gründe	Aktionäre, die keine Volksaktien kaufen würden %
Kein Geld	30
Habe schon Aktien, Volksaktien	15
Bevorzugung von anderen Aktien, Volksaktien ungünstig	10
Schlechte Erfahrung mit Aktien (Volksaktien), zu unsicher, kein Vertrauen mehr, Bevorzugung anderer Geldanlagen als Aktien	28
Schlechte Konjunktur- und Wirtschaftslage	2
Andere Antworten, z. B. bin zu alt	8
Keine Angaben	7
Zusammen	100 %
Basis	84

Quellenverzeichnis

A. Bücher und Beiträge in nicht periodisch erscheinenden Veröffentlichungen

Achinger, Hans, Josef *Höffner,* Hans *Muthesius* und Ludwig *Neundörfer:* Neuordnung der sozialen Leistungen (Denkschrift auf Anregung des Bundeskanzlers), Köln 1955

Aktionsgemeinschaft Soziale Marktwirtschaft e. V., Heidelberg: Eigentumsstreuung sehr nüchtern gesehen, ohne Ort und Jahr (1965)

Allport, Gordon W.: Attitudes, in: Carl *Murchison:* A Handbook of Social Psychology, Worcester Mass., London, Oxford 1935, S. 810 ff.

Alof, Werner: Der Kleinaktionär, Diss. Köln 1963

Andreae, Clemens-August: Anmerkungen zum Thema „Eigentum und Eigentumspolitik", in: *Walter-Raymond-Stiftung* (Hrsg.): Eigentum und Eigentümer in unserer Gesellschaftsordnung, Köln und Opladen 1960

Auerbach, Walter: Vorausschauende Sozialpolitik — Sozialenquête und sozialpolitische Entscheidungen, Kleine Schriften zur Sozialpolitik und zum Arbeitsrecht, hrsg. vom *Institut für Sozialpolitik und Arbeitsrecht* e. V., München, 5. Folge, Heft 3, München o. J. (1964)

Barocka, Egon: Investment-Sparen und Investment-Gesellschaften, Stuttgart 1966

Benesch, Helmuth: Wirtschaftspsychologie, München, Basel 1962

Birnbaum, Hans: Die Volksaktie — Reprivatisierung des Bundesvermögens, Kleine Schriften zur Sozialpolitik und zum Arbeitsrecht, hrsg. vom *Institut für Sozialpolitik und Arbeitsrecht* e. V., München, 4. Folge, Heft 1, München (1960)

Böhm, Franz: Freiheitsordnung und soziale Frage, in: Grundsatzfragen der Wirtschaftsordnung, Berlin 1954

Boehme, Heiner: Geldwertbewußtsein und Sparerverhalten, Forschungsberichte des Landes Nordrhein-Westfalen, Nr. 878, Köln und Opladen (1960)

Bondi, Arthur: Die Rechte der Aktionäre, Berlin 1930

Bosch, Werner: Vermögensstreuung (Veröffentlichungen des *Forschungsinstitutes für Wirtschaftspolitik* an der Universität Mainz, hrsg. von Erich *Welter,* Bd. 19), Heidelberg 1965

Bückle, Willy: Versuch einer Systematik der Preisbestimmungsfaktoren am Aktienmarkt, Diss. Frankfurt 1938

Büschgen, Hans E.: Aktienanalyse und Aktienbewertung nach der Ertragskraft (Bd. 2 der Beiträge zur Betriebswirtschaftslehre, hrsg. von Heinrich *Rittershausen*), Wiesbaden 1962

Bund der Steuerzahler: Soll der Staat das Sparen fördern? Einzeldarstellungen Nr. 74, Wiesbaden 1965

Burgbacher, Fritz, u. a.: Einkommensverteilung und Vermögensbildung in der Bundesrepublik Deutschland, Opladen 1964

Burnham, James: Das Regime der Manager, Stuttgart 1949

Cassier, Siegfried C.: Der Streit um das Miteigentum der Arbeitnehmer, Frankfurt a. M. 1960

— Wer bestimmt die Geschäftspolitik der Großunternehmen? Frankfurt a. M. 1962

Coester, Franz: Miteigentum und Vermögensbildung der Arbeitnehmer in der Marktwirtschaft, Untersuchung Nr. 8 des *Instituts für Wirtschaftspolitik* an der Universität Köln, hrsg. von Alfred *Müller-Armack*, Köln 1954

Cox, Edwin Burk: Trends in the Distribution of Stock Ownership, Philadelphia/Penn. 1963

Dahrendorf, Ralf: Gesellschaft und Demokratie in Deutschland, München 1965

— Soziale Klassen und Klassenkonflikt, Stuttgart 1957

Delorme, Hermann: Art. „Lombardgeschäft", in: Enzyklopädisches Lexikon für das Geld-, Bank- und Börsenwesen, hrsg. von Melchior *Palyi* und Paul *Quittner*, Bd. 2, Frankfurt a. M. 1958, S. 1135 f.

Der Wissenschaftliche Beirat beim Bundeswirtschaftsministerium: Gutachten vom Juni 1950 bis November 1952, Göttingen 1953

Deutsche Bank AG.: Das Börsenbild, Düsseldorf, Frankfurt a. M., Hamburg, Jg. 1959—1966

Deutscher Genossenschaftsverband (Schulze-Delitzsch) e. V.: Jahrbuch 1965, Bonn 1966

Deutscher Sparkassen- und Giroverband: Jahresbericht 1964, Bonn o. J. (1965)

— Das Sparprämiengesetz. Eine Untersuchung der volkswirtschaftlichen und sozialen Ergebnisse, Bonn 1966

DIVO-Institut: Der Westdeutsche Markt in Zahlen, 3. Aufl., Frankfurt a. M.-Ginnheim 1965

— Wertpapiere im Blick des Wirtschaftsbürgers, Materialbericht, Frankfurt a. M. 1962

Donner, Otto: Die Kursbildung am Aktienmarkt, Berlin - Hamburg 1934

Egger, J(osef) G(ebhard): Kapitalanlage und Vermögensverwaltung, 2. verm. Aufl., Tübingen 1939

— Der Schutz des Vermögens gegen die Geldentwertung, 3. erw. Aufl., Zürich 1958

Ehrenberg, R.: Die Fondspekulation und die Gesetzgebung, Berlin 1883

Elsholz, Konrad: Strukturänderung der Sozialpolitik. Die ökonomische Grenze der Zwangsvorsorge, Kleine Schriften zur Sozialpolitik und zum Arbeitsrecht, hrsg. vom *Institut für Sozialpolitik und Arbeitsrecht* e. V., München, 4. Folge, Heft 10, München o. J. (1963)

Fabri, Theodor: Die Kleinaktie (Abhandlungen aus dem *Industrieseminar* der Universität zu Köln, hrsg. von Theodor *Beste*, Heft 8), Berlin 1959

Ferrari, Hilger: Das amerikanische Beispiel, Bad Godesberg 1960

Föhl, Carl: Kreislaufanalytische Untersuchung der Vermögensbildung in der Bundesrepublik und der Beeinflußbarkeit ihrer Verteilung, Tübingen 1964

Forschungsstelle für empirische Sozialökonomik: Möglichkeiten und Grenzen einer aus dem Arbeitsverhältnis abgeleiteten Vermögensbildung der Arbeitnehmer, als Manuskript vervielfältigt, Köln 1961

— Sozialökonomische Analyse des Wertpapiersparens in der Bundesrepublik, als Manuskript vervielfältigt, Köln 1960

Freude, Siegfried: Die Bestimmungsfaktoren der periodischen Schwankungen am Aktienmarkt, Diss. Frankfurt 1929

Galbraith, John Kenneth: Der große Krach 1929, Stuttgart 1963 (Orig. amerik.: The Great Crash 1929, London 1955)

Gehlen, Arnold: Soziologische Aspekte des Eigentumsproblems in der Industriegesellschaft, in: *Walter-Raymond-Stiftung* (Hrsg.): Eigentum und Eigentümer in unserer Gesellschaftsordnung, Köln und Opladen 1960

Geiger, Theodor: Die Klassengesellschaft im Schmelztiegel, Köln und Hagen 1949

Geiger, Willi: Die Eigentumsgarantie des Artikels 14 (GG) und ihre Bedeutung für den sozialen Rechtsstaat, in: *Walter-Raymond-Stiftung* (Hrsg.): Eigentum und Eigentümer in unserer Gesellschaftsordnung, Köln und Opladen 1960

Gesellschaft für Industriepublizität m.b.H.: Der neue Bankkunde. Eine Untersuchung über seine Einstellung und Verhaltensweise und Empfehlungen für seine Beeinflussung, Düsseldorf 1959

Gleitze, Bruno: In: Lohnpolitik und Vermögensbildung, Frankfurter Gespräch der *List-Gesellschaft* 1963, hrsg. von E. *Stiller,* Veröffentlichungen der *List-Gesellschaft* e. V., Bd. 37, Basel, Tübingen 1964

— Die Beziehungen zwischen Einkommenspolitik und Vermögensbildung, in: Probleme der Einkommenspolitik, hrsg. von Erich *Schneider,* Tübingen 1965

Grodinsky, Julius: Investments, New York 1953

Hahn, L. Albert: Wirtschaftswissenschaft des gesunden Menschenverstandes, Frankfurt a. M. 1954

Hansmeyer, Karl-Heinrich: Der Weg zum Wohlfahrtsstaat, Frankfurt a. M. 1957

Häussler, Erwin: Jedem sein Eigentum, Stuttgart 1965

Hartley, Eugene L., und Ruth E. *Hartley:* Die Grundlagen der Sozialpsychologie, Berlin 1955

Hartman, Robert S.: Die Partnerschaft zwischen Kapital und Arbeit, Köln und Opladen 1958

Haussmann, Fritz: Vom Aktienwesen und vom Aktionär, Mannheim, Berlin, Leipzig 1928

Hax, Karl: Die Substanzerhaltung der Betriebe, Köln und Opladen 1957

— Die langfristigen Finanzdispositionen, in: Handbuch der Wirtschaftswissenschaften, hrsg. von Karl *Hax* und Theodor *Wessels,* Bd. I, Köln und Opladen 1958, S. 453 ff.

Hazard, John W., and Milton *Christie:* The Investment Business. A Condensation of the SEC Report, New York und London 1964

Hecht, Felix: Das Börsen- und Actienwesen der Gegenwart und die Reform des Actien-Gesellschafts-Rechts, Mannheim 1874

Heintz, Peter: Soziale Vorurteile, Köln 1957

Herlt, Rudolf: Publizität in unserer Zeit, Hamburg, Berlin, Essen, Frankfurt a. M. 1964

Herscovits, M.: Economic Anthropology, New York 1952

Heumann-Werbegesellschaft: Untersuchung über Pfandbriefe und Kommunalobligationen, unveröffentlichter Bericht, Köln 1960

Hirschbach, Hermann: Von der Börse, oder: Der Geist der Speculation, Leipzig (1864)

Institut Finanzen und Steuern: Zur Reform der staatlichen Sparförderung, Heft 83, Bonn 1965

Institut für Selbsthilfe und Sozialforschung e. V.: Kölner Verbraucherstudie 1958/59, Köln 1960

INTERMARKET: Das Wirtschaftswunder an Rhein und Ruhr, Düsseldorf 1956

— Vermögensbildung in Arbeitnehmerhand. Ergebnisse einer betriebssoziologischen Studie bei 4 000 Arbeitnehmern in Nordrhein-Westfalen, Sonderbericht, Düsseldorf 1964

Johannes XXIII.: Enzyklika „Mater et Magistra", deutsche Übersetzung in Herder-Bücherei, Bd. 110, Freiburg i. Br. 1961

Kapitalisten wahret Euch! Leipzig 1901

Katona, George: Der Massenkonsum, Wien, Düsseldorf 1965

Katona, George, Charles A. *Lininger* and Eva *Mueller:* 1964 Survey of Consumer Finances (Monograph Nr. 39, *Survey Research Center — Institute for Social Research, The University of Michigan)*, Michigan 1965

Kessler, Walter: Spekulation und Kursbildung an der Effektenbörse, Diss. Bern 1946

Klein, Franz: Die neueren Entwicklungen in Verfassung und Recht der Aktiengesellschaft, Wien 1904

Kluth, Heinz: Sozialprestige und sozialer Status, Stuttgart 1957

König, René: Art. „Sozialpsychologie", in: Das Fischer Lexikon, Bd. 10, S. 277

— (Hrsg.): Das Interview. Praktische Sozialforschung I, 2. erw. Aufl., Köln 1957

Kreikebaum, Hartmut: Das Prestige-Element im Investitionsverhalten, Diss. Köln 1960

Krelle, Wilhelm: Gesamtwirtschaftliche Wirkungen von investiven Ertragsbeteiligungen der Arbeitnehmer, in: Lohnpolitik und Vermögensbildung, Frankfurter Gespräch der *List-Gesellschaft* 1963, hrsg. von E. *Stiller*, Veröffentlichungen der *List-Gesellschaft* e. V., Bd. 37, Basel, Tübingen 1964

Kropff, Bruno: Aktiengesetz, Düsseldorf 1965

Laube, Peter: Zweites Gesetz zur Förderung der Vermögensbildung der Arbeitnehmer, Frankfurt a. M. 1965

Lazarsfeld, Paul F., M. *Rosenberg* und W. *Thielens:* Die Panel-Befragung, in: *König*, René (Hrsg.): Das Interview. Praktische Sozialforschung I, 2. erw. Aufl., Köln 1957, S. 253 ff.

Leber, Georg (Hrsg.): Vermögensbildung in Arbeitnehmerhand, Dokumentation 1—4, Frankfurt a. M. 1964—1966

Lehmann, Heinrich: Gesellschaftsrecht, 2. Aufl., Berlin und Frankfurt a. M. 1959

Lehmann, Karl: Die geschichtliche Entwicklung des Aktienrechts bis zum Code de Commerce, Berlin 1895

Leverkus-Brüning, Iris: Die Meinungslosen. Die Bedeutung der Restkategorie in der empirischen Sozialforschung (Beiträge zur Verhaltensforschung, hrsg. von Günter *Schmölders,* Heft 6), Berlin 1966

Leverkus, J. Christoph: Die Voraussetzungen für die Anlage von Ersparnissen in Aktien, Kölner Diplomarbeit 1961, unveröffentlicht

Leverkus, J. Christoph, und Klaus *Wieken:* Eigentumsbildung und Altersvorsorge bei Angehörigen des selbständigen Mittelstandes, unveröffentlichter Forschungsbericht, Köln 1965

Lewinsohn, Richard, und Franz *Pick:* Sinn und Unsinn der Börse, Berlin 1933

Liefmann-Keil, Elisabeth: Ökonomische Theorie der Sozialpolitik, Berlin, Göttingen, Heidelberg 1961

Loesch, Achim von: Die Grenzen einer breiteren Vermögensbildung, Frankfurt a. M. 1965

Lohmann, Martin: Einführung in die Betriebswirtschaftslehre, 2. Aufl., Tübingen 1955

Ludewig, Wilhelm: Hauptprobleme der Reform des Aktienrechts, Marburg 1929

Lück, Willy Heinrich: Ziele und Grundsätze des Privatisierungsprogrammes im Bundesgebiet und die Popularisierung der Aktie in den Vereinigten Staaten, Schriftenreihe der *Wirtschaftlichen Gesellschaft für Westfalen und Lippe* e. V., Heft 17, Münster 1960

Meinhold, Helmut: Investivlohn und soziale Marktwirtschaft, in: *Leber,* Georg (Hrsg.): Dokumentation 3, Frankfurt a. M. 1965

Merton, Robert K.: Social Theory and Social Structure, 2. Aufl., Glencoe (Ill.) 1957

Michel, Hartmut: Eigentumspolitik, Tübingen 1962

Mijalković, Vladimir: Die wirtschaftliche und rechtliche Stellung des Kleinaktionärs, Diss. Bern 1941

Mindner, Rudolf: Das kleine Börsenlexikon, 6. Aufl., Düsseldorf 1960

Möser, Georg: Die Generalversammlung der Aktiengesellschaft, Berlin 1925

Molitor, Bruno: Öffentliche Wirtschaft und Privatisierung, in: Hamburger Jahrbuch für Wirtschafts- und Gesellschaftspolitik, 5. Jahr/1960, S. 77 ff.

— Vermögensverteilung als wirtschaftspolitisches Problem, Tübingen 1965

Müller-Erzbach, Rudolf: Umgestaltung der Aktiengesellschaft zur Kerngesellschaft verantwortungsvoller Großaktionäre, Berlin 1929

Nell-Breuning, Oswald von: Eigentumsbildung in Arbeiterhand, Paderborn o. J.

— Kapitalismus und gerechter Lohn, Herder-Bücherei, Bd. 67, Freiburg i. Br. 1960

— Vermögensbildung in Arbeitnehmerhand, in: Wirtschaft und Gesellschaft heute, Bd. I Grundfragen, Freiburg 1956

Neumark, Fritz: In: Strukturwandlungen einer wachsenden Wirtschaft, Schriften des *Vereins für Socialpolitk*, N. F. Bd. 30/II, Berlin 1964, S. 1113

Newcomb, Theodore M.: Sozialpsychologie, Meisenheim a. Glan 1959

New York Stock Exchange: Shareownership in America: 1959, 1959 Census of Shareowners, New York 1959

— The 17 Million, 1962 Census of Shareowners in America, New York 1962

— Shareownership U.S.A., 1965 Census of Shareowners, New York 1965

— The Stock Market Under Stress, New York 1963

— Shareownership Today and Tomorrow, New York 1963

Noelle, Elisabeth, und Erich Peter *Neumann (Institut für Demoskopie Allensbach*, Hrsg.): Jahrbuch der öffentlichen Meinung 1947—1955, Allensbach 1956

— Jahrbuch der öffentlichen Meinung 1957, Allensbach 1957

— Jahrbuch der öffentlichen Meinung 1958—1964, Allensbach und Bonn 1965

Oberhauser, Alois: Die wirtschaftlichen Auswirkungen und Grenzen des Investivlohns, Paderborn o. J.

— Förderung der Vermögensbildung in Unternehmerhand durch finanzpolitische Maßnahmen des Staates, in: *Leber*, Georg (Hrsg.): Vermögensbildung in Arbeitnehmerhand, Dokumentation 3, Frankfurt a. M. 1965

Ortlieb, Heinz-Dietrich: Die Legende vom Volkskapitalismus. Zur Rolle des Privateigentums in unserer heutigen Wirtschaftsordnung und Wirtschaftsstruktur, Hamburger Jahrbuch für Wirtschafts- und Gesellschaftspolitik, 7. Jahr (1962), S. 11 ff.

— Glanz und Elend des deutschen Wirtschaftswunders, in: Hans Werner *Richter* (Hrsg.): Bestandsaufnahme — eine deutsche Bilanz 1962, München, Wien, Basel 1962, S. 273 ff.

Palyi, Melchior, und Paul *Quittner* (Hrsg.): Enzyklopädisches Lexikon für das Geld-, Bank- und Börsenwesen, Frankfurt a. M. 1958

Passow, Richard: Die Aktiengesellschaft, 2. Aufl., Jena 1922

Petrażycki, L. von: Aktienwesen und Spekulation, Berlin 1906 (Orig. russ. 1898)

Planitz, Hans: Die Stimmrechtsaktie, Leipzig 1922

Popitz, Heinrich, Hans Paul *Bahrdt*, Ernst August *Jüres* und Hanno *Kesting:* Das Gesellschaftsbild des Arbeiters, Tübingen 1957

Preiser, Erich: Theoretische Grundlagen der Vermögenspolitik (Bonner Akademische Reden, 29. Heft), Bonn 1964

Prion, W(illi): Die Preisbildung an der Wertpapierbörse, Leipzig 1910, 2. Aufl., München und Leipzig 1929

Rat der Evangelischen Kirche in Deutschland: Denkschrift „Eigentumsbildung in sozialer Verantwortung", Bad Boll 1962

Rathenau, Walter: Vom Aktienwesen. Eine geschäftliche Betrachtung, Berlin 1918

Rheinfels, Horst: Rückkehr zur Menschlichkeit, Düsseldorf 1956

Rinsche, Günter: Der aufwendige Verbrauch, Diss. Köln 1960

Rittershausen, Heinrich: Wirtschaft. Das Fischer Lexikon, Bd. 8, Frankfurt a. M. 1958

Röpke, Wilhelm: Jenseits von Angebot und Nachfrage, Erlenbach-Zürich und Stuttgart 1958

Rohracher, Hubert: Einführung in die Psychologie, 7. Aufl., Wien, Innsbruck 1960

Rüstow, Hans-Joachim: In: Lohnpolitik und Vermögensbildung, Frankfurter Gespräch der *List-Gesellschaft* 1963, hrsg. von E. *Stiller*, Veröffentlichungen der *List-Gesellschaft* e. V., Bd. 37, Basel, Tübingen 1964

Sachverständigenrat zur Begutachtung der gesamtwirtschaftlichen Entwicklung, Stabiles Geld — stetiges Wachstum (Jahresgutachten 1964/65), Stuttgart und Mainz 1965

— Stabilisierung ohne Stagnation (Jahresgutachten 1965/66), Stuttgart und Mainz 1965

— Expansion und Stabilität (Jahresgutachten 1966/67), Stuttgart und Mainz 1966

Salin, Edgar: Soziologische Aspekte der Konzentration, in: Die Konzentration in der Wirtschaft, Schriften des *Vereins für Socialpolitik*, N. F. Bd. 22, Berlin 1961

Schelsky, Helmut: Einführung zu: *Riesman*, David: Die einsame Masse, rde. Bde. 72/73, Hamburg 1959

Scherhorn, Gerhard: Methodologische Grundlagen der sozialökonomischen Verhaltensforschung, Forschungsberichte des Landes Nordrhein-Westfalen, Nr. 942, Köln und Opladen o. J.

Schlag, Hans Werner: Aktien als Vermögensanlage, Frankfurt a. M. 1959

Schlegelberger-Quassowski: Kommentar zum Aktiengesetz, Berlin 1937

Schleussner, Carl Adolf: Wer ist Unternehmer? Bad Nauheim 1953

Schmalenbach, Eugen: Die Aktiengesellschaft, 7. Aufl., Köln und Opladen 1950

Schmidt, Fritz: Die organische Tageswertbilanz, 3. Aufl., Wiesbaden 1951

Schmölders, Günter: Konjunkturen und Krisen, rde. Bd. 3, Hamburg 1955

— Das Irrationale in der öffentlichen Finanzwirtschaft, rde. Bd. 100, Hamburg 1960

— Eigentum und Eigentumspolitik, in: *Walter-Raymond-Stiftung* (Hrsg.): Eigentum und Eigentümer in unserer Gesellschaftsordnung, Köln und Opladen 1960

— Der richtige Weg zum Eigentum? Anhörung von Sachverständigen durch die Bundestagsfraktion der Freien Demokraten, ohne Ort und Jahr (Bonn 1965)

— Finanzpolitik, 2. Aufl., Berlin, Heidelberg, New York 1965

— Psychologie des Geldes, rde. Bde. 263—265, Reinbek bei Hamburg 1966

Schreiber, Wilfrid: Das Auseinanderfallen von ordnungspolitischer Wünschbarkeit und persönlicher Motivation der Vermögensbildung, in: Lohnpolitik und Vermögensbildung, Frankfurter Gespräch der *List-Gesellschaft* 1963, hrsg. von E. *Stiller*, Veröffentlichungen der *List-Gesellschaft* e. V., Bd. 37, Basel, Tübingen 1964

— Existenzsicherheit in der industriellen Gesellschaft (Schriftenreihe des *Bundes Katholischer Unternehmer*, N. F. Bd. 3), Köln 1955

— Vermögensbildung in breiten Schichten (Schriftenreihe des *Bundes Katholischer Unternehmer*, N. F. Bd. 4), Köln 1958

Schuetze, Alfred: Die Börse und die Börsengeschäfte, 20. neubearb. Aufl., Berlin, Leipzig 1928

Seidel, Bruno: Industrialismus und Kapitalismus, Meisenheim/Glan 1955

Sombart, Werner: Die deutsche Volkswirtschaft im neunzehnten Jahrhundert und im Anfang des 20. Jahrhunderts, 6. Aufl., Berlin 1923

— Die Zukunft des Kapitalismus, Berlin-Charlottenburg 1932

Spiegelhalter, Franz: Ergebnisbeteiligung und Vermögensbildung, Essen 1962

Statistisches Bundesamt: Statistisches Jahrbuch der Bundesrepublik Deutschland 1965, Stuttgart und Mainz 1965

— Fachserie I: Geld und Kredit, Reihe 2: Aktienkurse, I. Index der Aktienkurse, 1960—1966, Stuttgart und Mainz 1960—1966

Stegner, Artur: Die Überwindung des Kollektivismus, Göttingen 1953

Stiller, E. (Hrsg.): Lohnpolitik und Vermögensbildung, Frankfurter Gespräch der *List-Gesellschaft* 1963 (Veröffentlichungen der *List-Gesellschaft e. V.*, Bd. 37), Basel, Tübingen 1964

Stucken, Wolfgang: Art. „Spekulation", in: Handwörterbuch der Sozialwissenschaften, Stuttgart, Tübingen, Göttingen 1956, Bd. 9

Teuber, Hans-Joachim: Konservative, spekulative und Wuchsaktien, Diss. Köln 1958

Thiemeyer, Th.: Die gegenwärtige Diskussion über die Vermögensbildung der Arbeitnehmer in der Bundesrepublik, in: *Weisser, Thiemeyer, Blume:* Eigentum in der industrialisierten Gesellschaft (hrsg. vom *Ständigen Ausschuß für Selbsthilfe),* Göttingen 1958

Tillich, Paul: Der Mut zum Sein, 2. Aufl., Stuttgart 1954

Vaubel, Ludwig: Vorwort zu: *Walter-Raymond-Stiftung* (Hrsg.): Eigentum und Eigentümer in unserer Gesellschaftsordnung, Köln und Opladen 1960

Veblen, Thorstein: Die Theorie der feinen Leute, Köln, Berlin 1957

Vershofen, Wilhelm: Die Marktentnahme als Kernstück der Wirtschaftsforschung, Berlin, Köln 1959

Völker, Robert: Wesen und Ziel betrieblicher Partnerschaft, Veröffentlichungen der *AGP,* Reihe II, Heft 2, Hilden 1958

Waldthausen, Michael von: Handbuch des amerikanischen Stockbrokergeschäfts (Veröffentlichungen des *Instituts für Bankwirtschaft und Bankrecht an der Universität Köln,* Wirtschaftswissenschaftliche Reihe, Bd. XIII), Frankfurt a. M. 1963

Walter-Raymond-Stiftung (Hrsg.): Eigentum und Eigentümer in unserer Gesellschaftsordnung, Köln und Opladen 1960

Wanner, Helmut: Die am Aktienmarkt herrschenden Kräfte und ihr Einfluß auf die Kursgestaltung, Diss. München 1958

Weber, Hans-Herbert: Kritische Bemerkungen zur Politik der Vermögensstreuung, in: Festgabe für Alfred *Müller-Armack,* hrsg. von Franz *Greiß* und Fritz W. *Meyer,* Berlin 1961, S. 615 ff.

Weddigen, Walter: Die wirtschaftlichen Folgen des Investivlohns (Sozialpolitische Schriften, Heft 17), Berlin 1964

Weidenbaum, Paul: Unternehmer- und Minderheitsaktionär, Diss. Frankfurt 1932

Weidenhammer, Robert M.: Das Bank- und Börsenwesen in den USA, Taschenbücher für Geld, Bank und Börse, Bd. 32, Frankfurt a. M. 1966

Weisser, Gerhard: Art. „Vermögen und Vermögenspolitik", in: Handwörterbuch der Sozialwissenschaften, Stuttgart, Tübingen, Göttingen, Bd. 11/1960, S. 176 ff.

— Eigentumspolitik als Ausweg aus zunehmender sozialer Abhängigkeit, in: *Weisser, Thiemeyer, Blume:* Eigentum in der industrialisierten Gesellschaft (hrsg. vom *Ständigen Ausschuß für Selbsthilfe),* Göttingen 1958

Weisser, Gerhard, Th. *Thiemeyer* und Otto *Blume* (hrsg. vom *Ständigen Ausschuß für Selbsthilfe):* Eigentum in der industrialisierten Gesellschaft, Göttingen 1958

Weltz, Friedrich: Aufnahme der ersten Belegschaftsaktien der Mannesmann AG., Frankfurt a. M. 1957

Wendt, Kurt: Wer informiert über den deutschen Wertpapiermarkt? München 1957

Wertheimer, Ludwig: Gründerlohn, Klein-Aktie, Aufsichtsrats-Delegation, Gießen, Berlin, Leipzig 1933

Wiethölter, Rudolf: Interessen und Organisation der Aktiengesellschaft im amerikanischen und deutschen Recht (Berkeley-Kölner Rechtsstudien, Kölner Reihe, Bd. 1), Karlsruhe 1961

Wissmann, Bernhard: Die Zinsempfindlichkeit der deutschen Sparer (Untersuchungen über das Spar-, Giro- und Kreditwesen, hrsg. von Fritz *Voigt,* Bd. 15), Berlin 1960

Woischnik, Bernhard (Hrsg.): Grundlagen der Privatisierungspolitik, Bad Godesberg 1961

Zweig, Gerhard, und Hans-Georg *Feldhege:* Eigentum für alle, Bad Godesberg 1961

B. Aufsätze in Periodica mit Verfasserangabe

Abs, Hermann J.: Wertpapier und Vermögensanlage (Vortrag auf dem 3. Deutschen Wertpapiertag), in: Das Wertpapier, Beilage zu Nr. 11/1964, S. 3

Adenauer, Konrad: Regierungserklärung vom 29. 10. 1957, in: Bulletin des Presse- und Informationsamtes der Bundesregierung, Nr. 203/1957, S. 1859

Berié, Hermann: Die Anwendung des Vermögensbildungsgesetzes, in: Bundesarbeitsblatt, Nr. 5/1965, S. 189 ff.

Berndsen, Rudolf: Die soziologische Struktur des Aktien-Streubesitzes, in: Wirtschaft und Statistik, Heft 5/1962, S. 264 ff.

Brenner, Otto: Hände weg vom Bundeseigentum, in: Metall vom 29. Mai 1957, S. 2

Brestel, Heinz: Wie lange noch Börsenbaisse? In: Frankfurter Allgemeine Zeitung vom 21. Mai 1966, S. 7

— Wohin mit dem Geld? In: Frankfurter Allgemeine Zeitung vom 31. Dez. 1960, S. 5

Brox, Hans: Das neue 312-DM-Gesetz, in: Frankfurter Allgemeine Zeitung vom 14. Juni 1965, S. 13

Coester, Franz: Eigentumspolitik in der praktischen Bewährung, in: Sparkasse, Heft 21/1960, S. 336

Dahlhaus, Horst: Zwei Schritte zurück oder einen Schritt zu weit? In: Kirche in der Zeit, März 1963

Dollinger, H. Werner: Neue Aktien in die Hände der Bürger, in: Bulletin des Presse- und Informationsamtes der Bundesregierung, Nr. 13/1965, S. 98

Erhard, Ludwig: Die Regierungserklärung vom 18. Okt. 1963, in: Bulletin des Presse- und Informationsamtes der Bundesregierung, Nr. 186/1963, S. 1628 ff.

Euler, Manfred: Ausgewählte Vermögensformen in privaten Haushalten, in: Wirtschaft und Statistik, Heft 3/1964, S. 144 ff.

Föhl, Carl: Über die Möglichkeit einer Beeinflussung der Vermögensbildung und ihrer Verteilung, in: Finanzarchiv 1959, N. F. Bd. 19, S. 133 ff.

Fried, Ferdinand: Das Volk spekuliert, in: Die Welt, Nr. 192/1959, S. 1

Hankel, Wilhelm, und Gerhard *Zweig:* Die Alterssicherung in der sozialen Marktwirtschaft, in: ORDO, Bd. IX (1957), S. 157 ff.

Heubeck, Georg: Aktienkauf als Mittel der Altersversorgung, in: Der Betriebsberater, Beilage 8/1962 (zu Heft 27/1962), S. 3

Hirche, Kurt: Die Lockung der Belegschaftsaktie, in: Gewerkschaftliche Monatshefte, Nr. 4/1959, S. 215 f.

Höhnen, Wilfried: Sparförderung nach dem Arbeitseinkommen, in: Sparkasse, Heft 11/1964, S. 164 ff.

Jacoby, Henry: Das Nachfolgesystem der freien Marktwirtschaft im Spiegel amerikanischer Literatur, in: Zeitschrift für die gesamte Staatswissenschaft, Bd. 115/1959, S. 752

Janberg, Hans: Eigentum durch tarifvertragliches Zwangssparen? In: Zeitschrift für das gesamte Kreditwesen, Heft 5/1964, S. 9 ff.

— Einige Anmerkungen zur Kritik von Professor Dr. *Krelle*, in: Zeitschrift für das gesamte Kreditwesen, Heft 15/1964, S. 10 f.

Kandlbinder, Hans Karl: Renditen — einst und heute II, in: Zeitschrift für das gesamte Kreditwesen, Heft 16/1960, S. 8

Katz, Daniel: The Functional Approach to the Study of Attitudes, in: Public Opinion Quarterly, Vol. 24, Nr. 2/1960, S. 168

Kiesinger, Kurt Georg: Im Interesse der Nation und des Vaterlandes, Regierungserklärung vom 13. Dezember 1966, in: Bulletin des Presse- und Informationsamtes der Bundesregierung, Nr. 157/1966, S. 1265 ff.

Knothe, R.: Die Einstellung der Bevölkerung zu den Banken, in: Der Bankkaufmann, Nr. 5/1963, S. 215 f.

Krahnen, H. Joachim: Unternehmensfinanzierung im Wandel, in: Frankfurter Allgemeine Zeitung vom 17. Mai 1966, S. 17

Krelle, Wilhelm: Breitere Vermögensstreuung oder nicht? In: Zeitschrift für das gesamte Kreditwesen, Heft 15/1964, S. 9 f.

Kruk, Max: VEBA-Privatisierung nur halb, in: Frankfurter Allgemeine Zeitung vom 12. April 1965, S. 1

Leis, Josef: Vom Sinn und Unsinn der Volksaktie, in: Zeitschrift für das gesamte Kreditwesen, Heft 3/1966, S. 112 ff.

Lenz, Hans: Privatisierung wird fortgeführt, in: Bulletin des Presse- und Informationsamtes der Bundesregierung, Nr. 222/1962, S. 1890

Müller-Armack, Alfred: Das gesellschaftspolitische Leitbild der sozialen Marktwirtschaft, in: Bulletin des Presse- und Informationsamtes der Bundesregierung, Nr. 234/1962, S. 1989

Nell-Breuning, Oswald von: Vermögensbildung in Arbeitnehmerhand, in: Gewerkschaftliche Monatshefte, Heft 9/1953, S. 513 ff.

Noelle-Neumann, Elisabeth: Der Verbraucher und die Konjunktur, in: Frankfurter Allgemeine Zeitung vom 15. Sept. 1962, S. 5

Oberhauser, Alois: Neue Wege zu einer breiteren Vermögensverteilung, in: Ordo socialis, Heft 1, 1959/60, S. 35

Perlo, Victor: „People's Capitalism" and Stock Ownership, in: The American Economic Review, Nr. 3/1958, S. 333 ff.

Roeper, Hans: Börsenkurse, Massenpsychologie und Konjunktur, in: Frankfurter Allgemeine Zeitung vom 9. Juni 1962, S. 7

Rosenstiel, Frederik H.: Dreißig Jahre nach dem großen Börsenkrach, in: Frankfurter Allgemeine Zeitung vom 24. Oktober 1959, S. 5

Scherhorn, Gerhard: Eigentumspolitik — ein unkontrolliertes Experiment? In: Blätter für Genossenschaftswesen, Nr. 20/1963, S. 303 ff.

Scherhorn, Gerhard, und Dieter *Fricke*: Hängt die Spartätigkeit vom Einkommen ab? In: Blätter für Genossenschaftswesen, Nr. 16/1961, S. 281 ff.

Schlesinger, Rudolf H.: Der kleine Mann macht es immer falsch, in: Die Zeit vom 5. April 1963, S. 33

Schmölders, Günter: Ökonomische Verhaltensforschung, in: ORDO, Bd. 5 (1953), S. 203 ff.

— Ist die Aktie steuerlich diskriminiert? In: Steuer und Wirtschaft, 1954, S. 122 ff.

— Ermutigung zum privaten Eigentum, in: Die politische Meinung, Heft 16/1957, S. 28 ff.

— Unmerkliche Steuern, in: Finanzarchiv, N. F. Bd. 20, Heft 1/1959, S. 1 ff.

— Die sogenannte „Zinsempfindlichkeit" des Sparers, in: Zeitschrift für das gesamte Kreditwesen, Heft 5/1961, S. 8 ff.

— Die Hausfrau und das Geld, in: Zeitschrift für das gesamte Kreditwesen, Heft 21/1961, S. 10 ff.

— Das Strumpfsparen, in: Zeitschrift für das gesamte Kreditwesen, Heft 22/1961, S. 16 ff.

— Sparbuch und Konto, in: Zeitschrift für das gesamte Kreditwesen, Heft 1/1962, S. 11 ff.

— Die Zahlungsgewohnheiten, in: Zeitschrift für das gesamte Kreditwesen, Heft 3/1962, S. 12 ff.

— Die bargeldlose Lohnzahlung, in: Zeitschrift für das gesamte Kreditwesen, Heft 5/1962, S. 11 ff.

— Das Wertpapiersparen, in: Zeitschrift für das gesamte Kreditwesen, Heft 7/1962, S. 282 ff.

— Zur Psychologie der Vermögensbildung in Arbeitnehmerhand, in: Kyklos, Vol. XV/1962, Fasc. I, S. 166 ff.

Schmölders, Günter: 10 Jahre sozialökonomische Verhaltensforschung in Köln, in: ORDO, Bd. X (1963), S. 259 ff.

— Erfolg und Mißerfolg der Eigentumspolitik im Lichte der sozialökonomischen Verhaltensforschung, in: Jahrbuch 1964, hrsg. vom *Ministerpräsidenten des Landes Nordrhein-Westfalen — Landesamt für Forschung,* Köln und Opladen 1965, S. 505 ff.

— Die schleichende Inflation — ein Ausdruck unserer Ungeduld, in: Schleichende Inflation? Schriftenreihe Information, Bd. 12, Köln 1965

Wendt, Kurt: Börsenzug wieder unter Dampf, in: Die Zeit vom 20. März 1964, S. 27

Willgerodt, Hans: Die Krisis der sozialen Sicherheit und das Lohnproblem, in: ORDO, Bd. VII (1955), S. 145 ff.

— Sparen auf der Anklagebank der Sozialreformer, in: ORDO, Bd. IX (1957), S. 175 ff.

C. Zeitungs- und Zeitschriftenartikel ohne Verfasserangabe

Altersvorsorge für Selbständige. Die Union einigt sich auf Öffnung der Rentenversicherung. In: Frankfurter Allgemeine Zeitung vom 8. Juli 1965, S. 3

Auch Oma hat Aktien, in: Der Volkswirt, Nr. 25/1962, S. 1191

Börsenprospekt der VEBA, in: Frankfurter Allgemeine Zeitung vom 3. Aug. 1965, S. 11 ff.

Bundesschatzminister zur 2. Zeichnungsrunde, in: Bulletin des Presse- und Informationsamtes der Bundesregierung, Nr. 99/1965, S. 800

BWM will die Börse modernisieren, in: Das Wertpapier, Heft 7/1966, S. 557

Den Gesetzgeber Lügen gestraft, in: Frankfurter Allgemeine Zeitung vom 28. Juni 1965, S. 17

Der VEBA-Kurs, in: Frankfurter Allgemeine Zeitung vom 10. April 1965, S. 7

Der VEBA-Vorstand beurteilt die Ertragsaussichten optimistisch, in: Frankfurter Allgemeine Zeitung vom 7. Mai 1965, S. 31

Der VW-Kurs war zu niedrig, in: Handelsblatt vom 23. März 1961, S. 2

„Grauer Freitag" an den Börsen, in: Frankfurter Allgemeine Zeitung vom 13. Oktober 1962, S. 7

Gut 9 Prozent Wachstum im Durchschnitt, in: Handelsblatt vom 10. März 1965, S. 21

Jeder dritte Aktionär ist eine Frau, in: Zeitschrift für das gesamte Kreditwesen, Heft 20/1962, S. 6

Kursstürze in der ganzen Welt, in: Der Volkswirt, Nr. 22/1962, S. 1032

Leber: „Wir blieben im Rahmen", in: Industriekurier vom 3. März 1966, S. 1

Neuer Kursdruck an den Aktienbörsen, in: Der Volkswirt, Nr. 26/1962, S. 1271

Noch viele Einzelfragen bis zur VEBA-Volksaktie, in: Frankfurter Allgemeine Zeitung vom 18. Juli 1964, S. 8

Sparprämie — ein überflüssiges Übel, in: Zeitschrift für das gesamte Kreditwesen, Heft 8/1966, S. 319

Steuerzahler schenken dem Fiskus eine Milliarde Mark, in: Frankfurter Allgemeine Zeitung vom 18. Mai 1966, S. 7

Täglich 5 000 neue Konten, in: Frankfurter Allgemeine Zeitung vom 16. Dez. 1965, S. 16

Treue Volksaktionäre, in: Frankfurter Allgemeine Zeitung vom 28. Mai 1962, S. 11

VEBA-Teilprivatisierung, in: Frankfurter Allgemeine Zeitung vom 5. April 1965, S. 17

Viele Frauen sind VW-Aktionäre, in: Frankfurter Allgemeine Zeitung vom 26. April 1961, S. 21

40,3 Prozent der VEBA beim Bund, in: Frankfurter Allgemeine Zeitung vom 28. Jan. 1966, S. 24

Volkskapitalismus noch in Kinderschuhen, in: Deutsche Zeitung vom 15. Sept. 1959, S. 7

Volkswagen-Aktionäre vom Kursrückgang nicht irritiert, in: Frankfurter Allgemeine Zeitung vom 11. Aug. 1962, S. 7

Wall Street will Spekulation bremsen, in: Frankfurter Allgemeine Zeitung vom 25. April 1966, S. 15

Wenig Chancen für Einkommensgrenzen, in: Frankfurter Allgemeine Zeitung vom 21. Mai 1966, S. 7

D. Umfragen

DIVO-Institut: Studie „Sparverhalten“, Repräsentativerhebung im Bundesgebiet und Berlin (West), Bevölkerung 16—79 Jahre, Random-Sample, 2002 Fälle, haushaltsgewichtet, Mai 1965

— Mehrthemenumfrage 960, Repräsentativerhebung im Bundesgebiet und Berlin (West), Bevölkerung 16—79 Jahre, Random-Sample, 1817 Fälle, November/Dezember 1966

EMNID-Institut: Studie „Geldanlage und Geldgeschäft“, Repräsentativerhebung im Bundesgebiet und Berlin (West), 2003 Befragte, 1963/64

Forschungsstelle für empirische Sozialökonomik und *Institut für Demoskopie Allensbach:* Studie „Umgang mit Geld“, Repräsentativerhebung im Bundesgebiet und Berlin (West), alle Haushaltsmitglieder über 16 Jahre, Quota-Auswahl, Haushaltsquerschnitt 1050 Haushalte mit 2435 Befragten, Herbst 1959

Forschungsstelle für empirische Sozialökonomik und *DIVO-Institut:* Umfrage „Eigentumsbildung und Altersvorsorge bei Angehörigen des selbständigen Mittelstandes unter Berücksichtigung des Wertpapiersparens“, Repräsentativerhebung im Bundesgebiet und Berlin (West), Wertpapierbesitzer und Selbständige 16—79 Jahre, Zufallsauswahl, insgesamt 1079 Fälle, April bis Juli 1963 (Kurzzitat: Umfrage „Eigentumsbildung und Altersvorsorge“)

Survey Research Center (University of Michigan), 1963: Survey of Consumer Finances, Studie 717, Repräsentativerhebung in den USA, 2036 Fälle, Januar/Februar 1963

E. Sonstiges

Aktionärsrundschreiben verschiedener Aktiengesellschaften *(Gelsenkirchener Bergwerks-AG, Farbenfabriken Bayer AG, Hoesch AG, Badische Anilin- und Sodafabrik AG)*

Arbeitskreis zur Förderung der Aktie e. V.: Deutsche Aktie Wert mit Zukunft. Es lohnt sich mehr über Aktien zu wissen, Düsseldorf 1967

Bundesverband der Deutschen Industrie: Arbeitsunterlage zum Thema „Belegschaftsaktien" (Sitzung des gemeinsamen Arbeitskreises BDA/BDI für „Fragen der Eigentumsförderung"), unveröffentlichtes Manuskript

Deutscher Bundestag: Stenographische Berichte, 2. Wahlperiode, 214. Sitzung, 31. März 1957;

3. Wahlperiode, 30. Sitzung, 12. Juni 1958; 67. Sitzung, 19. März 1959; 107. Sitzung, 16. März 1960; 141. Sitzung, 27. Jan. 1961;

4. Wahlperiode, 5. Sitzung, 29. Nov. 1961; 179. Sitzung, 5. Mai 1965

Deutscher Bundestag: Drucksachen, 3. Wahlperiode, *zu* Drucksache 898;

4. Wahlperiode, IV/2400, IV/3224, IV/3248, IV/3296, IV/3707

DIVO-Pressedienst, September I/1963; Februar 1966

Gemeinschaftsdienst der Boden- und Kommunalkreditinstitute Köln (Hrsg.): Wie verdopple ich mein Geld? Köln o. J.

Gesetze und Verordnungen

Aktiengesetz vom 6. Sept. 1965 (BGBl. I S. 1089)

Bewertungsgesetz i. d. F. vom 10. Dez. 1965 (BGBl. I S. 981)

Einkommensteuergesetz i. d. F. des Steueränderungsgesetzes vom 30. Juli 1960 (BGBl. I S. 616)

Einkommensteuergesetz i. d. F. vom 21. Dez. 1964 (BGBl. I S. 441)

Einkommensteuergesetz i. d. F. vom 10. Dez. 1965 (BGBl. I S. 1901)

Einkommensteuer-Durchführungsverordnung i. d. F. vom 14. April 1966 (BGBl. I S. 246)

Erbschaftsteuergesetz i. d. F. vom 1. April 1959 (BGBl. I S. 188)

Gesetz über die Gewährung von Prämien für Sparleistungen (Spar-Prämiengesetz) vom 5. Mai 1959 (BGBl. I S. 241); i. d. F. der Novellen vom 6. Februar 1963 (BGBl. I S. 92), 21. Januar 1964 (BGBl. I S. 39), mit den Änderungen durch das Steueränderungsgesetz 1964 vom 16. Nov. 1964 (BGBl. I S. 885) und durch die Finanzgerichtsordnung vom 6. Oktober 1965 (BGBl. I S. 1477)

Gesetz über die Kapitalerhöhung aus Gesellschaftsmitteln und über die Gewinn- und Verlustrechnung vom 23. Dez. 1959 (BGBl. I S. 789)

Gesetz über steuerrechtliche Maßnahmen bei Erhöhung des Nennkapitals aus Gesellschaftsmitteln und bei Überlassung von eigenen Aktien an Arbeitnehmer vom 30. Dez. 1959 (BGBl. I S. 834)

Gesetz zur Förderung der Vermögensbildung der Arbeitnehmer vom 12. Jan. 1961 (BGBl. I S. 909)

Kapitalertragsteuer-Durchführungsverordnung vom 20. Mai 1959 (BGBl. I S. 257)

Steueränderungsgesetz 1961 vom 13. Juli 1961 (BGBl. I S. 981)

Vermögensteuergesetz i. d. F. vom 10. Juni 1954 (BGBl. I S. 137), Stand 24. März 1965

Verordnung zur Durchführung des Spar-Prämiengesetzes i. d. F. vom 30. Juli 1963 (BGBl. I S. 580)

Wohnungsbau-Prämiengesetz vom 17. März 1952 (BGBl. I S. 139)

Zweites Gesetz zur Förderung der Vermögensbildung der Arbeitnehmer vom 1. Juli 1965 (BGBl. I S. 585)

Institut für Demoskopie Allensbach: Informationsdienst vom 29. November 1961

— Ergebnisse einer repräsentativen Bevölkerungsumfrage aus dem Juni 1962, unveröffentlicht

— Pressedienst, Mitte April 1964

FSC
www.fsc.org
MIX
Papier | Fördert
gute Waldnutzung
FSC® C083411

Zeitfracht Medien GmbH
Ferdinand-Jühlke-Straße 7
99095 Erfurt, Deutschland
produktsicherheit@kolibri360.de

Druck:
CPI Druckdienstleistungen GmbH
im Auftrag der
Zeitfracht Medien GmbH
Ein Unternehmen der Zeitfracht - Gruppe
Ferdinand-Jühlke-Str. 7
99095 Erfurt